지방분권과 균형발전: 정치학자들의 관찰

지방분권과 균형발전

정치학자들의 관찰

한국정치학회 지음

김의영 · 김용복 · 강경태 · 전용주 · 도묘연 · 이정진 · 김성조 · 김영태
미우라 히로키 · 이준한 · 김욱 · 임헌만 · 지병근 · 하세헌 · 차재권 · 신용인

푸른길

　지방분권과 균형발전, 그리고 주민자치는 시대적 흐름이자 국가운영의 좌표로
설정되고 있다. 중앙과 지방 간 분권과 균형발전 그리고 정부와 주민 간 자치와
협치(協治)의 문제를 민주적 원칙하에 재구성하는 문제는 정치학 본연의 관심사
다. 특히 1995년 본격적인 지방자치시대를 맞이한 이후 그동안 많은 변화와 발전
이 있었으나, 이에 대한 정치학계의 관심과 연구는 상대적으로 소홀했던 것이 사
실이다. 이 책은 자치분권과 균형발전의 정치적 동학에 초점을 둔 정치학자들의
관찰과 분석의 결과다.

　이 책의 발간과정은 다음과 같다. 한국정치학회는 2018 '지방분권, 균형발전,
주민자치 그리고 선거' 지역순회 세미나를 기획하여 인천·경기 지역 세미나를
시작으로　전주, 대전, 대구, 부산, 강릉, 광주에서 연속으로 세미나를 개최하였
다. 또한, 한국정치학회는 대통령직속 국가균형발전위원회의 후원을 받아 '균형
발전과 지방분권 및 주민자치 실현을 위한 제도와 거버넌스'에 대한 연구 과제를
진행하였다. 이러한 지방순회 세미나와 균형발전위원회의 연구 과제를 바탕으
로 본 단행본을 발간하는 기획을 하게 되었다.

　이 책은 크게 이론적 논의와 지역사례의 경험적 고찰 부분으로 나뉘어 있다. 제
1부에서는 지방분권에 대한 이론적이고 개념적인 시각을 제시하였다. 제2부에
서는 각 지역의 대표 정치학자 분들이 참가하여 각 지역의 지방분권 및 균형발전
현황에 관한 사례연구를 함께 진행하였다. 본 연구는 자치분권 및 균형발전에 관

한 정치학의 이론적 연구일 뿐 아니라 각 지역의 생생한 목소리를 종합하였다는 점에서 그동안의 여러 연구들과는 차별점이 존재한다.

이 책이 지방분권·주민자치·균형발전에 대한 정치학적 논의를 심화하고 우리 학계의 다양한 논의를 모아 가는 좋은 기회가 될 것으로 기대한다. 또한, 분권과 자치 그리고 국가 균형발전을 위한 로드맵과 제도·정책·전략을 마련하고 풀뿌리 민주주의의 새로운 패러다임을 모색하기 위한 좋은 토론과 미래지향적 결론을 도출하는 데 조금이나마 기여할 수 있기를 바란다.

마지막으로 이 책이 나오기까지 각 주제별 연구와 지역별 세미나를 기획·추진한 여러 학회 회원 분들께 감사하고, 심혈을 기울여 옥고를 제출해 준 집필진에게 깊이 감사를 드린다. 특히 총 기획을 맡아 준 김용복 2018 한국정치학회 수석부회장과 실무를 기꺼이 담당한 김성조 박사께 감사한다. 또한, 책의 출판을 맡아 편집과 교정 등을 담당해 준 푸른길 출판사에게도 감사의 말씀을 드린다.

2018년 12월
한국정치학회장 김의영

·차 례·

제1부

이론과 제안

제1장

지방분권, 주민자치 및 균형발전: 개념과 함의

강경태 · 신라대

I. 들어가며

요즘 뉴스를 보면 '중앙정부와 국회가 하는 일 중에 제대로 하는 것이 하나도 없다'라는 말이 많다. 이것은 국가가 과부하로 기능마비에 걸려 작동불능상태에 빠져 있음을 의미한다.

한국 경제의 급속한 성장과 근대화는 중앙정부의 통제와 주도하에 이루어졌으나, 이제는 과거와 달리 다양한 시민사회의 참여 및 견제 속에 지방이라는 새로운 변수가 등장하였다. 따라서 과거처럼 강력한 국가의 동원능력이 발휘되거나, 중앙권력이 모든 책임을 지는 상황이 아니다. 이러한 상황의 변화로 인해 "작은 일을 하기에는 너무 크고 큰일을 하기에는 너무 작아진" 국가는 새로운 역할과 변화를 요구 받고 있다(강원택 2014, 14-15). 따라서 국가기능을 제대로 회복하기 위해서는 지방이 해결할 수 있는 문제는 지방에게 입법권과 집행권을 넘겨 줘야 한다. 그래야 국가는 국방이나 외교, 금융과 같이 정작 국가가 나서야 해결할 수 있는 큰 문제에 집중할 수 있고 국가의 기능을 원만하게 회복할 수 있기 때문이다(이기우 2017, 87).

오늘날 세계화와 지방화로 인해 관세와 무역정책을 통한 국가의 보호막이 축소되면서, 정치, 경제, 사회, 문화 영역 등에서 지방정부의 역할이 중요해지고 있다. 이미 선진민주주의 국가에서는 오랜 전통 속에 확립된 지방분권 체제하에 지방정부 스스로 세계시장에 뛰어들어 기술도입, 투자유치, 상품판매, 문화홍보, 국제교류협력에 있어서 자율적으로 그 역할을 해오고 있다. 그리고 1991년 노르웨이 수도 오슬로에서 열린 국제지방자치단체연맹(LULA) 세계총회에서 '생각은 세계적으로 행동은 지방적으로(think globally, act locally)'라는 슬로건을 내세웠고, 세계화와 지방화는 불가분의 관계 속에 서로 상반된 것이 아닌 하나의 공통된 현상으로 인식되면서, 글로컬리제이션(glocalization)이라는 용어도 등장하였다. 이러한 흐름 속에 국제경쟁력도 지방의 경쟁력에서 시작된다는 인식이 확산되었으며, 지방분권 국가운영체제의 필요성이 강조되고 있다. 또한 그레고리 핸더슨(Gregory Henderson 1968)은 그의 저서 *Korea The Politics of the Vortex*에서 한국정치의 중앙집권과 불안정성을 해결하는 유일한 길은 분권화에 있다면서 한국은 중앙집권이 수도권집중을 초래하고 있음을 지적하면서 지방분권의 절박성을 강조하였다.

이러한 논의처럼 중앙집권에서 지방분권으로의 변화가 전 세계적인 흐름으로 나타나고 있으며, 한국에서도 지방분권과 지방자치를 위한 헌법 개정에 대한 현실적 접근의 필요성이 대두하였다. 이러한 시대적 변화에 따라 국회 헌법개정특별위원회는 이른바 '국민과 함께 하는 개헌'을 위한 노력의 일환으로 각계 전문가들로 구성된 자문위원회를 구성하여 2017년 2월 2일부터 2018년 1월까지 총 136 차례 회의를 거쳐 최종 결과보고서를 제출하였다. 보고서는 정부형태 옵션과 상관없이 지방분권의 강화를 병행조건으로 강조하고 있다. 즉 '주민주권'을 실현하고 '지역균형발전'을 통한 '국가경쟁력 제고'를 위해 '실질적 지방자치'를 제도화해 '지방분권'을 강화하겠다는 내용이 담겨 있다(전훈 2018, 1-2).

위의 헌법개정특위 자문위원회는 "지방분권 국가를 선언하고, 중앙정부와 지방정부 간 사무배분 원칙으로서 보충성의 원칙을 명시할 것"을 제안하였다. 그리고 촛불혁명으로 치뤄진 19대 대선에서 당선된 문재인 대통령은 대선후보 시절부터 강력한 자치분권의 실현을 강조하였고, 2017년 6월과 10월 전국 시·도지사와의 간담회에서도 "연방제 수준의 자치분권 실현"을 거듭 강조하였다. 또한 문 대통령은 2018년 3월 26일 정부 개헌안을 국회에 제출하면서 "기본권, 국민주권, 지방분권의 강화는 국민들의 강력한 요구이며 변화된 국민들의 삶과 생각"임을 강조하였다. 이것은 수도권 중심의 불균형 성장 전략에 따라 수도권이 비대해지고 지방은 낙후된 상황에서 수도권과 지방이 상생해야 지속가능한 발전이 가능하며 최고의 국가발전 전략이 될 수 있다는 점을 강조한 것이다. 따라서 이 책에서는 이러한 시대적 흐름으로 시작된 지방분권과 주민자치 그리고 균형발전에 대한 개념 및 지방분권과 주민자치 그리고 지방분권과 균형발전의 상관성에 대한 논의와 함의를 전문가들의 다양한 시각으로 살펴보고자 한다.

II. 지방정치의 연구테마

1. 지방분권

세계화와 세방화의 확산으로 지역 간 경쟁이 심화되면서 국가의 역할은 상대적으로 축소되고, 지역의 역할과 중요성은 새롭게 부각되었다. 특히 세계화로 인한 세계경제와 시장의 균일화, 통합화에 따른 일상적인 구조적 위기(금융위기 등)에 대한 대응체계로서 지방화가 또 하나의 축으로 등장하게 된 것이다.[1] 그리고 1996년 유엔인간주거계획(UN-Habitat) 회의에서 회원국들은 세계화의 도전에 효과적으로 대응하기 위해 지방분권이 필요하다는 사실에 공감하고 지방분권 국제협력을 도모하기로 합의하였고, 이 합의에 근거해 2007년 UN-Habitat는 10년 이상 전문가들의 논의와 회원국들의 의견을 수렴하여 국제지방분권지침 (Guidelines on Decentralization and the Strengthening of Local Authorities)을 제정하였다. 이것은 심화되는 양극화의 극복을 위해서는 국가(중앙정부)와 지역(지방정부)의 역할 조정을 통한 지속가능한 공동체 형성과 유지가 필요함을 인식하고, 중앙집권적 단일중심체제(수직적, 획일적, 위계적 체제)에서 지방분권적 다중심체제(수평적, 다원적, 상호적 체제)로의 변화를 통해 다양성과 혁신을 창출하고자 한 것이다.

따라서 20세기 말부터 가장 두드러진 정치행정상의 흐름은 지방분권이다. 선진국은 물론이고 개발도상국가와 사회주의 국가에서도 지방분권 개혁에 국정의 우선순위를 두면서, 미국, 영국, 프랑스, 일본, 중국, 파키스탄, 인도네시아 등 대부분의 국가에서 지방분권은 중요한 정치 과제가 되었다(김순은 2009). 특히 유럽 선진국에서는 이미 국가의 지속적 발전과 경쟁력을 높이기 위해 중앙정부 역할의 정립, 중앙정부와 지방정부 상호간의 역할분담을 효율적으로 배분할 권력구조의 개선에 초점을 맞추고 있다. 이러한 흐름에 따라 일반적으로 국가공동체 내의 결정권한과 업무가 중앙에 집중되어 있고 지방자치단체가 국가의 하부행정기관으로 존재하는 국가형태에서 지방자치단체에게 결정권과 업무가 이전되는 지방분권으로 변화되고 있다(이기우 1997, 98).

민주주의의 실현을 위해서는 권력의 기능적 분립과 권력의 지역적 분립이 요구되는데 지방분권은 후자를 의미한다. 지방분권은 정치적 분권으로서 국가권력의 일부를 지방자치단체에 이양해 지방 주민 또는 그 대표자의 책임 아래 지방사무가 처리되는 것을 의미하며, 국민의 자유와 권리의 신장이라는 의미를 갖

---

1. 세계 금융시장의 통합 및 산업생산의 초국가적 성격으로 인해 국가주권의 재조정 과정으로 다양한 형태의 지방분권을 경험하고 있다.

는다.

지방분권촉진에 관한 특별법 제2조에서도 지방분권은 "국가와 지방자치단체의 권한과 책임을 합리적으로 배분함으로써 국가와 지방자치단체의 기능이 서로 균형을 이루도록 하는 것을 말한다"고 규정하고 있다. 그러면서 "주민의 자발적 참여를 통하여 지방자치단체가 그 지역에 관한 정책을 자율적으로 결정하고 자기의 책임하에 집행하도록 하며, 국가와 지방자치단체 간 또는 지방자치단체 상호 간에 역할을 합리적으로 분담하도록 함으로써 지방의 창의성 및 다양성이 존중되는 내실 있는 지방자치를 실현함에 둔다"고 그 이념적 배경을 밝히고 있다(지방 분권촉진에 관한 특별법 제3조).[2] 따라서 국가의 일정한 감독과 지방자치단체의 자율과 책임성, 창의성, 주민의 자발적 참여를 강조하게 된다. 그런 측면에서 지방분권의 실현은 국가사무와 구별된 지방사무의 존재(Rivero 1990, 394)[3], 지방사무가 중앙정부로부터 독립된 지방자치단체에 의하여 책임있게 수행되어야 함과 주민이 선출한 기관에 의한 자유로운 행정(분권화된 행정구현)이 보장 받는 조건을 담보할 때 이루어진다고 볼 수 있다(Baguenard 1996).

이러한 지방분권의 기본논리는 지방정부가 주민들에게 가까이 있어서 주민들의 욕구를 보다 잘 알고 있기 때문에 주민들에게 적합한 서비스를 제공해 줄 수 있다는 것이다. 따라서 지방분권이 잘 되려면 민주적이고 참여적인 정부를

---

2. 지방분권의 비전, 원칙과 전략은 다음과 같다. 1)보충성의 원칙: 주민생활과 밀접한 권한과 기능은 지방자치단체에 배분하되, 지방자치단체가 수행할 수 없는 사항만 중앙정부가 직접 처리 2)자율성의 원칙: 지방자치단체가 지역실정과 주민의견 등을 토대로 최대한 자유롭고 창의적으로 정책 결정 및 집행 3)포괄성의 원칙: 중·대단위 사무(기능)를 중심으로 이양하고, 그 처리에 필요한 재원과 인력도 함께 이양(지방분권촉진위원회).

3. 프랑스의 1884년 4월 5일 법에 따르면 지방사무는 지방자치단체에 관계되는 모든 분야에 관여할 수 있는 자치단체의 법률적 능력에 기초한 개념으로 파악된다. 1983년 1월 7일 법률도 "코뮌, 데빠르트망과 레지옹은 그들 권한의 사무를 그들 간 협의에 의해 처리한다"고 규정하여 포괄적 규정을 확인할 수 있다. 다만 추가적으로 지방자치단체가 해야 할 기능을 자치단체마다 특화하여 구체적으로 규정하고 하고 있다. 지방사무의 개념은 규정하기 매우 어려운 일이나 각 지방자치단체 이해에 따라 지방자치단체가 수행해야 할 업무로 볼 수 있을 것이다(Rivero 1990, 394).

지향하고, 공공서비스와 주민의 서비스를 일치시킴으로써 지방정부 정치지도자가 유권자들에 대해서 대응성과 책임성을 확보해 나갈 수 있어야 한다(Ter-Minassian 1997; 홍준현 2001, 315). 즉, 자원의 효율적 배분은 서비스 공급에 대한 책임이 그 서비스의 수혜자를 가장 잘 대표해 주는 정부계층에 부여될 때 가능하다(Ter-Minassian 1997). 많은 국가에서 중앙정부는 중앙의 기능을 공식적으로 지방정부에 이양 또는 위임했지만, 여전히 지방정부가 그 기능을 자율적으로 수행할 수 있는 권한 또는 기능을 수행하는 데 소요되는 재원을 완전히 이양 또는 위임하지 않아 지방분권이 제대로 작동하지 않는다는 지적도 많다(Dillinger 1994).

따라서 이러한 논의들 중에 지방분권과 지역균형발전, 지방분권과 주민자치 등의 상관성에 있어 긍정적 및 부정적 시각은 여전히 상존하고 있다. 예를 들어 지방분권으로 국가경쟁력이 높아지는가 아니면 낮아지는가에 대한 논의에 있어 지방분권에 반대하는 논리는 지방분권이 자원의 비효율적인 사용을 가져와 국가경쟁력을 떨어뜨린다는 것이다. 특히 지방의 이익이 국익과 상충됨에도 불구하고 지방의 이익을 고집할 경우 국가발전을 가로막는 지방이기주의가 생겨날 것이라는 점도 지적된다(김형기 2003). 반면 지방분권은 타율적이고 외생적인 발전(외부 의존형 발전)에서 자율적이고 내생적인 발전(자립적인 발전) 체계를 구축하려는 시스템 혁신, 제도개혁으로 정치·행정, 산업·경제, 사회·문화체계의 전반적인 분권화로 확대 진행되고 있다고 긍정적으로 보는 분석도 있다. 이러한 분석으로 2009년 스위스의 백바젤경제연구소(BAK Basel Economics)는 유럽 29개국과 234개 지역을 대상으로 지방분권과 경제성 간의 상관관계를 규명하는 경험적 연구(Assembly of European Region: 2009)를 수행해 지방분권이 경제성과에 긍정적 영향을 미치는 점을 입증하였다. 즉, 지방분권 수준이 높은 나라와 지역일수록 GDP 성장률과 1인당 GDP 수준이 높게 나타나며, 특히 지방분권이 경제적 번영의 주요 촉진요인인 기술혁신을 유발하는 데 긍정적 영향을 미친다는 점을 확인하였다(박재율 2018).

지방분권국가는 중앙집권국가와 연방국가를 비교해 보면 주권의 성격과 국가와의 관계에서 지방자치단체의 지위와 민주주의의 구현방법에 있어 차이가 있다(박인수 2017, 7). 즉, 중앙집권국가는 국가의 모든 행정이 중앙정부에 의해서만 이루어지는 국가형태로서, 오늘날에는 모나코나 말트와 같은 소규모의 국가에서만 볼 수 있다. 그리고 프랑스의 경우, 지방분권의 형태를 1992년 2월 '공화국 국토행정에 관한 법(La loi d'orientation relative à l'administration territoriale de la République: 일명 ATR 법률)'을 통해 위임형과 자치형을 동시에 규정하고 있다. 위임형 지방분권국가는 중앙정부에서 파견한 공무원에게 위임하여 사무를 수행하도록 하는 국가이며, 자치형 지방분권국가는 중앙정부와 구별되는 지방자치단체에게 법인격뿐만 아니라 고유한 자치사무에 대하여 일정한 자치권을 부여하는 국가라 할 수 있다. 자치형 지방분권국가는 위임형 지방분권 국가와는 달리, 국가 행정권의 이양에 따른 자유로운 행정 원칙을 확립하고 있다는 점에서 양자 간에는 근본적인 차이가 있다. 따라서 자치형 지방분권국가에서의 자치권은 법률의 범위 내에서 보장되며, 국가의 사법적 통제 대상이 된다는 점에서 특징이 있다. 이후 프랑스는 2003년 개헌을 통해 「프랑스공화국 헌법」 제1조 "국가의 조직은 지방 분권화된다"고 규정하고 있으며, 자치단체의 권한을 강화하였고, 법률에 위반되지 않는 범위 내에서 조례제정권과 세율결정권을 부여하였다. 또한 지자체의 법률안 제출권 및 입법의견을 제출할 수 있도록 규정하였다.

〈표 1〉에서처럼, 지방분권국가(준연방형) 형태의 대표국가로는 영국을 들 수 있다. 영국의 지방자치는 중앙정부로부터 주정부로의 사무권한 및 재정권의 대폭적 이양을 통해 주민자치권의 실질적 보장을 실현하고 있다. 그리고 영국의 지방분권은 중앙정부로부터 각 주로의 분권의 진행과정에서 개별 주에 따라 권한의 위임정도에 큰 차이를 보이고 있다(주장환·윤성욱 2014). 예를 들어 잉글랜드의 경우는 독립된 지방의회가 없지만, 스코틀랜드, 웨일스 및 북아일랜드에서

는 집행부에 비하여 주의회가 우선되는 독립된 지방의회로 구성되어 있다. 그리고 스코틀랜드는 연방국가 차원에서 지방의회의 설치근거로 제정된 스코틀랜드법(The Scotland Act, 1998), 웨일스의 경우는 웨일스정부법(Government of Wales Act, 1998)의 제정을 통해 주정부 차원에서 지방의회가 우선하는 지방자치를 하고 있다. 또한 주정부인 스코틀랜드는 스코틀랜드법(The Scotland Act, 1998)에 의해 주의 행정·재정과 관계된 독자적인 입법권을 가지고 있으며, 웨일스도 마찬가지로 웨일스정부법에 근거하여 영국정부로부터 이양받은 제한된 권한 내에서 행정·재정과 관계된 입법권을 웨일스의회가 갖고 있다. 더 나아가 웨일스는 자신의 주와 관계된 정책에 있어서 영국국회의 입법을 수정할 수 있는 권한도 갖고 있다(Mulgan and Bury 2006, 5–19).

연방정부형 지방분권국가는 준연방형보다 더욱 강화된 자치권을 보장하는 것으로 지역공동체에게 자유로운 행정뿐만 아니라 일정 범위의 입법권과 정치적 권한을 부여하고 있다. 이러한 연방정부형 형태의 국가로는 미국, 독일, 스위스, 호주, 캐나다 등이 있으며, 이들 국가는 각 주에 법률제정권을 부여하며, 연방과 주의 과세권도 분리하고 있다. 그러나 이러한 지역공동체도 국가의 통제를 받는다는 점에서 단일국가의 범주에 해당하지만, 자치권의 범위가 자치형 지방분권국가가 향유하는 수준을 넘어서서 연방국가 정도의 수준에 이른다는 점에서 단일국가의 범주를 벗어나는 국가형태로 보기도 한다. 이러한 관점에서 연방형 지방분권국가를 지역국가(regional state)[4]라는 새로운 국가 형태로 설명하는 견해도 있다.

우리나라가 이러한 지방분권을 통하여 명실상부한 지방시대를 열어 가고자 한다면 자치형 지방분권을 정착시키고 남한과 북한 간 통일한국에서 연방형 분권

---

4. 지역국가의 대표적인 예는 스페인, 이태리, 포르투갈 등이 있으며, 1993년 연방국가로 전환하기 이전의 벨기에도 여기에 속한다. 국가형태의 유형으로서 지역국가에 대해서는 Louis Favoreu et al., Droit Constitutionnel, Dalloz, 13e édition, 2010, pp.471–488를 참조하라.

국가 또는 연방국가로의 전환을 모색할 수 있을 것이다(박인수 2017, 22)(〈표 1〉참조). 지방분권의 형태에 있어 성경륭(2017, 39)에 따르면 분권국가와 지역균형발전에 있어 흐름은 준연방형 분권국가나 강대국형 연방형국가로 나아가는 것이 현재 국가 진화의 경로라고 주장하고 있다. 우리나라 지방분권은 약한 수준의 분권에서부터 자치입법권, 자치행정권, 자치조직권, 자치재정권, 자치복지권 등을 포함하는 연방제 수준의 강한 분권으로 변화해야 하며, 이러한 연방형 수준의 분권을 실현하기 위해서는 강력한 재정분권에 바탕을 둔, 중앙권한에서 지방정부로의 파격적인 이양이 전제되어야 할 것이다〈그림 1〉.

개념적 정의를 이해하기 위해서는 '지방분권'이라는 이름으로 혼동되어 온 지방자치, 지방분권, 지역균형발전의 상이한 문제와 과제를 분별해야 할 필요성이 있다.

지방자치라는 용어는 중앙정치가 지역정치를 좌우하는 현실에서 도출된 용어이다. 즉 권위주의 시대에 독재권력은 단체장을 중앙에서 임명하고 통제했지만, 민주주의 시대에 들어서면서 지방정치를 활성화시키고 대표성을 높이는 것에서 비롯되었다. 그리고 지방분권은 지자체의 자율성과 입법적, 재정적, 행정적 역량 강화라는 측면에서 이해할 수 있다. 그리고 지역균형발전은 수도권과 지방 간의

〈표 1〉 지방분권의 유형비교

구분	강화된 지방자치형	준연방형(광역지방정부형)	연방정부형
개요	단방제 내 자치단체 권한 강화	단방제유지, 광역지방정부 자율성부여	연방국가 구성
국가	프랑스(2003 개헌)	영국, 스코틀랜드, 웨일스	미국, 독일 등
자치입법권	법률에 위반되지 않는 범위 내 조정제정권 부여	법률에 준하는 조례제정권 부여	주에 법률제정권 부여
자치재정권	법률 범위 내 세율결정	지방정부 조례에 의한 제정 정권, 과세권부여	연방과 주의 과세권 분리
국정참여	지자체협의체 법률안 제출권, 입법의견제출	양원제 또는 지방상원제	양원제

출처: 윤영근(2017).

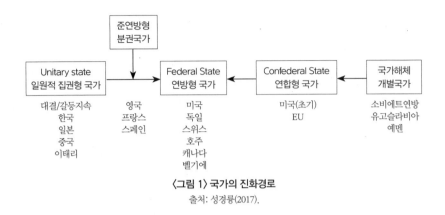

<그림 1> 국가의 진화경로

출처: 성경륭(2017).

<표 2> 지방자치, 지방분권, 지역균형발전의 문제와 과제

개념	문제	과제
지방자치	중앙정치가 지방정치를 좌우	지방정치 활성화와 대표성 강화
지방분권	지자체의 권한과 역량 취약	지자체의 자율성과 자립성 강화
지역균형발전	수도권과 지방 간의 격차	지방발전을 통한 지역 간 격차 완화

출처: 신진욱(2018, 7).

격차 완화에 초점을 두고 있다〈표 2〉.

문제는 위의 셋 중 하나의 발전노력이 자동적으로 다른 쪽의 발전으로 이어진다는 보장이 없다는 것이다. 이것은 지방자치 20여 년 동안 지방분권이 제대로 진전되지 않았고, 지방자치와 지방분권이 지역균형발전을 가져다주지 않고 있다는 현실적 측면에서도 알 수 있다. 그리고 지방분권을 위해서는 주요과제인 지방분권형 헌법 개정을 비롯해, 기관위임사무의 폐지, 지방이양일괄법 제정을 통한 업무·권한·재정의 일괄 이양, 특별지방행정 기관의 기능 이관 그리고 지방의회 인사권의 독립 등을 통한 견제와 감시기능 강화가 이루어져야 한다. 또한 지방재정확충을 위해 국세와 지방세 비율 조정과 세원이양이 이루어져야 하며, 재정자율성 확대를 통한 자치재정권 확립 그리고 자치경찰제의 도입을 통한 지역 맞춤형 사회안전체제 운영도 이루어져야 한다. 더 나아가 주민투표, 주민소환,

주민소송, 주민청원제도 등을 통한 주민의 참여를 확대하여 주민자치를 완성해야 한다. 이러한 완전한 지방분권을 실현하기 위해서는 지방분권에 대한 시민적 공감대 확산과 동력 강화를 위한 홍보, 교육, 캠페인, 시민단체·언론 등과의 협치와 지원 등 다양한 경로와 방법이 동원되어야 한다.

지방분권은 중앙집권적인 구조에서 갈수록 심화되는 수도권 집중을 극복하기 위해 정치·행정, 산업·경제, 문화·교육 등의 권한, 자본과 기술, 콘텐츠와 시설 등에서 경쟁력이 있는 수도권 중심으로 자본과 인재와 정보의 집적이 강화되는 악순환의 반복을 끊기 위한 현재의 유일한 대안이다. 또한 선진 외국 헌법에서는 중앙-지방 정부 간 관계를 헌법적 과제로 규정하고, 지방자치와 지방분권을 실체적으로 보장하고 있으며, 지방분권은 우리사회가 직면하고 있는 저출산, 고령화, 청년실업과 자살 등 우리 사회의 다양한 문제를 개선하는 기회가 될 수 있다 (박철 2017, 80).

2. 주민자치

지방자치는 매우 다의적인 개념으로 이해되고 있으며, 이것은 각 국가 간의 역사적 전통과 사회·문화적 환경의 차이에서 나타난다. 이러한 관점에서 유럽에서 생성된 지방자치제도는 영국을 중심으로 앵글로 색슨계의 국가에서 발전한 주민자치의 형태[5]와 프랑스, 독일을 중심으로 발전한 대륙계 국가의 단체자치 형

---

5. 주민자치의 기반은, 5세기 초 로마제국의 속국인 브리타니아(Britannia)에 게르만 민족의 하나인 앵글로색슨족이 진입해 그들의 민회(folkmoot)의 전통이 전승되면서 지방공동의 문제를 지역 주민 스스로의 힘으로 처리하는 과정에서 형성되었다. 이러한 영국의 주민자치는 청교도혁명, 명예혁명을 거치면서 더욱 발달하였다. 특히 명예혁명을 거치면서 정권을 인수한 의회가 국왕이 행사하던 주요권한을 대부분 행사하게 되면서 의원내각제가 탄생하고, 국왕이 임명하던 치안판사도 의회가 임명함으로써 민선에 의한 지방장관의 모습을 갖추게 되었다. 이러한 민주주의 전통과 주민자치사상은 주민자치제도를 성립시켰으며, 영국의 지방자치는 중앙정부와의 관계보다는 지방자치단체와 주민의 관계에 역점을 두는 제도로 발전하면서, 정치·행정과정에 민주적 요소가 많이 나타나게 된 것이다(김현조 2009, 40-42).

태**6**로 구분된다. 초기에 형성된 주민자치는 지방의 조세로 경비를 지출하고 국가의 법률에 따라 명예직 공무원에 의하여 처리하는 지방자치단체의 행정을 의미하였다. 그리고 지방주민의 의사와 책임하에 주민이 선출한 대표자를 통하여 사무를 처리하는 것을 의미한다. 따라서 주민자치는 자치단체와 주민과의 관계에 중점을 두고, 지방정치에 주민의 참여를 강조하는 것이다. 이것은 결국 민주주의 원리를 구현하려는 정치적 의미를 담고 있으며, 풀뿌리민주주의(grassroots democracy)라는 원리가 자리 잡게 된다. 반면 단체자치의 대표격인 프랑스에는 영국과 같은 지방정부(local government)가 없고, 국가로부터 일정한 법인격을 부여받은 지방자치단체(les collectivités territoriales)가 있다(최진혁 2015, 6). 즉, 국가로부터 별개의 법인격을 부여받은 자치단체가 국가로부터 일정한 독립된 지위와 권한을 부여받아 자율과 책임성을 가지고 독자적인 행정을 수행하도록 하여 국가와 지방자치단체와의 관계에 중점을 둔 법률적 자치개념이다.

이처럼 주민자치와 단체자치는 유럽 민주주의의 발현으로 서로 다르게 나타났지만, 오늘날 이 두 가지 자치측면은 긴밀한 관련성을 갖고 있으며, 각 국가가 처한 사회·문화·정치·행정환경에 접목되어 다양하게 나타나고 있다. 이런 맥락에서 지방자치의 개념은 단체자치와 주민자치 간 성분 결합방식에 따라 다양하게 정의된다.

우리나라의 경우도 지방자치를 단체자치와 주민자치라는 두 가지 차원에서 파악한다. 즉, 단체자치란 일정한 지역의 고유한 자치사무를 그 지역에 거주하는

---

6. 단체자치는 9세기에서 14세기 중세봉건국가를 경험한 프랑스가 국왕의 획일화된 면허장에 의해 동일한 내용의 자치를 허용하면서 단체자치제의 기반이 마련되었다. 그리고 프랑스대혁명 시기 투레(Jacques G. Thourtet) 등이 주창한 지방권사상에 의해 절대군주는 지방단체의 법인격을 인정하고 일정범위의 지방자치를 허용하게 되었다. 그러나 자치경험이 부족한 국가는 지방정부와 주민의 관계보다는 중앙정부와 지방정부와의 관계에 역점을 둔 단체자치모형을 구상하게 되면서, 상대적으로 정치행정과정에서 중앙집권적 요소가 보다 더 강하다(김현조 2009, 42~45).

주민의 의사에 따라(주민자치) 국가와는 독립된 법인격을 가진 자치단체가 자주적으로 처리하는 것으로, 국가와 지방자치단체 간의 관계를 중시하는 법률적·행정적 의미의 자치개념으로서 중앙정부에 대한 지방정부의 자율성 측면을 강조한다.[7] 따라서 중앙정부와 지방정부 간의 집권·분권 문제가 그 핵심주제가 된다. 반면 주민자치는 국민자치를 지방적 범위 내에서 실현하는 것이므로 지방시정(施政)에 직접적인 관심과 이해관계가 있는 지방주민으로 하여금 스스로 다스리게 한다는 의미로 소위 풀뿌리 민주주의를 그 이념적 배경으로 하고 있다.[8]

따라서 주민자치는 지방자치단체와 주민 간의 관계를 중시하는 정치적 의미의 자치로서 지방정부에 대한 주민참여 내지 시민사회의 투입측면을 강조한다. 주민의 지방자치단체에의 참여 내지 통제를 통한 자치가 핵심의제가 된다. 특히 주민자치는 지방자치 발달의 역사적 측면에서 보면 지방자치단체의 자치권에 대한 국가의 인정과는 관계없이 주민과 지역이 본래 가지고 있는 자치권을 기반으로 성립된 지방자치 유형을 말한다. 그러므로 단체자치가 국가와의 관계에서 인정받는 자치권을 기반으로 한다면, 주민자치는 지방자치단체와 주민과의 관계에서 성립되는 민주적 여러 장치와 전통을 기반으로 한다는 점에서 대조적이다(김현조 2009, 39).

이런 점에서 지방자치는 중앙정부로부터의 '분권'과 지방정책과정에 대한 주민의 '참여'에 의한 '자치'로 요약될 수 있다(최진혁 2017, 58). 결국 지방자치는 지방분권이라는 측면에서 단체자치와 민주주의라는 측면의 주민자치의 개념으

---

7. 우리 헌법재판소도 "지방자치제도라 함은 일정한 지역을 단위로 일정한 지역의 주민이 그 지방주민의 복리에 관한 사무, 재산관리에 관한 사무, 기타 법령이 정하는 사무(헌법 제117조 제1항)를 그들 자신의 책임 하에서 자신들이 선출한 기관을 통하여 직접 처리하게 함으로써 지방자치행정의 민주성과 능률성을 제고하고 지방의 균형 있는 발전과 아울러 국가의 민주적 발전을 도모하는 제도"라고 규정할 수 있다.

8. 헌법재판소는 "지방자치제도는 현대 입헌민주국가의 통치원리인 권력분립 및 통제, 법치주의, 기본권보장 등의 제 원리를 주민의 직접적인 관심과 참여 속에서 구현시킬 수 있어 바로 자율과 책임을 중시하는 자유민주주의 이념에 부합되는 것이므로 국민(주민)의 자치의식과 참여의식만 제고된다면 권력분립원리의 지방차원에서의 실현을 가져다줄 수 있다"고 판단한다(김현조 2009).

로 나누어지며, 주민자치는 풀뿌리민주주의를 더욱 공고히 하고 지방분권의 가장 주요한 근간이 된다고 볼 수 있다. 즉 주민자치는 주민의 자발적 참여를 바탕으로 주민자치역량을 키워서 주민들이 지역의 주인이 되어 지역현안을 찾고, 주민 의견을 결집하는 과정으로 볼 수 있다. 이러한 단체자치와 주민자치는 결국 "일정한 지역과 주민을 기초로 하는 공공단체가 일정한 국가(중앙정부)의 감독(국가와의 협력)하에 그 지역 내의 공공행정사무를 국가가 부여한 자치권을 가지고 지역주민의 의사에 따라 주민이 선출한 기관을 통하여 주민의 부담으로 처리하는 과정으로 지역발전과 국가발전에 기여하는 것"이라고 정의할 수 있다(박철 2017, 80).

지방 주민은 구역, 자치권과 함께 지방자치단체의 3대 구성요소 중의 하나이며, 그 지방의 공공사무를 지방 주민이 자율적으로 처리하는 주민자치는 정부와 주민의 밀접성, 특히 자치운영에 대한 주민의 참여와 통제는 지방자치의 본질적인 요소이다. 따라서 주민자치는 시민의 정치적 참여로 자신들에게 영향을 미치는 정책결정이나 행정에 대한 통제과정에서 지식, 경험을 가지고 주민이 직접 참여해 결정하는 것으로 지방발전에 매우 중요한 요소이다. 이러한 과정에서 주민들은 민회를 조직하거나 옴부즈맨 제도를 극대화해 주민의 이익을 찾고 요구하는 과정으로 나타나며, 직접민주주의의 보완이라는 측면도 있다.

이러한 주민자치를 통해 직접민주제의 원리를 현실적으로 적용한 조직인 주민총회(popular assembly system)가 있다. 이는 해당 자치단체의 유권자 전원으로 구성되는 주민총회가 해당 자치단체의 최고기관으로서 자치단체의 기본정책, 예산, 인사문제 등을 직접 결정하며 집행하는 것으로 일본의 정촌총회(町村總會), 미국의 타운 미팅(Town meeting), 스위스의 게마인데베르삼룽(Gemeindeversammlung; assemblee communale) 등이 있다(최창호 2009, 292).

지방자치는 정치적 또는 관리적 권한이 근린 수준에 까지 위임되는 것뿐만 아니라 근린 수준 행위자들의 역량 강화와도 관련된다. 이러한 역량 강화를 위한 제도 차원에서도 주민들에 대한 단순한 정보 제공에서 주민과의 상담, 숙의적 포럼, 주민의 직접 통제에 이르기까지 주민자치의 형태가 다양하게 형성되어야 한다. 또한 주민과의 직접적인 소통과 대화를 위해서는 현재의 지방자치단체인 시군구보다는 시군구의 일선 행정조직인 읍면동이 지방자치의 단위로 적합할 것이다.[9] 왜냐하면 향후 행정서비스가 수요자 중심의 맞춤형 서비스 그리고 찾아가는 서비스 등으로 전환되기 위해서는 서비스 전달체계의 중심이 읍면동으로 이동해야 하기 때문이다. 이러한 흐름 속에 주민자치와 관련한 주민자치회 중심의 민관, 민민협력 시스템의 마련도 필요하다〈그림 2〉.

우리나라는 1991년 지방선거를 시작으로 지방자치가 시작되었지만, 여전히 형식적인 지방자치에서 주민자치의 실현은 어렵다. 공무원이나 단체장에 대한

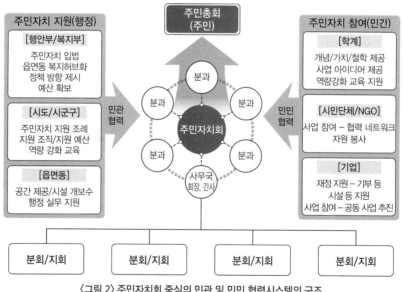

〈그림 2〉 주민자치회 중심의 민관 및 민민 협력시스템의 구조
출처: 김필두(2017, 70).

---

9. 한국의 기초자치단체인 시군구는 외국의 기초자치단체보다 인구와 면적 면에서 규모가 매우 크며, 외국 기초자치단체의 인구, 면적 등의 규모와 유사한 것은 읍면동이라고 판단된다.

국민소환이라는 제도가 있지만 실제로는 제대로 작동되지 못하고 있으며, 시민의 의견도 명확하게 전달되지 못하고 있다. 따라서 지방자치가 발전하고, 지방정치가 발전하기 위해서는 더 적극적인 노력이 필요하다.

그리고 한국 민주주의가 한 단계 더 성장하기 위해서는 삶의 현장에 밀착된 단위로 주민의 참여와 자치를 통한 공동체의 지속과 발전이 중점적으로 이루어져야 한다. 따라서 새로운 지방자치와 지방경쟁력을 강화하기 위해서는 지방이 스스로 하나의 완결성을 가져야 하며, 그 핵심에서 지역 공동체 주민의 참여에 의해 운영되는 완결적인 정치구도가 선행되어야 한다.

현재 한국의 지방자치는 강시장-약의회 구조, 또는 강시장-시장보조의회 구조로 단체장이 독단적인 결정을 내릴 때 견제할 수 있는 방안이 별로 없으며, 그 결과 지방재정이나 지역에 커다란 피해를 주는 사례도 많기에 주민참여의 필요성이 커지고 있다. 이러한 과정에서 주민이 참여하여 성공한 사례로 공동체 주민자치, 주민참여 예산제 그리고 주민자치센터 등의 유형들이 나타나고 있다.

3. 균형발전

균형발전은 한 국가 내의 여러 지역이 엇비슷하게 발전하는 것을 의미한다. 이것은 나눠먹기로 표현되는 균등배분이나 결과적 균일화가 아니라 어느 한쪽으로 과도하게 치우치지 않고 고르게 발전하는 것을 의미한다. 또한 균형발전은 지역 간의 균일화를 모색하는 것이 아니라 각 지역 특성에 맞는 발전을 위해 지역 간의 연계 및 협력 증진을 통해 지역경쟁력을 높인다. 따라서 균형발전은 첫째, 국가 내에서 지역 간 힘의 균형, 기회의 균형을 실현하는 상태로 형평성에 기초한다. 둘째, 국토의 효율적 활용을 통해 경제적 발전을 촉진하는 것으로 대도시의 과도 집중현상을 막는 것도 포함한다. 셋째, 낙후지역 주민의 상대적 박탈감과 피해의식을 해소해 지역 간의 갈등을 완화하고 서로 협력해 사회적 통합과 조화를 증진시키는 것을 의미한다. 그러나 현실적으로 균형발전의 실현가능성에 있어 균형발전 불가론, 균형발전 무용론 그리고 균형발전 당위론 등이 제기되고 있다.

먼저 균형발전 불가론은 '균형'이란 항구적인 것이 아니라 일시적인 현상이듯이 균형발전 또한 달성할 수 없는 환상에 불과하다는 입장이다. 왜냐하면 지역의 부존자원과 입지, 산업기반이 다르기 때문에 같은 수준으로 발전을 이끌어 내는 것이 애당초 불가능하다는 것이다. 둘째, 균형발전 무용론은 균형발전은 하향평준화를 의미하기 때문에 균형을 추진하다 보면 모든 지역이 경쟁력을 잃게 되거나, 지역 이기주의에 빠질 가능성이 높다는 것이다. 따라서 성장지역의 발전을 더 촉진하여 성장의 혜택을 여러 지역에 나누어 주는 것이 더 올바른 선택이라는 주장이다. 셋째, 균형발전 당위론은 인간의 평등과 형평성에 대한 원칙으로 미국, 영국, 프랑스, 독일, 일본 그리고 중국과 같은 개도국에서도 공히 추구하는 세계 각국의 보편적 가치라는 점을 들고 있다. 또한 균형발전은 수도권의 경쟁력 제고나 지방의 자립적 발전 능력 육성 그리고 사회정의 확보 등을 위해서도 필요한 가치라고 본다(이성근 2012, 6-9).

우리나라 지역은 지방소멸로 지역경제 위기, 지역별 재정자주도와 재정자립도 하락, 총인구와 비수도권 인구의 감소(지역 인구위기), 영남권 중화학 공업의 붕괴(조선산업 및 관련 분야까지 최대 100만 명 실직) 그리고 1991년 지방자치 복원 이후 불균형 지속(중앙집권체제 속의 제한적 자치), 국세의 압도적 비중, 지방분권 경시와 복지재정 통제(복지예산 지방 전가) 등 중앙 집권체제가 사실상 지속되는 현실에 처해 있다.

따라서 우리나라 총인구의 50% 이상이 수도권에 거주하고 있으며, 경제력, 정치권력, 교육기회 등이 집중된 현실과는 달리 수도권을 제외한 약 40%의 인구가 거주하는 지역은 소멸 위기에 처할 수도 있다는 지방소멸시대에 직면해 있는 상황에서 지역균형발전은 매우 중요한 의미를 갖는다. 이것은 중앙집권이 수도권으로 모든 것을 빨아들이는 '소용돌이의 정치(Korea The Politics of the Vortex)'의 결과라는 그레고리 헨더슨(Gregory Henderson 1968)의 지적처럼 과거 중앙집권적 정책의 추진이 가장 큰 요인이라고 볼 수 있기 때문이다. 따라서 수도권의 경제활동 집중이 심화되는 가운데, 국가균형발전정책은 그 원인을 찾기보다는 지역 간 균형을 이루어야 한다는 정치적 어젠다가 효력을 발휘하면서 현실 속에서 지역 간 균형발전이 경제논리에 의해서 합리화되기 시작하였다. 그리고 지역 균형발전은 선택과 고려의 대상이 아니라 이미 우리나라의 경우, 헌법에 명시된 국가의 의무이기도 하다. 또한 극심한 지역경제의 불균형은 지역 공동체 해체를 가져오는 원인이 되기도 한다. 따라서 세계화 시대를 살아가는 지역민들에게 지역균형발전은 생존의 문제인 동시에 당위의 문제이다.

우리나라 헌법 120조 2항에서는 "국토와 자원은 국가의 보호를 받으며, 국가는 그 균형 있는 개발과 이용을 위해 필요한 계획을 수립한다"고 명시되어 있다. 또한 122조에는 "국가는 국민 모두의 생산 및 생활의 기반이 되는 국토의 효율적이고 균형 있는 이용·개발과 보전을 위해 법률이 정하는 바에 의해 그에 관한 필요한 제한과 의무를 부과할 수 있다"고 드러나 있다. 그리고 123조 2항은 "국가는 지역 간의 균형 있는 발전을 위해 지역경제를 육성할 의무를 진다"고 규정하고 있다. 따라서 헌법에 따른 미래 비전은 과도한 지역불균형을 시정해 균형 사회의 이상을 실현하고, 지역별 특성화 발전과 지역 간 협력발전 도모를 통한 사회통합 증진 그리고 지역 차원의 다양한 실험을 통한 국가의 발전 잠재력 제고라는 의미를 담고 있다.

이러한 헌법 정신에 따라 마련된 국가균형발전특별법 제2조는 국가균형발전이란 '지역 간 발전의 기회균등을 촉진하고 지역의 발전 잠재력을 증진함으로써 삶의 질을 향상하고 국가 경쟁력을 강화하는 것'이라고 정의한다. 따라서 지역균형발전은 지역 간 발전의 기회균등, 지역의 발전 잠재력 증진 그리고 주민의 삶 향상과 국가경쟁력 강화와 연결된다.

지역균형발전은 지역 간 성장과실의 단순한 균등배분이 아니라 지역 간의 '창의적인 경쟁'과 '민주적 참여'의 원칙하에서 각 지역의 잠재력을 최대한 살릴 수 있는 기회를 보장하기 때문에 지역 간의 형평보다는 기회의 형평성을 통해 사람 간의 균형과 개인의 자아실현이 우선되어 도모되는 것으로 이해될 수 있다(이정식 2001, 5). 따라서 국가의 지역균형발전정책은 중앙과 지방으로 다원화된 행정 주체들의 권한이 최상의 조화상태를 실현하고 있는가, 또한 개인의 인간다운 삶을 영위하고, 인간의 창의성과 기회가 보장되는가라는 관점에서 판단되어야 한다(김남철 2001, 7; 최진혁 2011, 43-44).

　이러한 지역균형발전을 위해서는 첫째, 생활중심의 새로운 지표체계 구축과 활용이다. 즉, 단순히 부가가치 생산에 초점을 둔 GDP에서 공동체 삶을 총체적으로 평가하는 행복지표 GHI(General Happiness Index)에 기반한 산업, 교육, 의료, 문화, 복지, 환경을 포괄하는 자립적 지역생태계를 조성해야 한다. 둘째, 자치분권으로 자치는 민주주의의 주인은 '시민', 지역·지방 자치는 '민주주의의 학교' 그리고 생활자치 활성화를 위한 '시민역량 강화와 모범 창출과 확산'이 선행되어야 한다. 셋째, 지역균형발전사업은 산업, 인프라, 교육, 문화, 마을 등 다부문과 다부처를 포괄하는 사업이다. 따라서 다양한 부처 간 협력조정이 선행되어야 한다.[10] 더 나아가 중앙·광역·기초 정부와 마을정책 조정·협의 그리고 부처 간 분절성, 정부 단위 간 위계성 극복을 위한 거버넌스 체계 등 중앙정부의 통합적 지원체계를 구축해야 한다. 넷째, 지역 시민의 자기계획권을 기초로 한 파트너십을 통한 정책 추진이다. 즉 생활자치와 마을 민주주의를 토대로 아래로부터 마을 시민의 요구와 열정에 기반 하고, 지역공동체의 자기계획권을 기본 동력으로 균형발전정책을 추진해야 한다. 다섯째, 지역 간 균형발전을 위한 연대와 협

---

10. 예를 들어 국토부는 도시재생, 문화부는 문화부흥, 행자부는 주민자치다. 따라서 부처 간 개별적·분절적 정책 집행, 중앙정부 중심의 위계적·지시적 구조, 정책전달체계에서 자치분권 균형발전 범정부 협력추진체계를 구축해야 한다.

력이다.**11** 그리고 지역 간 상생발전으로 수도-비수도권, 도시농촌 간 격차를 해결하고 자원 배분을 둘러싼 지역이기주의 등을 해소하기 위한 지역 간 공동사업을 추진해야 한다. 그래서 지역발전이 국가발전으로, 국가발전이 지역발전으로 선순환하도록 해야 한다(김영배 2017, 52-53). 그래서 프리드만의 언급처럼 지역균형발전이 지역주민의 삶의 총체적 향상이라고 할 때, 주민이 어디에 살든지 거의 동일한 수준의 삶을 누릴 수 있어야 바로 잘 사는 국가이다(김현호 2017, 34).

III. 지방분권과 주민차치 그리고 균형발전

1. 지방분권과 주민자치의 상관성

영국의 브라이스(James Bryce)는 그의 저서 『근대 민주주의(Modern Democracy)』에서 민주정치의 발달을 고대그리스의 도시국가와 영국의 초기 역사에서 나타난 민회에서 찾고 있다. 민주정치는 수백 내지 수천의 자유민이 살던 농촌 및 소도시의 협소한 지역에서 시작되었으며, 그러한 형태 중 하나가 모든 자유민이 공동문제에 대해 협의했던 민회였다. 따라서 지방자치는 민주주의 최고의 학교이며, 민주정치의 성공을 위한 최고의 담보이다. 그리고 프랑스의 토크빌(Alexis de Tocqueville)은 1831년 7개월 동안의 미국 방문에서 얻은 경험을 토대로 저술한 『미국 민주주의(De la Démocratie en Amérique)』에서 민주주의 뿌리를 지방자치에서 찾고 있다. 그는 "지방자치는 자유 국민을 형성하고, 사람

---

11. 광역경제권을 육성하려면 1) 기능적(광역) 경제권 단위 인프라 확대 2) 중추거점도시 육성, 지식서비스 일자리 확대 3) 혁신도시와 연계한 국가 혁신클러스터 조성 등 자립적 광역균형발전 추진체계 정비가 필요하다.

들에게 자유를 어떻게 행사하고, 어떻게 유용하게 할 것인지를 가르쳐 준다"라고 주장한다(김현조 2009, 45-49). 이러한 지방자치는 정치적 권력제한을 통해 전제정치를 방지하고 있으며, 행정적인 능률이나 주민복지 향상을 위한 지역발전 측면에서 지방분권을 요구하고 있다.

지방분권과 주민자치를 지지하는 학자들은 대부분 그것이 민주주의를 한 단계 발전시킬 수 있다고 본다. 지방분권이 시민들의 정치참여와 정책결정에의 참여를 보장해 직접민주주의를 강화시킬 수 있다고 보기 때문이다. 또한 헌법에 분권 국가임을 천명하고 주민자치권을 국민의 기본권으로 인정하는 한 풀뿌리 민주주의는 쉽게 무너지지 않을 것이라고 본다.

이러한 근거로 첫째, 지방분권은 시민들의 정치참여와 정책결정 참여를 보장해 직접민주주의를 강화할 수 있다. 즉 분권을 통해 참여기회를 확대하면, 시민들의 권력의 접근이 다층화·다변화되고, 시민들도 정책결정에 적극 참여할 수 있을 것이다. 다양한 공동문제 해결을 위해 토론활성화 및 참여증진으로 인한 지방자치단체의 정책감시활동도 높아져 자치단체장이나 관료들의 책임성도 높아질 것이기 때문이다. 둘째, 지방분권은 지방자치단체의 반응성을 높여줄 것이다. 중앙정부는 여러 지역 주민들의 다양한 요구를 수렴하고 반영하기에는 너무 느리고 비대하지만, 주민과 근접한 자치단체는 주민의 요구를 신속하고 효율적으로 반영할 수 있다. 셋째, 지방분권은 '다원주의'를 증진시켜 민주주의 발전에 기여할 수 있다. 따라서 다수 학자들은 실질적 주민자치를 보장하는 지방분권이 이루어져야 함을 강조한다(전용주 2014, 172-173). 왜냐하면 분권은 지방자치가 보다 효율적으로 작동하기 위한 필요조건이지만, 그동안 단순히 분권을 행정부처 간의 행정권 배분 문제로만 이해하는 경향이 강했다. 그래서 한국의 지방자치는 아직 여전히 낮은 수준에 머물러 있었기 때문에, 지방자치가 제대로 발전하기 위해서는 주민의 참여와 관심을 증대시켜야 한다. 왜냐하면 지방분권과 지방자치의 완성은 주민자치를 통해서만 이루어질 수 있기 때문이다. 주민이 자치의 중심에서 진정한 유권자로, 주인으로 대접을 받아 주민 직접민주주의 토대가 굳건해진다면 시민생활의 질은 획기적으로 발전할 것이다.

이러한 성공사례로는 최근 마을과 동네 단위로 행해지고 있는 '마을 만들기'가 있다. 주민중심의 사업기획과 사후관리 경험들에서 주민총회와 같은 선진국 자치모델이 싹트고 있다. 특히 지역고유의 역사문화, 경관, 특산물과 같은 특성화된 자원의 활용가치를 극대화할 수 있도록 특례를 부여하여 주민중심의 내생적 지역사회개발을 촉진하는 것이다. 또한 커뮤니티 특구 내에서 주민조직과 재정 자주권을 부여하는 일종의 지역맞춤형 동네자치정부를 지향해야 한다. 왜냐하면 주민에 의해 선출된 지방자치단체장이라고 하여 민주적 정당성을 자동적으로 담보하기는 어렵기 때문에 형식적인 민주적 정당성에서 나아가 실질적이고 실효적인 민주적 정당성을 확보하는 데에 주민자치가 필수적일 수 있다(정원식 2018, 3). 따라서 지방분권의 핵심은 생활정치와 맞물린 주민자치강화와 진정한 마을민주주의의 진전이다(최인수 2017, 41).

박진도(2011)는 중앙에서 지방으로 권력을 이양해야 할 뿐 아니라 국가에서 시민사회로 권력을 이양하여 참여자치와 시민자치, 즉 주민자치가 가능하다고 강조한다. 그리고 지방정부 차원의 분권을 신자유주의 분권으로 보고 시민 위주의 자치분권을 추진해야 한다고 주장한다.

2. 지방분권과 균형발전의 상관성

참여정부에서부터 시작된 '지방분권'과 '균형발전'을 위한 정책들은 다양한 사회적 관심을 이끌어 내었으며, 행정학, 사회학, 정치학 등 여러 학문 영역에서도 크게는 지방자치라는 주제하에서 다양한 쟁점에 대한 논의가 지속되고 있다. 왜냐하면 지난 5천 년 이상 중앙집권에 의한 지역균형발전을 추진해 온 중앙중심에서 지방분권에 의한 균형발전을 추구한다는 것은 지역개발사에 있어서 가히

혁명적인 일이기 때문이다(김현호 2017, 33).

지역 간 불균형은 과도한 중앙집권에 따른 중앙과 지방 간의 수직적 권력불균형과 선별적, 집중적 개발에 따른 지역 간의 수평적 불균형을 포함하며 더 나아가 정치적 불균형과 경제적 불균형으로 특징지을 수 있다. 따라서 이러한 불균형이 지방자치의 정착과 발전에 장애요인으로 작용한다. 이의 해소를 위해 균형발전과 지방분권이 필요하다. 즉 지방분권은 지방자치의 존립을 위한 근간으로서, 균형발전은 지방자치의 원활한 시행을 위한 여건으로서 중요하다.

지방분권과 균형발전의 상관관계에 있어 크게 관계긴밀설과 관계부정설로 나뉜다. 첫째, 관계긴밀설은 지방분권을 균형발전의 전제조건으로 파악하는 것이다. 즉 지역 균형발전이 이루어지기 위해서는 지방분권은 필연적이라는 사실이다. 예를 들어 자치재정권은 지방자치단체가 배분된 기능을 수행하는 데 필요한 경비를 충당하기 위하여 중앙정부의 간섭을 받지 않고 자주적으로 그 재원을 조달·관리하는 권능을 의미하는 것으로 균형발전의 전제조건으로 간주된다. 왜냐하면 지방자치단체가 자기 스스로 자유로이 처분할 수 있는 재정수단을 가지지 못하는 경우에는 그 업무를 자기책임하에 수행하기 어려우며 지방재정력이 뒷받침되지 못할 경우에는 균형발전이 매우 어렵기 때문이다. 따라서 지방자치단체는 국가에 대하여 사무수행을 위한 최소한의 재원확보를 위한 지원을 요청할 수 있는 권리를 가지며, 최소한의 재정확보가 보장될 때 지역 간 균형발전의 기초를 형성할 수 있다고 보기 때문이다(김남철 2001, 9). 둘째, 관계부정설은 지방분권은 지방의 우선되는 논리가 담겨져 있고, 균형발전은 국가의 집권적 논리가 내포되어 있기 때문에 서로 상충되는 개념으로 관점이다. 따라서 국가주도의 균형발전은 지방자치단체의 자율성과 독립성을 훼손시키게 되어 결국 지방분권의 내용은 없고 형태만 남게 된다는 것이다(최진혁 2011, 45-46).

원론적으로 볼 때, 지방분권은 중앙정부로부터 지방정부로 권한을 이양해 지역생활의 제반 영역에서 지방정부의 자기결정권을 강화하고, 지역주민의 민주적 참여를 신장하는 데 가치를 두고 있다. 반면 균형발전은 저발전지역이나 소외지역 없이 전국이 고른 발전을 누리는 것을 주요 가치로 두고 있다(김순은 2005). 이렇게 중앙정부에 집중된 문제를 해결하기 위한 지방분권에 대한 논의는 학계에서도 찬반이 나뉜다. 첫째, 지방분권과 균형발전의 반비례 관계를 주목하는 입장이다. 지역마다 발전 여력이 다르기 때문에 지방분권을 강화하면 균형발전은 오히려 약화된다는 것이다. 즉, 지방분권과 균형발전의 효과에 있어 부정적인 입장은 균형발전이 지방분권과 당연히 연결되는 개념이라고 볼 수는 없고 지방분권이 관련된 법제 및 제반 여건과 적절히 결합되지 않는다면 오히려 반대의 결과로 이어질 수 있다고 보는 입장이다. 지방자치단체에서 단체장이 주도하는 정책 추진의 실상과 지역시민사회의 역량에 대한 비판적 평가를 전제한다면 분권과 이에 따른 경쟁적 발전의 전망은 반드시 긍정적이지 않을 수 있다는 것이다. 예를 들어 지방자치단체의 공공서비스의 품질이 지역마다 차이가 나게 되면, 불편을 느끼는 주민들은 더 좋은 서비스를 제공하는 지역으로 이탈하게 된다는 것이다. 이 경우, 결국 지방에서 수도권으로 이동할 가능성이 커지게 되어 균형발전과는 반대의 결과가 초래 될 수도 있다(허진성 2017).

둘째, 지방분권과 균형발전이 비례한다는 입장이다. 지방분권에 의해 특성화 발전을 추진하면 결국 전국 모든 지역의 균형발전을 향상시키는 목표를 달성할 수 있다는 것이다. 지방분권과 균형발전의 효과에 있어 긍정적인 입장은 반드시 지방분권과 균형발전이 상호 연계해서 추진되어야 한다는 것이다. 지방분권은 기본적으로 지방정부 간 차별성과 경쟁의 성격을 가지므로 균형발전을 통한 차별성의 축소와 조정이 병행되어야 한다. 지역의 다양성을 인정하고 지역 간에 공통적으로 정치와 행정권한을 이양하면 모든 지방정부들은 자신의 다양성과 강화된 정치행정권한을 토대로 지역의 발전을 도모하게 되고 이러한 자생적 발전에 따른 지역 간의 격차를 중앙정부 차원에서 축소하고 조정해야 하며, 더불어 지역 간의 조정도 수반되어야 할 것이다(박재율 2018, 60).[12]

하지만 이들의 논의에 대해서는 아직 명백한 결론은 없다. 그럼에도 불구하고 지역적 차원보다는 국가적 차원에서 독일, 스위스, 핀란드, 스웨덴 등 지방분권에 의한 지역균형 발전을 달성한 사례들이 많다(김현호 2017, 35). 또한 우리보다 훨씬 면적이 작은 스위스, 오스트리아, 벨기에는 대표적으로 지방정부에 강한 자치권을 보장함으로써 국가균형발전을 이끌었다. 이들 국가의 1인당 국민소득 순위는 스위스가 세계 2위, 오스트리아가 16위, 벨기에가 19위로 우리나라보다 훨씬 높은 수준이다. 뿐만 아니라 2003년에 지방분권을 헌법에 수용한 프랑스의 경우도 헌법 제1조에 지방분권국가를 선언하고, 중앙-지방정부 간 사무배분원칙으로서 보충성의 원칙과 지방의회의 자치재정권과 자치입법권을 명시적으로 밝히고 있다(전훈 2018, 3).

이처럼 지방분권과 균형발전의 관계에 대해서는 지방분권이 균형발전을 더욱 악화시킬 것이라는 주장과 이제 지방분권에 의한 균형발전은 더 이상 미룰 수 없는 현실적인 과제가 되었다는 주장에 이르기까지 다양한 견해가 언급되고 있다.

지방자치법도 제1조에서 "지방자치단체의 종류와 조직 및 운영에 관한 사항을 정하고, 국가와 지방자치단체 사이의 기본적인 관계를 정함으로써 지방자치행정을 민주적이고 능률적으로 수행하고, 지방을 균형 있게 발전시키며, 대한민국을 민주적으로 발전시키려는 것을 목적으로 한다"고 규정함으로써, 지방분권과 균형발전을 중요한 지방자치의 목적으로 삼고 있다. 그런데 문제는 이 양자를 어떻게 조화롭게 추진할 수 있는가이다. 불행히도 양자의 조화는 쉽지 않다. 지방분권은 지방정부의 역할 강화를, 균형발전은 중앙정부의 역할 강화를 포함한다는 근본적인 성격의 차이가 내재하기 때문이다. 또한 지방분권이 균형발전에 미

---

12. 예를 들어 현재 지방소비세의 경우, 비수도권 광역도와 비수도권 광역시, 그리고 수도권 광역시와 도의 배분 비율을 3:2:1로 하여 일종의 재정조정제도를 시행하고 있는데 지방분권은 균형지향, 균형포괄형 분권으로, 균형발전은 분권지향, 분권포괄형 균형으로, 그리하여 시장형 분권(미국형 분권)이 아닌 조절형, 공동체형 분권(독일 등 유럽형 분권)으로 자리매김해야 할 것이다.

치는 영향13과 균형발전이 지방분권에 미치는 영향도 같을 수는 없을 것이다.

전자의 경우 지방분권에 의해 확보된 자율성에 기초하여 자주적이고 자발적이며 동시에 지역 특성에 맞는 지역개발이 가능해질 수도 있지만, 지방자치단체 간의 대립과 분쟁으로 균형개발을 지향하는 국가 시책과 국지적 이익을 추구하는 지방시책이 충돌할 수도 있다. 후자의 경우 균형발전은 지방자치단체의 재정 격차를 완화하여 선진지역과 낙후지역 간의 발전 격차를 줄일 수 있지만, 균형발전은 중앙정부의 조정력 강화를 필요로 하며 이에 따라 지방분권이 저해 받을 수 있다는 것이다. 그러므로 당면 과제는 지방분권과 균형발전 간의 균열을 최소화하고, 양자에 대한 정책 요구를 조화롭게 충족시켜 나감으로써 지방자치의 발전을 기하는 것이다(이병규 2015).

이러한 전제 아래 지방분권에 의한 균형발전을 설계하고 추진하기 위해서는 이와 연동된 관점이나 발상의 전환이 우선시되어야 한다. 균형발전에 대한 착상, 기획, 설계, 사업추진, 평가 등 정책에 관련된 일체를 현재 중앙정부가 주도하는 접근에서 지방정부가 주도하는 접근 방식으로 획기적인 변화가 필요하다. 종래와 같이 중앙정부로부터의 지방정부 정책 설계 및 추진의 방향이 아니라, 중앙정부와 지방정부가 거의 대등한 관계이거나 지방정부의 정책추진에 있어서 중앙정부는 보충적인 위치를 차지하는 방식으로 전환되어야 할 것이다. 정책의 지방화가 그 예이다. 정책의 지방화를 위해서 가장 중요한 것이 재정분권이다. 지역발전에 대한 재원의 자기결정권이 없다면 정책 설계나 추진이 탄력을 받을 수 없기 때문이다. 특히, 지방분권에 의한 균형발전을 추진하기 위해서는 중앙정부도 과거의 주도적 역할에서 벗어나 지방정부를 보완해 주는 역할을 추진해야 한다.

---

13. 지방분권이 우선시된다는 사고는 매우 위험할 수 있다. 예를 들어 자치재정권을 강화하는 방안으로 우선적으로 지방세의 비중을 높이고 세율도 지방자치단체가 자율적으로 정할 수 있도록 하면, 일견 민주주의원리와 권력분립원리에 충실하다고 주장할 수 있지만, 재정자립도가 낮은 지방자치단체는 세율을 높여서라도 세수의 부족분을 채우려 할 것이고, 이렇게 되면 세율이 낮은 지역으로 인구가 유출되는 악순환이 계속되어 그 지역은 더욱 낙후될 수밖에 없기 때문이다.

물론 혁신도시의 광역클러스터도 지자체와 협력하여 추진하고, 지역의 거점도시 육성도 지원해야 한다.

분권정책과 균형발전은 양면성을 동시에 가지고 있으므로 지방분권과 균형발전을 통합적으로 접근할 필요가 있다. 즉, 수도권과 지방의 동반발전을 추구하되 지방에 우선적으로 투자해 수도권 분산과 국토균형발전을 도모해 나가야 할 것이다.

IV. 나오며: 지방자치와 한국의 미래

"모든 길은 지방으로 통해야 한다. 그러면 사람들의 왕래도 늘어나고, 지방에 사람도 늘어나 활기가 생길 것이다."

지방을 중심으로 하는 지방자치라는 새로운 시각은 한국 민주주의의 심화라는 차원에서 중요한 의미를 갖는다. 한국 정치는 모든 경쟁과 활동이 중앙을 향해 휘돌아가는 소용돌이 정치로 묘사되어 왔다. 그리고 중앙과 지방의 관계는 여전히 비대칭적이며, 중앙은 여전히 강한 권한을 갖고 있다. 이러한 중앙 집중현상은 결국 지방소멸이라는 위기를 초래하고 있다. 그 과정에서 세방화 시대와 더불어 '지방이 살아야 나라가 산다'라는 인식하에 지방자치와 지방분권에 대한 논의가 최근 활발해지고 있다.

특히 지방분권은 급격한 변화와 불확실성을 특징으로 하는 지식정보사회의 요구에 부응하는 국가구조 설계의 핵심원리로 널리 인정되면서 선진국은 물론 개발도상국가들도 지방분권을 국가경쟁력 제고를 위한 유력한 수단으로 인식하고 있다. 따라서 성숙한 지방 민주주의와 지방자치가 실현되기 위해서는 지방정부 내에서 정치·행정·재정적으로 독립되어야 하고, 지방의 정부와 의회, 정당, 시민단체 및 시민이 직접 시군구정에 참여해 현안을 해결해야 한다.

　이러한 시각에서 논의가 시작된 지방분권 개헌에서 분권은 목적이 아닌 수단이며, 지방분권의 궁극적인 목적은 균형발전의 성공이다. 따라서 지방분권은 소멸 위기에 놓인 지역을 살리는 최소한의 필수조건이기도 하다. 특히 지방분권 수준이 높은 나라와 지역일수록 GDP 성장률과 1인당 GDP 수준이 높게 나타나고, 특히 지방분권이 경제적 번영의 주요 촉진요인인 기술혁신을 도모하는 데 긍정적 영향을 미친다는 연구결과들이 많이 나오고 있다. 따라서 지방분권 개헌은 지방분권을 통한 한국의 새로운 미래를 준비하는 첫 단추라는 점에서 매우 중요하다. 우리는 지방분권 개헌을 통해 우리 사회의 다양한 문제를 해결하기 위한 근본적인 해법으로 지역이 스스로 문제를 해결할 수 있도록 자율성을 부여하는 가장 이상적인 지방권력 구조를 찾아내고 합의를 이끌어 내야 할 것이다.

　무엇보다도 지방분권의 가치는 중앙정부의 정치·행정적 권위를 약화시키는 것이 아니다. 그 본질적 가치는 지역공동체의 선호에 입각한 행정서비스를 재단함으로써 주민의 욕구에 부응하여 정치행정의 능률성과 책임성을 확립하는 데 있다는 점을 분명하게 이해할 필요가 있다. 따라서 지방분권화와 중앙집권화가 독립된 관계가 아니라 서로 간 상호 협력하는 과정으로 동등한 조건에서 중앙집권과 지방분권의 균형점을 찾는 것도 필요할 것이다. 더 나아가 지방분권 국가의 해외사례의 체계적 연구를 통하여 헌법사항과 법령사항으로 구분하여 합리적 지방자치의 실현을 위한 내용을 담아 냄으로써 지방자치의 효율성을 극대화하고 주민의 복리를 증진할 수 있을 것이다. 그리고 지방민주주의와 직접민주주의를 강화하는 주민자치 주도의 자치분권이 이루어져야 한다. 이를 위해서는 주민을 가까이 하는 자치행정이 실행되어야 한다. 주민들이 자신의 자치단체에서 행하는 사무에 대한 정보를 알아야 하며, 자신들과 관계되는 정책결정에 자신들의 의견을 자유롭게 개진할 수 있도록 해 주어야 하고, 주민의 이해에 반하는 정책으로 해를 끼치는 경우에는 주민감사 내지 통제제도를 허용해 주어야 한다. 이는 지방민주주의의 가장 중요한 원칙으로 행정행위의 투명성 원칙과 지방정치에의 주민참여, 주민통제의 원칙을 의미하는 것이다.

우리가 구축해야 할 새로운 지방분권과 주민자치 그리고 균형발전은 그동안 체제 안에 놓여진 구성요소들 간에 관습적으로 행하는 협력관계가 아니라 지역발전의 시너지효과를 극대화할 수 있도록 개인, 기구, 공공부문, 민간부문 등 그리고 시민단체 다양한 행위자들 간 수평적 통합을 이루어내고, 국가 전체발전의 목표와 전략에 상응할 수 있는 국가와 지방자치단체 간의 상호의존형 통합과정을 이끌어 내는 것이다.

참고문헌

강원택. 2014. "총론: 지방자치를 바라보는 시각"『한국 지방자치의 현실과 개혁과제』, 사회평론 아카데미.

김남철. 2002. "지역균형발전의 법적문제"『공법학연구』4(1), 3–24.

김필두. 2017. "마을만들기-주민자치와 복지의 상생"『보건복지포럼』, 56–73.

김현조. 2009.『지방자치론』, 대영문화사.

김현호. 2017. "지방분권에 바탕한 지역균형발전 정책의 추진 방향"『국토』434, 33–37.

김형기. 2003. "지방분권과 국가경쟁력"『동향과 전망』, 62–92.

박인수. 2017. "지방분권국가의 특징과 한계"『공법학연구』18(3), 3–27.

박재율. 2018. "[분권 선두도시, 부산] 지방분권 추진 위한 전국적 리더십 발휘해야 제2의 도시 뛰어 넘어 부산의 웅비 기약 가능"『부산발전포럼』169, 58–63.

박철. 2017. "김부겸 장관, 지방분권 5가지 핵심전략 발표"『주민자치』71, 78–81.

성경륭. 2017. "[분권국가와 지역균형발전: 미래 비전과 과제] 새로운 대한민국은 강소지역 기반 강대국형 (준)연방국가"『주민자치』71.

신진욱. 2018. "민주주의와 복지국가의 관점에서 본 분권지상주의의 문제와 과제"『복지동향』236, 5–12.

이기우. 2017. "지방분권개헌의 논거와 과제"『주민자치』64, 86–95.

이기우. 1997. "한국에서 지방분권화의 현황과 과제" 한국정치학회 민선자치 2주년기념 학술심포지움.

이병규. 2015. "지역균형발전의 헌법적 고찰" 『공법학연구』 16(2), 29-53.

이정식. 2001. "지역균형발전의 새로운 패러다임" 『국토계획』 36(2), 3-5.

전북일보. [지방분권과 혁신도시 시즌2 로드맵] ① 프롤로그 - 지방분권 개헌시대, 혁신도
시와 함께 전북 성공전략 모색(2005.5.7.) http://www.jjan.kr/news/articleView.
html?idxno=2006570

전용주. 2014. "주민참여 자치: 제도적 분권, 시민참여 그리고 대안" 『한국 지방자치의 현실
과 개혁과제』, 사회평론 아카데미.

전훈. 2018. "지방분권과 헌법개정" 『법학논고』 61, 1-26.

정원식. 2018. "지방분권 완성으로 시민 삶의 질, 획기적으로 바꾼다" 『경남발전』 141,
2-4.

주장환·윤성욱. 2014. "주요 선진국 지방자치제도 및 지방의회 운영제도 사례 수집: 영국"
전국시·도지사의장협의회 연구 용역 보고서, 10월.

지방분권촉진위원회. 2013. 『제2기 지방분권촉진위원회 지방분권백서』.

최진혁. 2011. "지방분권과 지역균형발전의 상징도시로서의 세종시와 사회통합 구현방안"
학술세미나, 37-63.

최진혁. 2017. "지방분권의 제2도약으로서 대한민국의 자치분권 추진과제에 관한 연구"
『한국지방자치학회보』 29(3), 55-84.

허진성. 2017. "지역균형발전에 대한 헌법적 이해—지방분권과의 관계를 중심으로" 『헌법
학연구』 23(4), 79-107.

홍준현. 2001. "한국 지방분권의 평가: 행정적 측면을 중심으로" 한국지방정부학회 하계학
술대회발표논문집.

Baguenard, Jacques. 1996. *La Décentralisation.* Paris: P.U.F.

Baguenard Jacques et Becet Jean-marie. 1995. *La Démocratie Locale.* Paris: P.U.F.

Bryce, James. 1921. *Modern Democracies.* The macmillan company.

Dillinger, William. 1994. *Decentralization and Its Implications for Urban Service Delivery. Urban Management Program Discussion.* Paper 16. Washington D.C.: World Bank.

Henderson, Gregory. 1968. *Korea The Politics of the Vortex.* Harvard University Press; 1st edition(October).

L. Favoreu et al. 2010. *Droit Constitutionnel.* dalloz, 13e édition.

Luchaire, François et Yves. 1983. *Le Droit De La Décentralisation*. Paris: P.U.F.

Mulgan, Geoff and Fran Bury. 2006. *Double Devolution: The Renewal of Local Government*. London: The Smith Institute.

Ter-Minassian, Teresa. 1997. "Decentralizing Government", *Fiance & Development* 34(3).

Verpeaux, Michel. 2005. *Droit Des Collectivités Territoriales*. Paris: P.U.F.

제2장

지방분권의 역사:
대한민국정부 수립 이후부터 현재까지

전용주·동의대

I. 들어가는 말

한국의 지방 분권 역사는 도입, 굴절과 후퇴, 그리고 점진적 진화의 과정이었다. 태생적 한계가 있었기 때문이다. 1945년 이후 한국의 정치 체제와 제도는 중앙집권적 성격이 매우 강했다. 1948년 제헌 헌법에 처음으로 담긴 지방분권과 자치의 이념은 1952년 선거로 시작되었다. 그러나 일본 식민지 지배와 미군정에 의해 구축된 정부 조직과 제도에 기반해서 출발했고, 이후 이승만 정부의 권력 유지라는 정치적 목적에 의해 운용되었다. 즉 지방에서의 정치와 자치는 출발부터 중앙정부와 정치에 의존하는 성격을 갖게 되었다. 더군다나 1960년 권위주의체제의 등장은 지방분권과 자치를 단절시켰다. 30년 후, 1987년 민주화는 지방분권과 자치를 부활시켰고, 이후 점진적으로 제도화되면서 현재에 이르고 있다. 그러나 여전히 중앙집권적 정치 체제의 틀에서 벗어나고 있지 못하다.

이 글은 이러한 역사를 정리하고자 한다. 지방분권은 다양한 의미를 갖는다. 첫째, '탈집중화'이다. 중앙정부가 권한 이전 없이 지방 기관으로 특정 공공 서비스 공급 책임을 나눠주는 것이다. 둘째, '위임'이다. 중앙정부가 공공 서비스 제공에 관한 정책 결정이나 관리 업무를 지방정부로 이전시키는 것이다. 지방정부는 중앙정부로부터 어느 정도 자율성을 가지지만, 통제 대상이다. 셋째, '이양'이다. 중앙정부가 지방정부로 정책 결정, 재정, 행정 업무에 관한 권한을 이전하는 것이다. 지방정부는 중앙정부에 대해 매우 높은 수준의 자율성을 누리게 된다. 탈집중화나 위임보다 분권의 수준이 높다.

또한 지방분권은 그 내용을 기준으로 세 가지로 분류되기도 한다(Norris 2008). 첫째, '정치 분권'이다. 이는 정책 결정에 관한 권력과 책임을 중앙정부로부터 지방정부(지방의회, 지방행정부 수반 등)로 이양하는 것이다. 지방 단위에서 공공 서비스에 대한 통제, 선거를 통한 책임성, 정치적 대표, 그리고 시민 참여 등의 기회를 확대하기 위한 것이다. 즉 지역 주민들이나 그들의 선출된 대표들에게 정책 결정과 집행에 대한 권력을 부여하는 것이다. 이러한 정치적 분권의 대표적 예로는 선거를 통한 지방 정부에서의 선출직 대표의 확대이다. 그 밖에도 정책과 예산 결정 과정에의 주민 참여 확대 등이 있다.

둘째, '행정 분권'이다. 이는 공공 서비스 제공이나 규제 등에 관한 정책 결정과 관리 권한을 중앙정부에서 지방정부로 이양하는 것이다. 기존에 중앙정부가 보유하고 있던 행정 명령, 규제, 공공 건강, 지역 개발, 교통, 주거, 그리고 교육 분야 등의 권한 이양이 포함된다. 마지막으로 '재정 분권'이다. 세금 징수, 지출, 그리고 재정 상태 관리 등의 권한을 지방 정부가 자율적으로 행사하도록 해 지방정부의 책임과 권한에 맞는 재원을 확보해 주는 것이다. 즉 지방정부가 자주적 재정권을 보유함으로써 스스로 자원을 마련하고 집행할 수 있는 권한을 부여하는 것이다.

다음에서는 이러한 지방분권에 관한 다양한 개념을 활용해 우리나라 역대 정부의 지방분권 정책을 정리해본다. 특히 지방분권과 관련된 역대 정부의 주요 정책과 제도 변화 위주로 기술할 것이다. 현재 문재인 정부가 추진하고 있는 지방분권 정책 내용에 대해서도 살펴볼 것이다. 마지막은 지방분권의 역사를 통해 얻을 수 있는 교훈으로 맺을 것이다.

II. 역대 정부의 지방 분권 정책[1]

1. 지방분권의 제도화 도입과 전개: 1948~1960년

1) 이승만 정부

1948년 5·10선거로 구성된 제헌국회는 최초로 제정한 헌법에서 '지방자치'의 원칙을 명문화한다(김주영 2010, 93-95; 임승빈 2015, 319-320). 제헌헌법은 지방자치에 관한 내용을 별도의 장인 제8장에 두었다. 그리고 하위 조항인 제96조에서 "지방자치단체는 법령의 범위 내에서 그 자치에 관한 행정사무와 국가가 위임한 행정사무를 처리하며 재산을 관리한다" "지방자치단체는 법령의 범위 내에서 자치에 관한 규정을 제정할 수 있다"고 규정한다. 이어 제97조에서는 "지방자치단체의 조직과 운영에 관한 사항은 법률로써 정한다. 지방자치단체에는 각각 의회를 둔다. 지방의회의 조직, 권한과 의원의 선거는 법률로써 정한다"고 하고 있다.

즉 제헌헌법은 '정치 분권'을 선언하고 있다. 가장 기본적인 자치행정권과 자치입법권을 지방자치단체에 부여하고 있는 것이다. 그리고 선거를 통해 선출된 대

---

1. 1948년 이후부터 문재인 정부 이전 역대 정부하에서의 지방분권과 지방자치와 관련된 주요 제도변화 내용은 한국지방행정연구원 편, 『지방자치·행정 50년사』(1999)와 대통령 소속 지방자치발전위원회 편, 『지방자치발전백서』(2017)를 주로 참조하였음을 밝힌다. 법령의 구체적 내용은 법제처의 '국가법령정보센터' 누리집을 통해 정리했다.

표에 의해 구성된 의회를 두게 하고 있다. 이는 해방 이후 지방자치를 위한 제도적 보장을 헌법에 명문화함으로써 향후 우리나라에서의 지방분권과 자치의 기본적 방향과 틀을 제시하고 있다는 점에서 의미가 있다. 이후의 헌법 개정에서도 거의 그대로 유지되고 있기 때문이다. 그러나 입법권의 범위에 있어서는 '법령의 범위 내에서'라는 내용을 명시하여 명백히 제한하고 있다. 이 또한 현행 헌법에 유지되고 있다는 점에서 현재의 지방정부가 가지고 있는 입법권의 한계와 정치적 분권 수준을 제약하는 기본 방향이 1948년 제헌헌법에서 이미 결정되었다고 할 수 있다.

제헌헌법에 따라 1949년 7월 4일 최초로 제정된 『지방자치법』은 지방분권과 자치를 실현하기 위한 구체적 규정을 담고 있다(김주영 2010, 101-105; 정우열 2016, 202-203). 대표적 내용은 다음과 같다. 첫째, 지방자치단체의 종류와 정부형태에 관한 것이다. 먼저 서울특별시와 도, 그리고 시·읍·면 두 종류로 하고 서울특별시는 중앙정부, 시·읍·면은 도의 관할 구역에 두기로 하였다. 또한 서울특별시와 인구 50만 명 이상의 시의 하부조직으로 구를 두고, 시·읍·면에는 동과 리를 두었다. 그리고 지방자치단체의 정부 형태는 지방정부의 집행부와 입법부 간 분리하여 상호 견제할 수 있는 대립형으로 구성하도록 했다.

둘째, '정치 분권'과 관련된 내용이다. 지방자치단체 구성은 중앙정부에 의한 임명방식과 지방의회, 혹은 주민에 의한 선출 방식을 혼용하고 있다. 서울특별시장과 도지사는 대통령이 임명하고, 시·읍·면장은 해당 지방의회에서 투표로 선출하도록 했다. 군수와 구청장은 국가 공무원으로 하고 동과 리의 장은 주민이 선출하도록 했다. 정치 분권의 핵심적 내용은 주민에 의해 선출된 대표에 의해 지방자치단체를 구성하는 것이라는 점에서 분명 한계가 있었다.

지방의회의 입법권도 제한되었다. 지방의회는 의결기관으로서 '법령의 범위 내'에서 제한된 입법권을 부여받았다. 조례의 제정 또는 개폐, 예산의 의결, 결산보고의 심사, 인정, 법률 또는 대통령령에 규정된 것을 제외한 사용료, 수수료, 지방세, 분담금, 가입금 또는 부역, 현품의 부과, 징수에 관한 사항, 기본재산 기타 중요한 재산의 취득, 처분, 예산 외의 의무부담 또는 권리의 포기, 청원과 소원의 수리처결, 기타 법령에 의하여 그 권한에 속하는 사항에 대해 의결권을 갖게 되었다.

반면 정치 분권 측면에서 제한적이지만 주민참여의 길도 마련했다는 점은 의미가 있었다. 1948년 제정된 『지방자치법』에서는 '주민소청'제도를 도입했다. 법에서 "지방자치단체의 조례 또는 그 장의 명령이나 처분이 헌법이나 법률에 위반된다고 인정될 때에는 주민 100인 이상의 연서로써 이유를 구하여 도와 서울특별시에서는 대통령, 시, 읍, 면에서는 제1차로 도지사 제2차로 대통령에게 소청할 수 있다"고 규정한 것이다(제153조). 또한 '주민청원제도'도 도입했다. 제40조에 "지방의회에 청원을 하려고 하는 자는 2인 이상의 의원의 소개로 청원서를 제출하여야 한다"고 한 것이다. 그러나 주민발안, 주민소환, 주민투표와 같은 주민참여와 관련된 대표적 직접 민주주의적 제도를 도입하지 않은 것은 한계였다.

셋째, '행정 분권' 역시 제한적이었다. 주로 중앙정부에 의해 위임된 사무와 관련된 제한된 범위만을 부여받았다. 지방자치단체장은 법령과 사무에 의해 해당 지방자치단체에 위임된 행정사무를 관리하고 집행하는 권한을 갖게 되었다. 그나마 지방자치단체장은 법령이나 조례의 범위 내에서 그 권한에 속하는 사무에 관하여 규칙을 제정할 수 있는 권한을 갖게 되었다(제102조).

1949년 12월 15일 개정된 『지방자치법』에서는 조례와 규칙 제정권의 범위를 일정부분 확대했다. 제9조에서 "도 또는 서울특별시의 조례에는 법률에 특별한 규정이 없는 한 3개월 이하의 징역 또는 10만 원 이하의 벌금, 구류, 과료에 처하는 규정을 제정할 수 있다. 도 또는 서울특별시의 장의 규칙에는 법률에 특별한 규정이 없는 한 1만 원이하의 과료에 처하는 규정을 제정할 수 있다"는 내용을 추가함으로서 부분적으로나마 입법권을 확대했다. 이러한 제헌헌법과 그에 따라 제정된 『지방자치법』은 한계를 가지고 있었으나 지방분권과 자치의 당위성을 인정하고 그 근거를 마련했다는 점에서 의미가 있었다.

그러나 이러한 제도 마련에도 불구하고 지방분권과 자치는 한동안 실현되지 않았다. 이승만 정부는 지방자치법의 제정과 공포에도 불구하고 지방의회를 구성하는 선거를 실시하지 않았다. 이승만 정부는 한국전쟁 중인 1952년 최초로 지방의회 선거 실시를 결정한다. 의회를 통한 재선 가능성이 낮아지자 직선제 개헌을 위한 원외세력을 구축해야할 필요가 있었다. 1952년 4월 24일 시·읍·면 의회 의원선거를 실시해 17,544명의 의원이 선출했고, 같은 해 5월 10일 서울특별시와 일부 도를 제외한 7개 도에서 도의원 선거를 치뤄 306명의 의원을 선출했다. 그러나 당선자 소속을 보면 60% 이상이 자유당, 한국청년단 등 여권 인사들이었고, 지방선거 이후 각 지역의 지방의회들은 국회 해산을 요구하는 결의문을 채택하고 시위를 한다. 지방선거가 이승만 정부의 정치적 목적에 의해 이용되었으며, 결국 중앙정치의 도구로 전락했음을 보여 주는 대목이다.

한국 전쟁이 끝난 후인 1956년 8월 8일에는 제1대 시·읍·면 장 선거, 제2대 시·읍·면 의회 선거가 실시되었다. 그리고 8월 13일에는 제1대 서울특별시 의회 선거와 제2대 도의회 선거가 실시된다.

1958년 『지방자치법』은 다시 개정된다. 이전의 시·읍·면 장 직선제를 폐지하고 임명제로 전환했다. 지방자치와 분권에 역행하는 방향으로 법이 개정된 것이다. 그러나 이 법에 의한 지방선거는 1960년의 4·19혁명으로 인해 실시되지 못한다.

2) 제2공화국

제2공화국에서는 '정치적 분권'에 있어 진일보한 제도 개선이 있었다(정우열 2016, 203). 먼저 지방자치단체장의 주민 직선제가 도입된 것이다. 1960년 6월 15일 개정된 3차 개정 헌법 제97조 ②항에서 "지방자치단체의 장의 선임방법은 법률로써 정하되 적어도 시, 읍, 면의 장은 그 주민이 직접 이를 선거한다"라고 규정하였다. 이에 따라서 지방자치단체장의 직선제를 제도화할 수 있는 길이 열린 것이다. 이에 따라 1960년 11월 1일 『지방자치법』은 다시 개정된다. 개정된 『지방자치법』 제98조에서 기존에 대통령이 임명하던 서울특별시장과 도지사, 그리고 1958년 직선제에서 임명제로 그 선출 방식을 바꾼 시·읍·면의 장을 다시 직선제로 선출하도록 했다. 이러한 개정된 법에 의해 1960년 12월 12일부터 29일까지 4차례에 걸쳐 지방자치단체장과 지방의회 의원을 선출하는 지방선거가 실시된다. 이로써 지방자치단체 집행부의 장과 지방의회 구성원 모두 주민 직선으로 선출하게 된다.

2. 중앙집권적 권위주의체제 등장과 지방분권의 중단: 1961~1987년

1961년 5·16 군사쿠데타로 등장한 권위주의적 군사 정부는 지방분권과 자치를 전면 중단시킨다. 1961년 5월 공포된 '군사혁명위원회 포고 제4호'에 의해 국회와 지방의회를 모두 해산한 것이다. 이로써 제2공화국에서 부분적으로 진전이 있었던 지방분권과 자치의 제도화가 무력화된다(김주영 2010, 106-107; 정우열 2016, 203).

군사 정부는 지방자치단체장 선출방식도 중앙정부에 의한 임명제로 변경했다. 1961년 6월 공포된 『국가재건비상조치법』에서 서울특별시장과 도지사 및 인구 15만 이상의 시의 장은 국가재건최고회의의 승인을 얻어 내각이 임명토록 하고 그 외 지방자치단체장은 도지사가 임명하도록 했다. 그리고 『지방자치법』은 9월 1일 제정된 『지방자치에관한임시조치법』으로 대체된다. 혁명과업을 완수하기 위해서는 중앙집권화를 통해 행정의 효율성을 이루어야 한다는 법 대체의 목적이었다.

1962년 12월 26일 개정된 제3공화국 헌법은 지방분권과 자치의 후퇴를 명확히 보여 준다. 지방의회를 두는 것은 명시하고 있으나 부칙 제7조에서 이 헌법에

의한 지방의회 구성 시기는 법률로 정한다고 했다. 그러나 헌법 개정 이후 지방
자치와 관련된 법을 제정하지 않았고, 따라서 지방의회 구성을 위한 선거는 장기
간 실시되지 않았다.

　지방분권과 자치는 1972년 12월 27일 개정된 제4공화국 헌법(유신헌법)에서
더욱 후퇴한다. 부칙 제10조에서 "이 헌법에 의한 지방의회는 조국통일이 이루
어질 때까지 구성하지 아니한다"고 함으로써 사실상 지방분권과 자치를 전면 중
단한 것이다.

　1979년 10·26 사건으로 박정희 전 대통령이 사망하고 12·12 군사반란 사건
으로 신군부가 집권세력으로 등장한다. 전두환 대통령 취임 이후인 1980년 10
월 27일 개정된 제5공화국 헌법에서는 유신 헌법에서의 지방자치 관련 부칙 조
항을 다소 완화한다. 부칙 제10조에 "이 헌법에 의한 지방의회는 지방자치단체
의 재정자립도를 감안하여 순차적으로 구성하되, 그 구성 시기는 법률로 정한다"
고 규정한 것이다. 그리고 1981년 구성된 제11대 국회에서는 여·야 간에 지방의
회 구성을 위한 합의도 있었다. 1987년 상반기까지 지방의회를 구성할 수 있도록
1986년까지 법 개정 등 입법을 완료한다는 데 내용이었다. 그러나 실제 이의 실
현을 위한 관련법 제정은 제5공화국 기간 내내 이루어지지 않는다.

3. 민주화와 지방분권의 부활과 제도화 과정: 1988~1997년

1) 1987년 민주화와 지방분권 및 자치의 부활

　1987년 6월 민주화 항쟁은 민주주의뿐만 아니라 지방분권과 자치를 되살리는
결정적 계기였다. 집권당인 민주정의당 노태우 대표는 대통령 직선제 요구를 받
아들이는 '6·29선언'을 발표한다. 이 선언에는 대통령 직선제를 위한 개헌 이외
에도 지방자치와 교육자치 내용에 포함된다. 1988년 2월 25일 개정된 제6공화국
헌법에서는 지방의회 구성의 걸림돌이었던 이전 헌법의 부칙 조항이 삭제된다.

이로써 지방의회 구성을 위한 선거 실시가 가능해진다.

이러한 헌법 개정 내용을 현실화하기 위해 1988년 4월 6일 『지방자치법』이 개정되었다. 이 법은 당시 시대정신이었던 '민주화'를 반영하였다. 제1항의 법 제정 목적으로 "지방자치행정의 민주성과 능률성을 도모하며"라고 명시한 것이다. 즉 '민주주의의 강화'라는 관점에서 지방자치를 바라보고 있었음을 보여 준다.

1988년 개정법의 대표적 내용을 정리하면 다음과 같다. 첫째, 지방자치단체를 두 가지 종류로 두기로 했다. 특별시와 직할시 및 도, 그리고 시·군·구가 그것이다. 그리고 특별시와 직할시의 구를 지방자치단체에 포함시켰다. 둘째, 지방자치단체의 사무범위를 명확히 하였다. 지방자치단체의 구역, 조직 및 행정관리, 주민의 복지증진, 농림·상공업 등 산업진흥, 지역개발 및 생활환경시설 설치 및 관리, 자연보호활동, 교육·체육·문화·예술 진흥, 그리고 지역민방위 및 소방에 관한 사무가 그것이다.

셋째, 지방의회 선거 시기에 관한 것이다. 부칙 제2조에 시·군·구 의회의 경우 법 시행일로부터 1년 이내인 1989년 5월 30일까지, 시·도의회는 시·군·구 의회 구성 이후 2년 이내에 실시하도록 했다. 또한 지방자치단체장도 선거로 선출하도록 했고(제86조), 선거 방법에 대해서는 다른 법으로 정하기로 했다.

1988년 12월 30일 『지방자치법』은 다시 개정된다. 제13대 국회의원 선거 결과 야당이 다수당을 차지하면서 지방분권과 자치를 더욱 강화하는 내용으로의 개정을 요구했기 때문이다. 이 개정법에서는 지방자치단체장을 '주민이 직접' 선출하도록 명시했다(제86조). 그리고 지방자치단체장과 지방의회 의원 선출 시기도 명확히 하였다. 부칙 제2조에 시·군·구 의회 의원 선거는 1990년 6월 30일 이내, 시·도지사 및 시장·군수·자치구의 구청장 선거는 1991년 6월 30일 이내에 실시토록 한 것이다. 그리고 행정사무감사 및 조사권을 지방의회에 부여함으로써 그 권한도 강화했다.

그러나 선거 시기와 관련된 법 규정은 지켜지지 않는다. 지방선거에서의 정당공천제를 둘러싼 국회 내에서의 논쟁이 격화되었기 때문이다. 이에 1990년 12월 『지방자치법』은 다시 개정되었고, 지방 선거 실시 기한을 각각 1년씩 연기했다. 이에 따라 1991년 3월 26일 시·군·구의 기초의회 의원 선거가 실시되었고, 6월 20일 시·도 등 광역의회 의원 선거가 실시된다. 1960년부터 단절되었던 지방의회 선거가 30여 년 만에 부활한 것이다.

2) 김영삼 정부

1992년 출범한 김영삼 정부에서는 지방분권에서 의미 있는 제도화가 이루어진다. 대표적 예가 1994년 3월 16일 개정된 『지방자치법』이다. 이 개정법은 '정치 분권'과 관련해 진일보한 내용을 담았다. 첫째, 최초로 '주민투표제'를 도입했다.[2] 제13조의 2 ①항에서 "지방자치단체의 장은 지방자치단체의 폐치·분합 또는 주민에게 과도한 부담을 주거나 중대한 영향을 미치는 지방자치단체의 주요 결정사항 등에 대하여 주민투표에 붙일 수 있다"고 규정한 것이다. 둘째, 지방의원에게 '의정활동비'를 지급할 수 있는 법적 근거를 마련했다. 즉 지방의회 의원을 명예직으로 하되, 의정연구, 공무를 위한 여비, 회의 수당을 지급할 수 있게 한 것이다(제32조).

셋째, 지방의회 의원과 지방자치단체장을 주민 직선에 의해 선출함으로써 지방자치단체의 민주적 구성을 실현한다. 1994년 3월 16일 『대통령 선거법』, 『국회의원 선거법』, 『지방 자치 단체의 장 선거법』, 『지방 의회 의원 선거법』으로 나뉘어져 있던 공직선거 관련법들을 『공직선거 및 선거부정방지법』으로 통합했다. 그리고 이 법에 따라 1995년 6월 27일 지방자치단체장인 시·도 지사 및 구·시·군의 장과 시·도 의회 의원 및 구·시·군 의회 의원을 선출하는 제1회 동시 지방 선거를 실시했다. '정치 분권'의 주요 내용은 지방정부를 주민의 직접 선출

---

2. 최초의 주민투표는 제도 도입 10여 년 후인 2005년 7월 27일 제주도에서 '단일광역자치안'을 두고 실시되었다. 2017년 12월 13일 기준으로 주민투표는 총 8회 실시되었다(행정자치부 2018).

로 구성하는 것이다. 따라서 한국에서의 '정치적 분권'은 1995년 외형적으로 완성되었다.

이 밖에도 김영삼 정부에서는 '재정 분권'에서도 성과를 거둔다(박정민 2008; 정재진 2009, 475). 특히 지방자치단체의 세입분권 확대를 위해 1993년에 마권세 확대·개편, 1가구 2차량에 대한 중과세 신설, 1994년 주민세·재산세·지역개발세의 세율을 인상했다. 1996년에는 사용료·수수료 등에서, 1997년에는 취득세, 등록세, 재산세에 대해서 탄력세율제도를 도입해 지방자치단체가 표준세율을 조정할 수 있도록 했다. 이러한 정책들은 지방자치단체의 재정 자율성을 제한적이나마 신장시켰다고 할 수 있다.

4. 지방분권의 점진적 확대: 1998~2007년

1) 김대중 정부

1998년 출범한 김대중 정부는 지방분권을 중요한 정책의제로 설정한다. 특히 중앙정부 권한의 지방이양, 즉 '행정 분권'에 적극적이었다. 김대중 정부는 집권 초 100대 국정과제의 하나로 '중앙행정권한의 지방이양'[3]을 채택함으로써, 임기 내내 '행정 분권화'에 많은 정책적·제도적 노력을 기울인다. 이러한 노력의 일환으로 『중앙행정권한의 지방이양촉진 등에 관한 법률』을 제정하고 이를 통해 1999년 대통령 직속으로 '지방이양추진위원회'를 설치한다. 그리고 지방으로 이양할 사무를 조사하고 결정할 권한을 이 기구에 부여함으로써 본격적으로 중앙정부 행정권한의 지방으로의 이양을 추진하기 시작했다. 즉 이 위원회를 중앙행정 권한의 지방이양을 통해 지방분권 확대와 자치의 활성화를 위한 제도적 기구로 기능하도록 한 것이다. 실제로 이 위원회는 국가·지방사무에 대해 전수조사

---

3. 정부조직법 상 중앙행정기관이 법령에 규정된 권한을 지방자치단체에 이양함으로써 그 지방자치단체로 하여금 자기 권한과 책임 하에 그 사무를 처리하도록 하는 것이다.

를 한다. 이를 통해 총 3,802개의 지방 이양 사무를 찾아냈고 1,090개의 사무를 중앙에서 지방자치단체로 이양하기로 결정했다. 그리고 이 중 240개(발굴 사무 대비 6.2%)를 법령 개정을 통해 이양한다(소순창 2011, 51; 윤태웅 2015, 390–391).

'정치 분권'을 위한 제도화에도 진전이 있었다. 1999년 8월 31일 개정된 『지방자치법』에서 '주민의 조례 제정 및 개폐청구권'과 '감사청구권'을 명문화한다. 주민 참여의 중요한 제도적 수단을 추가한 것이다(지방자치위원회 2017).

'재정 분권'에서도 성과가 있었다(정재진 2009, 475–476; 박정민 2008). 먼저 세입분권을 위해 1998년 신경제5개년계획의 과표 현실화 계획에 따라 수수료와 사용료의 현실화를 추진했다. 1999년에는 주민세 개인균등할에 대한 제한세율 세도를 도입해, 지역별로 차등을 두도록 했다. 2000년에는 휘발유와 경유 등에 부과하는 국세의 교통세액 중 일부를 주행세로 전환해 지방으로 이양했고, 표준세율의 50% 내에서 조정할 수 있도록 했다. 또한 농지세의 과세 대상을 확대했고 주행세율과 담배소비세의 세율을 인상했다. 세출분권 확대를 위해서는 2000년 지방교부세의 법정교부율을 내국세 13.27%에서 15%로 상향조정했다.

2) 노무현 정부

노무현 정부는 지방분권을 국정 주요과제로 선정하였고 이를 위한 정책 추진에 있어서 적극적이었다(강재호 2011). 지방분권을 기초로 지역사회, 지방정부, 그리고 중앙정부를 혁신하여 국가를 재구조화하는 '분권형 선진국가'를 이룩하는 정책기조를 취한 것이다. 이전 정부가 주로 행정사무의 지방이양이라는 관점에서 문제를 접근했다면 노무현 정부는 상당히 포괄적인 관점에서 지방분권 정책을 접근한 것이다.

그리고 정책기조 실현을 위해 2004년 1월 16일 『지방분권특별법』을 5년 한시법으로 제정한다. 주목할 만한 것은 이 법에서는 지방분권의 기본이념을 이전과 다르게 정의하고 있다는 점이다. 제3조에서 "지방분권은 주민의 자발적 참여를 통하여 지방자치단체가 그 지역에 관한 정책을 자율적으로 결정하고 자기의 책임 하에 집행하도록 하며, 국가와 지방자치단체 간 또는 지방자치단체 상호간의 역할을 합리적으로 분담하도록 함으로써 국정의 통일성을 확보하고 지방의 창의성 및 다양성이 존중되는 내실 있는 지방자치를 실현함을 그 기본이념으로 한다"고 명시한다. 즉 지방분권과 자치를 '주민의 자발적 참여,' '지방의 창의성 및 다양성'등을 보장하는 수단으로 본 것이다.

이 법에서는 지방분권의 추진과제도 구체적으로 명시했다(제9조~제16조). 국가의 권한 및 사무의 이양, 지방재정 확충 및 건전성 강화, 자치행정역량 강화(자치입법권), 지방의회 활성화와 지방선거제도 개선, 주민참여 확대, 자치행정의 책임성 강화 등이 그것이다. 그리고 이러한 과제 추진을 위해 대통령소속으로 '정부혁신·지방분권위원회'를 설치한다.

노무현 정부의 지방분권과 자치 확대를 위한 제도화 노력을 정리하면 다음과 같다. '정치 분권' 측면에서 주민 참여 보장을 위해 직접 민주주의 제도를 도입했다. 대표적 예로『지방분권특별법』제14조에 명시했던 주민소환제, 주민소송제의 도입을 추진했다. 먼저 2005년 1월 27일 개정된『지방자치법』에서는 지방자치단체장을 상대로 소송을 제기할 수 있는 '주민소송제'[4]를 도입했다. 2006년 5월 24일 개정된『지방자치법』에서는 지방자치단체장과 지방의회 의원을 소환할 수 있는 '주민소환제'[5]를 도입한다(지방자치위원회 2017).

이밖에도 2005년 8월 개정된『지방자치법』을 통해 지방의회 의원 유급제의 근거도 마련한다. 회기 중 지급되던 회기수당을 의원들이 전문성을 가지고 의정활

---

4. 최초의 주민소송은 2006년 5월 25일 경기도 성남시에서 예산 낭비에 관한 손해배상 청구 건이었다. 2018년 3월 2일 기준으로 주민소송은 총 34건이 종결되었고, 5건이 진행 중이다(행정자치부 2018).
5. 최초의 주민소환제는 2007년 12월 12일 경기도 하남시에서 시장과 3명의 시의원을 대상으로 실시되었다. 2017년 12월 31일 기준으로 총 8번이 실시되었다(행정자치부 2018).

동을 할 수 있도록 매월 월정액으로 전환한 것이다. 또한 교육감 직선제를 도입했다. 교육감의 경우 그간 중앙정부가 임명하거나, 1991년부터는 교육위원회에서 선출, 1997년부터는 학교운영위원회와 교원단체 선거인에 의한 선출, 2000년부터는 학교운영위원회가 선출하는 방식이었다(윤태웅 2015, 402). 2005년 교육감의 주민 직선제를 골자로 하는 『지방교육자치에 관한 법률』의 개정안이 국회에 제출되었고, 2006년 12월 국회를 통과한다.**6**

'행정 분권'에서도 성과가 있었다(소순창 2011, 55-56). 노무현 정부는 김대중 정부가 설치했던 대통령소속 '지방이양추진위원회'를 통해 행정사무의 지방이양 활동을 지속시켰다. 지방이양을 완료한 사무건수는 총 949건으로 노무현 정부 이전의 이양완료 사무건수인 240건의 4배 이상 증가한 수치이다.

좌절과 실패도 있었다. 노무현 정부는 2006년 6월부터 중앙행정기관의 사무를 지방자치단체로 일괄적으로 이양하기 위해 『지방일괄이양법(안)』의 입법화를 추진한다. 그러나 국회에서 해당법안의 소관 상임위를 특정할 수 없다는 이유로 발의조차 되지 못한다. 또한 '특별지방행정기관 정비 추진계획'을 마련하여 특별지방행정기관의 지방이양을 추진하기도 했다. 그 기준은 주민의 편의성이나 현지성이 높고, 지방자치단체의 업무와 중복되는 부분이 많으며, 지역 경제에 영향을 많이 미치는 분야로 했다. 사무분야는 중소기업 지원, 노동, 국도·하천, 항만·수만, 식·의약품, 환경 등이었고 선정된 특별지방행정기관 사무의 지방 이양을 2005년 7월까지 추진키로 한다. 그러나 관련 중앙부처 및 기관의 반대로 제대로 추진되지 못했다. 노무현 정부는 '자치경찰제' 도입도 추진했다. 2005년 『자치경찰법(안)』을 국회에 제출했으나 2008년 제17대 국회 임기만료와 함께 폐기된다(윤태웅 2015, 392-394).

'재정 분권'에서도 일부 성과가 있었다(김재훈 2007; 박정민 2008; 윤태웅

---

6. 2010년 6월 5일 제5회 전국동시지방선거와 함께 첫 번째 교육감 직선제가 실시된다.

2015, 395-396; 정재진 2009, 476-477). 먼저 세입분권을 위해 2004년 골프연습장을 취득세 대상으로 확대했고, 주행세율도 상향 조정했으며, 지역개발세[7]를 신설하기도 했다. 2005년 8월 4일 개정된 『지방자치법』에서는 지방자치단체의 지방채 발행에 대한 중앙정부의 승인 요건을 폐지하고, 『지방재정법』을 개정하여 지방예산편성지침을 폐지함으로써, 지방자치단체의 재정적 자율성을 일정부분 보장하였다.[8]

세출분권도 확대했다. 국세로 종합부동산세를 신설했고 교부금 산정과 유사하게 지방에 배분하였다. 그리고 지방교부세율을 내국세 15%에서 19.13%로 인상했다. 또한 지방이양 대상으로 결정된 국고보조사업의 재원을 지방자치단체가 확보할 수 있도록 5년 시한의 '분권교부세'도 도입한다.

5. 지방분권 제도화의 부진과 정체: 2008~2016년

1) 이명박 정부

2008년 2월 출범한 이명박 정부는 100대 국정과제에서 지방분권 추진의지를 표명했다. 이들 과제 중 '섬기는 정부' 분야에 지방행정체제의 개편, 광역경제권 구축, 자치경찰제 도입 등을 포함시켰다. 2008년 2월 29일에는 노무현 정부에서 제정되었던 『지방분권특별법』을 전면 개정해 『지방분권촉진에 관한 특별법』으로 대체했다. 그리고 2010년 10월 1일 시·군·구 통합 및 지방 분권 강화를 위한 『지방행정체제개편에 관한 특별법』을 제정한다(윤태웅 2015, 398).

이와 더불어 김대중 정부에서 설치되어 중앙 정부 행정권한과 사무의 지방이

---

7. 발전용수, 지하수, 지하자원을 이용하는 자, 컨테이너를 취급하는 부두를 이용하는 컨테이너를 입출창하는 자, 원자력 발전을 하는 자 등에게 세금을 부과하는 것이다.
8. 지방채 발행을 이전의 관계 장관 승인 하에 할 수 있도록 한 조항의 내용을 삭제하고 "지방자치단체의 장 또는 지방자치단체조합은 따로 법률이 정하는 바에 따라 지방채를 발행할 수 있다."로 변경한 것이다(제115조 ①항).

양 과제를 추진하던 '지방이양추진위원회'와 노무현 정부의 '정부혁신·지방분권위원회'를 통합해 대통령소속 '지방분권촉진위원회'를 설립했다. 그리고 이 기구에서 중앙정부 사무의 지방이양 및 지방분권과 관련된 업무를 맡도록 했다. 또한 『지방행정체제개편에 관한 특별법』을 제정하여 대통령직속 '지방행정체제 개편추진위원회'를 설립했고, 이 기구에서는 지방 행정체제 개편 문제를 다루도록 했다.

이명박 정부에서도 '행정 분권'이 추진된다(소순창 2008, 60; 윤태웅 2015, 399-400). 그러나 성과는 부진했다. 2012년 12월까지 총 1,587개의 사무의 지방이양을 확정했지만 실제로 법령 개정을 통해 이양 완료한 사무는 516개(32.5%)밖에 미치지 못했다. 이 밖에 특별지방행정기관의 기능과 인력, 그리고 예산의 지방 이전도 이루어졌다. 국도·하천, 해양·항만, 식·의약품 3개 분야에서 법 개정을 통해 인허가, 지도·단속 등의 행정 및 집행 기능, 인력, 재원을 지방으로 이양했다.

교육 분야에서의 권한 이양도 추진된다. 2010년에는 교육과정 운영자율권을 확대했고, 2012년에는 『유아교육법』, 『초등교육법』을 개정해 유아 및 초중등학교 업무 관련 교과부장관의 권한을 이전함으로써 교육감의 권한을 강화했다.

'재정 분권'에서는 일정부분 진전이 있었다. 지방재정 확충을 위해 '지방소비세'와 '지방소득세'를 새로 도입한 것이다(윤태웅 2015, 402). 먼저 국세인 부가가치세의 5%를 지방세로 전환하여 '지방소비세'를 신설했다. 또한 2010년 기존의 소득·법인세에 부과(10%)되는 주민세와 사업소득세를 통합하여 '지방소득세'로 전환하고 화력발전에 대한 '지역자원시설세'를 도입하기도 했다. 이와 같이 이명박 정부에서는 지방자치단체의 재원 확보를 위한 세입기반을 마련하는 데 있어 성과를 보여 주었다.

2) 박근혜 정부

2013년 출범한 박근혜 정부는 전 정부에서 제정되었던 5년 한시법인『지방분권촉진에 관한 특별법』과『지방행정체제 개편에 관한 특별법』을 통합해 2013년 5월 28일『지방분권 및 지방행정체제개편에 관한 특별법』을 제정한다. 그리고 이에 근거해 기존의 대통령소속 '지방분권촉진위원회'와 '지방행정체제 개편추진위원회'를 통합해 '지방자치발전위원회'를 설치하고 지방분권 및 자치에 관한 정책 과제 추진의 권한을 부여했다(윤태웅 2015, 404-495; 장정화 2017).

2014년 12월 '지방자치발전위원회'는 '지방자치발전 종합계획'을 발표한다. 이 계획에는 4개 분야 20개 과제를 담고 있다. 중앙정부 권한의 지방이양과 지방재정 확충이 그 주요 내용이었다. 먼저 기관위임사무 폐지를 포함한 중앙행정권한 및 사무의 지방이양에 있어서는, 국가 사무 조사 및 재배분을 완료하고,『지방일괄이양법』제정을 통해 자치사무의 비율을 40%까지 확대하는 방안이 담겼다. 또한 지방재정 확충을 위해 중앙권한 지방이양에 따른 비용보전, 지방소비세율 확대, 지방교부 세율 상향조정, 국고보조사업 구조조정 등을 추진한다는 내용이었다(지방자치발전위원회, 2017).

그러나 박근혜 정부에서의 지방분권과 자치 정책 추진은 거의 성과가 없었다. 예를 들어 '행정 분권'의 핵심적 과제인 중앙정부 권한 및 사무의 지방이양 실적은 역대정부 가운데 가장 낮은 수준이었다. '지방자치발전위원회'는 2015년 3월부터 2017년 3월까지 2년 동안 지방이양 대상사무 1,737건을 발굴해 1,648건에 대해 심의했고, 이 중 122건에 대해 이양을 의결하였을 뿐, 실제 이양에 있어서는 실적이 거의 없었다(지방자치발전위원회, 2017).

이와 같이 박근혜정부의 지방분권정책에 대한 추진성과는 역대정부에 비해 미진했다. '지방자치발전위원회'가 국무회의를 거쳐 확정한 지방자치발전 종합계획 20개 과제는 지방분권 강화에 가시적인 결과를 가져오지 못했다.『지방일괄이양법』또한 제정이 무산되었다. 다만 지방재정 확충 및 건전성 강화를 위해 지방세 비과세·감면 축소, 지방교육재정교부금 교부기준 개선, 포괄보조금 확대 편성 등 재정 분권에서는 어느 정도 성과를 거두었다(장정화 2017).

III. 문재인 정부의 지방 분권 정책: 2017년~현재

문재인 대통령은 당선 전부터 '연방제 수준'의 지방분권을 실현하겠다고 공언한다. 취임 후 발표된 문재인 정부의 100대 국정 과제 중 지방 분권과 관련된 내용 '풀뿌리 민주주의를 실현하는 자치분권'이라는 제목하에 정리된다. 먼저 '정치 분권'의 확대를 강조했다. 주민발의·주민소환·주민투표, 주민참여예산제 등의 요건과 대상 확대, 마을 자치의 활성화 등이 그 예이다. 둘째, '행정 분권'에 있어서는 2018년부터 포괄적 사무이양을 위한 『지방이양일괄법』을 제정하여 국가 사무의 지방 이양을 추진하기로 했다. 셋째, '재정 분권'를 위해서는 국세-지방세 비율을 현재 8:2에서 7:3을 거쳐 장기적으로 6:4 수준으로 변경하기로 했다(『청와대 누리집』).[9]

문재인 정부의 지방분권과 자치 정책의 기본 방향과 구체적 방안은 2018년 3월 국회에 제출된 대통령 발의 헌법 개정안, 비슷한 시기에 국회를 통과해 공포된 『지방자치분권 및 지방행정체제에 관한 특별법(지방분권법)』, 그리고 이 법에 의해 설립된 '자치분권위원회'가 2018년 9월 11일 발표했던 『자치분권 종합계획』을 잘 나타나 있다.

먼저 문재인 정부의 헌법 개정안에는 현행 헌법에 비해 지방분권의 헌법적 근거를 강화하는 내용이 상당부분 포함된다. 주요 내용을 정리하면 다음과 같다 (『청와대 누리집』).[10] 첫째, 헌법 전문에 자치와 분권의 가치를 명기했다. "자치

---

9. http://www1.president.go.kr/government-projects
10. http://www1.president.go.kr/Amendment

와 분권을 강화…"한다는 문장을 새로 삽입했다. 둘째, 문재인 정부 개헌안은 정당 설립과 관련된 현행 헌법의 모든 제한 사항 - "국민의 정치적 의사형성에 참여하는 데 필요한 조직을 가져야 한다"(제8조 2항) - 을 삭제함으로써 지역정당이 설립되는 것을 가능하도록 했다. 셋째, '주민주권'을 천명했다. 제121조 1항에 "지방정부의 자치권은 주민으로부터 나온다"고 명시하고 "주민은 지방정부를 조직하고 운영하는 데 참여할 권리를 가진다"는 규정을 신설했다. 또한 3항에서는 주민 참여 수단으로서 주민발안·주민투표 및 주민소환을 열거하고 그 기본적 사항은 법률로 정하도록 한다는 내용을 신설했다. 122조 1항에서는 지방의회 구성에 있어 주민에 의한 직접 선거 원칙을 명시했다. 넷째, '보충성 원칙'[11]도 조항으로 신설했다. 제121조 4항에 "국가와 지방정부 간, 지방정부 상호 간 사무의 배분은 주민에게 가까운 지방정부가 우선한다는 원칙에 따라 법률로 정한다"는 내용을 추가한 것이다.

다섯째, '자치입법권'도 강화했다. 제123조 1항의 "지방의회는 법률에 위반되지 않는 범위에서 주민의 자치와 복리에 필요한 사항에 관하여 조례를 제정할 수 있다"는 내용이다. 이는 현행 헌법의 "법령의 범위안에서"라는 내용보다 지방의회의 입법자율성을 일정정도 확대한 것이다. 여섯째, 지방자치단체의 '재정권' 조항도 신설했다. 124조 2항에 "지방의회는 법률에 위배되지 않는 범위에서 자치세의 종목과 세율, 징수 방법 등에 관한 조례를 제정할 수 있다"고 명시했다. 이와 같이 문재인 정부의 지방분권에 대한 인식이 표현된 헌법 개정안을 분명 현행 헌법보다 진일보한 것이었다.[12] 그러나 이 개정안은 같은 해 5월 국회에서 의결정

---

11. '보충성 원리(subsidiarity principle)'는 주민과 가장 가까운(closest) 낮은 단위의 정부가 주민 요구를 가장 잘 이해할 수 있고 따라서 지방의 하위 정부가 주민들에게 가장 효율적으로 공적 서비스를 제공해 줄 수 있다는 것이다. 반면 중앙정부에 의한 획일적인 공공서비스 공급은 지역 특수성과 주민의 각기 다른 선호(preference)를 반영하지 못함으로써 자원 배분의 비효율성을 초래한다는 것이다(Oates 1972). 나아가 주민들은 자신의 선호를 가장 잘 충족시켜 줄 수 있는 공공 서비스와 세금제도를 시행하고 있는 지역으로 이동할 수 있다고 가정한다(Tiebout 1956).
12. 단, 정부 개헌안 제122조 2항에 "지방의회의 구성방법, 지방행정부의 유형, 지방행정부의 장의 선임 방법

족수 미달로 인한 투표불성립으로 논의 자체가 무산된다.

　문재인 정부의 지방분권 과제는 2018년 3월 28일 제정된『지방자치분권 및 지방행정체제에 관한 특별법(지방분권법)』에서 구체화된다. 이 법에 의거하여 이전 정부의 '지방자치발전위원회'를 '자치분권위원회'로 명칭 변경하고 지방분권 및 자치 과제 발굴과 추진 권한을 부여한다. '자치분권위원회'는 지방분권의 첫 정책 과제로『지방이양일괄법(안)』을 마련하고 2018년 내 국회 통과와 공포를 목표로 한다고 밝힌다. 이 법안에는 19개 부처 518개 국가사무를 지방으로 이양하는 내용을 담고 있다. 이양 사무는 부처별로 해양수산부 119개, 국토교통부 92개, 환경부 61개, 여성가족부 53개 고용노동부 34개, 산림청 24개 등이다. 유형별로는 인·허가 130개, 신고·등록 97개, 검사·명령 313개, 과태료 등 기타사무 160개 등이다. 또한 이 법안에는 국가사무 지방이양에 따른 인력과 재정 지원 문제를 해결하기 위한 '(가칭)지방이양비용평가위원회' 설치 근거도 포함되었다(내일신문 2018년 7월 31일).

　'자치분권위원회'는 2018년 9월 11일 국정 100대 과제에서 제시된 지방분권에 관한 구체적 로드맵을 담은『자치분권 종합계획』을 발표하였다(자치분권위원회 2018). 그 주요 내용은 첫째, 주민참여 확대로 주민주권 구현, 둘째, 국가사무 획기적으로 지방 이양, 셋째, 지방재정 확충 등 강력한 재정분권 추진, 넷째, 중앙—지방 및 자치단체 간의 협력 강화, 다섯째, 자치단체의 자율성과 책임성 확대이다.

　구체적 내용을 정리하면 다음과 같다. 첫째, '정치 분권'의 확대이다. 이 계획에는 주민의 직접민주주의 확대를 통한 정치 분권을 강화하는 내용을 포함하고 있다. 예를 들어 주민자치회에 실질적 권한을 부여하여 마을문제를 직접 해결하

등 지방정부의 조직과 운영에 관한 기본적인 사항은 법률로 정하고, 구체적인 내용은 조례로 정한다"는 내용으로 자치조직에서 자율성을 부정하고 있다는 평가를 받는다. 지방정부의 자율적인 입법부과 집행부의 조직과 운영에 있어 중앙정부의 통제력이 강하게 작동될 수 있도록 규정하고 있다.

게 하거나, 주민투표, 주민발안, 주민참여예산 제도 등을 대폭 강화하겠다는 것이다. 특히 주민투표의 청구 대상이나 주민소환제는 그 요건을 완화하고 주민참여예산제도 그 대상을 확대하고 있다. 그리고 주민발안제의 경우 기존에는 조례제·개정 및 폐지안을 지방자치단체장을 통해 간접적으로 제출하도록 되어 있으나, 이 계획에서는 지방의회에 직접 제출토록 했다.

둘째, '행정 분권'과 관련해 국가사무를 지방으로 일괄 이양하는 『지방이양일괄법』을 연내 제정하기로 다시 확인한다. 또한 법령 제·개정시 자치권 침해 여부 사전 심사, 자치경찰제 도입으로 주민 밀착 치안서비스 강화, 그리고 자치단체의 조직·인사·재정 자율성을 대폭 확대하기로 한다.

마지막으로 '재정 분권' 분야에서는 지방소비·소득세 비중 확대로 지방세 확충하기로 했다. 그러나 핵심 과제인 국세의 지방세 전환, 국고보조금 개편, 지방교부세 제도개선에 대해 기획재정부와 협의가 이뤄지지 않았다는 이유로 현행 8대 2인 국세 대 지방세 비율을 6대 4까지 조정하겠다는 국정과제의 목표만을 재확인했다(한국일보 2018년 9월 11일).

IV. 나오는 말: 평가와 교훈

한국의 지방분권과 제도화는 우여곡절의 역사였다. 1948년 제헌 헌법에서 그 기본 방향이 제시된 이후 『지방자치법』 등 관련 법령은 수십 차례 제·개정되었다. 1961년 권위주의 정부의 출현으로 한동안 단절되기는 했지만, 1987년 민주화 항쟁과 제6공화국의 등장은 지방분권과 자치를 부활시켰다.

역대 정부의 지방 분권 정책은 각각 공과 과가 있다(김흥환 외 2018; 소순창 2011; 육동일 2010; 윤태웅 2015; 장정화 2017; 최상환 2017). 김영삼 정부는 최초로 주민투표제를 도입했고, 지방자치단체와 지방의회 모두 주민 직선에 의해 선출함으로써 정치 분권에서 진전을 이루었다. 탄력세율제를 도입함으로써 지방자치단체의 세입확대를 통한 재정 분권에도 기여했다. 그러나 행정 분권은 미흡했다.

김대중 정부의 지방분권 정책은 행정 분권에 집중되었다. 국가·지방사무에 대한 전수조사를 통해 중앙정부 권한의 지방이양을 추진했다. 조례 제정 및 개폐청구권 도입, 주민감사청구제도 도입 등 정치 분권에서도, 수수료와 사용료 현실화, 교부세율 상향조정 등 재정 분권에서도 어느 정도 성과가 있었다. 그러나 자치입법권이나 교육자치의 확대·강화는 미진했다.

노무현 전 대통령은 지방 분권에 대한 의지가 강했고 적극적이었다. 참여민주주의와 지방분권에 관한 사회적 담론을 확산시켰다는 점은 의미가 있다. 『지방분권특별법』제정, 주민 참여 확대를 위한 주민소송제 및 주민소환제 도입, 주민투표법 제정, 제주특별자치도 출범, 지방예산편성지침 폐지, 지방의원 유급제 근거 마련 등 지방분권 빛 자지와 관련해 적지 않은 성과를 거두었다. 그러나 지방분권과 국가균형발전을 동시에 추진하면서 정책목표의 충돌로 사회적 갈등을 야기했다는 점은 되돌아볼 대목이다.

이명박 정부에서는 주로 행정 분권에 초점이 맞추어져 있었다. 국도하천·해양항만·식의약품 분야의 특별지방행정기관의 일부 기능을 이양했다. 그리고 국가사무의 지방이양도 추진했으나 그 성과는 만족할 만한 수준이 아니었다. 재정 분권에서는 지방소득세 및 지방소비세 도입의 성과가 있었다. 그러나 주민 참여 확대 및 자치입법권 확대 등 정치 분권을 위한 주요 과제에 대해서는 성과가 없었다. 또한 이명박 정부는 지방행정체제 개편 문제에 더 중점을 둠으로써 실질적인 지방 분권은 퇴보했다는 평가가 있다.

박근혜 정부는 지방 분권에 있어 성과가 가장 미미했다. 당선이후 지방분권이 국정과제에 포함되었으나 국정운영과정에서 지방분권에 대해 관심이나 의지가 없었다. 중앙 정부 기능의 지방이양은 물론 『지방일괄이양법』의 제정도 좌초되었다.

이와 같은 역대 정부의 지방분권 정책 추진 과정과 결과는 문재인 정부의 지방 분권 정책이 성공하기 위해서는 어떠한 것이 필요한지에 관해 몇 가지 교훈을 보여 준다. 첫째, 대통령의 지방 분권에 대한 의지이다. 지방분권 정책성과가 가장 높았다고 평가받는 노무현 정부와 가장 낮았던 박근혜 정부의 경험으로부터 알수 있다. 전자는 지방 분권 의지가 강했고, 후자는 그렇지 않았다.

둘째, 이해당사자에 대한 설득과 합의이다. 지방분권 정책 과제 중 상당수가 정부 부처 간, 이해당사자 간 이견으로 인해 중도에서 좌절되었다. 예를 들어 노무현 정부의 자치경찰제 도입의 경우, 정부발의안과 관련법 개정안이 입법발의 되었음에도 국회에서의 의견 대립 등으로 논의조차 못한 채 폐기되었다. 또한 정부혁신지방분권위원회에서 추진하려던 기관위임사무 폐지 등의 사무 구분체계 개선, 특별지방행정기관의 정비, 자치입법권 확대 등은 이해 집단 간 이견, 중앙부처의 기득권 유지 등으로 인해 도중에 중단되었다.

셋째, 국회에 대한 설득과 합의이다. 역대 정부의 경험에서 알 수 있듯이 정부의 추진의지가 있다하더라도 많은 경우 국회에서의 입법이라는 문턱을 넘지 못했고, 그 결과 실질적 분권은 이루어지지 못했다. 예를 들어 국가 사무의 지방이양을 촉진하는 『지방이양일괄법』은 2004년 노무현 정부에서 처음으로 입법 추진되었으나 국회에서 좌초되었고, 박근혜 정부에서도 마찬가지였다. 이 법안은 국회법상 상임위원회 소관주의에 위배된다는 이유로 국회 법안 접수 자체가 불가능했다. 관련 법률을 개별적으로 다룰 경우 해당 법률의 소관 상임위원회만 10개가 넘기 때문이었다. 이명박 정부의 국가위임사무 폐지 관련 『지방자치법』 개정안도 정부발의안으로 제출되었으나, 국회를 통과하기 못했다. 즉 지방분권의 방향과 내용을 정해 대통령과 중앙정부가 강력하게 추진한다 하더라도 국회 협조 없이는 실질적 지방 분권을 달성하기 어렵다는 사실을 지방분권의 역사가 말해 주고 있다.

문재인 정부의 지방분권 정책 의지는 강한 것으로 보인다. 문재인 정부가 발의한 개정 헌법안에서 지방분권이 상당부분 확대되어 표현되고 있다는 점에서도 알 수 있다. 그러나 문재인 정부가 지방 분권 정책에 있어 실질적 성과를 가져오기 위해서는 관계 부처와의 합의를 통한 구체적 실행 로드맵 마련이 필요하다. 2018년 발표된 '자치분권위원회'의 『자치분권 종합계획』은 구체적 실행 계획이 없고 문재인 정부의 100대 국정 과제 중 지방분권과 관련된 내용과 비교해 내용과 구체성에서 큰 진전이 없다는 비판에 직면한 바 있다(뉴시스 2018년 9월 19일). 예를 들어 '전국 시·도의회의장협의회'는 종합 계획에서 지방의회의 권한 강화를 위한 구체적 내용이 없다고 비판한다. 지방의회의 인사권 독립, 전문인력 지원, 그리고 자치조직권에 관한 내용도 선언적 내용일 뿐 구체적 이행계획이 없다는 것이다(내일신문 8월 28일). 또한 재정 분권 이행 계획에 있어 국세와 지방세 비율 목표만 제시되어 있을 뿐 구체적 방안이나 계획이 없다. 재정 분권과 관련해 국세의 어떠한 세목을 지방세로 전환할 것인가의 문제도 누락되어 있다는 평가다. 이는 기획재정부와의 협의가 되지 않고 있다는 이유에서다. 따라서 관계 부처에 대한 설득과 합의를 통해 정책 추진 일정과 관계 법령의 개정 내용도 구체화시킬 필요가 있다.

이해관계자에 대한 설득도 중요하다. '자치분권위원회'의 『자치분권 종합계획』에서는 주민의 참여를 보장하기 위해 주민자치회에 실질적 권한 부여, 주민발안제 및 주민참여예산제의 확대 등의 내용을 담고 있다. 그러나 '전국 시·도의회의장협의회'는 그와 같은 정책이 지방의회의 기능을 약화시킬 것이라며 반대하고 있다(뉴시스 2018년 9월 19일)

물론 가장 중요한 것은 야당을 포함한 국회 설득을 통한 입법화이다. 다행히 정부가 첫 번째로 추진하고 있는 분권 정책 과제인 『지방이양일괄법』 제정은 여·야 간 합의에 의해 그 입법안이 정부입법으로 국회 제출이 가능해졌고, 2018년 하반기 정기국회에서 운영위원회에 회부하기로 했다(내일신문 2018년 7월31

일). 만약 이 법안이 통과된다면 행정 분권에 있어 큰 진전을 이룰 것으로 보인다.

이와 같이 문재인 정부의 지방 분권 정책은 대통령의 지속적인 의지 표명, 관계 부처와의 협의에 의한 구체적 로드맵 마련, 그리고 이해당사자 및 국회 설득 여부에 따라 그 성패가 갈릴 것이다.

참고문헌

강재호. 2011. "노무현 정부의 지방분권." 『사회과학연구』. 제5권. 41-63.

김재훈. 2007. "참여정부의 재정분권 평가." 『한국지방자치학회보』. 제19권 제4호. 5-26.

김주영. 2010. "한국지방자치제도의 입법사적 고찰." 『공법학연구』. 제11권 제2호. 89-116.

김홍환·정순관. 2018. "역대정부 지방분권과제와 성과에 대한 평가." 『지방행정연구』. 제32권 제1호. 3-34.

박정민. 2008. "역대 정부의 재정분권화 성과 분석." 『한국거버넌스학회보』. 제15권 제1호. 289-313.

소순창. 2011. "역대 정부의 지방분권 정책의 평가." 『한국지방자치학회보』. 제23권 3호. 39-68.

육동일. 2010. "지방자치와 지방분권 20년의 성과와 발전방향." 한국지방자치학회 공명선거 국민토론회. 3-31.

윤태웅. 2015. "역대 정부의 지방분권정책에 대한 성과와 개선방향." 한국지방정부학회 학술대회 자료집. 389-413.

임승빈. 2015. "우리나라 지방자치제도의 연속과 단절." 『한국사회와 행정연구』. 제26권 제3호. 303-326.

장정화. 2017. "박근혜정부의 지방분권정책 평가와 과제." 『한국자치행정학보』. 제31권 제3호. 1-23.

정우열. 2016. "한국 지방자치제도의 발달과정에 관한 연구." 『한국행정사학지』. 제6권. 191-213.

정재진. 2009. "재정분권 제도 변화에 관한 연구." 한국정책학회 하계학술발표 논문집: 469-493.

지방자치발전위원회. 2017. 『지방자치발전백서』. 지방자치발전위원회.

자치분권위원회. 2018. 『자치분권 종합계획(안)』. 자치분권위원회.

최상환. 2017. "역대정부의 자치분권 유형 분석과 차기정부의 과제." 『마르크스주의 연구』. 제14권 제2호. 162-197.

한국지방행정연구원. 1999. 『지방자치·행정 50년사』. 수원: 한국지방행정연구원.

행정자치부. 2018. 『주민투표, 주민소환, 주민소송 현황』. 행정자치부.

Norris, Pippa. 2008. *Driving Democracy: Do Power-Sharing Institutions Work?*. New York: Cambridge University Press.

Oates, W. E. 1972. *Fiscal Federalism*. New York: Hascourt Brace Jovanovich.

Tiebout, C. H. 1956. "A Pure Theory of Local Expenditure." *Journal of Political Economy*. Vol. 64.

제3장

주민참여, 직접민주주의, 동네민주주의

도묘연 · 영남대

I. 문제제기

　민주주의 관점에서 지방은 주민참여를 통해 직접민주주의 가치를 현실화시킬 수 있는 공간이다. 민주주의의 이상인 자유, 평등, 참여 그리고 선거를 통한 자기지배는 전 국민이 국가의 의사결정에 직접 참여하는 것을 규범적 모델로 상정한다. 하지만 현실적으로 민주주의의 구현은 규모(size)를 고려하지 않을 수 없다. 정치 단위에 속해 있는 사람의 수와 영토의 크기가 민주주의의 형태를 결정짓는데 중요하다는 달(Dahl 2001)의 논의를 고려할 때, 지방자치 제도의 부활 이후 지방은 직접민주주의를 실천하는 새로운 공간으로 부상하였다.

　지방자치의 발전과 함께 거버넌스 패러다임의 확산은 직접민주주의 제도의 도입을 확산시켰다. 민관협력의 참여적 · 분권적 조정 방식을 통해 공공문제를 해결해야 한다는 시대적 가치는 지역문제의 의사결정 과정에서 주민참여를 강조하는 흐름을 확산시켰다. 그 결과 2000년대 이후 주민조례제정개폐청구, 주민소송,

주민감사청구, 주민소환, 주민투표, 주민참예산제의 주민직접참여제도가 도입되어 시행되고 있다. 또한 주민의 직접적 혹은 능동적인 참여가 가능한 작은 정치 단위를 중심으로 주민의 자기지배를 구현하려는 움직임이 확대되었다. 이미 협동조합과 마을기업을 중심으로 한 사회적 경제 및 마을만들기 사업과 타운홀 미팅(town hall meeting)은 주민의 자치권력을 실천하는 새로운 제도로 정착하고 있다.

지방차원에서 진행된 직접민주주의 실천 프로그램들은 대의제의 한계를 보완하는 정치개혁의 성격을 가진다. 즉 대의제의 민주성과 책임성의 한계를 보완하고, 집행부와 의회에 대한 주민의 직접적인 참여 및 통제의 통로를 확보하려는 노력의 일환이었던 것이다. 또한 대의제 틀 안에서 참여민주주의와 심의민주주의의 가치를 구현하는 성격을 가진다. 그 결과 대의제가 갖는 제한적 참여가 일상적 참여로 전환되어 제도화된 주민참여를 통해 성숙한 지방자치 발전을 가능하게 하는 기반이 마련되었다.

그렇다면, 현 시점에서 직접민주주의 제도가 주민의 자기지배 강화라는 원래의 목표를 구현하고 있는가라는 질문을 던져 볼 수 있다. 이에 대한 대답은 긍정적 및 부정적 시각이 공존한다. 대표적으로 마을공동체 사업은 주민과 시민사회의 참여를 기반으로 주민자치를 실현하는 새로운 대안으로 주목받고 있다. 반면, 주민직접참여제도는 활용 실적이 매우 저조하여 집행부와 의회에 대한 주민참여 및 통제의 수단으로 기능하지 못하는 한계를 노정하고 있다.

이러한 직접민주주의 제도에 대한 상반된 평가는 거버넌스와의 연계 여부와 무관하지 않다. 최근의 거버넌스 패러다임은 정부와 시민사회 간의 단순한 파트너십을 뛰어 넘어 주민참여를 실질화시키는 형태로 진화하고 있다. 즉 공공문제 해결과정에서 정부가 정책의 주도권을 가지는 것이 아니라 주민이 정책의제 설정과 집행의 전 과정에서 주도권을 가지는 방식으로 전환하고 있다는 것이다. 이것은 아래로부터의 주민참여와 자치의 방식으로 문제해결을 시도하는 동네민주주의의 실현과 맞닿아 있다.

주민 중심의 거버넌스 혹은 동네민주주의를 견인하는 핵심적인 주체는 지역에 기반을 둔 결사체이다. 이들 결사체는 주민의 참여와 숙의를 위한 조직과 프로그램을 제공하는 동시에 주민이익을 조직화하여 입법 및 정책과정에 대변하는 거버넌스의 핵심적 행위자이다. 이러한 맥락에서 마을공동체 사업은 거버넌스 틀속에서 협동조합, 주민조직, 시민단체 등이 주축이 되어 주민자치를 실천하는 새로운 프로그램으로 주목받고 있다. 반면, 주민직접참여제도는 주민과 시민사회와 연계되지 못하면서 제도개선에 대한 비판이 끊임없이 제기되는 현실에 직면하고 있다.

따라서 이 글은 지역사회에서 활동하는 결사체에 대한 긍정적 기대를 바탕으로 주민참여 활성화를 위해 도입된 직접민주주의 제도를 재조명하는 데 초점을 둔다. 즉 주민자치위원회, NGO(Non-Government Organization), 비영리조직, 협동조합 등 시민사회 내의 다양한 조직과 세력이 거버넌스와 동네민주주의를 구현할 때 진정한 의미의 주민참여와 지방자치가 가능하다는 점을 강조하는 것이다.[1] 이러한 작업은 직접민주주의 제도 도입의 성과를 평가하고, 궁극적으로 결사체 중심의 시민사회의 활성화에 따라 직접민주주의 제도가 발전 혹은 쇠퇴의 길을 걸을 수 있다는 것을 함의한다.

이상의 문제의식은 다음의 단계를 거쳐 구체화된다. 첫째, 이론적 및 규범적 차원에서 직접민주주의 제도가 결사체 주도의 주민 중심의 거버넌스 혹은 동네민주주의와 조응되어야 하는 이유를 해명한다(2절). 둘째, 마을공동체 사업과 주민직접참여제도의 특성과 현황을 제시하고, 사례분석을 통해 두 제도의 발전이 결

---

1. 이 글에서 정의하는 결사체는 샐러먼(L. Salamon)이 제시한 NPO(Non-Profit Organization)의 6가지 개념적 특성, 즉 공식조직(formal organizations), 민간부문(private), 비영리성(non-profit), 자치성(self-government), 자원성(voluntary), 공익성(public benefit)을 토대로 하고 있다(Salamon 1999). 따라서 결사체는 "시민의 자발적 참여를 기반으로 공익과 비영리적 목적을 추구하기 위해서 공식조직과 자치기구를 설립하여 활동하는 시민사회 내 자발적 조직 및 단체"로 정의된다.

사체의 역량강화 및 활동공간의 확대로 귀결되어야 한다는 점을 제시한다. 구체적인 사례는 마을공동체의 표본으로 회자되는 성미산 마을을 선정하였다. 그리고 지방의회 및 집행부의 핵심적인 권한인 조례제정권과 예산편성권에 주민참여를 보장하는 주민조례제정개폐청구제도(전남 학교급식지원 주민조례)와 주민참여예산제(광주 북구)를 선택하였다(3절과 4절). 셋째, 결론과 함께 동네민주주의 구현의 주체로서 결사체에게 필수적으로 요청되는 과제를 제시한다(5절).

II. 직접민주주의와 거버넌스: 동네민주주의 구현

1. 직접민주주의 제도: 주민참여와 심의의 확대

21세기 들어 대의민주주의 위기론은 직접민주주의 담론과 제도를 재조명하는 논의를 확산시켰다. 직접민주주의가 시민의 직접참여에 의한 자기지배를 구현하여 자유와 평등이라는 민주주의의 이상을 실현하는 것이라면, 대의민주주의는 대표성의 원리와 다수결의 원리를 근간으로 자기지배를 자유위임(free mandate)하는 시도이다(송기복 2010). 대표의 실패 혹은 민주주의 결핍(democratic deficit)을 노정한 대의제의 한계는 정부와 정치 엘리트의 독점적 의사결정에 대한 비판과 함께 개인의 자율성에 기반을 둔 직접적 정치참여를 강조하는 담론을 확산시켰다. 이러한 사회적 요구는 참여민주주의(participatory democracy), 심의민주주의(deliberative democracy), 풀뿌리 민주주의(grassroots democracy), 전자민주주의(E-democracy) 등 민주주의 패러다임의 변동을 가져왔다. 더불어 담론 차원에 머무르지 않고 직접민주주의의 가치를 현실의 제도로 디자인하려는 정치실험을 가속화시켰다.

마을공동체 사업, 타운홀미팅, 주민직접참여제도 등 지방 차원에서 도입된 직접민주의 제도는 주민의 직접적 참여를 통해 인민지배를 구현하는 정치실험의 성격을 가진다. 일반적으로 주민참여는 선거에서부터 정책집행에 이르기까지 정치와 정책의 전 과정에서 일어난 지역주민의 정치적 행위로 정의된다(김정희 2014). 주민참여를 단계화한 아른슈타인(Arnstein 1969)에 의하면, 주민의 정치적 행위는 정보제공(information), 상담(consultation), 회유(placation)로 대변되는 형식적 참여와 동반자(partnership), 권한위임(delegated power), 주민통제(citizen control)로 정의되는 실질적 참여로 구분된다. 전자는 주민이 정보를 제공받아 공청회 등의 각종 위원회에 참여하여 정책과 관련된 의견과 조언을 제시할 수 있으나, 그 최종 결정권은 정부가 가지기 때문에 형식적인 성격을 가진다. 반면, 후자는 기존의 권력체계가 주민과 정부 간에 재분배되며, 일정한 권한과 책임을 갖게 된 주민이 정책결정을 주도하는 주민권력(citizen power)의 상태를 의미한다. 따라서 대의제 하에서 작동하는 직접민주주의 제도는 공공문제의 해결과정에서 주민의 실질적인 참여를 강화하는 실천 프로그램의 성격을 가진다.

이러한 직접민주주의 제도는 대의제의 회의론을 보완하는 순기능을 담당한다. 즉 인민의 의사가 제대로 실현되지 않는 대표실패와 공공선이 실현되지 않는 심의실패(김주성 2008)를 극복하는 계기가 된다는 것이다. 대표실패의 극복은 참여민주주의의 확산을 통해서 가능하다. 직접민주주의 모델의 후손으로 인식되는 참여민주주의는 참여의 확대 그 자체를 목표로 하며, 투표참여뿐만 아니라 항의 집회, 서명운동, 파업 및 점거활동, 정당이나 시민단체의 가입, 불매운동 등의 비선거 유형의 직접적 정치참여를 강조한다(김욱 2016). 시민의 직접적 참여는 정치권력의 정통성이 공론에 의해 창출 및 확인되고 도전받도록 함으로써 보다 공론적인 정치를 가능하게 하며, 무시되거나 경시되기 쉬운 다양한 정치적 견해들이 표출되어 논의되는 기회를 제공해 준다. 또한 정치적 대표성이 취약한 사회적 약자들의 입장이 대변될 수 있으며, 정치권력의 독점을 방지하는 장점을 갖는다(Gross 2004).

특히 참여민주의는 심의민주주의와 조응할 때 대의제의 심의실패를 보완하는 기능을 가질 수 있다. 이것은 양적 참여에만 집중하는 참여민주주의의 확대가 자칫 공공선 실현에 필요한 심의성의 결핍을 가져올 수 있다는 점을 경계하는 것이다. 심의민주주의는 참여의 양이 아니라 질을 강조하기 때문에 정서적 호소, 연대감, 편협한 이익, 강요에 의한 결정보다는 대화와 소통에 의한 공공선의 형성을 강조한다. 또한 공적이성(public reasoning)에 의한 정치적 결정을 선호하며, 각종 심의기구에 의한 의사결정을 특징으로 한다(김욱 2016). 특히 심의민주주의자들은 입법과 정책결정과정에 주민참여의 수준이 높더라도 그 과정에서 전문적인 지식과 정보에 기초한 심사숙고가 동반되지 않는다면, 정치엘리트에 의한 의사결정이 바람직하며 정통성을 확보할 수 있다는 점을 강조한다.

따라서 대의제 하에서 주민의 실질적인 참여를 구현하기 위해 도입된 직접민주주의 제도는 참여성과 심의성이 함께하는 참여적 심의(participatory deliberation)의 성격을 가진다(김정희 2016). 즉 정책결정과정에서 주민의 평등한 발언권과 결정권을 보장하며, 이들 간의 심사숙고를 통한 문제해결을 지향하는 것이다. 참여민주주의자에 의하면, 고대 아테네의 민주주의는 시민들이 광장에 모여 토론과 심의에 의해 공공선을 실현했던 심의민주주의와 공존했다고 한다(김주성 2008). 따라서 직접민주주의 제도는 아테식의 원형적 민주주의를 현재에 재현하는 것까지는 아니더라도, 인민지배의 가치를 최대한 현실에서 구현하려는 시도로 볼 수 있다.

2. 주민 중심의 거버넌스: 동네민주주의

직접민주주의 제도는 주민 중심의 거버넌스와 조응할 때 긍정적인 효과를 산출할 수 있다. 양 자는 대의제 하에서 주민참여와 심의를 구현한다는 공통점을 가지며, 궁극적으로 동네민주주의 구현의 수단으로 기능한다는 속성을 가진다.

일반적으로 거버넌스는 공동체 운영의 체제, 제도, 운영 방식을 다루는 기존의 통치(governing)와 정부(Government)를 대체하는 개념으로 이해되고 있다(김영래 2007). 또한 정부로부터 또는 정부 밖으로부터 참여한 일련의 제도들과 행위자들을 지칭하며, 공공정책의 결정과 집행의 과정에서 정부라는 공식적 행위자 이외에 다양한 비정부 행위자들이 동참하는 새로운 국정운영 혹은 의사결정의 방식으로 정의된다(Stoker 1998). 특히 거버넌스에서는 정보 및 자원 공유와 정책결정 및 집행 과정에서 협력을 증진시키기 위한 조정기제로서 정부와 시민사회 간의 네트워크 혹은 파트너십이 강조된다. 이 경우 거버넌스는 네트워크, 지역사회 조직, 결사체를 포함하는 시민사회와 정부 간의 상호작용 혹은 시민과 정부 간의 상호작용이 이루어지는 틀로서 기능한다(Shah 2006).

이러한 거버넌스는 다음의 세 가지 측면에서 주민참여와 숙고를 지향하는 직접민주주의 제도와 상당히 닮아 있다. 첫째, 대의제를 보완하는 의사결정 방식이다. 공공관리론에서 거버넌스는 정부 통치능력(governability)의 위기, 즉 중앙집권적인 권위의 상실과 정부정책의 효과성 및 효율성의 저하 등의 이유로 정부가 시민들의 공공서비스에 대한 요구에 효과적으로 대응하지 못하는 현실을 극복하는 대안으로 등장하였다. 이러한 문제해결의 대안으로 민관 파트너십 혹은 네트워크의 중요성을 강조하는 것이다(Merrian 1998). 그러나 정부와 의회는 공공문제 해결에서 배제되는 행위자가 아니며, 오히려 거버넌스의 조력자 혹은 촉진자의 역할을 수행한다. 시리아니(Sirianni 2009)는 협력적 거버넌스를 지방정부가 주민들의 권한 강화, 참여 확대, 역량 배양을 위한 시민적 지원자(civic enabler)의 역할을 수행하기 위해 고안한 정책디자인으로 정의했다. 둘째, 시민참여와 그 확대에 정당성을 부여한다. 거버넌스의 촉진자로서 정부의 역할과 함께 시민참여는 거버넌스의 본질적인 요소이다. 이 경우 시민은 단순히 공공서비스를 소비하는 고객이 아니라 공적 가치를 지향하는 정부와 수평적인 관계를 형성하는 행위자로 간주된다. 셋째, 시민참여는 심의의 과정을 포함한다. 협력적 거버넌스는 하나 이상의 공공 행위자가 민간의 이해당사자들과 함께 공식적, 합의 지향적, 심의적인 공동의 의사결정 과정에 참여하여 공공정책을 결정 및 집행하고, 공적 자산을 관리하는 체제로 정의된다(Ansell and Gash 2008). 즉 거버넌스 개념은 본질적으로 심의와 숙고의 과정을 포함한다.

특히 주민참여의 양과 질을 강조하는 최근의 로컬 거버넌스는 동네민주주의와 그 맥을 같이한다. 샤(Shah 2006)는 지방정부가 주민의 사회서비스 제공을 위한 능률과 완성도를 높이는 시스템을 강조하는 대응 거버넌스(responsive governance) 및 책임 거버넌스(responsible governance)와는 구별되는 책무 거버넌스(accountability governance)를 개념화하였다. 책무 거버넌스는 핵심적 행위자로 시민을 설정하고, 다양한 시민의 역량강화(empowerment) 활동과 이를 보장하는 정부의 개방성에 의해서 거버넌스의 설계와 실행이 좌우될 수 있다는 점을 강조한다(이선향 2016). 이러한 시민 중심의 거버넌스(citizen-centered governance)는 사회서비스를 효율적으로 수행하는 정부의 역할과 시스템 강화보다는 시민의 자발적 참여와 시민의 역량 강화에 초점을 맞추고 있다(Shah 2006). 다시 말해 거버넌스를 구현하는 제도적 설계의 핵심은 시민이어야 한다는 것이다. 이 경우 정부는 주민의 참여를 제도적으로 보장하고, 주민의 개방적인 정치적 활동공간을 확보하려는 노력을 전개해야 한다. 이러한 주민 중심의 거버넌스는 아래로부터의 참여를 통해 주민자치를 이루는 동네민주주의를 지향하고 있다.

최근 논의되는 동네민주주의는 마을과 같은 작은 정치 단위를 중심으로 주민들이 직접 의사결정과 문제해결에 참여하는 흐름을 의미한다. 마을 혹은 동네에 대한 관심은 마을 거버넌스(community governance) 혹은 근린 거버넌스(neighborhood governance)의 논의에서도 확인된다. 스토커(Stoker 1994)는 현대의 복잡하게 얽혀있는 사회적, 경제적, 환경적 문제를 해결하기 위한 최적의 단위는 마을이며, 지방정부들이 공공문제 해결의 효율성을 확보하기 위한 방안으로 네트워크화된 마을 거버넌스(networked community governance)를 강조한다.

이처럼 동네 혹은 마을의 가능성에 주목하는 이유는 이들 공간이 주민참여와 자치를 실현하는 이상적인 공간이라는 인식에 기인한다. 동네는 주민참여가 형식적인 것이 아니라 실제적인 권력을 부여받고 행사될 수 있는 장이며, 정부와 주민의 관계가 협력관계와 권한이양을 뛰어넘어 주민통제까지 확장될 수 있는 가능성이 높은 공간이다. 즉 주민이 공공문제 해결과정에서 정부와 대등한 혹은 우월한 협력관계를 통해 주도적인 영향력을 행사할 수 있다는 것이다. 동네에서 이루어지는 주민참여는 공공문제 해결 과정에서 주민의 접근성을 향상시켜 직접적인 행동을 용이하게 하며, 특히 주민들의 일상생활과 직결되고 이해가 깊은 문제들의 경우 지역주민 전체의 참여를 유도하는 장점을 가진다. 따라서 동네민주주의는 과거의 거버넌스처럼 정부가 정책의 주도권을 가지는 형태가 아니라 주민이 정책의제 설정, 정책내용의 결정 및 집행 그리고 정책환류의 전 과정에 참여하는 주민 중심의 거버넌스를 대변하고 있다.

결과적으로 굿 거버넌스의 구축은 그 자체만으로도 대의제 하에서 주민참여와 심의를 지향하는 직접민주주의 제도의 긍정적 기반이 될 수 있다. 더불어 주민 중심의 거버넌스로의 진화는 동네민주주의라는 이름을 통해 현실에서 양적 및 질적인 측면에서 주민참여를 확산시키고 있다. 따라서 지방 차원에서 도입된 직접민주주의 제도가 인민지배의 가치를 구현하는 실천 프로그램이라면, 그 방향성은 주민 중심의 거버넌스 혹은 동네민주주의의 실현에 있다.

3. 결사체 주도의 동네민주주의

직접민주주의 제도가 주민 중심의 거버넌스 혹은 동네민주주의를 지향하기 위해서는 주민의 조직화된 힘이 필요하다. 즉 동네민주주의는 적극적 및 관여적

(engaged) 주민의 존재 위에서 가능하지만, 이들이 조직화 될 때 실질적인 권력으로 기능할 수 있다는 것이다. 여기서 NGO, 협동조합, 마을기업, 주민자치위원회 등의 결사체의 역할은 무엇보다 중요하다. 결사체의 순기능은 참여민주주의론과 사회자본론에서 이미 이론적 및 경험적으로 검증되었다. 결사체는 개인의 효능감, 정보력, 정치적 능력, 시민적 덕성 및 비판 능력을 향상시키는 민주주의 학교의 역할을 담당하여, 개인적 영역에서 머물러 있던 시민을 공적 영역으로의 참여를 이끄는 주체이다. 더불어 결사체는 주민이익을 발굴 및 조직하여 대변하는 주요한 행위자이다.

시민사회 내 결사체의 역할은 권익주창(advocacy), 사회서비스(social service) 제공, 자치역량(empowerment) 강화로 대변된다(Salamon 1999; 주성수 2006). 결사체는 선거 및 정책과정에 시민들의 이익을 조직화하여 표출하며, 정부실패(government failure) 및 시장실패(market failure)를 보완하여 주민의 요구를 반영하는 공공서비스 전달자 및 공급자로서의 역할을 담당하고 있다. 또한 두 가지 활동을 수행하는 과정에서 다양한 교육 및 활동 프로그램을 제공하여 주민들이 자치역량을 갖도록 지원하고 있다. 이러한 역할은 결사체에게 동네민주주의를 이끄는 구심적 지위를 부여하는 이유가 될 수 있다.

특히 주민이익의 조직자 및 대변자의 역할은 현실적으로도 결사체가 동네민주주의를 이끄는 주체가 되어야 하는 정당성을 제공한다. 첫째, 결사체는 일반 주민의 대의제 접근성을 보완하는 역할을 수행한다. 즉 조직화되지 못한 주민이익을 대변하여 주민참여를 확대하는 동시에 주민과 정부를 매개하는 기능을 담당한다는 것이다. 동네민주주의는 규범적으로 적극적인 주민참여를 지향하지만, 현실적으로 일반 주민이 공무원과 의원을 직접 만나거나 간담회와 공청회에 참여하는 것은 쉽지 않다. 더욱이 갈수록 전문화되고 복잡해지는 지역의 공공문제에 개인이 직접 이해관계를 대변하는 것도 매우 어려운 일이다. 이 경우 결사체는 의회와 집행부의 입법 및 정책과정에서 주민의 이익을 조직적으로 대변하여 그 실현 가능성을 확대하는 장점을 가진다.

둘째, 시민사회 내 결사체는 주민 중심의 거버넌스의 전문적 능력을 확대하는 주체로 기능할 수 있다. 이것은 결사체가 단순한 주민이익의 조직자 및 전달자가 아니라 정책제언자의 기능을 수행한다는 것을 의미한다. 정책조언자로서 결사체는 정책집행의 감시자(monitor), 정책에 대한 수정 혹은 변경을 위한 로비로 대변되는 주창자(advocator), 그리고 새로운 정책개발의 혁신자(innovator)의 역할을 수행한다(Najam 1999). 물론 이러한 역할은 결사체가 펑과 라이트(Fung and Wright 2003)가 제시한 대항력(countervailing force), 즉 우월한 지위에 있는 기존 행위자의 권력적 이점의 상쇄 및 중화를 위한 다양한 형태의 메커니즘을 구축할 때 가능할 수 있다.[2] 다시 말해 결사체 스스로가 공동체의 문제와 이슈를 발굴하고, 그 해결방안을 제시할 수 있는 능력과 역량을 갖추어야 한다는 것이다. 정책제언자로서 결사체는 집행부의 감독 및 지방의회 내의 기득권 세력을 견제함으로서 주민 중심의 거버넌스의 능력 증대와 함께 개혁을 이끈다는 점에서도 중요한 의미를 가진다.

따라서 지역에 기반을 둔 결사체는 주민과 지방의회 및 집행부를 매개하여 주민참여를 견인하는 주체이다. 또한 결사체는 공공문제 해결과정에서 시민사회와 정부 간에 동등한 파트너십 혹은 네트워크의 구축을 가능하게 하는 정책적 역량을 보유하고 있다. 따라서 직접민주주의 제도가 다양한 결사체의 활동을 보장하고 확대할수록 동네민주주의의 실현은 가능성은 더 커진다고 할 수 있다.

---

2. 펑과 라이트(Fung and Wright)의 대항력은 적대적인 것과 협력적인 것으로 구분한다. 적대적 대항력은 참여적 거버넌스가 부재할 때 정부와 시민사회 간에 빈번히 일어나는 갈등으로 표출되어 민간 행위자들은 정부를 압박해 자신의 정책적 목표를 관철시키고자 노력한다. 반면, 협력적 대항력은 민간 행위자들이 정부와 공동으로 문제해결을 추구하며, 이것은 민간 행위자들 스스로가 깊은 지역적 지식과 분석적 능력 등에 기초하여 실제적인 문제 해결책을 제시할 수 있는 역량을 갖출 때 가능하다(김도형 외 2017).

III. 마을공동체와 마을공동체 사업

1. 마을공동체 사업의 특성과 현황

마을만들기 혹은 마을공동체에 대해서는 아직까지 명확한 학문적 정의는 내려지지 않고 있다. 한국의 마을공동체 만들기는 1960년대부터 시행된 일본의 '마치즈쿠리(まちづくり, machizukuri 또는 machidsukuri)'를 모범 삼아 시행되었다. '마치', 즉 마을은 주민들이 수동적으로 그저 세 들어 살기만 하면 되었던 이제까지의 마을이 아니라 주민들이 주인이 되어 적극적으로 만들어가야 하는 공동의 공간을 의미한다(전동진·황정현 2013; 아키라 2005). 여기서 마을은 읍·면·동의 행정구역 등의 공간으로 구분되는 물리적 특성과 공동체(community)로서 사회적 상호작용과 공동의 유대가 형성되는 관계적 특성을 포함한다. 따라서 마을공동체는 사람들 간의 관계망을 통해 주거 환경의 개선과 함께 문화, 복지, 교육, 환경 등이 어우러진 지속가능한 공동체를 복원 및 확대하려는 공간이자 활동으로 볼 수 있다.[3]

이러한 마을공동체는 본질적으로 주민자치의 공간이다. 정보인프라 구축, 환경 및 생태 보호, 역사 및 전통 보존, 주민복리 증진, 보육 및 요양 등을 지향하는 마을공동체는 주민참여의 기반 위에서 구축된다. 마을공동체는 주민들이 지역 혹은 마을을 기반으로 소통과 유대를 회복하고, 공동의 관심을 가진 주민들이 커뮤니티를 구축하는 과정을 포함한다. 또한 주민들 사이의 유대형성과 참여의 관계망을 통해 지역의 문제를 스스로 해결하거나 지방정부와 의회의 정책과 입법

---

3. 마을공동체 사업을 선도하고 있는 서울시의 조례에서는 마을을 "주민이 일상생활을 영위하면서 경제·문화·환경 등을 공유하는 공간적·사회적 범위"로, 마을공동체 만들기는 "지역의 전통과 특성을 계승 발전시키고 지역의 인적·물적 자원을 활용해 주민의 삶의 질을 높이는 활동"으로 정의하고 있다. 또한 "마을공동체는 마을에 관한 일을 주민이 결정하고 추진하는 주민자치 공동체"임을 밝히고 있다(서울시 마을공동체만들기 지원 등에 관한 조례).

에 영향력을 행사하는 과정을 포함한다.

특히 우리의 마을공동체 사업은 시민사회에서 발화되어 거버넌스와 접목된 특수한 발전 단계를 거쳤다. 마을공동체의 움직임은 시민사회 운동 차원에서 먼저 진행되었다. 1980년대 권위주의적 정치체제 아래 도시 빈민지역이나 재개발 지역에서 전개되었던 철거반대 주민투쟁이나 주민주거지 확보 운동은 마을공동체 운동의 시작이었다. 이후 본격적인 마을공동체 운동은 지방자치제도 부활 이후인 1990년대 중반부터 가시화되었다. 대표적으로 1994년 한국 YMCA는 '21세기 ○○ 지역 만들기 시민운동'이란 이름으로 지방자치를 온전히 뿌리내리기 위한 시민운동을 펼치기 시작하였다. 당시 담장허물기 운동, 마을도서관 만들기, 친환경주차장 만들기 등은 대표적인 마을공동체 운동으로 전국적으로 확산되었다(박수진·나주몽 2015). 서울시의 경우는 1996년 5월 환경운동연합, 참여연대, 서울YMCA, 생활협동조합 중앙회 등을 중심으로 '걷고 싶은 서울만들기 운동본부'가 출범하였고, 이들의 노력으로 1997년 1월 서울특별시 보행권 확보와 보행환경 개선에 관한 기본조례가 정식으로 발효되기도 하였다. 시민사회에서 시작된 마을공동체 운동은 2006년을 기점으로 제도권으로 편입되었다.

참여정부는 분권 및 균형발전의 틀 속에서 주민참여를 활성화하기 위한 새로운 지역발전 모델로 시민사회의 마을공동체를 차용하였다. 즉 마을공동체 운동이 마을공동체 사업으로 전환되어 거버넌스와 접목된 것이다. 2006년 국토해양부의 살기 좋은 도시만들기와 행정자치부의 살기좋은 지역만들기 사업이 대표적이다. 또한 지자체들은 지방자치라는 시대적 흐름 속에서 지역개발과 주민참여를 접목하는 새로운 패러다임으로 마을공동체를 선택하게 되었다. 시민사회 차원에서는 2006년 마을만들기 전국 네트워크 결성 이후 2007년부터 마을만들기 전국대회를 개최하고, 2010년부터는 전국 순회 대화모임을 진행하고 있다.

이처럼 마을공동체 사업이 중앙정부 및 지방정부와 시민사회 간의 거버넌스 속에서 작동하면서 마을공동체의 수는 급격히 증가하였다. 2006년부터 2015년

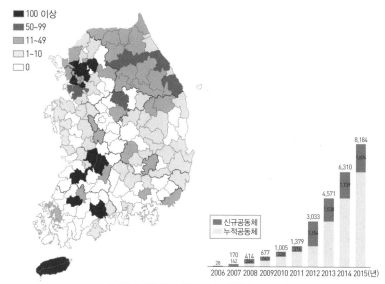

지자체가 지원하는 마을공동체의 현황(총 8,184개)

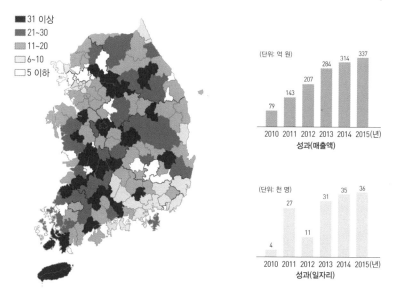

중앙정부가 지원하는 마을공동체의 현황(총 3,540개)

〈그림 1〉 마을공동체 현황

출처: 한국지역진흥재단 홈페이지(http://www.kolop.or.kr)

까지 중앙정부 및 지자체가 지원하는 마을공동체는 각각 3,540개와 8,184개였고, 지자체에서 마을공동체 지원 조례의 제정이 본격화된 2010년 이후로 증가세가 뚜렷이 나타난다〈그림 1〉. 2016년 6월 기준으로 광역지자체 12개(강원, 경기, 광주, 대구, 부산, 서울, 세종, 인천, 전북, 전남, 제주, 충남)와 기초지자체 117개에서 관련 조례를 제정하였다. 특히 광역 및 기초 지자체들은 2008년부터 주민참여 및 역량 강화와 함께 마을공동체 사업을 체계적으로 지원하기 위해서 중간지원조직(intermediary organization)을 조직하기 시작하였다. 2006년부터 2015

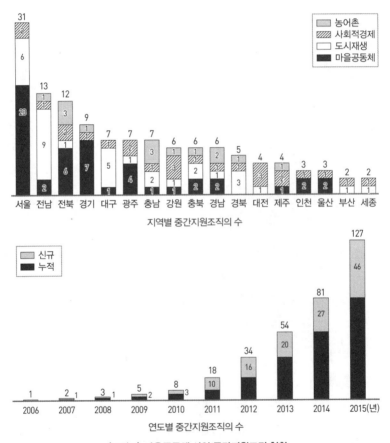

〈그림 2〉 마을공동체 사업 중간지원조직 현황

출처: 한국지역진흥재단 홈페이지(http://www.kolop.or.kr)

년까지 자차체가 설립한 중간지원조직은 총 127개였고, 지역별로는 서울이 31개로 가장 많았다〈그림 2〉.

2. 서울시 마포구 성미산 마을공동체 사례

성미산 마을은 서울특별시 마포구의 작은 야산인 성미산 자락을 중심으로 형성된 공동체이다. 행정구역상으로는 성산동, 망원동, 합정동, 연남동, 서교동을 아우르는 지역이다. 성미산 마을은 한국의 마을공동체 발전단계와 그 궤를 같이 한다. 1991년 공동육아운동과 2001년 성미산지키기운동과 같은 시민운동의 전통이 존재했으며, 2009년 마포구 살기좋은 마을만들기 지원 조례와 2012년 서울시 마을공동체 만들기 지원 등에 관한 조례가 만들어지면서 거버넌스 틀 속에서 지방정부와 협력관계를 구축하고 있다. 특히 2011년 10월 서울시장 재보궐 선거 이후 등장한 박원순 시장이 성미산 마을을 마을공동체의 모델로 삼으면서 한국의 마을공동체를 대표하는 위상을 가지게 되었다.

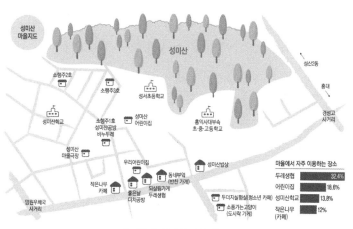

〈그림 3〉 성미산 마을지도

출처:경향신문, http://news.khan.co.kr/kh_news/khan_art_view.html?art_id=201409052009275(검색일: 2018.10.10)

성미산 마을은 주민 중심의 거버넌스 혹은 동네민주주의를 실천하는 대표적인 마을공동체이다. 즉 주민들이 정부와 대등한 관계에서 지역문제에 대한 실질적인 권한을 행사하는 협치자(governor)의 역할을 담당할 수 있는 능력을 보유하고 있다는 것이다. 특히 성미산 마을은 강한 응집력과 정체성을 가진 주민참여를 기반으로 정부의 서비스 공급기능을 위탁받아 성과를 낼 수 있는 사업과 프로그램 소유한 준주민자치적 공동체로 평가받고 있다(김찬동·서윤정 2012). 이러한 공동체의 진화를 이끈 주역은 협동조합을 주축으로 한 마을 기반의 결사체들이었다. 이들 결사체들은 협동조합 방식과 중범위의 네트워크 구축의 전략을 통해 주민참여를 기반으로 한 마을공동체의 태동과 발전을 견인하였다.

첫째, 공동육아 및 생활협동조합은 주민이익을 조직화하는 유효한 수단이었다. 마을이 직면한 문제를 주민 스스로의 힘으로 의견을 나누고 주도적으로 운영하며 책임을 공유하는 협동조합 방식은 마을공동체를 형성하게 한 정신이자 수단이었다. 성미산 마을의 특징을 자신과 관련된 문제가 발생했을 때, 문제해결을 위한 조직을 만들고, 학습하고, 연구하여 스스로 해답을 찾는 당사자주의로 표현하는 것도(위성남 2013) 협동조합에서 태동되었다고 볼 수 있다.

협동조합의 뿌리는 1994년 전국 최초로 협동조합 어린이집인 우리 어린이집의 설립에서 찾을 수 있다. 당시 협동조합 참가자들은 1990년 정부의 영유아보육법 제정 이후 영유아보호의 주체로서 국가보다는 지역 단위의 교사와 부모가 주체가 되어 자연과 일과 놀이가 결합된 교육의 가능성을 모색한 사람들이었다(위성남 2013). 이들이 주축이 되어 1991년 공동육아연구회 등의 시민조직과 함께 우리 어린이집이 설립되었었다. 이후 날으는 어린이집, 참나무 어린이집을 비롯하여 방과후교실 도토리와 풀잎새까지 5개의 육아협동조합이 생겨났다.[4]

특히 육아협동조합원들을 중심으로 만들어진 2000년 마포두레생활협동조합

---

4. 2016년 2월 기준으로 성미산 마을에는 4개의 공동육아 어린이집과 3개의 공동육아 방과후 학교가 운영되고 있다(김철회·하혜수 2016).

(2013년 울림두레생활협동조합으로 변경, 두레생협)은 조합원과 일반 주민 간의 관계망을 확대하는 기능을 담당하여 공동체의 발전을 이끌었다. 즉 성미산 마을이 협동조합원들이 주축이 되는 공동체가 아니라 지역주민의 공동체라는 인식을 만드는 데 기여했다는 것이다. 설립 직후인 2001년 당시 이사회에서 성미산지키기운동을 주요한 사업 목표로 설정하면서 주민 및 주민단체와 연대하여 성미산을지키는주민연대를 구성하였다. 또한 2001년부터 주민과 마포지역의 여러 시민 및 정치단체와 함께 마을축제와 숲속음악회를 개최하여 지역주민과의 친밀도를 확대하였다(위성남 2013). 2003년부터는 생협의 본래 목적대로 친환경적인 먹거리의 공동구매와 생활용품까지 판매하게 되면서 지역주민들과의 관계를 넓혀가기 시작하였다. 또한 두레생협은 마을기업을 포함한 협동조합 설립의 모태가 되어 비누두레, 좋은날 협동조합, 함께주택, 울림두레, 작은나무, 마포의료소비자생활협동조합, 우리동물병원생명사회적협동조합, 성미산밥상, 되살림 등의 설립을 확산시켰고, 이들 단체에 대한 지원 활동을 병행하고 있다.

둘째, 성미산을지키는주민연대(성지연), 참여와자치를위한마포연대(마포연대), 주민자치실현모임(주자모), 사람과 마을과 같은 네트워크형 결사체는 주민 이익의 조직화 및 대변의 유효한 전략이었다. 이들은 이미 지역사회에 존재했던 다양한 주민조직을 재활용한 조직인 동시에 그 운영방식은 다양한 결사체가 연합한 연방제 특성을 가진다. 즉 겉으로 보기에는 하나의 대규모 조직으로 보이지만, 그 안에는 독립적인 조직들 간의 수평적인 의사결정 시스템이 존재하고 있다는 것이다. 이러한 결사체들은 특정한 위기상황에서 지역주민을 참여자와 비참여자로 양분되는 것을 완화시키는 동시에 빠른 시간에 주민을 조직화하는 장점을 가진다(김의영 2008).

성지연은 2001년 서울시의 성미산 배수지 개발사업과 한양 아파트 건설 계획을 철회시키기 위한 목적에서 조직되었고, 당시 두레생협과 육아협동조합을 주축으로 성미산을 이용하는 21개 주민단체가 참여하였다.[5] 성지연은 성미산의 생태학적 중요성과 배수지 사업을 부당성을 알리기 위해 주민과 서울시 및 구청 대상의 설득작업을 벌였고, 2001년 10월에는 주민들로부터 2만여 명의 반대 서명을 받기도 하였다. 성지연의 활동은 2003년 10월 서울시가 배수지 건설 유보 결정 및 한양재단의 아파트 건설 추진 백지화라는 가시적인 성과를 이루었다(김의영 2008). 2004년 설립된 마포연대는 두레생협, 공동육아조합, 성미산 학교 등 15개가 넘는 결사체의 연합체로서 성미산지키기운동의 성과를 발전시키기 위한 목적에서 설립되었다. 2009년 해체되었으나, 성미산 생태림 가꾸기와 함께 구정 모니터링과 정책대안 제시 등의 활동을 병행하였다.

특히 2009년 설립되었던 주자모는 제도정치의 진입을 위해서 결성되었다는 특수성을 가진다. 2003년 달리 2008년의 성미산지키운동이 실패로 귀결되자,[6] 지역사회 결사체들은 주자모를 결성하여 정책대안의 제시와 함께 2010년 지방선거에서 성미산 마을을 대표하는 독자후보를 내기로 합의하였다. 이를 위해 한시적인 조직인 마포풀뿌리좋은정치네트워크(마포풀넷)를 조직하였다. 그러나 초기의 의도와 달리 마포풀넷은 진보 정당 간의 후보단일화 방식의 선거연합(electorial coaliton)을 통해 지방선거에 참여하게 되었다. 즉 성미산 마을과 협력관계를 구축했던 진보신당 마포구당원협의회, 국민참여당 마포구위원회와 공동 후보 및 공동선거 운동을 진행하게 된 것이다. 당시 시민사회와 진보 정당 간의 단일화 후보였던 진보신당 오진아 후보가 당선되는 성과를 거두기도 하였다(위성남 2013).

현재 성미산 마을의 네트워크형 결사체는 사람과 마을이라는 더 큰 네트워크로 확장되었다. 사람과 마을은 2006년 국토해양부에서 시행했던 살고싶은 도시

---

5. 주민단체는 성만교회, 성림사, 신체조교실, 건우회, 나무회, 성미향후회, 성산향우회, 체조교실 등이 참가하였다(위성남 2013).

6. 2008년 한양재단으로부터 성미산 일대의 토지를 매입한 학교법인 홍익재단이 초·중·고등학교를 이전하겠다고 발표하자 다시 성미산지키기운동이 전개되었다. 그러나 당시 운동은 성공하지 못했고, 현재 홍익대학교 부설 초·중·고등학교가 이전되어 운영되고 있다(김철회·하혜수 2016).

만들기 사업에 참여하기 위해서 설립되어 비영리민간단체로 등록하였고, 2007년 상반기 사업에 선정되어 1억 원의 지원금을 배정받았다. 현재는 성미산 마을을 대외적으로 대표하는 역할을 담당한다(위성남 2013). 더불어 많은 협동조합과 결사체가 만들어지고 참가인원이 늘어나면서 개별화된 마을활동에서 구심적 역할을 수행하고 있다. 사람과 마을은 소식지를 발간하여 마을활동을 공유하며, 성미산 마을이 홍보와 함께 방문을 희망하는 사람들을 안내하는 역할을 하고 있다(김찬동·서윤정 2012).

3. 의미와 과제

마을공동체 사업은 거버넌스와 조응하여 주민참여와 자치를 추동하는 자치체의 핵심적인 사업으로 정착하고 있다. 광역 및 기초 지차체는 마치 경쟁이라도 하듯이 마을공동체 사업을 추진하기 위한 조례 제정과 함께 중간지원 조직을 설립하였고, 주민 및 주민조직과 결사체를 대상으로 사업을 공모하여 예산을 지원하고 있다. 이러한 흐름은 마을공동체 사업의 실제적인 성과와는 별개로 지자체들이 공동체 복원의 과정에서 실질적인 주민참여의 확대라는 유무형의 결과물을 도출하기 위해 노력하고 있다는 것을 의미한다. 즉 주민 중심의 거버넌스 혹은 동네민주주의 구현의 수단으로 마을공동체 사업을 활용하고 있다는 것이다.

성미산 마을의 사례는 마을공동체 사업이 실질적인 주민참여를 추동하는 프로그램으로 기능할 수 있는 조건과 과제를 제시하고 있다. 첫째, 결사체가 이끄는 공동체의 형성은 마을공동체 사업 성공의 전제 조건이 된다. 성미산 마을의 육아협동조합 및 두레생협과 네트워크형 결사체는 주민 일상의 생활적 요구를 조직화하여 정치적 및 제도적 요구로 전환시키는 교두보로서 기능하였다. 또한 축제와 음악회 등의 레퍼토리를 통해 오랜 시간 역사적으로 형성된 마을의 자원과 가치의 재발견시키면서 공동체의 정체성을 확대하였다. 이들의 활동으로 대안적

육아를 고민했던 특정한 사람들 중심의 공동체는 주민과 연계된 더 큰 공동체로 발전하게 되었고, 공동체의 성격 역시 생활, 교육, 문화적 측면에 더하여 정책 지향형을 확보하게 된다. 더욱이 네트워크형 결사체들은 2010년 지방선거에서 진보정당과의 연대를 통해 제도정치의 진입을 시도하기도 하였다.

현재 성미산 마을은 협동조합 및 네트워크형 결사체와 함께 교육, 문화, 경제 환경 등의 영역에서 다양한 커뮤니티와 동아리가 활동하는 관계망을 형성하고 있다. 또한 결사체들은 공동체 내부의 유대성 증대와 함께 정부와의 연계성을 강화하고 있다. 2011년 이후 서울시의 마을공동체 사업과 마포구 마을생태계지원 조성단이 추진하는 공모 사업에 참여하고 있다. 따라서 지역 기반의 결사체가 주도하는 마을공동체의 형성은 그 자체로 동네민주주의의 구현으로 이어지는 긍정적 기반이 된다.

둘째, 마을공동체 사업은 결사체의 역량강화에 초점을 맞추어 설계되어야 한다. 즉 다양한 결사체와 커뮤니티가 연결된 성미산 마을이 마을공동체 사업의 규범적 모델이라는 것이다. 현재 지자체의 마을공동체 사업은 성미산 마을처럼 결사체를 중심으로 주민참여가 활발한 역동적인 공동체의 기반 위에서 추진되는 것이 아니다. 오히려 지자체들은 공동체가 부재한 현실을 극복하기 위해서 마을공동체 운동을 차용하여 주민참여의 밑거름을 구축하고 있다. 따라서 마을공동체 운동의 경험이 일천한 지역에서는 정부가 관리자(manager) 혹은 브로커(broker)의 역할을 수행하면서 다양한 이해관계자들을 전략적으로 연계하는 중추적인 역할을 통해 인적 및 물적 자원을 효율적으로 동원해야 한다. 그러나 성미산 마을의 경험은 지자체가 마을공동체 사업 초기부터 주민과 시민사회의 역량을 강화하고, 협동조합, 주민조직, NGO 등의 결사체들 간의 네트워크의 형성에 주력해야 한다는 점을 상기시키고 있다.

결사체의 역량강화 및 네트워크를 지향하는 마을공동체 사업은 실질적인 주민참여를 이끄는 장점을 가진다. 현재 마을공동체 사업에 대한 주요한 비판은 거버넌스의 표방과 달리 실제 정책과정에서는 시민들의 참여가 형식적으로 진행되고 있다는 것이다. 여기서 성미산 마을을 모범삼아 공동체의 발전 단계를 고려하여 사업을 추진하고 있는 서울시의 사례는 참고할 필요가 있다. 서울시는 맞춤형 지원의 원칙 하에, '마중물 지원', '불쏘시게 지원', '다지기 지원'이라는 이름으로 마을공동체 사업을 추진하고 있다. 마중물은 마을공동체의 기초가 없거나 미약한 경우 주민들의 작은 모임들을 촉발시키는 지원을, 불쏘시게는 주민 스스로 주민조직의 뿌리가 형성된 경우 현실적인 어려움을 극복시키는 지원을, 그리고 다지기는 이미 여러 모임과 활동으로 주민조직이 서로 연결되어 활발한 경우 공간 제공과 같이 장기적인 인프라를 지원하는 정책이다(안현찬 외 2016). 이처럼 마을공동체의 여건과 역량에 맞게 차등적인 방식으로 사업을 추진하는 것은 기층 단위의 결사체 확산과 이들 간의 네트워크 구축에 기여하고, 궁극적으로 동네민주주의 확산의 기반으로 작동하게 된다.

IV. 주민직접참여제도

1. 주민직접참여제도의 특성과 현황

1) 주민조례제정개폐청구, 주민감사청구, 주민투표, 주민소송, 주민소환

주민직접참여제도는 일정 수의 연서(連書)에 의해서 주민들이 지자체에 의견 혹은 문제시정을 청구하는 형태로 시행되는 경우가 많다. 한국의 경우 주민투표, 주민조례제정개폐청구, 주민소송, 주민감사청구, 주민소환이 포함된다. 이들 제도는 지방자치제도 부활 이후 학계 및 시민사회의 요구에 정치권이 부응하면서 순차적으로 도입되었다.

1999년 8월 31일 지방자치법 일부 개정으로 주민조례제정개폐청구(2000년 1

월 시행)제도와 주민감사청구제도(2000년 3월 시행)가 도입되었다. 그 결과 지방의원 및 위원회, 지자체장, 교육감의 독점적 권한이었던 조례발의권이 일반 주민들에게도 부여되어 일정한 수의 주민에게 필요성을 인정받은 조례안이 지방의회에서 논의될 수 있게 되었다.**7** 또한 지자체 사무처리가 법령과 공익을 침해할 경우 주민이 상급기관에 감사를 요청하는 통로가 확보되었다.

2004년 지방분권특별법을 제정하여 주민참여를 제도화하고자 했던 참여정부 시기에 주민직접참여제도는 더욱 확대되었다. 2004년 1월 주민투표법(2004년 7월 시행) 도입으로 지자체의 중요한 결정사항에 대해 주민들이 직접투표를 통해 최종적인 결론을 내릴 수 있는 장치가 마련되었다. 2005년 1월에는 지방자치법의 일부개정을 통해 주민소송제도(2006년 1월 시행)가 도입되어 주민들은 지자체의 위법한 재무회계 행위에 대한 시정을 법원에 청구할 수 있게 되었다. 그리고 2006년 5월 주민소환에 관한 법률(2007년 7월 시행)이 제정되어 주민들은 지방의 선출직 공직자에 대한 소환투표의 실시와 그 결과에 따라 공직자를 임기종료 전에 해직시키는 권한을 확보하였다.

이들 주민직접참여제도의 시행으로 주민들의 자기결정과 자기책임을 기반으로 한 직접민주주의 실천의 기반이 확보되었다. 주민조례제정개폐청구와 주민투표의 시행으로 대의제 하에서 대표를 통한 문제해결 방식이 실패했을 경우, 주민들이 자신들의 이해관계를 대변하기 위해 직접 문제를 제기하고 해결할 수 있는 통로가 마련되었다. 또한 주민감사청구, 주민소송, 주민소환의 시행으로 대표의 정책결정이 공공선의 달성에 실패했을 경우, 주민들이 스스로 혹은 시민사회와의 연대를 통해 공익적 가치를 수호할 수 있는 사후적 장치가 보장되었다. 그

---

7. 주민조례제정개폐청구제도의 도입 이전에 주민들은 청원권을 통해서만 조례제정에 참여할 수 있었다. 청원권은 지방의원 1명의 소개만 있으면 행사할 수 있지만, 별도로 의원발의가 추진되지 않는 이상 의회에 안건으로도 상정되지 않을 수 있기 때문에 의원입법이 가능하도록 지방의원을 조직화하는 등의 정치적 노력이 필요하다.

러나 이들 제도들은 제도적 완성에 대한 평가와는 별개로 그 운영성과가 상당히 저조하다.

주민조례제정개폐청구는 223건(2000.01-2017.12)이 청구되었다. 이 중 116건(52.0%)은 가결(원안가결 및 수정의결)되었고, 폐기는 40건(18.0%), 부결은 31건(13.9%), 각하(반려)는 23건(10.3%), 철회는 7건(3.1%), 기타는 6건(2.7%)이었다. 가결되지 못한 사유는 서명인수 부족, 청구인대표자 상실, 청구인명부 미제출 등 청구상의 절차적 요건을 충족시키지 못해 의회에 부의되기 이전에 청구수리가 이루어지지 못한 경우가 많았고, 의회에 부의되어 심의가 진행되더라도 의회임기 만료로 자동 폐기되는 경우도 있었다. 학교급식 관련 조례안이 112건(50.2%)으로 과반수에 달했고, 참여정부(2003-2007) 때 가장 많은 148건(66.4%)이 청구되었다.

주민감사청구의 경우는 총 299건(2000.03-2014.12)이 청구되었다. 이 중 기초단체의 위법사항에 대한 감사를 광역단체장에게 청구한 경우가 261건(87.3%)으로 대부분이었고, 광역단체의 감사를 중앙정부의 주무부장관에게 청구한 경우는 38건(12.7%)이었다. 2005년 지방자치법 개정되고 청구요건이 완화된 이후 주민감사청구가 확대되었다.[8]

주민투표는 전체 10건(2004.07-2017.12)이 청구되었으나, 실제 투표로 이어진 경우는 8건이다. 8건 중 5건은 중앙행정기관장이 청구하였고,[9] 지자체장이 청구한 경우는 1건(2012.10.17, 남해 화력발전소 유치동의서 제출), 주민들의 연서에 의한 경우는 2건(2011.08.24, 서울시 무상급식지원/ 2011.12.07, 영주시 면사

---

8. 최초의 청구요건은 유권자 총수의 1/500이었으나, 현재는 시도 500명, 50만 이상의 대도시 300명, 자치구·시·군 200명으로 완화되었다. 주민감사청구의 연도별 청구건수는 2000년 5건, 2001년 12건, 2002년 20건, 2003년 9건, 2004년 7건, 2005년 12건, 2006년 30건, 2007년 24건, 2008년 30건, 2009년 35건, 2010년 26건, 2011년 25건, 2012년 34건, 2013년 18건, 2014년 12건이었다.

9. 5건은 행정자치부장관이 청구한 제주도행정구조개편(2005.07.27.), 청주·청원통합(2005.09.29, 2012.06.27), 완주·전주통합(2013.6.26)과 산업자원부장관이 청구한 중·저준위방사성폐기물처분시설 유치(2005.11.02) 주민투표였다.

무소 이전)이었다. 서울시 무상급식지원 주민투표는 당시 투표율(25.7%)이 개표
요건(33.3%)을 넘지 못해 투표실시에도 결과가 공개되지 못했다.

주민소송은 총 39건(2006.01-2018.03)이 청구되었고, 현재 5건은 진행 중이고
34건은 종결되었다. 종결된 34건의 청구사유는 불법 의정비 인상분 환수요구가
14건(41.2%)으로 가장 많았고, 예산의 부적절한 집행 및 낭비 8건(23.5%), 건축
물과 공공시설의 손해배상 및 승인취소 7건(20.6%), 지자체장 및 의원들의 업무
추진비 위법지출 5건(14.7%)이었다. 34건 중 소취하 1건을 제외한 33건(97.1%)
은 주민이 모두 패소했다.

주민소환의 경우는 전체 94건이 청구되었다. 그러나 소환투표가 실시된 경우
는 8건(8.5%)에 불과하고, 86건(91.5%)은 투표 없이 종결되었다. 8건의 주민소

〈표 1〉 주민조례제정개폐청구, 주민감사청구, 주민투표, 주민소송, 주민소환 제도의 특성 및 운영현황

	주민조례제정 개폐청구	주민감사청구	주민투표	주민소송	주민소환
시행일	2000.1	2000.1	2004.7	2006.1	2007.7
법적 근거	지방자치법 1999.8	지방자치법 1999.8	지방자치법 주민투표법 2004.1	지방자치법 2005.1	지방자치법 주민소환에 관한법률 2006.5
목적	• 주민이 조례 제 정·개정·폐기안 을 지자체장에 제 출	• 지자체 사무처리 가 법령 위배 및 공익 침해 시 주 민이 상급기관에 감사 요청	• 지자체 주요 결정 사항에 대해 주민 이 투표를 통해 직접 결정	• 지자체의 위법한 재무회계에 대해 주민이 자신의 권 리나 이익에 관계 없이 그 시정을 법 원에 청구(주민감 사전치주의)	• 선출직 지방공직자 에 대해 주민 소환 투표를 실시해 임기 종료 전 해직
청구 주체	주민	주민	주민, 지자체장, 중 앙행정기관장	주민	주민
청구 요건 (서명 인수)	• 시도와 인구 50만 이상의 대도시는 유권자의 1/100 이상 1/70이하 • 자치구·시·군은 1/50이상 1/20 이하	• 시도는 유권자 500명 이내 • 50만 명 이상의 시는 300명 이내 • 자치구·시·군은 200명 이내	• 유권자의 5-20% 이내 • 지방의원 과반수 출석과 2/3찬성 (지자체장 직권의 주민투표 요청시 필수 요건)	주민감사를 청구한 주민은 1인도 가능	• 시도지사는 유권자 의 10/100 • 자치구·시·군장은 15/100, 지방의원 은 20/100

	청구 대상 및 내용				
청구 대상 및 내용	• 조례제정권이 미치는 모든 사항 (자체사무 및 단체위임사무 포함) ※법령 위반 사항, 지방세·사용료·수수료·부담금의 부과·징수·감면, 행정기구 및 공공시설 설치의 반대는 제외	• 지자체와 그 장의 권한에 속하는 사무 ※ 수사 혹은 재판 관여, 사생활 침해, 감사 및 소송 중인 사안 제외	• 지자체 주요 사무 • 지자체의 통합 및 주요시설의 설치 등 국가정책 ※지자체 예산, 조직, 재정에 관한 사항 제외	• 공금지출, 재산 취득·관리·처분, 매매·임차·도급, 지방세·사용료·수수료·부담금 • 주민감사청구 수리일로부터 60일 경과 후에도 미종료, 주민감사의 결과에 지자체장의 불복 혹은 조치요구 불이행	• 지자체장 • 지방의원 (비례대표 제외)
확정 및 종결 요건	• 지자체장에 의해서 지방의회에 부의된 주민조례안 처리 기간 규정무	• 시도지사 및 주무부장관은 감사청구 수리일로부터 60일 이내 감사 종료 후, 청구자에게 서면 통지	• 투표자의 과반수 찬성 • 투표율 1/3 이상으로 성립	• 재판 종료	• 투표자의 과반수 찬성 • 투표율 1/3이상으로 성립
기타 제도상 특성	• 주민의 조례청구 권만 인정, 그 최종 결정은 지방의회에 유보 • 의회임기 만료와 함께 주민조례안 자동 폐기	• 자치구·시·군장 감사는 시도지사에 청구, 시도지사 감사는 주무부서장관에 청구 • 지자체장이 처리하는 기관위임 사무 감사 포함 여부에 대한 논쟁	• 지방자치사무는 법적 구속력 부여, 국가정책은 자문적 효력 • 투표불참운동 허용	• 행정소송절차와 동일하게 3심제 • 소송을 제기한 주민 승소시, 지자체 대해 소송비용, 감사청구절차에 소요된 비용 등의 실비 보상 청구 • 당해 지방자치단체는 법원의 확정판결에 따른 조치 의무발생	• 임기개시일로부터 1년 이내, 임기만료일로부터 1년 미만, 소환투표실시 1년 이내 소환투표 제한 • 소환투표안을 공고한 때부터 투표결과가 나올 때 까지 권한행사 정지
운영현황 청구건수	○전체: 223건 • 가결(원안·수정) (116건) • 부결·각하·철회·폐기(101건) • 기타 (6건)	○전체: 299건 • 중앙정부 수행 (38건) • 광역단체 수행 (261건)	○전체 10건 • 투표실시(8건): 주민청구 2건, 중앙행정기관장 5건, 지자체장 1건 • 미투표종결(2건)	○전체: 39건 • 진행중(5건) • 종결(34건)	○전체: 94건 • 투표실시(8건): 2명 소환 성공 • 미투표종결(86건)
운영현황 주요특성	• 학교급식 관련 조례안 과반수 차지 • 폐기, 부결, 각하 (반려), 철회의 주요 사유: 서명인 수 부족 및 서명부 미제출	• 2005년 지방자치법 개정으로 청구요건이 완화되면서 증가	• 주민보다 중앙행정기관장 청구에 의한 투표 청구경향 • 서울시 주민투표 개표요건(33.3%) 미달로 결과 미공개	• 주요 소송 사유: 불법 의정비 인상분 환수 및 예산낭비 • 종결된 34건 중 33건 주민 패소	• 8건의 소환투표 중 6건 투표요건 (33.3%) 미달성으로 결과 미공개 • 미투표종결 주요사유: 서명인수 부족 및 서명부 미제출
	※2017.12.31기준	※2014.12.31기준	※2017.12.31기준	※2018.3.2기준	※2017.12.31기준

출처: 한국정책학회(2015); 행정안전부 홈페이지(www.mois.go.kr); 국가법령정보센터 홈페이지(www.law.go.kr)를 기초로 작성

환투표 중 2건(2007.12.12, 하남시의원 2명)은 소환에 성공했으나, 나머지 6건[10]은 개표요건인 투표율 33.3%를 넘지 못해 소환이 무산되었다. 86건의 미투표 종결 사유는 서명부 미제출이 39건(45.3%)으로 가장 많았고, 대표자 증명신청 취하 및 사퇴 19건(22.1%), 투표철회 15건(17.5%), 서명인수 미충족으로 각하 5건(5.8%), 청구제한기간 도래로 종료 4건(4.7%), 소환대상자 사퇴 및 소환사유 해소 3건(3.5%), 당선무효형 확정으로 중단 1건(1.2%)이었다.

2) 주민참여예산제

주민참여예산제는 집행부의 예산안 편성 및 결정과정에 주민들이 직접 참여하여 우선순위 결정 등의 의견을 제시하는 제도이다. 단 주민의 선호나 의사가 반영된 예산안에 대한 최종 결정권은 지방의회가 가진다. 주민참여예산제는 주민연서에 의해 직접적으로 문제를 제기하는 다른 주민직접참여제도와 일정한 차이가 있다. 주민은 홈페이지 혹은 간담회 등을 통해 직접 예산안에 대한 의견을 제안할 수 있지만,[11] 주로 주민대표기구와 민관협의체와 같은 제3의 협의체를 이용하여 그들의 의사와 이익을 표출한다. 주민참여예산제를 처음 도입한 브라질 포르트 알레그리시(Porto Alegre)를 비롯해 세계의 많은 도시들은 주민의 의사 수렴과 주민 및 정부 간이 의사소통을 매개하는 각종 위원회를 운영하고 있다.

2011년 8월 4일 지방재정법(제39조) 개정으로 전국 243개 광역 및 기초단체에서 주민들이 예산안 편성에 직접 참여할 수 있는 법적 기반이 확보되었다. 2011년 지방재정법의 개정 이전에도 주민참여예산제가 개별 지자체별로 시행되었으나 법적 의무사항은 아니었다. 2003년 광주 북구가 전국 최초로 주민참여예산제

---

10. 6건은 전남 구례군수(2013.12.04), 강원 삼척시장(2012.10.31), 경기 과천시장(2011.11.16), 제주특별자치도지사(2009.08.26), 경기 하남시장 및 시의원(2007.12.12) 소환투표였다.

11. 지방재정법 제39조(지방재정법 시행령 제46조)에서는 주민이 예산안 편성과정에 참여할 수 있는 방법으로 ① 주요사업에 대한 공청회 및 간담회, ② 주요사업에 대한 서면 또는 인터넷 설문조사, ③ 사업공모, ④ 그 밖에 주민의견 수렴에 적합하다고 인정하여 조례로 정하는 방법 등으로 규정하고 있다.

를 도입한 이후, 중앙정부 차원에서도 2004년도 지방자치단체 예산편성지침을 통해 주민참여형 예산편성제의 도입을 권고하였다. 이에 근거하여 정부는 2005년 지방재정법 개정을 통해 예산편성 과정에 주민이 참여할 수 있다는 조항을 신설하였으나 의무적 규정으로 명시하지는 않았다. 그러나 2011년 지방재정법이 "지자체장은 대통령령이 정하는 바에 따라 지방의 예산편성과정에 주민이 참여하는 절차를 마련하여 시행하여야 한다"로 개정되어 전국의 지자체는 주민참여예산제를 의무적으로 시행하게 되었다.[12]

행정부제출예산제도(executive budget system) 확립 이후 전통적으로 예산안 편성권은 행정부의 고유한 권한이었다. 현행 제도는 집행부가 독점적으로 행사해 왔던 예산편성권을 주민과 지역사회에 일정 정도 이양한 성격을 가진다. 더불어 과거 주민과 시민사회의 예산감시 활동이 집행부의 예산안 편성, 의회의 예산안 심의 및 결정, 집행부의 예산집행 과정에서 나타난 비효율성을 사후적으로 통제하는 성격이 강했다면, 주민참여예산제는 주민이 지자체장과 의회의 비효율적인 재정운영을 방지하는 사전적 통제장치의 성격을 가진다(이용환 2011).

주민참여예산제의 의무시행에도 불구하고, 지방재정법상 구체적인 실행방식은 지자체 조례로 위임하고 있다. 그 결과 지자체의 주민참여예산제 운영조례는 예산안의 편성과 심의 및 결정과정에 주민과 시민사회를 참여시킨다는 제도 자체의 목적과 골격은 유지하되, 지역별 실정과 특성에 맞는 다양한 형태로 운영된다. 즉 지자체 조례별로 주민의 예산참여 범주와 예산참여위원회 및 협의체의 구성에 차이가 있다는 것이다. 그럼에도 광역 및 지자체의 주민참여예산제 조례를 살펴보면, 대체로 그 운영기구는 주민참여 예산위원회 및 지역회의의 주민대표기구와 민관협의회 및 주민참여예산연구회의 민관협력기구로 구분된다.[13]

---

12. 2013년에는 주민참여예산제의 운영상황을 지자체의 재정공시 의무에 포함시켜 공개하도록 하는 조치가 취해졌고, 2014년에는 "지자체장은 예산편성 과정에 참여한 주민의 의견을 수렴하여 그 의견서를 지방의회에 제출하는 예산안에 첨부할 수 있다"는 새로운 규정까지 마련되었다.

주민참여예산제의 핵심기구인 주민참여 예산위원회는 지역회의에서 제안된 주민의 의견을 수렴하여 예산안의 우선순위를 심의 및 조정한다. 위원구성은 일반 주민 공모, 지자체장 및 시의회 의원 추천, 전문가 집단, 시민단체 추천 등의 방식으로 이루어진다. 또한 정책별로 분과위원회를 구성하여 특정분야(보육 및 생활복지, 교육, 교통, 안전, 시설 등)에 대한 주민의 의사를 수렴하기도 하고, 주민참여예산학교를 운영하기도 한다. 지역회의는 지역현장에서 주민들의 의견 청취 및 수렴과 예산안 제안을 유도하는 기층기구이다. 광역지자체는 자치구·시·군 단위로, 기초지자체는 읍·면·동 단위로 구성되어 있으며, 주민참여 예산위원회의 위원을 추천하거나 선출하는 역할을 담당하기도 한다. 민관협의회는 지방의회에 제출할 예산편성안을 최종적으로 심의하여 확정하는 기구이며, 주로 주민참여 예산위원회 대표자들과 담당 실국장이 참여한다. 참여예산연구회는 담당 실국장과 주민참여 예산위원회 위원들이 참여하여 1년 동안의 활동을 평가하여 개선방안을 도출하는 역할을 담당한다.

지자체별 조례에 따라 설치된 4가지 운영기구의 현황(2014.12.31)을 살펴보면, 다음의 두 가지 특성이 확인된다. 첫째, 주민대표기구와 민관협력기구의 설치는 지자체별로 차이가 있다. 주민참여예산제 조례를 제정한 242개 지자체(경기 성남시 제외)[14] 중 핵심기구인 주민참여 예산위원회를 구성한 경우는 156개 (64.5%)였고, 이 중 분과위원회를 구성한 지자체는 94개였다. 그리고 지역회의를 구성한 지자체는 60개, 민간협의회와 참여예산연구회까지 구성한 경우는 각각 36개와 30개였다. 따라서 지자체가 4가지 운영기구를 모두 구성 및 운영하고 있다면, 형식적인 측면에서는 모범적인 운영기구를 갖춘 것으로 평가할 수 있다.

---

13. 주민참여예산제의 운영기구와 현황은 한국정책학회(2015)를 참고하였다.
14. 성남시는 주민참여예산제 운영조례안을 집행부가 의회에 제출했으나, 주민참여 예산위원회 및 지역회의 구성 등에서 의회와 합의에 실패하여 아직까지 조례제정은 이루어지지 않고 있다(뉴스팟. http://m.todaysn.com/2062, 검색일: 2018.08.14). 그러나 성남시는 직접 우편, 홈페이지, 방문 등의 방식으로 주민 예산안을 접수하고, 예산안을 심의하는 자체 심의위원회를 구성하고 있다.

〈표 2〉 주민참여예산제 운영기구 및 현황

시행일 및 법적 근거		2011.9(의무시행), 지방재정법(제39조)
목적		지자체 예산안 편성과정에서 주민이 참여하여 우선순위의 심의 및 조정
운영기구		• 주민참여 예산위원회(예산안의 우선순위를 심의 및 조정): 위원은 일반주민 공모, 지자체장 및 시의회의원 추천, 시민사회단체 추천, 전문가 등/ 분과위원회 및 주민예산학교 운영 등 • 지역회의(기층 단위의 주민의견 수렴 기층 기구) • 민관협의회(예산편성안 지방의회 제출 전 최종 심의) • 참여예산연구회(민관협력으로 주민참여예산제 평가) ※ 개별 지자체 조례에 따라 운영기구의 설치 및 명칭은 자율적 결정
운영기구 현황	조례 제정	• 242개(성남시 제외) 지자체 주민참여예산제 운영조례 제정 • 주민참여 예산위원회 구성의 임의규정 128개, 강제규정 65개, 주민참여 예산 위원회 및 분과위원회 강제구정 49개
	운영기구 설치	주민참여 예산위원회 구성 156개(이 중 94개 분과위원회 설치), 지역회의 60개, 민관협의회 36개, 연구회 구성 30개
	※ 2014.12.31기준	

출처: 한국정책학회(2015)를 기초로 구성

주민참여예산제를 적극적으로 실시하는 지자체에서는 4가지 운영기구의 역할과 운영방식 및 절차 등에 대한 세부규정을 조례로 명시하고 있다.

둘째, 핵심기구인 주민참여 예산위원회 구성의 강제성 여부에도 차이가 있다. 대부분의 지자체들은 행정안전부가 제시한 주민참여예산제 표준 조례안을 준용하고 있으나, 242개 지자체 중 주민참여 예산위원회의 구성(2014.12.31.기준)을 임의규정으로 한 지자체가 128개(52.7%)로 가장 많았다. 주민참여 예산위원회 구성을 강제한 경우는 65개(26.8%), 주민참여 예산위원회 및 분과위원회 설치까지 강제한 경우는 49개(20.1%)에 불과했다.

2. 주민조례제정개폐청구와 주민참여예산제 사례

1) 전라남도 학교급식지원 주민조례

주민조례제정개폐청구는 일반 주민이 지방의회의 핵심적 기능인 조례제정권에 영향을 미치는 제도이다. 그러나 현행 제도는 미국이나 스위스에서 보편적으로 시행되는 주민발의와는 근본적인 차이를 가진다. 일반적으로 주민발의는 추진되는 과정에서 의회의 개입 여부를 기준으로 직접 주민발의와 간접 주민발의로 구분된다. 전자는 법령에 따라 유권자들이 헌법과 법률 및 조례의 발의안을 스스로 작성하여 해당 기관에 접수하고 서명을 받아서 청구한 후, 일정한 검증을 거쳐 발의를 성립시켜 바로 유권자 투표(popular referendum)를 실시한다. 후자는 유권자의 발의안이 접수 및 서명과 청구를 통해 발의된 후, 의회의 심의를 거치는 경우이다. 만약 의회가 시민들이 제시한 발의안을 통과시키면 조례제정이 완료되지만, 의회가 조례로 제정하지 않으면 유권자들은 투표를 실시하여 조례제정을 완료할 수 있다(김영기 2008). 주민조례제정개폐청구제도는 이 두 유형의 주민발의에 해당되지 않는다. 우리의 경우는 주민의 조례에 대한 청구권만을 인정하고, 최종 결정은 지방의회에 유보하기 때문에 주민조례안은 미국과 스위스처럼 최종적으로 주민투표로 이어지지 않는다.

주민조례제정개폐청구제도 역시 다른 제도와 마찬가지로 주민들의 활용 실적이 저조하고, 주민조례안의 의회 가결율 역시 낮았다(〈표-1〉 참조). 그러나 학교급식 지원 주민조례안의 경우는 이와는 다른 양상을 보인다. 실제로 청구된 223개 중 주민의 청구에서부터 지방의회의 가결까지 이어진 과반수 이상(50.2%)이 학교급식지원 조례안이었다. 이러한 성공의 배경으로는 복지 패러다임이 지역사회까지 확대되는 상황에서 사회적 요구를 수용하려는 지자체의 의지를 들 수 있다. 그러나 그 심층에는 결사체 중심의 시민사회의 적극적인 노력이 자리하고 있다.

2003년 10월 공표된 '전라남도 학교급식 식재료 사용 및 지원에 관한 조례'는 주민발의로 학교급식 관련 조례를 제정한 최초의 사례이다.[15] 이러한 성공을 이

---

15. 이에 앞서 2003년 7월 전라남도 나주시가 '학교급식 지원 조례'를 제정했으나, 나주시는 의회의 발의에 의해서 조례가 제정된 경우이다.

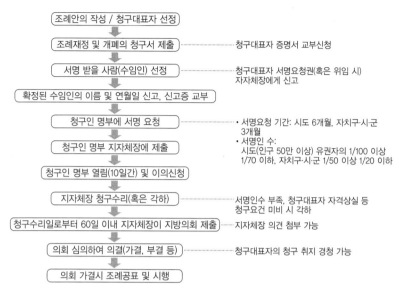

〈그림 4〉 주민조례제정개폐청구제도 청구절차

출처: 박희봉(2006)과 지방자치법을 기초로 구성

끈 주역은 2002년 발족한 '급식개혁과 우리 농산물을 사용한 학교급식 조례제정 전남운동본부(이하 급식운동본부)'였다. 급식운동본부는 당시 전라남도 시군의 23개 단체들로 구성된 연합체였다. 급식운동본부는2003년 3월 학교급식 관련 조례제정을 주민발의로 결정하기로 한 후 청구대표인 선정 및 청구를 위한 서명을 받아 전남도에 제출하였고, 7월 주민조례안은 도의회에 제출되었다. 급식운동본부의 활동이 범지역적으로 확대되면서 당시 기성정당, 농업단체, 교육단체 등 230여 개 단체가 학교급식지원조례 운동에 참여했다. 급식운동본부의 활동은 학교급식 주민조례안의 청구와 지방의회 제출 이후의 두 단계로 구분된다.

먼저 청구단계에서는 학교급식 조례제정에 대한 주민과 시민사회 내 이해관계자들의 공감대를 형성하기 위한 적극적인 노력을 펼쳤다. 급식운동본부는 운영위위원회 개최, 조례소위원회 개최 및 조례안 작성, 학교급식과 관련된 설문조사, 남도 순례대행진, 홈페이지 개설, 학교급식조례제정 대토론회를 개최하여 학교급식의 필요성에 대한 여론형성에 주력하였다. 당시 건강권 확보의 측면에서 학교급식에 관심을 가지고 있었던 학부모와 교사들은 급식운동본부의 활동에 충분히 공감할 수 있었다. 특히 우리 농산물과 전남의 농산물만을 사용하겠다는 조례안은 농산물 개방으로 어려움을 겪던 농민들의 지지를 불러일으키는 이유가 되었다. 학부모와 교사 및 농민에 대한 설득 전략은 급식운동본부에 소속된 전교조와 농민단체를 중심으로 진행되었고, 이들은 현장에서 조례제정의 필요성을 공론화시키는 역할을 하였다. 이러한 급식운동본부의 노력으로 2003년 4월 학교급식 주민조례안은 청구요건인 32,000명을 훨씬 뛰어넘는 49,549명의 서명을 받았고, 이후 지자체장의 수리와 지방의회로의 부의로 이어지게 된다.

의회의 심의 및 결정단계에서 급식운동본부는 의원과 지자체장의 설득에 주력하였다. 사실 학교급식 조례안은 청구단계부터 광범위한 주민들의 지지를 받고 있었기 때문에 의회와 도지사의 지지를 확보하는 데 큰 무리가 없었다. 의원과 도지사의 입장에서는 정치적 부담 때문에 주민들이 서명한 주민조례안을 받아들 수밖에 없는 상황이었다. 또한 당시 급식운동본부의 소속 회원이었던 민주노동당 의원들의 노력도 주민조례안 가결의 원동력이 되었다. 주민조례안이 의회에 제출된 이후 급식운동본부, 농업정책과 담당자, 농수산 상임위원회 의원, 교육청 급식 담당자 등이 참여한 회의가 개최되었고, 조례안에서 국내산 농산물이라는 표현 대신 친환경 우수 농산물이라는 표현으로 수정하는 합의를 이루기도 하였다. 그 결과 2003년 9월 학교급식 주민조례안은 의회에서 수정의결의 만장일치로 통과되었다.

그러나 학교급식 지원 조례제정은 중앙정부의 반대라는 뜻밖의 상황에 직면하게 된다. 당시 행정자치부는 학교급식이 지자체장의 업무가 아닌 교육 및 학예에 대한 사무이기 때문에 개별 법령의 근거 없이 경비를 지출하는 것은 조례제정 범위를 벗어나는 위법이라는 입장을 표명하였다. 즉 전라남도 의회가 제정한 학급급식 조례는 지자체의 소관업무가 아니라는 것이었다. 그리고 행정자치부는 만

약 전라남도가 중앙정부의 재의요구를 받아들이지 않고 학교급식 조례제정을 강행할 경우 대법원에 제소한다는 방침을 정하였다. 이러한 조치에 반발하여 급식운동본부는 항의집회 개최와 항의방문을 통해 행정자치부를 압박 및 설득하기 시작하였고, 급식운동본부와 중앙정부의 갈등이 심화되었다. 당시 학교급식 조례제정에 대한 사회적 요구가 높아지는 상황에서 정치적 부담을 느낀 행정자치부의 선택은 학교급식법 시행령을 개정하는 것이다. 그 결과 지자체장이 학교급식의 식재료비를 지원할 수 있는 법적 근거가 마련되었고, 최종적으로 2003년 10월 전라남도 학교급식 지원 조례가 공표되었다.[16]

주민발의로 청구되었으나 급식운동본부가 주도한 학교급식 조례제정은 이후 전국적으로 시민운동 차원에서 학교급식 관련 주민조례안을 청구하는 움직임을 확산시켰다. 참여정부(2003~2007년)에서 청구된 주민조례안의 대부분은 학교급식과 관련된 사안이었다.[17] 급식운동본부는 이후에도 우수농산물로 정리된 조례의 한계를 보완하기 위해서 학교급식 식재료 친환경농산물 지원, 급식지원센터 설립 등을 위한 다양한 시민운동을 전개하였다. 따라서 급식운동본부의 활동은 주민발의와 시민운동을 결합하여 학교급식 지원의 조례제정을 이끌었던 모범적인 사례로 평가할 수 있다.

2) 광주광역시 북구 주민참여예산제

주민참여예산제의 도입은 전 세계적인 추세이나, 그 운영을 위한 단일의 표준화된 모형은 존재하지 않는다. 우리와 마찬가지로 세계 각국도 브라질과 남미에서 발화된 제도상의 기본적인 목적과 골격은 유지한다. 정치적 합리성의 관점에서 많고 다양한 주민들이 참여하도록 유도하고, 경제적 합리성의 측면에서 시민

---

16. 전라남도 급식운동본부의 사례는 길종백·하정복(2013)과 하승수 외(2009)를 참고하였다.
17. 참여정부 시기에 청구된 주민조례안 중 학교급식 관련된 경우는 2003년 47건 중 39건, 2004년 30건 중 19건, 2005년 47건 중 32건, 2006년 15건 중 8건, 2007년 9건 중 3건이었다.

사회와 정부 간의 효율적인 조정기제를 구축하고 있다(Koonings 2004). 그러나 제도상의 운영형태 및 내용은 국가와 지역별로 차이가 있다.

'능동성과 주도권' 및 '정부와 시민의 영향력 관계'의 틀을 이용하여 주민참여예산제를 정부주도형, 민관협의형, 주민권력형으로 유형화한 나중식(2004)의 틀을 준용하면, 한국의 경우 주민참여예산제를 선도하는 지자체는 민관협의형에 속한다. 민관협의형은 정부와 시민 간에 대등한 상호작용이 이루어지는 유형으로, 공청회, 간담회, 예산자문위원회 등의 민관협력 제도를 운영하고 있으나 의사전달 방식은 정부가 일방적으로 정한다. 이 경우 정부의 의사전달 정도에 따라서 적극적인 것과 소극적인 것으로 다시 구분된다. 주민권력형은 주민들이 상당한 주도권을 가지고 예산결정과정에 적극적으로 참여하며, 참여방식과 내용도 시민들이 결정하는 적극적인 유형이다.[18] 주민총회, 심의위원회(시민예산위원), 지역권력이양, 직접민주제 등의 제도적 기제를 포함한다. 우리의 경우는 집행부의 예산안 편성권과 의회의 예산결정권을 주민에게 위임하는 주민권력형의 단계로는 확장되지 않고 있다.

민관협의형의 운영모델에 의해 주민참여예산제를 운영하는 대표적인 경우로 광주 북구를 들 수 있다.[19] 광주 북구 역시 예산참여 시민위원회의 활동범위를 구청장의 예산편성권 내로 제한하고 있으며, 시민위원회는 아직까지 집행부의 예산안 편성 및 결정과정에서 주민의 의견을 수렴 및 반영하는 자문과 심의의 기능만을 담당하는 수준에 머물러 있다(한국정책학회 2015). 그럼에도 광주 북구의 사례가 규범적 모델로 인정받는 이유는 예산안 편성 및 확정의 전 과정에서 주민의 의견수렴 및 참여를 제도적으로 보장하기 때문이다. 더불어 전국 최초로

---

18. 정부주도형은 예산편성 및 결정과정에서 정부가 주도권을 가지는 전통적인 혹은 형식적 운영방식을 의미하며, 주민참여는 정부가 주도하는 예산편성의 제도적인 절차에 반응하는 수준에 그친다.

19. 광주 북구의 2018년 일반회계 총예산(5,736억 원) 대비 주민참여예산 사업비 비율은 0.14%이며, 주민의 견이 예산에 반영된 비율은 71.4%였다.

주민참여예산제의 도입(2003년)과 함께 운영조례(2004년 3월)를 제정하여 중앙 정부 차원의 지방재정법 개정을 견인했다는 상징성 역시 광주 북구에 주목하는 이유이다.

이와 함께 결사체 참여의 제도화 관점에서 광주 북구의 사례는 일정한 장점과 한계를 가진다. 첫째, 주민대표기구와 민간협력기구에 비영리단체의 참여를 보장하고 있다. 광주 북구는 예산안 편성에서 주민의 의견수렴과 및 우선순위를 결정하는 예산참여 시민위원회 및 분과위원회, 동별 단위에서 주민의 의견을 수렴하는 예산참여 지역회의, 의회로의 예산안 제출 전에 예산참여 시민위원회와 집행부가 함께 참여하여 최종 예산안을 확정하는 민간협의회 그리고 조례개정의 역기능 해소 및 발전방안 등을 제시하는 주민참여예산제 연구회를 운영하고 있다.[20] 그리고 이들 운영기구에 주민자치위원회와 비영리단체의 참여를 제도적으로 보장받고 있다. 특히 비영리단체는 핵심기구인 예산참여 시민위원회 위원 구성의 추천권을 가진다.

둘째, 비영리단체는 예산참여 시민위원회 위원구성의 추천권을 가지지만, 추천권 행사가 제한적이다. 조례에서 규정된 160명 내외의 시민위원회 위원은 일반 주민 대상의 공개모집, 지역회의와 비영리단체 및 성실납세자의 추천에 의해서 구성된다. 비영리단체가 추천한 위원인 경우에는 해당 단체에서 추천을 받아 위촉되고, 공개모집한 주민위원들은 해당 동의 지역회의에서 추천을 받아 위촉된다. 그리고 구청장은 선정기준에 따라 시민위원회 위원을 최종 확정한다. 이 경우 개별 비영리단체가 추천할 수 있는 위원수를 2명 이내로 제한하여 다양한 영역에서 활동하는 단체의 참여를 유도하고 있다. 2017년 기준으로 시민위원회

---

20. 광주 북구와 함께 모범적 사례로 평가받는 울산 동구 역시 거의 유사한 운영체계를 가지나, 다음의 두 가지 측면에서 보다 진일보한 것으로 평가된다. 주민의견 수렴의 경우 광주 북구가 예산참여 시민위원회의 사전 토론회에서 시작한다면, 울산 동구는 지역회의와 예산참여시민위원회의 전체 총회로부터 시작된다. 또한 구의회에 제출하는 최종예산안의 결정이 광주 북구는 민관협의회의에서 결정된다면, 울산동구는 주민참여예산협의회에서 논의된 예산안의 최종 결정이 시민위원회 전체 총회에서 의결된다(이용환 2011).

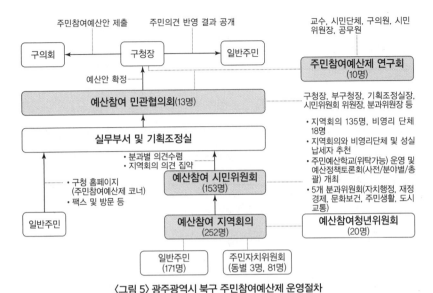

〈그림 5〉 광주광역시 북구 주민참여예산제 운영절차

출처: 광주광역시 북구 홈페이지(www.bukgu.gwangju.kr) 및 주민참여예산제 운영조례를 기초로 구성

에는 비영리단체가 추천한 18명(국민운동 2명, 노인 2명, 여성 2명, 장애인 1명, 치안 1명, 통일안보 1명, 기타 9명)이 위원으로 참여하고 있다. 이점은 비영리단체에게 주민참여 예산위원회(시민위원회)의 위원 추천권을 보장하지 않는 지자체가 많다는 점을 고려할 때,[21] 광주 북구는 제도의 운영상에서 비영리단체의 참여가 보다 진일보한 것으로 평가된다.

그러나 문제는 비영리단체가 추천하는 시민위원회 위원이 상당히 적다는 것이다. 2017년의 경우 153명의 위원 중 지역회의 및 비영리단체가 추천한 사람은 각각 135명(88.2%)과 18명(11.8%)이다. 즉 주민자치위원회와 같은 근린조직에 비해 일정한 전문성과 공익성을 갖춘 비영리단체의 참여가 제약되어 있다는 것이다. 이 점은 2003년 광주 북구의 주민참여예산제도도입이 예산감시네트워크의

---

21. 17개 광역지자체 중 주민참여 예산위원회 구성시 시민단체 및 사회단체의 추천권을 공식적으로 명시한 경우는 부산, 대전, 충북 3개이다. 이들 3개 지역의 단체 추천 비율은 부산 80명 중 10명, 대전 69명 중 7명, 60명 중 12명(2014년 기준)이었다(임성일 2015).

소속 단체들이 주도하여 성취했지만,[22] 실제 운영상에서는 시민사회의 참여가 제한되어 있다는 것을 보여 준다.

3. 한계와 과제

한국의 주민직접참여제도는 주민참여와 심의의 확대라는 직접민주주의 이상을 현실에서 구현하지 못하고 있다. 주민조례제정개폐청구, 주민감사청구, 주민투표, 주민소송, 주민소환제는 주민들의 활용실적 자체가 매우 저조하였다. 주민이 청구를 시도했더라도 서명인수 부족 등의 청구요건을 충족시키지 못해 중도좌절되는 경우가 많았다. 더불어 청구된 주민의 의사가 투표와 집행부 및 의회에서 논의되더라도, 투표성공과 성공적인 입법 및 정책시정으로 이어지지 못하고 있었다. 주민투표는 총 10건만이 청구되어 8건이 실제 투표로 이어졌다. 94건의 주민소환 중 실제 소환투표로 이어진 경우는 6건에 불과했고, 소환투표가 성사되더라도 소환에 성공한 경우는 2건이었다. 주민소송의 경우는 대부분 주민의 패소로 귀결되었고, 주민조례제정개폐청구의 가결율 역시 과반수를 조금 넘고 있었다.

주민참여예산제 역시 직접민주주의 실현의 한계를 노정하고 있다. 대부분의 지자제들이 관련 운영조례를 제정했음에도, 약 50%의 지자체들은 핵심기구인 주민참여 예산위원회를 임의규정의 형태로 운영하고 있었고, 약 34%는 주민참여 예산위원회 조차 구성하지 않았다. 더욱이 지역사회 최전선에서 주민의 의견

---

22. 2003년 광주 북구의 주민참여예산제 도입은 1998년 전후로 시작된 예산감시네트워크 소속 단체들의 예산감시운동이 주요한 역할을 했으며, 이들 단체들은 2003년을 '시민참여예산 조례제정의 해'로 결의하였다. 특히 2002년 9월 참여자치 21이 광주시에 예산요구서 및 반영내용의 공개를 요구한 사건은 주민참여예산제 도입의 중요한 계기가 되었다. 광주시가 참여자치 21의 요구를 거부하자, 양자는 행정소송에 이르게 되었다. 그러나 당시 법원의 중재로 광주시가 2005년 예산안부터 주민참여예산제를 도입하기로 합의하여 소송은 일단락되었다(이자성 2008).

을 수렴하는 지역회의의 설치 비율은 상당히 낮았다. 이 점은 주민과 시민사회의 의견을 수렴하는 다양한 운영기구의 실제적인 작동여부와는 별개로 주민참여예산제를 위한 기본적인 인프라 조차 정비되지 못하고 있다는 것을 의미한다.

이러한 현행 제도의 문제점을 해결하기 위한 방안들은 주민참여의 확대에 초점을 맞추고 있다. 주민연서에 의해서 청구되는 5개 제도의 개선방안은 청구요건(서명인수)[23] 및 청구내용(사유)의 완화와 함께 주민투표 및 소환투표에서 현행 개표요건(투표율 33.3% 이상)의 완화로 대변된다. 주민참여예산제의 경우는 주로 ICT(Information and Communication Technology)를 활용하여 주민이 직접적으로 예산을 제안하는 통로를 확대하고, 주민대표기구의 위원수를 확대하자는 것이다. 특히 주민참여 예산위원회의 경우는 주민 위원수의 확대와 함께 위원구성시 연령별·직업별·성별 대표성 확보를 강조한다(임성일 2015).

우리의 경우 시민단체를 포함한 지역사회의 결사체가 주민직접참여제도의 도입에 미친 영향이 지대함에도, 실제적인 활용 및 운영상에서 시민사회의 참여를 확대하자는 논의는 이루어지지 않고 있다. 전라남도 학급급식 조례를 이끈 급식운동본부의 경험은 주민이익의 조직자 및 대변자와 정책조언자로서 결사체의 긍정적 기능을 보여 주었다. 급식운동본부는 학교급식이라는 생활 속의 주민이익을 발굴 및 조직하여 주민조례안을 작성 및 청구하였고, 의회 및 집행부와의 정책적 심의와 협의를 통해 주민조례안의 가결을 견인하였다. 더불어 중앙정부의 학교급식법 시행령의 변화까지 이끌어 내었다. 광주 북구를 포함해 주민참여예산제를 선도하는 지자체들은 주민대표기구와 민간협력기구의 위원구성에서 비영리단체의 참여를 제도적으로 보장하고 있다. 비영리단체들은 제도화된 운

---

23. 주민조례제정개폐청구는 시·도(50만 이상 대도시)의 경우 19세 이상 주민 총수의 1/100 이상 1/70 이하인 현행 기준을 1/100 이내로 낮추고, 자치구·시·군은 현행 1/50 이상 1/20 이하의 기준을 1/50 이내로 낮추자는 것이다. 주민투표는 현행 기준인 유권자 5~20%를 인구규모를 고려하여 차등적으로 적용하자는 것이다(하혜영 2015). 주민소환의 경우는 현행 지방위원의 소환청구요건을 유권자 총수의 20%이상에서 15%이상으로 완화하자는 것이다(지방자치발전위원회 2014).

영기구 안에서 형식적 및 소극적으로 규정된 주민참여예산제 운영조례의 개정을 위한 개혁을 주도하고 있다(이광원·황성돈 2013).

이러한 결사체의 역할은 주민직접참여제도가 주민 중심의 거버넌스 혹은 동네 민주주의와 연계될 수 있는 단초를 제공한다. 즉 결사체의 활동을 더 많이 보장할수록 주민참여가 활성화되고, 주민의사가 집행부와 의회의 정책 및 입법과정에 반영될 가능성이 높아진다는 것이다. 따라서 주민직접참여제도의 개혁은 결사체의 활동공간을 확대하는 방향으로 전개되어야 한다.

첫째, 주민 연서에 의해 청구되는 5개 제도는 법률의 개정을 통해 결사체를 청구권자로 수용할 필요가 있다. 현행 제도는 19세 이상의 개개 주민만을 청구권자로 인정하고 있으며, 청구요건을 충족시키기 위한 서명확보의 주체 역시 주민으로 규정하고 있다. 물론 이미 지역사회의 주민자치위원회, 협동조합, 시민단체 등의 결사체들은 다양한 주민직접참여제도를 지역단위의 자치운동과 풀뿌리 민주주의 구현을 위한 매개로 활용하고 있다. 그러나 일정한 전문성과 공익성을 갖춘 결사체를 주민직접참여제도의 공식적 및 제도적 참여자로 인정하여 광범위한 주민참여에 의해서 주민직접참여제도가 운영될 수 있는 기반을 마련해야 한다. 사실 일반 주민이 전문적인 조례 및 지자체의 위법사항을 확인하여 문제시정을 위한 청구안 및 투표안을 제안하고, 법적 요건을 충족시키는 청구인수의 서명을 받는 것은 쉽지 않다. 더불어 주민이 집행부와 의회의 심의 및 의결과정을 모니터링하거나 주민투표에 영향을 미치는 시민운동을 벌이는 것도 쉽지 않다. 이러한 문제는 결사체가 가진 조직력 및 정보력과 전문성을 활용하여 지역 현안을 쟁점화시키고, 시민운동 차원에서 주민참여를 유도하여 해결할 수 있다.

둘째, 주민참여예산제의 경우는 조례를 통해 주민대표기구와 민간협력기구에서 결사체의 추천권과 참여를 보장하고, 그 비율을 확대해야 한다. 즉 결사체의 의견이 많이 투입될 수 있는 가능성을 확보하자는 것이다. 사실 일반 주민이 전문적인 예산안을 제안 및 심의하기는 쉽지 않으며, 주민참여 예산위원회 위원으로 위축된 일반 주민이 짧은 기간의 주민참여예산학교의 학습만으로 예산안 편성 및 결정의 전 과정을 이해하는 것도 어려운 일이다. 많은 시간과 노력을 들인 주민예산안이 최종 예산으로 반영되지 못하는 것도 주민의 전문성 부재와 무관하지 않다. 이러한 문제점은 평상시 예산감시운동과 같이 예산편성 및 집행에 관심을 가져온 전문적인 결사체를 주민참여예산제의 다양한 운영기구에 참여시켜 해결할 수도 있다. 나아가 주민참여 예산위원회(시민위원회) 위원구성에서도 비영리단체의 비율을 확대해야 한다. 광주 북구도 예산참여 시민위원회 위원 중 비영리단체가 추천한 사람은 약 11%정도에 불과했다. 따라서 주민참여예산제의 또 다른 모범사례로 평가되는 울산 동구의 경우처럼 조례를 통해 NGO와 사회단체의 추천 인사를 30%정도까지 확대하는 방안을 고민할 필요가 있으며, 이 경우 추천권은 예산 관련 활동으로 전문성을 검증받은 비영리단체로 제한해야 할 것이다.

V. 결론: 결사체 주도의 동네민주주의 구현의 조건

지금까지 이 글은 주민참여 활성화를 위해 도입된 직접민주주의 제도를 재조명해 보았다. 구체적으로 마을공동체 사업과 주민조례제정개폐청구제도, 주민소환, 주민투표, 주민감사청구, 주민소송, 주민참여예산제의 특성 및 현황을 제시하고, 주요한 사례를 분석하여 결사체 주도의 주민 중심의 거버넌스, 즉 동네민주주의 구축의 관점에서 그 의미와 한계 및 개선과제를 도출하였다. 이러한 시도는 주민 이익의 조직자 및 대변자 나아가 정책조언자로서 실질적인 주민참여를 견인하는 결사체의 역할에 주목하여 수행되었다.

분명 직접민주주의 제도의 도입은 대의제의 한계를 보완하여 주민참여 및 심의의 가치를 실천할 수 있는 계기가 되었다. 더불어 지방자치의 논의에서 중앙으로부터의 분권에 더하여 주민참여와 주민자치의 가치를 새롭게 환기시키는 기회가 되었다. 시민사회에서 태동된 마을공동체 사업은 지방자치의 발전 속에서 거버넌스와 조응하여 주민의 실질적인 참여를 추동하는 프로그램으로 발전할 가능성이 포착되고 있다. 반면, 주민직접참여제도는 시민사회의 노력으로 제도화에 성공했으나, 주민참여의 확대라는 도입 당시의 떠들썩했던 선전과는 달리 실제적인 운영은 형식화 및 상징화되는 한계에 직면하고 있다.

성미산 마을의 사례는 지역에 거점을 둔 주민의 조직화된 힘, 즉 결사체가 마을공동체 형성의 핵심적 주체라는 점과 마을공동체 사업의 방향성 역시 결사체의 역량강화에 초점을 두어야 한다는 점을 상기시켜 주었다. 이것은 직접민주주의 제도가 동네민주주의와 조응하기 위해서는 결사체의 역할이 중요하다는 점을 의미한다. 이 지점에서 현행 주민직접참여제도 역시 결사체의 긍정적인 기능을 적극 수용할 필요가 있다. 따라서 주민의 연서에 의해서 청구되는 5개 주민직접참여제도는 결사체를 공식적인 청구권자로 수용하여 광점위한 시민운동의 차원에서 활용될 수 있는 기반을 만들어야 한다. 주민참여예산제의 경우는 예산안 편성 및 결정을 주도하는 핵심기구인 주민참여 예산위원회의 위원구성에서 비영리단체의 추천권 보장과 그 비율을 확대해야 한다.

물론 이러한 주장은 현재 한국의 정치지형과 시민사회의 역량 하에서 무조건적으로 수용되기는 어렵다. 시민사회 스스로의 자기점검을 위한 노력이 전제되어야만 결사체는 주민직접참여제도 개혁의 대안자가 될 수 있으며, 정부권력의 견제와 보충을 뛰어 넘어 동네민주주의를 이끄는 주체로 인정받을 수 있다. 결사체 스스로의 자기정화 노력은 다음의 세 가지로 대변된다. 첫째, 본연의 공익적 가치를 재정립해야 한다. 결사체의 참여 확대는 샤트슈나이더가 지적한 편견의 동원(mobilization bias)의 가능성을 내포할 수 있다(박희봉 2006). 즉 주민 전체의 이익보다는 특정한 집단 혹은 계층의 이익이 반영되어 주민직접참여제도의 본래 취지가 퇴색될 수 있다는 것이다. 특히 보수 및 진보의 특정한 성향의 기득권층과 지연·학연·혈연 등으로 얽혀 있는 지방의 정치구조를 고려한다면, 결사체 참여는 지역정치인, 행정관료, 특정 집단들이 자기이익을 구현하는 수단으로 악용될 가능성이 있다. 경기도 성남시의 경우 집행부가 주민참여예산제 조례안을 제출했음에도 그 제정으로 이어지지 못하는 이유에는 시민단체들이 예산안 편성 및 결정과정에서 일종의 압력단체가 될 수 있다는 우려가 반영되어 있다. 따라서 결사체는 사회적 약자를 포함한 지역사회 공공이익의 수호자 혹은 합리적 대안자의 위상을 확립하기 위한 노력을 경주해야 한다.

둘째, 스스로의 책무성(accountability) 확보가 선행되어야 한다. 거버넌스 패러다임 속에서 한국의 시민사회는 민주주의 발전, 사회적 자본의 생성, 복지서비스의 생산, 시민성의 확산 등 정치사회 발전의 중요한 동인으로 주목을 받고 있다. 그러나 역설적으로 2000년대 중반 이후 시민단체에 대한 신뢰성과 책무성에 대한 회의론도 지속적으로 제기되고 있다. 결사체의 책무성 확보는 참여의 대표성 확보, 시민들의 자치역량 강화, 공익적 활동을 통한 사회적 문제 해결에 기여하기 위한 전제조건이다. 따라서 결사체는 그 위상에 맞는 자기규제, 민주적 의사결정구조, 재정적 투명성, 성과관리 등에 대한 정당성을 증명하는 자기성찰의 노력을 기울여야 한다(도묘연 2016).

셋째, 물적 및 인적 자원과 함께 전문성 등의 자체 역량을 강화해야 한다. 중앙정부 및 지방정부 차원에서의 제도개혁을 통해 공공문제 해결과정에 결사체의 참여를 보장하는 것도 중요하지만, 결사체 역시 정부에 대한 대항력을 키울 수 있는 힘을 배양해야 한다. 그러나 갈수록 전문화되고 복잡해지는 지역문제에 효율적으로 대처하기에는 중앙에 비해 지역 기반의 결사체가 가진 자원은 너무 열악하다. 이 경우 복지, 환경, 시민자치, 예산 등 특정한 정책영역별로 결성된 결사체 간이 간의 상설적 네트워크 구축은 정보와 자원의 교환을 통해 집행부와 의회에 대항력을 높이는 효율적인 방안이 될 것이다.

참고문헌

길종백·하정봉. 2005. "조례개폐청구제도에 관한 사례연구: 학교급식 조례제정운동을 중심으로."『행정논총』43권 3호, 173-196.

김도형·이나경·김지호·임기홍·이원동·김의영. 2017. "협력적 거버넌스에서의 대안적 대항력 형성 동학: 서울시 관악공동조직준비위원회 사례를 중심으로."『한국정치학회보』51집 5호, 55-81.

김영기. 2008. "미국과 스위스, 한국의 주민발의제도 비교연구: 직접참여의 최적단계와 핵심요소를 중심으로."『지방행정연구』22권 2호, 117-144.

김영래. 2007. "지방정부와 시민사회단체 간의 뉴거버넌스 관계 연구."『지역사회학』7권 1호, 75-103.

김욱. 2016. "지방정치와 직접 참여 민주주의: 심의민주주의를 중심으로." 강원택 편.『지방정치의 이해 1』, 3-29. 서울: 박영사.

김의영 외. 2015.『동네안의 시민정치』. 서울: 푸른길.

김정희. 2014. "주민참여조례를 통해서 본 주민참여와 거버넌스의 특징 연구."『지방정부연구』18권 1호, 267-290.

김정희. 2016. "주민참예산제 운영의 참여성과 심의성 연구: 서울, 부산, 대구 3대 광역도시를 중심으로."『한국지방자치학회보』28권 1호, 77-104.

김주성. 2008. "심의민주주의인가, 참여민주주의인가."『한국정치학회보』42집 4호, 5-32.

김찬동·서윤정. 2012.『마을공동체 복원을 통한 주민자치 실현방안』. 서울: 서울연구원.

김철회·하혜수. 2016. "성미산 마을공동체 형성의 성공요인에 대한 분석: Woolcock의 사회자본 분석틀을 중심으로."『국정관리연구』11권 1호, 79-103.

나중식. 2004. "브라질 알레그레시의 주민참여예산제도: 성공요인과 한계."『한국행정논집』16권 3호, 457-482.

다무라 아키라. 강혜정 역. 2005.『마을 만들기의 발상』서울: 소화.

도묘연. 2016. "지역 NGO 책무성의 구성요소와 특성 분석: 탐색적 접근."『한국지방자치연구』18권 2호, 19-40.

박수진·나주몽. 2015. "마을만들기 사업이 사회적 자본 형성에 미치는 영향에 관한 연구: 매개효과 분석을 중심으로."『도시행정학보』28집 4호, 31-51.

송기복. 2010. "정보사회 민주주의의 이론적 재검토."『미국헌법연구』21권 3호, 395-429.

안현찬·유창복·위성남. 2016.『마을공동체: 서울을 바꾸는 정책 시리즈』. 서울: 서울연구원.

위성남. 2013. "도시 속에서 함께 살아남기: 성미산마을." 『항해문화』 80호, 61-78.

이광원·황성돈. 2013. "정책변동론적 관점에서의 주민참여예산제도 활성화 방안에 관한 연구: 수원시 주민참여예산 조례 개정을 중심으로." 『한국지방자치학회보』 25권 2호, 209-231.

이선향. 2016. "지속가능한 국가발전 모델과 로컬거버넌스: '굿거버넌스'의 제도적 설계에 대한 재검토." 『사회과학연구』 55권 1호, 235-262.

이용환. 2011. 『주민참여예산제의 효율적 운영방안』. 경기: 경기개발연구원.

이자성. 2008. 『주민참여예산편성제 운영 모델』 경남: 경남발전연구원.

임성일. 2015. "주민참여제도의 운영 실태와 개선방향," 한국도시행정학회 2015 하반기 학술대회. 서울.

전동진·황정현. 2014. "마을 만들기 운동과 패러다임의 전환." 『존재론 연구』 35집, 31-70.

주성수. 2006. "한국 시민사회의 '권익주창적' 특성: CIVICUS 시민사회지표 분석을 중심으로." 『한국정치학회보』 40집 5호, 233-250.

지방자치발전위원회. 2014. 『지방자치발전종합계획』. 서울: 지방자치발전위원회.

하승수·이호·김현. 2009. 『한국 직접·참여민주주의 현재』. 서울: 민주화운동기념사업회.

하혜영. 2015. "주민직접참여제도의 운영현황과 향후 과제." 『이슈와 논점』 1077호.

한국정책학회. 2015. 『주민참여제도 현황 및 활성화 방안 연구』. 서울: 한국정책학회.

Ansell, Chris and Alison Gash, 2008. "Collaborative Governance in Theory and Practice." *Journal of Public Administration Research and Theory* 18(4): 543-571.

Dahl, Robert A.. 2001. *How Democratic Is the American Constitution?*. New Haven: Yale University Press.

Fung, Archon and Erik Olin Wright. 2003. *Deepening Democracy Institutional Innovations in Empowered Participatory Governance*. London: Verso.

Gross, A.. 2004. "The Design of Direct Democracy: A Basis for Assessing Sub-Optimal Procedures of Citizen Lawmaking." edited by A. D. Morris and C. Mueller B. Kaufmann, and M. Waters, *Direct Democracy in Europe*, 123-130. Durham: Carolina Academic Press.

Koonings, Kees. 2004. "Strengthening Citizenship in Brazil's Democracy: Local Participatory Governance in Porto Alegre." *Bulletin of Latin American Research* 23(1): 79-99.

Najam, A.. 1999. "Citizen Organizations as Policy Entrepreneurs." edited by David Lewis. *International Perspectives on Voluntary Actions: Reshaping the Third Sector*, 142-181. London: Earthcan Publications.

Peters, B. Guy and John Pierre. 1998. "Governance Without Government? Rethinking Public Administration." *Journal of Public Administration Research and Theory* 8(2): 223-243.

Salamon, Laster. M.. 1999. *America's Non-Profit Sector: A Primer*. New York: Foundation Center.

Shah, Anwer and Sana Shah. 2006. "The New vision of Local Governance and the Evolving Roles of Local Governments." edited by Anwer Shah, *Local Governance in Developing Counties*, 1-46. World Bank.

Sirianni, Carmen. 2009. *Investing in Democracy: Engaging Citizens in Collaborative Governance*. Washington D. C.: Brookings Institution Press.

Stoker, Gerry. 1998. "Governance as Theory: Five Propositions." *International Social Science Journal* 50(March): 17-28.

Stoker, Gerry. 2004. *Transforming Local Governance: From Thatcherism to New Labour*. New York: Macmillan.

제4장

지방선거와 정당의 역할:
지방정치 활성화를 위한 제도적 개선방안

이정진 · 국회입법조사처

I. 서론

2018년 6월 13일 제7회 전국동시지방선거가 실시되었다. 지방선거는 제헌 헌법에서 명시된 지방자치의 일환으로 1952년부터 실시되었으나 1960년 선거를 끝으로 군부권위주의 정권하에서는 실시되지 않았다. 민주화 이후 1987년 개정된 헌법에서는 지방자치를 명시하고 있으며, 1991년에 지방의회선거를 시작으로 1995년 이후 자치단체장과 지방의회의원을 동시에 선출하는 전국동시지방선거를 실시하고 있다. 이처럼 지방선거는 헌법에 명시된 국민의 권리이며, 지역에서 풀뿌리민주주의를 꽃피우기 위한 수단이다.

4년마다 실시되는 지방선거가 1991년 재실시된 이후 30년에 가까운 시간이 지났다. 하지만 지방선거가 정착되었다고 볼 수 있는지, 지방선거를 통해 지방정치가 활성화되고 있는지는 의문이다. 오히려 여전히 지방선거는 중앙정치의 영향을 강하게 받고 있으며, 지방선거 결과를 집권여당이나 대통령에 대한 평가로 받아들이는 경우가 많다. 2018년 지방선거의 경우에도 지역의 현안이나 정치 이슈는 실종된 가운데 대통령에 대한 높은 지지도와 남북 평화회담 및 북미회담이 선거에 가장 큰 영향을 미친 것으로 평가되고 있다.

이처럼 지방정치가 활성화되지 않는 이유로는 중앙집권적 관료제가 발달했던 정치문화적 환경, 지역의 다양한 목소리를 반영하기 어려운 선거제도 및 정당제도의 문제 등을 들 수 있다. 특히 공직선거법이나 정당법은 지역에서의 정치활동을 제한하는 각종 규제들을 가지고 있다. 지방자치단체장선거와 지방의회의원선거, 교육감선거 등 한꺼번에 7~8가지 선거를 동시에 실시하도록 한 지방선거제도는 지역의 이슈에 집중하기 어려운 선거공학적 환경을 조성한다. 즉 각 지역마다의 독자적인 정책이나 선거이슈가 논의되기보다 전국선거로서 광역단체장선거에 집중하게 되는 선거환경이 조성된다. 또한 지방선거가 통상 대통령선거나 국회의원선거의 중간에 실시되다보니 정권에 대한 중간평가, 혹은 집권당에 대한 중간평가의 성격을 갖게 되는 경우가 많다.

한편 지역정당을 허용하지 않는 정당법과 5% 이상 득표율을 얻어야 비례대표 의석을 배정받을 수 있는 공직선거법은 지역의 군소정당이 지방선거에 참여할 수 있는 길을 원천적으로 봉쇄하고 있다. 이는 지방선거와 지방정치가 지역에 기반을 두고 풀뿌리 민주주의를 실행하기 위한 수단이라는 점에서 지방선거의 의미를 퇴색하도록 만들고 지방정치의 활성화를 억제하는 제도적 한계로 볼 수 있다. 특히 수도에 중앙당을 두도록 하고 전국에 5개 이상 시·도당을 두도록 한 정당법 조항은 사실상 전국정당만을 허용하는 것으로 대통령선거나 국회의원선거와 같이 전국단위 선거가 아닌, 지방선거에서도 전국정당만 참여하도록 제한하는 것에 대한 비판이 지속적으로 이루어지고 있다.

이 글에서는 지방정치의 현황과 발전방안을 선거와 정당이라는 측면에서 분석하고자 한다. 그 방향은 크게 다음 두 가지이다. 첫째, 지방선거의 현황을 역사적으로 살펴봄으로써 현재 지방정치가 어느 정도의 발전 과정에 있는지를 살펴보고자 한다. 특히 지방선거에서 정당이 차지하는 역할과 정당공천을 둘러싼 논쟁을 중심으로 지방선거의 역사를 살펴보고자 한다. 둘째, 공직선거법과 정당법 등 제도적 측면에서 지방정치의 발전을 저해하는 문제점과 한계가 무엇인지를 분석하고 이를 개선하기 위한 방안을 모색하고자 한다. 규제위주의 공직선거법, 지역정당을 허용하지 않는 정당법, 기초의회의원선거에 적용되고 있는 중선거구제 등 제도적인 규제들과 그 개선방안을 논의하고자 한다. 그 외에 기초단위 선거에서의 정당공천 폐지, 비례제 확대 및 연동형 비례제 도입 등 지방선거제도와 관련된 다양한 논의들에 대한 검토를 통해 지방정치 활성화를 위한 선거제도의 개선방향을 모색하고자 한다.

II. 한국의 지방선거와 정당정치

1. 지방선거의 변천과정

한국은 1952년 시·도의원선거와 시·읍·면의원선거를 시작으로 처음 지방선거를 실시했다. 제헌헌법에서 지방자치를 명기했음에도 불구하고 실제 선거가 실시되기까지는 4년 가까운 시일이 필요했다. 이승만 정부는 1949년 지방자치법을 제정한 후에도 "신생국에서는 지방적 요청이나 특수성보다 국가적 요청이나 통일성이 더 중요하다"(김일영 2012)는 이유를 들어 지방선거의 실시를 미루었으며, 한국전쟁중인 1952년에 첫 선거를 실시하였다.[1] 이후 1956년에는 시·읍·면장선거, 1960년에는 시·도지사선거까지 선거대상을 확대해갔다. 하지만 점차 그 범위를 확대해가던 지방자치는 군사 권위주의정부가 들어서면서 퇴색되었으

---

1. 이승만 정부가 관련 법 제정 이후에도 미루어왔던 지방의회의원선거를 한국전쟁중에 실시한 이유는 직선제 개헌을 준비하면서 지방조직을 재정비해야 할 필요성 때문이었다(김일영 2012).

며, 지방선거 또한 1960년 선거를 끝으로 폐지되었다.

　1987년 민주화 이후 지방자치를 헌법에 명문화하면서 지방의회의원선거와 지방자치단체장 선거를 실시하는 것으로 결정되었으나 선거의 시기와 범위, 정당 공천 여부 등에 대한 논란으로 1991년에야 구·시·군의원선거와 시·도의원선거가 실시되었다. 오늘날과 같이 자치단체장선거와 지방의회의원선거가 동시에 실시된 것은 1995년 이후이다.

　〈표 1〉은 한국의 역대 지방선거 실시 현황을 보여 준다. 한국의 지방선거는 지금까지 총 11회 실시되었다. 1952년부터 1960년까지 총 3회 실시되었으며, 민

〈표 1〉 한국의 역대 지방선거

선거명	선거일	선거 대상	투표율*	비고
1952년 선거	1952.4.25	시·읍·면의회의원		최초의 지방선거
	1952.5.10	도의회의원		
1956년 선거	1956.8.8	시·읍·면의회의원 시·읍·면의 장		기초 자치단체장 선거 실시
	1956.8.13	시·도의회의원		
1960년 선거	1960.12.12	시·도의회의원		광역 자치단체장 선거 실시
	1960.12.19	시·읍·면의회의원		
	1960.12.26	시·읍·면의 장		
	1960.12.29	서울시장 / 도지사		
1991년 선거	1991.3.26	구·시·군의회의원		지방선거 재실시
	1991.6.20	시·도의회의원		
제1회 전국동 시지방선거	1995.6.27	구·시·군의회의원 시·도의회의원 구·시·군의 장 / 시·도지사	68.4%	4대 지방선거 동시실시
제2회 전국동 시지방선거	1998.6.4	구·시·군의회의원 시·도의회의원 구·시·군의 장 / 시·도지사	52.7%	
제3회 전국동 시지방선거	2002.6.13	구·시·군의회의원 시·도의회의원 비례대표 시·도의회의원 구·시·군의 장 / 시·도지사	48.8%	광역의원선거에 비례대표선거 (10%)도입

		구·시·군의회의원		
제4회 전국동 시지방선거	2006.5.31	구·시·군의회의원 비례대표 구·시·군의회의원 시·도의회의원 비례대표 시·도의회의원 구·시·군의 장 / 시·도지사	51.6%	기초의원선거에 비례대표선거 (13%)도입
제5회 전국동 시지방선거	2010.6.2	구·시·군의회의원 비례대표 구·시·군의회의원 시·도의회의원 비례대표 시·도의회의원 구·시·군의 장 / 시·도지사 교육감 / 교육의원	54.5%	8대 선거 동시실시
제6회 전국동 시지방선거	2014.6.4	구·시·군의회의원 비례대표 구·시·군의회의원 시·도의회의원 비례대표 시·도의회의원 구·시·군의 장 / 시·도지사 교육감 교육의원(제주특별자치도)	56.8%	교육의원선거는 제주특별자치도 에서만 실시
제7회 전국동 시지방선거	2018.6.13	구·시·군의회의원 비례대표 구·시·군의회의원 시·도의회의원 비례대표 시·도의회의원 구·시·군의 장 / 시·도지사 교육감 교육의원(제주특별자치도)	60.2%	

* 지방선거 투표율은 제1회 동시지방선거 이후 선거만을 대상으로 하였으며, 시·도지사 선거를 기준으로 함
출처: 중앙선거관리위원회 선거통계시스템 역대선거정보(http://www.nec.go.kr)

주화 이후 1991년부터 2018년까지 8회의 지방선거가 실시되었다. 11회의 선거를 거치면서 한국의 지방선거는 다음과 같은 방향으로 발전해왔다. 첫째, 지방선거의 시기가 집중되는 경향을 보여 준다. 지방선거 실시 초기에는 각각의 선거를 개별적으로 실시하였으나 1995년 이후 모든 지방선거를 같은 날짜에 동시에 실시하는 제도로 변화되었다. 민주화 이후 1991년에 첫 지방선거가 실시되었음에도 1995년 선거를 제1회 동시지방선거로 부르는 것도 그러한 이유이다. 1950~60년대에 실시되었던 선거와 민주화 이후 첫 선거인 1991년 지방선거의 경우 기초의회의원선거와 광역의회의원선거, 자치단체장선거 등이 개별적으로 실시되었으나 1995년 이후 전국에서 동일한 날에 동시에 지방선거를 실시하고 있다.

이는 다양한 종류의 지방선거를 개별적으로 실시하는데서 오는 인력과 선거비용의 낭비를 줄이고 유권자 입장에서도 동일한 날 한 번에 선거를 실시함으로써 여러 차례 선거에 참여함으로써 나타날 수 있는 선거 피로도를 줄일 수 있는 방향으로 선거제도가 변화해온 것을 보여 준다. 하지만 이처럼 여러 지방선거를 동시에 실시함으로써 나타나는 부작용들, 예컨대 지방선거의 독자성이 실종되고 중앙정치 이슈로 수렴되는 문제 등이 발생하고 있다.

둘째, 지방자치제도의 발전과 더불어 지방선거 또한 점차 확대 실시되는 경향을 보여 준다. 초기에는 시·도의원선거나 구·시·군의원 혹은 시·읍·면의원선거 등 지방의회의원 선거에서 출발하여 자치단체장 선거, 그리고 교육감 선거로 점차 확대되는 경향을 보여 준다(이정진 2014). 이러한 경향은 지방선거가 도입되었던 1952년 이후의 시점이나 1987년 이후 지방선거가 재실시되었던 시기에도 동일하게 반복되었다. 1952년 기초 및 광역단위 지방의회의 의원을 선출하는 것으로 시작된 지방선거는 제2회 선거에서는 기초 자치단체장 선거를 포함하였으며, 제3회 선거인 1960년 선거에는 기초 자치단체장뿐 아니라 광역 자치단체장 선거를 실시하는 것으로 확대되었다.[2] 한편 1991년 지방선거가 재실시된 이후에도 초기에는 기초 및 광역단위 지방의회의 의원만을 선거로 선출하였으며, 1995년부터 지방의회의원과 지방자치단체의 장을 같은 날 선거로 선출하였다. 2010년 이후 실시된 지방선거의 경우 지방의회 의원과 지방자치단체의 장 외에 교육감까지 동시에 선거로 선출하고 있다.[3]

셋째, 2002년의 비례대표의원선거 도입 및 2010년 지역구 선거의 여성할당 강

2. 도입 초기에는 지방자치단체마다 선거 준비 상황이 달라 모든 지방자치단체에서 선거가 실시되지는 않았다. 1952년 제1회 선거의 경우 전체 1,542 기초 자치단체 가운데 1,397개 지역에서만 의회의원 선거가 실시되었으며, 광역의원의 경우 전체 9개 광역 자치단체 가운데 7개 지역에서 선거가 실시되었다. 1956년 선거의 경우 지방의회의원 선거는 대부분의 지역에서 실시되었지만 기초 단체장 선거의 경우 전체 1,491개 자치단체 가운데 580개 지역에서만 선거가 실시되었다.

3. 2010년 지방선거에서는 교육감 외에 교육의원도 선출하였으나 2014년 지방선거부터 교육의원선거는 제주특별자치도에서만 실시하고 있다.

제 규정 도입으로 지방선거에서 차지하는 여성의 역할이 점차 증가되고 있다. 지방선거는 풀뿌리 민주주의를 대표하고 있으며, 지방선거를 통해 선출된 의원들이 지역 주민과 밀착되어 있다는 점에서 지방의회의원선거는 여성 대표성의 확대에서 중요한 비중을 차지한다. 여성은 정치적 약자로서 중앙정치로의 직접 진출이 쉽지 않은데, 지방의회는 여성 정치인이 의회 및 행정 경험을 쌓아 중앙정치로 진출할 수 있는 통로가 되기 때문이다. 지방의회에서 비례대표의원은 비록 전체 의원의 10%에 불과한 낮은 비율이지만 지방의회에서 여성이나 장애인 등 사회적 약자의 정치적 대표성이 높아지는 계기가 되었다. 특히 비례대표선거에서 여성후보자를 50% 이상 공천하도록 한 여성할당제의 도입과 맞물리면서 지방의회에서 여성의원의 비율이 증가하였다.[4]

〈표 2〉를 보면 1998년 실시된 제2회 동시지방선거에서 광역의회의 여성의원 비율은 2.3%였지만 비례대표선거가 도입된 제3회 동시지방선거의 경우 광역의회의 여성의원 비율은 9.2%로 7% 가까이 늘었다. 하지만 기초의원의 비율은 여전히 2.2%로 낮은 수준이었는데, 이는 당시 기초의회선거에는 정당공천이 금지되어 있었기 때문에 정당명부로 실시되는 비례대표선거 또한 실시되지 않았기 때문이다.[5] 기초의회의 경우 2006년에 정당공천이 허용되면서 비례대표제가 도입되었는데, 그 결과 여성의원 비율이 2.2%(2002년)에서 15.1%(2006년)로 10% 이상 증가했다.[6] 한편 2010년 지방선거 이후 지역구 선거에서 국회의원선거구

---

4. 여성할당제는 2000년 국회의원선거를 앞두고 처음 도입되었으며, 2002년 지방선거를 앞두고 비례대표 시·도의회의원 선거에서 여성후보를 50%이상 추천하도록 하고, 이를 위반할 경우 해당 정당의 비례대표 후보 등록을 무효로 하는 법 규정을 신설하였다.

5. 1991년 지방선거가 재실시되면서 기초의원선거를 제외한 모든 선거에 정당공천이 허용되었다. 기초의원 선거에 정당공천을 허용할 것인지는 지방선거 재실시 이후 지속적으로 논란이 되었으며, 2006년 이후 기초 의원선거에서도 정당공천이 허용되었다.

6. 기초의회의 경우 비례대표의원의 수가 1~3명 정도로 그 규모가 작기 때문에 50% 여성할당제를 적용할 경우 여성후보가 다수를 점할 수밖에 없는 구조이다. 실제로 2018년에 실시된 제7회 동시지방선거에서 기초 의회비례대표의원 가운데 여성의원 비율은 97%를 상회한다.

<표 2> 비례대표 및 지역구 선거의 여성할당제 도입에 다른 여성의원 수의 변화

선거명	선거년도	선거 유형	전체 당선인수 (명)	남성 당선인 (명)	여성 당선인 (명/%)
제2회 동시지방선거	1998	광역의원	616	602	14(2.3%)
제3회 동시지방선거	2002	광역의원	682	619	63(9.2%)
		기초의원	3,485	3,408	77(2.2%)
제4회 동시지방선거	2006	광역의원	733	644	89(12.1%)
		기초의원	2,888	2,451	437(15.1%)
제5회 동시지방선거	2010	광역의원	761	648	113(14.8%)
		기초의원	2,888	2,262	626(21.7%)
제7회 동시지방선거	2018	광역의원	824	664	160(19.4%)
		기초의원	2,926	2,026	900(30.8%)

출처: 중앙선거관리위원회 선거통계시스템 역대선거정보(http://www.nec.go.kr)

단위로 광역과 기초선거 중 최소 1명 이상의 여성후보를 공천하도록 하고 이를 위반할 경우 해당 국회의원선거구에 입후보한 소속 정당의 후보 등록을 무효로 함으로써 여성의원의 비율은 더욱 증가하였다.[7]

넷째, 지방선거 재실시 이후 투표율이 점차 낮아지다가 제3회 동시선거 이후 최근에는 다시 증가하는 추세를 보이고 있다. 제1회 동시지방선거의 경우 지방선거가 재실시된 이후 처음으로 자치단체장을 선출하는 선거라는 점에서 주민들의 관심이 집중되었으며, 투표율도 68.4%로 높게 나타났다. 하지만 이후 투표율은 52.7%(1998), 48.8%(2002)로 지속적으로 하락했다. 이처럼 점차 하락하던 투표율은 2006년 51.6%로 다소 반등하였으며, 이후 비록 작은 비율이지만 지속적으로 증가하여 직전 선거인 2018년 지방선거에서는 60.2%로 높아졌다. 민주

---

7. 공직선거법 제47조 ⑤ 정당이 임기만료에 따른 지역구지방의회의원선거에 후보자를 추천하는 때에는 지역구시·도의원선거 또는 지역구자치구·시·군의원선거 중 어느 하나의 선거에 국회의원지역구(군지역을 제외하며, 자치구의 일부지역이 다른 자치구 또는 군지역과 합하여 하나의 국회의원지역구로 된 경우에는 그 자치구의 일부지역도 제외한다)마다 1명 이상을 여성으로 추천하여야 한다. 제52조 ② 제47조 제2항을 위반하여 등록된 것이 발견된 때에는 그 정당이 추천한 해당 국회의원지역구의 지역구시·도의원후보자 및 지역구자치구·시·군의원후보자의 등록은 모두 무효로 한다.

화 이후 한국 선거의 투표율을 살펴보면 전반적으로 투표율이 하락하는 추세이며, 지방선거의 경우 대통령선거나 국회의원선거에 비해 더욱 낮은 투표율을 보여왔다. 이는 지방선거가 동시선거로 실시되면서 유권자들이 후보자들을 인식하기가 어렵다는 한계가 있을 뿐 아니라 지방선거가 지역의 일꾼을 뽑는 선거임에도 불구하고 현 정부에 대한 중간평가의 성격을 띠면서 중앙의 정치적 이슈가 강조되어 지역민들로부터 외면받고 있기 때문이다. 하지만 2000년대 후반 이후 지방자치가 확산되면서 지방자치단체장의 영향력이 강화되고 광역의회를 중심으로 지방의회가 정계진출의 교두보 역할을 하는 등 지방선거의 중요성이 강조되면서 지방선거 투표율은 점차 높아지고 있다.

2. 지방선거와 정당공천

지방선거에서 최근까지도 논쟁이 되었던 쟁점 중의 하나는 지방선거, 특히 기초단위 지방선거에서 정당의 후보자 추천을 금지해야 한다는 것이었다. 현행 공직선거법은 정당이 그 소속당원을 후보자로 추천할 수 있도록 되어 있어 지방자치단체장과 지방의회의원 등 교육감선거를 제외한 모든 지방선거에서 정당의 후보자 추천을 허용하고 있다.[8] 하지만 정당이 후보자를 추천함으로써 중앙당과 지역 국회의원의 영향력이 강화되고, 지역인재의 충원을 가로막고 있다는 비판과 더불어 적어도 기초단위 선거에서만이라도 정당 공천을 폐지해야 한다는 주장이 되풀이되고 있다.

과거 실시된 지방선거를 살펴보면 1952년부터 60년까지 실시된 세 차례의 선거에서는 정당공천과 관련된 명시적인 규정이 없었다. 따라서 모든 지방선거에

---

8. 공직선거법 제47조(정당의 후보자 추천) ① 정당은 선거에 있어 선거구별로 선거할 정수범위 안에서 그 소속당원을 후보자로 추천할 수 있다. 다만, 비례대표자치구·시·군의원의 경우에는 그 정수 범위를 초과하여 추천할 수 있다.

서 후보자의 정당공천 혹은 정당 표방을 묵시적으로 허용하였다. 하지만 1991년 지방선거가 재실시되면서 구·시·군의원선거에서 정당공천을 금지하였다. 이는 기초단위 선거의 경우 중앙정치의 영향력에서 벗어나 지역의 인재를 선출한다는 명분이었다. 하지만 기초의원 선거에서 정당공천을 금지한 것은 지방선거 재실시 이후 지속적으로 논란이 되었으며, 2003년 헌법재판소 판결을 계기로 2005년 공직선거법 개정을 통해 기초의회의원 선거에서도 정당공천을 허용함으로써 2006년 이후 모든 지방선거에서 정당공천이 허용되었다.

지방선거에서 정당공천(표방)을 금지할 것인지의 여부는 1991년 지방선거의 재실시 이후 지금까지 논란이 되고 있다. 정당공천 혹은 정당표방을 금지했던 당시 공직선거법의 위헌성 여부와 관련해서 헌법재판소는 1999년과 2003년에 서로 다른 결정을 내렸다. 헌법재판소는 1999년 기초의원선거에서 정당표방을 금지한 당시 공직선거법이 헌법에 위배되지 않으며, 정당표방 금지 여부는 입법재량의 영역에 속한다는 의견을 밝힌 바 있다(헌재 1999.11.25. 99헌바28). 하지만

〈표 3〉 지방선거 정당공천 실시 현황

지방선거 실시년도	지방 선거 유형	정당추천 허용 여부
1952년	시·읍·면의원 시·도의원	제한규정 없음
1956년	시·읍·면의원/시·읍·면장 시·도의원	제한규정 없음
1960년	시·읍·면의원/시·읍·면장 시·도의원/시·도지사	제한규정 없음
1991년	시·군·구의원	정당추천 불가
	시·도의원	정당추천 허용
1995년 1998년 2002년	시·군·구의원	정당추천 불가
	시·도의원 시·군·구청장/시·도지사	정당추천 허용
2006년 이후	시·군·구의원 시·도의원 시·군·구청장 시·도지사	정당추천 허용

2003년에는 기초의원선거에서 정당표방을 금지한 당시 공직선거및선거부정방지법에 대해 위헌 결정을 내렸다[헌재2003.5.15. 2003헌가9·10(병합)].

2003년 판결 당시 위헌결정의 대상이 되었던 법 조항은 공직선거 및 선거부정방지법 제84조로 기초의회의원의 경우 특정 정당으로부터의 지지를 밝힐 수 없다는 내용이었다.[9] 당시의 위헌결정 요지는 정당표방 금지 조항이 1) 정치적 표현의 자유를 침해하고 있으며, 2) 평등원칙에 위배된다는 것이었다. 풀어서 이야기하면, 첫째, 정당의 영향을 배제하고 인물 본위의 투표를 유도하겠다는 입법의도가 후보자의 정치적 표현의 자유를 과도하게 침해하고 있으며 유권자의 알 권리를 훼손한다는 것이다. 특히 지방의원선거기간이 14일로 길지 않으며, 동시지방선거로 실시되어 유권자들이 후보자들의 능력과 자질을 일일이 파악하기 힘든 상황에서 후보자의 정당표방 금지는 투표자의 알 권리를 크게 훼손하는 것으로 투표 포기로 이어질 수 있다고 지적하고 있다.

둘째, 기초의원선거를 그 외의 지방선거와 다르게 취급하여 정당표방을 금지하는 것이 평등원칙에 위배된다는 지적을 하고 있다. 기초의원선거에서 정당표방을 금지하는 것이 정당의 영향을 배제하여 지방분권과 지방의 자율성을 확립시키는 것이라면, 광역의회의원선거나 여타 자치단체장선거와 기초의회의원선거를 다르게 취급할 이유가 없다는 점에서 평등원칙에 위배된다는 것이다.

당시 헌재 결정 과정에서 일부 헌법재판관들은 정당운영의 비민주성, 지역주의의 한계 등을 고려할 때 생활정치의 영역이라고 볼 수 있는 기초의원선거의 정당표방금지는 과잉입법이 아니라는 소수의견을 제시하였다. 소수의견을 제시한 헌법재판관들은 헌법이 지방자치를 제도적으로 보장하고 있으며, 기초의원선거에서 정당표방을 금지한 조항은 정당정치 문화와 지방자치에 대한 국민의식 등

---

9. 공직선거및선거부정방지법 제84조(무소속후보자등의 정당표방금지) 자치구·시·군의원선거의 후보자와 무소속후보자는 특정 정당으로부터의 지지 또는 추천받음을 표방할 수 없다. 다만, 정당의 당원경력의 표시는 그러하지 아니하다.

을 고려한 입법재량의 영역에 속하는 것이라고 판단하였다. 특히 기초의회의 경우 국가적인 문제보다 지역 주민들의 일상생활과 관련된 쟁점을 해결하기 위한 합의제 기관이라는 점에서 정당추천후보자보다 지역에서 필요로 하는 인재를 뽑는 것이 지방자치의 본질에 합당하다는 견해를 제시하였다.[10]

지방선거에서의 정당공천과 관련된 위헌성 논란은 최근 기초단위 지방선거에서 정당공천 폐지 문제가 논란이 되면서 다시 불거지고 있다. 정당공천 폐지 논란은 특히 2014년 지방선거를 앞두고 국회에서도 다양한 개정안이 발의되는 등 활발하게 논의되었는데, 주로 기초단위 선거, 즉 기초자치단체장선거와 기초의회의원선거에서 정당공천을 폐지하자는 것이다. 이들 선거에서 정당공천을 폐지하되 후보자들이 특정 정당의 당원이며, 특정 정당으로부터의 지지를 받고 있다는 점은 밝힐 수 있도록 하는 정당표방제를 대안으로 제시하고 있다. 정당공천을 금지하되 정당표방은 허용함으로써 지방선거에서 정당의 역할은 인정하되, 기초단위 선거에서 정당, 특히 중앙당과 지역의 국회의원의 역할은 제한하자는 주장이다. 이들은 기초단위 선거에서 정당공천을 폐지하는 것이 입법재량의 영역이라고 주장하며, 1993년 헌재 판결 및 2003년 헌재 결정에서의 소수입장을 논거로 제시하고 있다.[11]

또한 2003년 헌재 결정의 경우 기초의원선거에서 정당추천을 금지한 조항(공직선거및선거부정방지법 제47조 제1항)[12]이 아니라 정당표방을 금지한 조항(제84조)[13]에 대한 위헌 결정이라는 점에서 기초단위 지방선거에서 정당공천을 금

---

10. 헌재 결정문. 헌재2003.5.15. 2003헌가9·10(병합).
11. 이러한 정당공천 폐지 주장에 대해 정당공천 폐지에 반대하는 입장에서는 공천 폐지가 정치적 표현의 자유에 대한 침해, 그리고 평등성에 위배된다는 점에서 위헌이라고 주장하면서 2003년 헌법재판소 결정을 그 논거로 제시하고 있다.
12. 공직선거및선거부정방지법(2000.2.16.) 제47조(정당의 후보자 추천) ① 정당은 선거(자치구·시·군의원선거를 제외한다)에 있어 선거구별로 선거할 정수범위 안에서 그 소속당원을 후보자로 추천할 수 있다.
13. 공직선거및선거부정방지법(2000.2.16.) 제84조(무소속후보자등의 정당표방금지) 자치구·시·군의원선거의 후보자와 무소속후보자는 특정 정당으로부터의지지 또는 추천받음을 표방할 수 없다. 다만, 정당의 당원

지하는 것을 위헌이라 볼 수 없다는 주장이 가능하다. 당시 헌법재판소의 판결이 정당표방 금지에 대해서는 위헌 결정을 내렸지만 정당추천 금지에 대해서는 입장을 유보한 것으로 볼 수 있기 때문이다.

정당표방제는 정당이 특정 후보를 추천하지 않는 대신 후보자가 자신의 소속 정당을 밝힘으로써 유권자에게 정당 관련 정보를 제공한다. 또한 후보자는 특정 정당의 정책을 지지하거나 특정 정당으로부터 지지를 받고 있음을 외부적으로 표시함으로써 정당과의 연계성을 알릴 수 있다. 후보자의 소속 정당을 명기하거나 특정 정당에서의 역할이나 직위 등을 명기하는 것이 가능하다.

지방선거에서 정당은 후보자를 추천하고, 지역에서의 정책대안을 제시하며 선거운동을 지원하는 등 다양한 역할을 수행한다. 그 가운데서도 후보자 추천은 정당의 가장 중요한 기능 가운데 하나이며, 유권자들은 정당의 추천을 통해 후보자를 인식하고 표를 주는 경우가 많다. 특히 7~8개의 선거가 동시에 실시되는 지방선거의 특성상 기초단위 선거의 경우 후보자에 대한 정확한 정보와 정책 비교를 통해 지지하는 후보를 선택하기보다는 정당에 대한 선택이 후보자의 선택으로 이어지는 사례가 많다. 이처럼 지방선거에서 정당의 공천은 유권자에게 중요한 정보를 제공하는 외에 다음과 같은 여러 긍정적인 역할을 하고 있다.

첫째, 정당은 정책 개발, 국민의사의 수렴과 국정에의 반영, 공직선거 후보 추천을 통한 정치인 충원 등 다양한 정치적 역할을 수행하는 집단으로서 지방선거에서도 적극적인 역할을 수행하고 있다. 둘째, 정당은 유권자들이 후보자를 선택하는 중요한 기준이다. 동시선거로 실시되는 지방선거의 특성상 정당추천은 유권자들이 후보자를 인식할 수 있는 중요한 정보를 제공한다. 셋째, 정당은 소위 지방토호의 정치적 전횡에 맞서 권력의 개인화를 방지하고 책임정치의 실현 가능성을 높여준다. 넷째, 정당이 지방정부와 중앙정부를 연결하는 매개 역할을 할

경력의 표시는 그러하지 아니하다.

수 있다. 다섯째, 정당공천을 통해 여성 등 정치적 소수자의 대표성을 제고시킬 수 있다. 앞에서도 지적했듯이 비례대표제 도입 이후 정당 추천으로 다수의 여성 의원들이 지방의회에 진출할 수 있었다. 따라서 정당공천을 폐지할 경우 여성후보자 당선비율이 축소되면서 여성의 정치적 대표성이 약화될 수 있다.

물론 지방선거에서 정당의 후보자 추천이 긍정적인 측면만 있는 것은 아니다. 중앙당의 영향력이 강한 한국적 정당 현실에서 지방선거에서의 정당공천제는 지방정치의 중앙예속을 심화시킨다. 또한 당내 민주화가 제도화되지 못한 상황에서 공천과정의 투명성이나 민주성이 확보되지 못할 경우 공천을 둘러싼 비리가 발생하거나 지역 국회의원의 영향력을 강화시키는 계기가 될 수 있다. 선거 때마다 공천을 둘러싸고 공천헌금 문제가 제기되거나 후보자들간의 다툼이 발생하는 가장 큰 이유도 이것이다. 지역구 국회의원이 자치단체장 및 지방의원의 공천신청과정과 후보경선과정, 당선이후까지 영향력을 행사하는 사례를 종종 볼 수 있다. 한편 지방선거의 결과와 관련하여 지역연고적 정당성향이 강한 지역에서 정당공천제의 실시는 지역분할구도를 심화시킬 수 있다. 특정정당의 영향력이 강한 지역의 경우 지방자치단체와 지방의회를 동일 정당에서 장악함으로써 상호간의 견제와 균형이 이루어지지 않기 때문이다.

이러한 문제들로 인해 지방선거에서 정당공천을 폐지하자는 주장이 계속되고 있다. 특히 광역단위 선거에 비해 기초단위 선거에서 정당공천을 폐지해야 한다는 주장들이 많다. 가장 큰 이유는 구·시·군의회나 구청장, 군수, 시장 등 기초단위 자치단체장이나 의원들은 가장 낮은 단위의 지방자치로서 지역 주민들과 직접 대면하면서 지역의 문제를 해결해야 하므로 정당 정치에 휘둘리지 않는 지역 일꾼이 필요하기 때문이다.[14] 기초 의회나 자치단체장의 경우 책임정당정치보

---

14. 기초자치단체의 업무는 지역주민들과 밀접한 상관성을 가진 것들이 다수라는 점에서 중앙정치적 고려와는 무관함에도 불구하고 현행 정당공천제에서는 공천권이 중앙당에 예속되는 경우가 많아 지역의 이해관계를 반영하기 어렵다.

다는 지역주민의 이해관계를 반영한다는 점에서 정당공천제를 폐지할 경우 본연의 임무에 더욱 충실할 수 있다고 보는 것이다. 외국의 사례를 보더라도 기초단위의 의회나 자치단체장 선거에서는 정당의 영향력이 약화되는 추세이다. 특히 일본의 경우 정당 이외에 정치단체로 등록할 경우 누구나 후보를 추천할 수 있어서 다양한 단체의 추천을 받은 후보자들과 무소속 후보자들, 지역정당의 후보자들이 선거에 출마하여 당선되는 것을 볼 수 있다.

하지만 이러한 문제들에도 불구하고 정당 공천 폐지는 신중해야 할 필요가 있다. 첫째, 앞에서도 지적했듯이 정당은 지방정치의 중요한 행위자이며 현행 지방선거 정당공천제가 상당한 문제를 가지고 있는 것은 사실이나 이를 폐지할 경우 지방자치 영역에서 지방 토착세력과 이익집단들의 영향력을 견제할 수 있는 세력이 없다는 점이다. 따라서 정당 공천을 폐지하기보다 다양한 집단이나 정치세력의 지방선거 참여를 확대하는 방향으로 제도를 변화시킬 필요가 있다.

둘째, 정당은 여성이나 장애인 등 정치·사회적으로 취약한 계층을 대표할 수 있는 후보나 정치적 기반이 약한 각계 전문가를 추천함으로써 다원적 민주주의 발전에 기여하고 있다. 따라서 정당 공천을 금지하기에 앞서 사회적 소수자를 대표할 수 있는 정치 시스템을 마련하려는 고민이 필요하다. 선거에서 정당추천을 배제할 경우 정치신인이나 여성 등 정치적 기반이 약한 후보들의 당선 가능성은 매우 낮아질 것이다. 선거운동이 매우 제한적인 한국 사회에서 현역이 아닌 정치신인이 자신을 알릴 수 있는 방법이 사실상 막혀 있기 때문이다.

셋째, 정당공천제를 폐지하더라도 정당이 특정 후보를 지지하는 등 사실상 정당의 영향으로부터 자유로울 수 있을지 의문이다. 과거 기초의원선거에서 정당공천이 금지되었던 시기에도 공공연하게 내천이 이루어졌다는 사실이 이를 보여 준다.

넷째, 정당의 추천은 후보자 선택에 있어서 중요한 판단근거가 될 수 있으며, 공천제가 폐지될 경우 사실상 후보에 대한 정보를 얻기가 어려울 수 있다. 이는 결과적으로 낮은 투표율과 특정 기호 편중현상 등으로 이어질 수 있다.

이러한 점들을 고려한다면 지방선거에서 정당공천을 폐지하기보다는 다양한 정치세력이 참여할 수 있도록 제도적 규제를 완화하는 방향으로 법률을 개정하는 것이 바람직한 제도적 변화의 방향이라고 판단된다. 또한 정당에서도 공천과정의 비민주성과 불투명성을 개선함으로써 정당공천제의 장점을 살릴 수 있도록 노력해야 할 것이다.

III. 지방정치의 현황과 문제점

1. 지역 이슈가 실종된 지방선거

지방정치는 지역 이슈가 중심이 되어야 한다. 하지만 현재 지방선거는 중앙의 정치이슈에 묻혀 지역이슈가 실종되고 있다. 2018년 지방선거의 경우에도 선거 전날인 6월 12일 북미 정상회담이 이루어지면서 사실상 지방선거와 관련된 지역 이슈가 실종되고 비핵화와 남북관계 등 거대 담론이 선거에 영향을 주었다고 볼 수 있다. 이처럼 지방선거를 중앙정치 이슈가 주도하는 것은 그간 지방선거에서 여러 차례 볼 수 있었다. 2014년 지방선거의 경우 선거를 두 달 앞두고 세월호 참사가 발생하면서 지역 이슈를 약화시켰으며, 2010년 지방선거의 경우에도 선거 두 달여 전 발생한 천안함 침몰 사건이나 4대강 사업 등 전국적 이슈가 중요한 영향을 미쳤다(강원택 2011).

이처럼 지방선거에서 지역 이슈가 주목받지 못하는 이유는 다음과 같은 여러 원인때문이다. 첫째, 동시선거로 실시되는 지방선거의 특성 때문이다. 현재 지방선거에서는 기초 및 광역 단위의 자치단체장과 지방의회의원, 그리고 시·도교육감 등 한 번에 다수의 공직자를 선출한다.[15] 2018년 실시된 제7회 전국동시지방선거 결과 17명의 광역단체장과 225명의 기초단체장, 그리고 820명의 광역의원과 2,909명의 기초의원이 선출되었다. 지방선거는 광역과 기초로 구분하여 단체장과 의원을 선출하고, 지방의원의 경우 지역구와 비례를 각각 선출하고 있어서 교육감 선거를 포함하여 선거인은 총 7명의 후보자 가운데 자신이 지지하는 후보를 선택해야 한다. 이처럼 다수의 당선자를 선출하는 선거이다보니 유권자들의 입장에서는 후보자 한 명 한 명을 분석하기보다 소속 정당을 보고 찍는 경우가 많다. 이러한 선거 환경은 유권자로 하여금 지역 이슈에 관심을 갖고 해당 이슈에 대한 후보자간 공약을 검증하거나 차별성을 찾도록 하기보다 집권당이나 정부에 대한 지지나 반대, 전국적인 주요 이슈에 대한 정당별 입장 차이에 주목하도록 만든다. 즉 지방선거임에도 불구하고 각각의 선거를 개별적으로 접근하기보다 하나의 선거로 인식하는 경향을 보인다.

지방선거에서 지역 이슈가 주목받지 못하는 두 번째 이유는 지방선거가 가진 중간선거적 특성 때문이다. 시기적으로 지방선거는 총선과 총선 사이에 실시되며, 대통령선거 중간에 실시되는 경우가 많아 집권당과 대통령에 대한 중간평가적 성격을 갖게 된다(강원택 2015). 또한 지방선거 결과 구성되는 정부가 전국단위 정부가 아니라 지역단위의 정부라는 점에서 중앙정부보다 상대적으로 중요성이 덜하다고 인식되며 이차적인 성격을 갖는 것으로 평가된다(강신구 2015). 이처럼 지방선거가 갖는 중간평가적인 성격은 선거에 임하는 정당들의 자세에서도 드러난다. 집권당의 경우 정부 정책의 정당성과 실적을 강조하는 반면 야당들은 현 정부의 실정과 정부 정책의 문제점을 지적하면서 정부심판론을 들고 나오는 것이 일반적이다. 지방선거의 성격을 분석한 기존의 연구들은 대통령의 국정수행 능력이나 경제적 상황, 가계 및 국가 경제에 대한 전망 등의 변수들에 대한 분석을 통해 지방선거에 중앙정치가 미치는 영향을 강조한다(강신구 2015,

---

15. 제주특별자치도의 경우 교육감 외에 교육위원도 지방선거를 통해 선출한다.

강원택 1999, 조성대 2003, 정진민 2012).

지방선거에서 지역 이슈가 쟁점화되지 않는 세 번째 이유는 1987년 민주화 이후 형성된 지역주의 선거구도에서 그 원인을 찾을 수 있다. 1987년 대선 이후 형성된 지역주의 선거구도는 이후 한국 선거를 특징짓는 가장 중요한 요인으로 지금까지도 영남 지역에서의 자유한국당 지지와 호남 지역의 민주당 계열 정당에 대한 지지로 이어지고 있다. 이들 지역의 주민들은 단기적인 이슈나 정책, 후보 특성과 무관하게 자신이 지지하는 정당 후보에게 투표한다(박원호 2018). 이처럼 정당과 유권자의 연계가 정책이나 이슈를 중심으로 변동되지 않고 지역주의라는 공고한 연결고리로 이어짐에 따라 지방선거에서도 지역 이슈가 활성화되지 않았다.

2. 중앙정치에 예속된 정당 공천

지방선거는 지역의 일꾼을 선출하기 위한 선거이다. 따라서 지방선거에 출마하는 후보자들은 지역의 목소리를 대변하는 사람이어야 하며, 선출과정에 지역 정치인들과 지역주민들의 목소리가 반영되어야 할 것이다. 하지만 실제 정당의 공천 과정을 살펴보면 중앙당 중심의 권력구조로 인해 공천 과정에서 지역 주민이나 평당원들보다 지역구 국회의원 혹은 당협위원장의 영향력이 더 큰 것이 사실이다. 이는 정당구조가 위계화되어 있고, 중앙당의 영향력이 큰 한국의 정당구도가 그 원인이다.

한편 지방선거에 출마하는 후보자들의 공천과정에서 실제로 중요한 영향을 미치는 또 하나의 세력은 해당 지역의 국회의원 혹은 국회의원후보이다. 과거 지구당이 폐지되기 전에는 국회의원 혹은 차기 선거의 국회의원 후보자가 지구당 위원장을 맡으면서 해당 지역구의 정당 조직과 활동을 주도했다. 하지만 지구당 위원장으로의 권한 집중과 과도한 지구당 운영비로 인한 정경유착 등으로 인해 지구당이 지역 정치 부패의 온상으로 낙인찍히면서 2004년 정당법 개정을 통해 지구당이 폐지되었다. 하지만 지구당 폐지 이후에도 지방의회의원들에 대한 지역구 국회의원의 영향력은 유지되었으며, 지방선거에 출마하는 지방의원이나 자치단체장의 공천 과정에서 중앙당과 더불어 강한 영향력을 행사하고 있다. 특히 기초의회의원의 경우 지역구 국회의원의 영향력은 거의 절대적이라 해도 과언이 아니다.

> "특히 기초의원 공천권을 사실상 지역 국회의원이 좌지우지하면서 기초의원은 지역 국회의원의 '심부름꾼', '하수인'에 불과하다는 말까지 나오고 있다. … 지난해 12월 전국 기초의원들에게 기초의원 정당공천제에 대한 의견을 물어본 결과, 68.8%가 정당공천제를 폐지해야 한다고 답했다. 폐지지지 이유로는 '자치행정이 중앙정당의 정쟁 도구화가 되기 때문' '공천과정이 불공정해 풀뿌리 민주주의 정치 불신의 근원이 되기 때문'이라는 의견이 대다수를 차지했다."**16**

지방선거에서 정당공천은 2006년 이후 모든 선거에 적용되었다. 1991년 지방선거가 재실시된 이후에도 기초의원선거는 지역 주민과 가장 밀접한 선거라는 점에서 정당공천이 금지되었으나 2006년 이후 기초의원선거에도 정당공천이 허용된 것이다. 하지만 책임정당정치를 실현하고자 도입된 정당공천 제도의 본래 목적과 달리 지역 정당이 중앙에 예속되고 지방의 정당구조가 당협위원장 중심으로 재편되도록 하는 결과를 초래했다(문상석 외 2017). 최근 상향식 공천제가 확대되면서 지방선거에서도 후보자 선출과정에서 선거인단 투표, 여론조사 등 밑으로부터의 의사를 결집할 수 있는 방식들을 도입하고 있지만 실제 공천과정에서는 공천방식의 적용이나 후보자의 추천과 관련하여 중앙당과 당협위원장이

---

16. "국회의원 보좌관으로 전락한 기초의원–정당공천제 폐지해야", 조선일보, 2018.5.7.; 강원택(2018)에서 재인용.

중요한 역할을 하고 있다.

이처럼 중앙당과 당협위원장의 영향력이 크다보니 공천과정에서 공천헌금 등 공천관련 비리문제가 선거 때마다 불거지고 있으며, 지방의원들은 평소 국회의원이나 당협위원장에게 의존할 수 밖에 없는 문제가 발생한다. 최근에도 2018년 지방선거 직후 대전시의원으로 선출된 의원이 불법 정치자금 요구를 폭로하면서 지방의원선거에서 정당 공천을 폐지해야 한다는 주장이 다시 불거지고 있다.[17] 하지만 앞에서도 지적한 것처럼 정당 공천의 폐지가 능사는 아니다. 정당이 지방정치에서 수행해야 할 역할이 적지 않다. 그러므로 공천 과정을 투명하게 만들고, 상향식 공천을 확대하는 등의 제도 개선과 정당 차원의 노력이 필요하다.

3. 지역정당 없는 지방정치

우리 공직선거법과 정당법은 선거참여나 선거운동과 관련하여 다양한 규제 조항을 두고 있다. 이러한 규제는 지방선거에도 동일하게 적용되며, 지역정당이나 시민단체, 유권자단체 등 다양한 정치세력의 선거 참여를 허용하고 있는 일본이나 독일, 영국, 미국 등과 달리 선거에 참여할 수 있는 단체의 자격을 엄격하게 제한하고 있다. 공직선거법은 공직선거에 출마하는 후보자를 추천할 수 있는 자격을 정당과 일정 수 이상의 선거권자로 제한하고 있다.[18] 정당법에 따르면 수도에

---

17. 더불어민주당 소속 김소연 대전시의원은 지난 6.13 지방선거 당시 전 시의원의 지인으로부터 법정선거비용의 두 배에 달하는 1억여원을 요구받았다고 폭로했다. 김의원은 자신이 정당으로부터 전략공천 대상으로 추천을 받아 비례대표가 되었으며, 지방선거에서 정당의 역할이나 전략공천의 필요성은 인정하지만 유권자 혹은 당원이 추천하는 상향식 공천이 바람직한 것 같다고 주장했다.

18. 선거권자에 의한 추천은 대통령선거의 경우 5개 이상 시·도에서 추천을 받아야 하며, 각각의 시·도에서 700명 이상, 5개 지역을 합하여 3,500명 이상 6천명 이상 유권자의 서명을 받으면 무소속 출마가 가능하다. 지역구국회의원선거와 기초 단체장의 경우 해당 선거구에서 300명 이상 500명 이하의 추천으로 출마가 가능하다. 광역단체장은 해당 시·도의 1/3 이상 구·시·군에서 추천을 받아야 하며, 각각의 구·시·군에서 50

중앙당을 두고 5개 이상의 시·도당을 가져야 정당설립이 가능하다. 이는 사실상 서울을 중심으로 한 전국정당만을 허용하는 것으로 지역정당과 군소정당의 정치 활동을 제한하는 규정이라 할 수 있다. 따라서 공직선거에 출마하기 위해서는 전국 단위 정당의 추천을 받거나 일정 수 이상 선거권자의 추천을 받아 무소속으로 출마하는 방법 외에는 불가능하다.

후보자의 공천은 정당의 주된 기능 가운데 하나이다. 정당 민주주의가 확립된 한국에서 선거는 정당이 주도하고 있으며 무소속 후보자가 선거에서 당선되는 비율은 매우 낮다. 이는 지방선거의 경우도 마찬가지여서 지방선거에 출마하는 대부분의 후보자들은 정당의 추천을 받아 출마한다. 여기서 문제는 지방선거에 출마하는 후보자를 서울에 중앙당을 둔 전국정당만이 추천할 수 있다는 점이다. 정당법에서 정당 구성 요건을 까다롭게 한 이유는 군소정당의 난립으로 인한 정치 혼란을 방지하기 위함이다. 하지만 결과적으로 지역에서의 정치활동을 위축시키고 중앙정치 중심의 정당정치가 지속되는 이유가 되고 있다.

지역정당의 부재가 문제가 되는 또 하나의 이유는 한국의 지역주의 정당구도로 인해 영호남 등 특정 지역에서는 유권자들의 선택지가 제한된다는 점이다. 지역주의 정당구도와 지역구선거에서의 소선거구 다수대표제 방식은 정당 간 혹은 후보 간의 의미 있는 선거 경쟁이 이루어질 수 없는 환경을 만들었고, 이로 인해 지역의 유권자들은 그 지역의 패권정당 이외의 대안적 선택지를 가질 수 없는 구조이다(강원택 2018).

이러한 지역주의 선거구도로 인해 영남 혹은 호남 지역에서 자유한국당이나 더불어민주당, 민주평화당 등 특정 정당이 지방의회 다수 의석을 상시적으로 차지하는 사례가 나타난다. 2014년에 실시된 제6회 동시지방선거 대구광역시의회

인 이상, 총 1,000명 이상 2,000명 이하 지역구민의 추천을 받아 출마가 가능하다. 광역의회의원은 100명 이상 200명 이하, 기초의회의원은 50명 이상 100명 이하의 추천으로 출마가 가능하다. 공직선거법 제48조 (선거권자의 후보자추천).

선거에서 총 30석 가운데 새누리당이 29석을 차지한 반면, 광주광역시의회는 총 22석 가운데 새정치민주연합이 21석을 차지하였다. 2018년에 실시된 제7회 동시지방선거 결과를 보면 전북 지역의 경우 광역의회의원의 92%, 기초의회의원의 75%, 기초단체장의 71%를 더불어민주당이 차지했다(〈표 4〉와 〈표 5〉).[19] 또한 광주, 전북, 전남 지역에서는 자유한국당 소속의 기초단체장이나 기초의회의원이 한 명도 배출되지 않았다. 정의당이나 민주평화당 등 군소 정당에서 일부 의석을 차지하기는 했지만 한계가 있다.[20]

따라서 지방선거에서 유권자에게 다양한 선택지를 제공할 수 있도록 지역정당

〈표 4〉 2018년 지방선거 기초단체장 선거 결과

시도명	당선인수(명)	정당별 당선인수(명)			
		더불어민주당	자유한국당	민주평화당	무소속
서울	25	24	1	0	0
부산	16	13	2	0	1
대구	8	0	7	0	1
인천	10	9	1	0	0
광주	5	5	0	0	0
대전	5	5	0	0	0
울산	5	5	0	0	0
경기도	31	29	2	0	0
강원도	18	11	5	0	2
충청북도	11	7	4	0	0
충청남도	15	11	4	0	0
전라북도	14	10	0	2	2
전라남도	22	14	0	3	5
경상북도	23	1	17	0	5
경상남도	18	7	10	0	1
합계	226	151	53	5	17

출처: 중앙선거관리위원회 선거통계시스템(http://info.nec.go.kr/electioninfo/)

---

19. 공천을 받지 못해 무소속으로 출마한 후보자의 수를 합할 경우 그 비율은 각각 100%, 90%, 86%로 상향된다.

<표 5> 2018년 지방선거 기초의회지역구의원 선거 결과

시도명	당선인수(명)	정당별 당선인수(명)						
		더불어민주당	자유한국당	바른미래당	민주평화당	정의당	민중당	무소속
서울	369	219	134	8	0	5	0	3
부산	157	87	69	0	0	0	0	1
대구	102	45	53	2	0	1	0	1
인천	102	62	39	0	0	0	0	1
광주	59	46	0	0	9	1	3	0
대전	54	33	21	0	0	0	0	0
울산	43	22	19	0	0	0	1	1
경기도	390	252	128	3	0	3	2	2
강원도	146	74	59	1	0	0	0	12
충청북도	116	74	40	0	0	0	0	2
충청남도	145	83	55	1	0	0	0	6
전라북도	172	126	0	2	14	2	0	28
전라남도	211	150	0	0	23	2	4	32
경상북도	247	38	146	2	0	1	0	60
경상남도	228	89	113	0	0	2	1	23
합계	2,541	1,400	876	19	46	17	11	172

출처: 중앙선거관리위원회 선거통계시스템(http://info.nec.go.kr/electioninfo/)

의 설립을 허용한다면 유권자들에게 보다 다양한 선택지를 제공할 수 있을 것이다. 지역정당의 설립을 허용하고 있는 일본의 경우 지방선거에서 지역정당의 의회진출이 활발하여 자민당과 같은 전국정당의 1당 독주가 허용되지 않을 뿐 아니라 지방선거의 경우 오히려 무소속이나 지방정당 후보의 당선비율이 더 높은 사례들도 볼 수 있다.

---

20. 민주평화당은 호남 지역에서 기초단체장 5인, 기초의회지역구의원 46인을 배출하면서 더불어민주당의 대안정당으로서의 역할을 일부 수행한 것이 사실이다. 하지만 민주평화당 구성원의 다수가 더불어민주당 출신으로 이념적 지향이나 출신지역 등 정당간 차별성이 크지 않다는 점, 민주평화당의 의원 가운데 다수는 더불어민주당으로의 복귀를 저울질하고 있다는 점 등을 고려할 때 민주평화당이 다음 총선이나 지방선거에서도 지속적으로 유지될 수 있을지는 의문이다.

IV. 지방정치 활성화를 위한 제도적 개선방안

1. 선거제도 개선

현행 지방선거는 지역 유권자들의 참여를 제한하고 있으며, 동시선거와 비례성이 낮은 선거제도 등으로 인해 지역주민들의 의사가 반영되기 어려운 제도적 환경을 가지고 있다. 이에 지방정치를 활성화할 수 있는 선거제도 개선방안으로 다음 다섯 가지를 제안하고자 한다. 첫째, 규제위주의 공직선거법 개정을 통해 유권자와 후보자의 거리를 좁힐 필요가 있다. 선거 규제의 완화는 모든 선거에 해당되는 것이지만 특히 지방선거의 경우 지역주민이 지역의 이슈에 대해 논의하고 지역의 문제를 해결하기 위한 대표를 선출하는 선거라는 점에서 자유로운 선거운동과 선거규제의 완화가 더욱 요구된다.

둘째, 동시선거의 문제를 해결하기 위한 선거제도 개선이다. 동시선거는 유권자의 선거 피로도를 강화시키며, 지방선거를 전국선거로 인식하도록 만든다. 그 결과 지역 이슈는 부상하지 않고 중앙정치의 이슈에 매몰되는 경향을 보인다. 따라서 지역 이슈에 집중하도록 하기 위해서는 동시에 실시되던 지방선거를 분산화할 필요가 있다. 선거 비용이나 관리비용의 문제 등을 감안할 때 이제까지 동시에 실시되던 선거를 1950년대의 선거처럼 선거별로 예컨대, 광역의원선거, 기초의원선거, 광역단체장선거, 기초단체장 선거를 각각 다른 날짜에 실시할 필요는 없다. 그 경우 또 다른 혼란을 초래할 수 있으며, 결과적으로 선거의 성격에 따라 날짜는 분산되었지만 여전히 또 다른 형태의 전국 선거가 될 수 있다. 그보다는 보궐선거 결과 당선인의 임기를 보장하는 방식으로 선거주기를 다양화하는 방안이 혼란도 줄이면서 지역 선거에 초점을 맞추도록 하는 결과를 가져올 수 있다. 자치단체장이나 지방선거의 경우 국회의원선거 출마 등을 이유로 중도사퇴하는 사례가 많다는 점을 감안하면, 몇 차례의 선거를 거친 후에는 지방선거가 골고루 분산되어 실시될 것이며, 이는 지역 주민들에게 자기 지역의 선거에 집중할 수 있는 환경을 마련해 줄 수 있다.

셋째, 선거구제 개편을 검토할 필요가 있다. 특히 현행 기초선거에서 실시되고 있는 중선거구제가 원래 의도대로 다양한 정당의 의회진출에 도움이 되는지에 대해서 검토가 필요하다. 여타 선거와 달리 기초의회의원선거에 중선거구제가 도입된 것은 지역주민과 가장 밀접한 기초의회의 정당구성을 다양화하기 위함이다. 하지만 본래 의도와 달리 많은 지역에서 2인 선거구가 채택되면서 사실상 거대 정당이 기초의회를 양분하는 구도가 발생하고 있다. 따라서 제도 도입의 본래 취지를 살리고 지역에서의 정당 다양성을 높이기 위해 4인 선거구제의 확대를 검토할 필요가 있다.

넷째, 비례대표제의 확대 및 연동형 비례대표제 도입에 대한 검토가 필요하다. 연동형 비례대표제는 비례대표선거의 정당 득표율에 따라 각 정당이 의회에서 차지하는 의석을 배분하는 제도로 독일과 뉴질랜드 등에서 실시하고 있다. 비례대표 비율이 20%에 못미치는 한국의 선거제도로는 비례대표선거가 정당 의석배분의 기준이 되는 연동형 비례대표제를 도입하는 것이 무의미하기 때문에 먼저 비례대표 비율의 확대가 전제되어야 한다. 하지만 지난 20대 총선을 앞두고 논의되었던 선거구 재획정 결과 비례대표 비율은 더욱 축소되었으며, 이는 지역 선거구를 줄일 수 없는 국회 논의의 한계를 보여 준다. 지방선거에서 연동형 비례제를 먼저 도입할 경우 연동형 비례제 실시에 따른 장단점을 확인할 수 있다. 전 지역이나 모든 선거에 도입하는 것이 부담된다면 제주특별자치도에서 시범적으로 도입해보는 방안도 검토해볼 수 있다.

끝으로 보다 다양한 정치세력의 지방의회 진출을 위해 현행 5% 봉쇄조항을 삭제하거나 낮출 필요가 있다. 다수의 민주국가들이 군소정당의 난립, 특히 극단주의 정당의 의회진출을 막기 위해 봉쇄조항을 설정하고 있다. 하지만 많은 경우 2~3%의 봉쇄조항을 두고 있으며, 5% 봉쇄조항은 매우 높은 수준이다. 지방선거에 적용되는 5% 봉쇄조항은 정당법의 정당구성 조항과 더불어 지방선거에서 군소정당의 의회진출을 저지하는 역할을 하고 있다. 이는 국회의원선거의 비례대표 봉쇄조항이 3%인 것과 비교할 때 매우 높은 수치이며, 실제 지방선거의 비례대표 비율은 시도의원의 경우 지역구선거의 10%, 구시군의원은 전체 의석의 10%라는 점에서 그 비율이 매우 낮기 때문에 사실상 5% 봉쇄조이 필요한지에 대해서도 검토할 필요가 있다.

2. 정당제도 개선

지방 정치에서 정당이 차지하는 비중과 역할을 생각할 때 가장 먼저 개선되어야 할 부분은 공천 개혁이다. 이와 더불어 현행 정당법 개정을 통해 다양한 정치집단의 선거 참여가 가능하도록 하는 방안도 검토할 필요가 있다.

첫째, 정당의 공천방식을 개선하여 공천과정의 투명성과 공정성을 강화하는 것이다. 공천의 문제는 지역구는 물론이고 비례대표선거에도 적용된다. 일차적으로는 공천 과정에서 중앙당과 지역 국회의원의 영향력을 축소하는 것이다. 그러기 위해서는 당원과 지역주민의 참여를 높여야 한다. 하나의 방안은 법으로 상향식 공천을 명문화하는 것이다. 독일이 그러한 사례인데, 공직선거 후보자 추천을 당원투표, 혹은 대의원대회에서의 투표 결과로 결정하도록 법으로 규정하고 있다.[21] 구체적인 공천 절차와 과정은 정당이 당헌이나 당규를 통해 정하도록 하

---

21. 독일 정당법 제17조(후보자의 추천) 연방하원의원선거에 있어서 후보자의 추천은 비밀투표로 하여야 한다. 추천은 선거법과 정당의 당헌이 정하는 바에 의한다.
   독일 연방선거법 제21조(정당후보자의 선정) ① 다른 정당의 당원이 아니며 선거구후보자의 선출을 위한 당원총회 또는 이를 위한 특별 또는 일반대대원회에서 선출된 자만이 정당의 후보자로 선거구선거추천에 지명될 수 있다. … ③ 후보자와 당대의원회의의 대의원은 비밀투표로 선출한다. 선거권이 있는 모든 회의 참가자는 추천할 권리가 있다. 후보자에게는 자신과 자신의 정견을 회의에서 적절한 시간 발표할 수 있는 기회가 주어져야 한다. 선거는 연방하원의 임기개시 후 32월 이후에, 당대의원회를 위한 선거는 연방하원의 임기개시 후 29월 이후에 실시할 수 있다. … ⑤ 당대의원회의의 대의원선출, 당원총회 또는 당대의원회

면서도 상향식 공천 원칙은 반드시 지키도록 하는 것이다. 우리 국회에서도 상향식 공천 원칙을 법으로 규정하는 방안이 논의된 사례가 있다. 제19대 국회에 당내경선을 의무화하는 내용의 「공직선거법 일부개정법률안」이 2건 발의되었으며, 이 법률안은 당내경선을 법으로 규정하여 정당의 후보자 공천시 상향식 공천 원칙을 법제화하려는 취지로 발의되었다.[22]

한편 공천과정이 더욱 문제가 되는 것은 비례대표선거이다. 지역구 선거의 경우 당내경선이나 여론조사, 지역민을 포함하는 경선방식, 시민공천배심원제 등 다양한 방식의 상향식 공천이 실시되고 있다. 반면 비례대표의 경우 여전히 중앙당 혹은 시·도당에서 밀실공천방식으로 진행되고 있으며, 공천관련 헌금 등의 논란이 많다는 점에서 더욱 투명한 공천 방식이 요구된다. 이처럼 비례대표 공천 과정의 문제는 연동형 비례제 도입이나 비례대표의 비율을 높이려는 시도와 관련해서도 우선적으로 해결되어야 할 과제이다.

비례대표 공천 과정의 투명성을 강화하기 위해서는 공천 기준과 심사위원 선정, 후보자 심사 과정을 투명하고 공정하게 운용해야 한다. 이와 관련하여 정당 차원에서 공천 개혁을 위한 노력도 필요하지만 후보자 선정 과정의 투명성을 보장하도록 법제화하는 것도 필요하다. 즉 비례대표 선정과정을 기록하고 후보자 명부를 선관위에 제출할 때 기록된 녹취록을 함께 제출하도록 법으로 규정하고 위반 시에는 명부 등록을 허용하지 않도록 하는 방안을 검토할 수 있다. 독일에

의의 소집과 정족수 및 후보자선출절차 등의 세부사항은 정당이 당규로 정한다. ⑥ 회의장소와 시간, 소집의 형식, 출석한 당원의 수와 투표의 결과가 기록된 후보자의 선출에 관한 의사록의 사본은 선거구선거추천과 함께 제출되어야 한다.

22. 김재원의원이 대표발의한 공직선거법 일부개정법률안(2013.5.22.)는 지역구국회의원선거와 지방선거 후보자 추천시 당내경선을 의무화하고 경선결과보고서를 관할 선관위에 제출하도록 하는 내용이다. 김선동의원안(2013.12.24.)은 조금 더 구체화된 내용으로 공직선거에서 당내경선을 의무화하고 당내 경선의 구체적인 방식은 당헌·당규로 정하도록 한다. 또한 경선은 해당 선거구 당원 및 당원이 아닌 자의 비밀투표로 실시하되, 경선후보자가 1인일 경우 찬반투표를 실시한다는 내용이며, 후보자등록시 경선 결과보고서를 관할 선관위에 제출하도록 하는 내용이다.

서 이러한 방식을 채택하고 있으며, 공천 과정에 대한 상세한 자료를 제출하지 않을 경우 후보자 추천 자체를 거부할 수 있도록 법으로 규정하고 있다.[23] 한국의 경우에도 공천과정을 기재한 서류 혹은 관련 자료를 선거관리위원회에 제출할 경우에만 정당의 후보자명부를 등록할 수 있도록 공직선거법 개정을 검토할 수 있다.

둘째, 지역정당 허용이다. 지역정당은 중앙정치에서 적절히 반영되지 못하는 지역의 이해관계를 반영할 수 있다는 장점을 가진다. 특히 한국의 경우 동시선거로 실시되는 지방선거의 특성상 전국적 이슈가 지배하거나 중앙정부 혹은 집권당에 대한 중간평가의 성격을 가지기가 쉽다. 하지만 지역정당의 경우 이러한 중앙정치로부터 자율성을 가지고 지역의 현안에 집중할 가능성이 높다.

지역정당 설립이 가능하려면 우선 정당법 개정이 필요하다. 수도에 중앙당을 두도록 한 조항을 폐지하고 정당 구성과 관련해서도 보다 유연한 방식으로 규정할 필요가 있다. 대한민국 헌법은 정당설립의 자유를 보장하고 있다. 최근 지방자치와 지방분권의 확대와 더불어 지역에서의 정치 활동을 활성화기 위한 방안들이 논의되고 있는데 지역에서의 정당 정치를 활성화하기 위해서는 지역정당을 허용하는 방향으로 정당법 개정을 검토할 필요가 있다. 지역주민의 의견을 수렴하고 이를 정책으로 실현시키기 위해서는 지역을 기반으로 한 정당의 설립과 운영이 필요하다.

셋째, 장기적으로 지방선거에서 정당 외에 사회단체 등 다양한 집단의 공천을 허용하는 방안을 검토할 필요가 있다. 지방선거에서 다양한 집단의 공천을 허용

---

23. 독일 연방선거법(제21조 제6항)은 후보선출을 위한 집회가 어디에서 언제 이루어졌는지, 선출 참가자는 어떠한 방식으로 소집되었는지, 실제 참가자는 몇 명인지, 투표결과는 어떠했는지 등을 기재한 서면을 선거관리위원회에 제출하도록 규정하고 있으며, 이는 비례대표 후보자 명부 작성에도 동일하게 적용된다. 또한 위의 연방선거법 규정을 준수하지 않을 경우 선거관리위원회에서는 지역구선거 후보자의 추천이나 비례대표 후보자 명부 추천을 수리하지 않도록 규정하고 있다(독일 연방선거법 제26조제2항). 정병기, 2014, 「주요국의 지방선거제도와 공천방식 비교연구」, 국회입법조사처 정책연구용역보고서, pp.30-34.

하는 방안은 현행 정당공천제가 가진 문제에 대한 해결책이 될 수 있다. 정당 외에 정치집단이나 사회단체가 지방선거에 후보자를 추천할 수 있도록 허용한다면 유권자들은 보다 다양한 선택지를 갖게 될 것이다. 특히 기초단위 선거의 경우 지역 주민들의 의사를 직접적이고 구체적으로 반영하는 정책을 제시하는 후보자가 필요하다는 점에서 정당 외의 사회단체로 하여금 후보자 추천을 허용하는 방안을 검토해야 할 것이다.

해외사례를 보면 지방선거의 경우 다양한 사회단체들의 후보자 추천을 허용하고 있다. 일본의 경우 일정 조건을 만족시키는 정치 단체를 "확인단체"라고 명명하고 참의원선거와 지방선거에 후보자를 추천하도록 허용한다(고선규 외 2018). 이들 단체는 지방선거 등에서 후보자를 추천하고 선거운동을 하는 등 정당과 유사한 활동이 허용된다. 독일의 경우 정당 외에 무소속 후보자들 혹은 시민단체 등이 "유권자단체"를 구성하여 후보자 명부를 작성함으로써 지방선거 참여가 허용된다. 유권자단체는 정당법상 정당은 아니지만 필요한 요건을 충족할 경우 정당과 동일한 권한을 인정받고 단체장 선거나 지방의원선거에 후보를 입후보시킬 수 있다. 이처럼 유권자단체는 정당명부선거가 일반적인 독일에서 명부를 구성할 수 없는 무소속 후보자 등이 선거에 출마할 수 있는 통로를 제공하고 있다.

V. 결론

한국에서 지방자치는 1952년 처음 실시된 지방선거와 더불어 시작되었다. 비록 1060년 이후 30년간의 공백기가 있지만 1991년 지방의회의원선거를 시작으로 재실시된 지도 30년 가까이 되었다. 지방선거는 지역의 일꾼을 뽑는 선거이면서 지역에서의 경험을 기반으로 중앙무대에 진출하는 통로가 되고 있다. 특히 광역단체장은 대통령선거 출마를 준비하는 정치인들에게 행정적 경험을 쌓고 정치적 인지도를 높일 수 있는 좋은 기회로 인식되고 있다. 또한 지방의회의원선거는 여성과 같은 사회적 소수자들의 정치참여를 확대하는 역할을 하고 있다.

이처럼 지방선거의 중요성이 점차 커지고 있음에도 선거제도나 정당제도는 여전히 유권자들의 참여를 제한하고 있으며, 지역 유권자들의 민심을 반영하기에는 여러 한계들을 가지고 있다. 동시선거로 인한 지역 이슈의 실종, 중앙정치에 예속된 정당 공천, 지역의 현안을 대표할 수 있는 지역정당의 금지로 인한 정치적 다양성의 실종 등은 지방선거와 관련해서 해결해야 할 문제들이다.

이 글에서는 이러한 문제들을 해결하기 위한 제도적 방안으로 선거제도 개선과 정당제도 개선을 제시하였다. 선거제도와 관련해서는 우선 규제위주의 공직선거법 개정을 통해 지역 유권자의 참여를 늘릴 필요가 있음을 지적하였다. 또한 동시선거로 인한 지역 이슈 실종의 문제를 해결하는 방안으로 보궐선거 결과 당선자의 임기를 보장하는 방식으로 선거주기를 다양화하는 방안을 제안하였다. 일본의 경우 이러한 방식으로 지방선거를 실시하고 있는데, 그 결과 지방선거에 관심이 집중되고 지역 현안이 선거 이슈가 되는 것을 볼 수 있다. 또한 선거구제와 관련하여 기초의원선거에서 다양한 정당 참여를 확대하기 위한 4인 선거구제의 확산과 연동형 비례대표제 도입을 제안하였다. 연동형 비례제를 총선에 도입하기에 앞서 지방의회선거, 특히 제주특별자치도에서 시범적으로 실시한다면 제도 도입의 효과와 장단점을 알 수 있으며, 추후 총선에의 도입 여부 등을 결정하는 데 도움이 될 것이다.

정당제도와 관련해서는 크게 다음 세 가지를 제안하였다. 첫째, 공천의 투명성과 공정성을 강화하기 위한 제도적 개선방안이다. 법으로 상향식 공천 원칙을 규정할 경우 정당의 자율성을 인정하면서도 공천의 투명성을 강화할 수 있을 것이다. 특히 비례대표선거에서 공천과정을 기록하고 이를 선관위에 제출하도록 함으로써 공천헌금 등의 논란을 잠재울 수 있을 것이다. 둘째, 정당법 개정을 통해 지역정당을 허용함으로써 지방선거에서 중앙정치의 영향력을 줄일 수 있다. 셋째, 장기적으로 정당 외에 사회단체 등 다양한 집단이 지방선거에서 후보를 공천하고 선거운동을 할 수 있도록 허용한다면 지역 이슈가 다양화되고 지방정치가 활성화되는 계기가 될 것이다.

지방정치의 활성화는 지방분권과도 밀접한 연관이 있다. 지방선거에 다양한 정치집단이 참여하고 지역 현안이 분출된다면 이는 결과적으로 지방분권의 강화로 이어질 것이다. 지역의 문제들을 해결하고자 하는 지역 주민들의 요구가 지방정부에 힘을 실어줄 수 있기 때문이다. 지금의 지방정부는 정책 결정과정이나 예산의 집행과정에서 중앙정부로부터 자율성을 가지고 있다고 보기 어렵다. 현행 법률은 지방정부의 입법권을 제한적으로 허용하고 있으며, 현행 조세제도나 예산운용정책은 지방정부의 재정 자율성을 높이기 어려운 구조이다. 이러한 제도적 한계에 대한 논란이 지방분권과 관련해서 진행되고 있으며, 지방정치에 대한 지역주민의 관심이 높아지고 이러한 관심이 지방정부에 대한 지지로 이어진다면 지방분권이 강화되는 방향으로 제도를 개선하게 될 것이다.

참고문헌

강경태, 2009, "지방선거와 정당공천제 개선방안", 한국정당학회 학술회의 발표문
강신구, 2015, "지방선거는 지방정부의 구성을 위한 것인가? 중앙정치의 대리전인가?", 강원택 편, 『2014년 지방선거 분석』, 서울: 나남출판.
강원택, 1999, "지방선거에 대한 중앙정치의 영향: 지방적 행사 혹은 중앙정치의 대리전?" 조중빈 편, 『한국의 선거 III: 1998년 지방선거를 중심으로』, 서울: 푸른길.
_____, 2015, "2014년 지방선거에서 이슈의 영향: 세월호 사건을 중심으로", 강원택 편, 『2014년 지방선거 분석』, 서울: 나남출판.
_____, 2018, "지방선거와 정당 공천: 무엇이 문제인가", 선거연수원, 지방선거와 제도개선 방향 세미나 발표문
고선규·이정진, 2018, "지역정당 활성화를 위한 제도개선 방안", 의정논총, 제13권 제1호.

김순은, 2012, "기초자치단체 정당공천제의 폐해와 대안", 한국지방정부학회 2012 추계학술대회 발표문

김영태, 2013, "지방자치와 정당공천제", 최재성의원실주최 '기초단체·기초의회 정당공천제 어떻게 할 것인가' 토론회 발표문(2013.4.29.).

김용복, 2010, "2010 제5회 동시 지방선거 결과와 전망", 한국지방정치학회, 6.2 지방선거 평가 및 향후 한국정치 전망 세미나 발표문.

김용호, 2013, "지방선거제도 개선방안 정책간담회 발표문".

김일영, 2012, "전시정치의 재조명: 6.25 전쟁중 북진통일론과 두 갈래 개헌론", 김일영 저, 김도종 편,『한국 현대정치사론』, 서울: 논형.

김종법·임상규·김형빈, 2012, "기초지방의회 선거에서 선거제도의 효과에 관한 연구: 정당공천제와 중선거구제 도입을 중심으로", 한국지방정부학회 학술대회자료집

문상석·김범수·서정민, 2017, "정당공천제도와 지방정치 변화에 대한 고찰: 제도의 전용에 대한 분석을 중심으로", 한국정치학회보, 제51집 제1호.

박원호, 2018, "지방선거와 정당 재편성", EAI 논평, 2018년 6월 27일.

성기중, 2009, "한국 기초지방자치단체 선거에서 정당공천제 문제의 해결", 한국동북아논총, 제50집

안형기, 2016, "국회의원과 지방자치단체장의 관계 조명: 정당공천제 개선의 필요성", 지방행정, 통권 749호

육동일, 2012, "지방선거 정당공천제 문제의 해법과 그 대안", 국회 지방자치포럼 창립총회 및 정책토론회 발표문(2012.9.4.).

이기우, 2013, "기초지방선거에서 정당공천제 폐지", 국회민주헌정포럼 주최 '기초단위 정당공천제' 토론회 발표문(2013.5.28.).

이정진, 2010, "6.2 지방선거에서의 정당공천과 관련 쟁점들", 지방선거와 한국정치의 발전과제 세미나 자료집

_____, 2013, "기초단체장 및 기초의원 선거의 정당공천 폐지 논의", 국회입법조사처 이슈와 논점 제645호

_____, 2014, "제6회 동시지방선거의 의미와 정개특위 쟁점", 자치의정, 제17권 제2호.

임승빈, 2013,『지방자치론』, 파주: 법문사.

정연주, 2013, "지방자치와 정당공천제", 최재성의원실주최 '기초단체·기초의회 정당공천제 어떻게 할 것인가' 토론회 토론문(2013.4.29.).

_____, 2014, "기초지방선거 정당공천제 폐지의 문제점", 법조, 제63권 제6호.

정진민, 2012, "한국 유권자들의 투표행태와 세대: 2010년 지방선거를 중심으로", 한국정치연구, 제21집 제2호.

조성대, 2003, "지방선거와 정당참여: 지역주의 정당경쟁과 광역의회의 활동", 21세기 정치학회보, 제13집 제1호.

조정관, 2010, "역대 전국동시지방선거의 평가", 국회지방자치발전연구회 연구보고서

최근열, 2012, "기초지방선거에서 정당공천제의 개선방안", 한국지방자치연구, 제14권 제2호.

최영출·이기주, 2015, "지방선거에서의 정당공천의 핵심이슈 도출과 제도개선 방향", 한국자치행정학보, 제29권 제4호.

황아란, 2011, "지방선거에 있어서 정당공천제의 한계와 개선방안에 관한 연구", 지방정부연구, 제15권 제1호

21세기 정치연구회 편, 2012, 『지방정치학으로의 산책』, 파주: 한울.

국회회의록시스템(http://likms.assembly.go.kr/record)

법제처 홈페이지(http://www.moleg.go.kr)

중앙선거관리위원회 홈페이지(http://www.nec.go.kr)

제5장

분권개혁의 정치적 동학: 해외사례와 한국에의 함의

김성조 · 서울대

I. 문제의식

최근 분권화는 선진민주주의 국가뿐 아니라 중남미·아시아·아프리카의 여러 개발도상국에서도 광범위하게 진행되는 범지구적 현상이 되었다(Treisman 2007). 한국에서 진행된 기존의 연구들 역시 해외의 지방분권에 큰 관심을 가지고 이를 다루어져왔다. 특히 선진 민주주의 국가들의 분권 시스템에 관한 연구가 꾸준히 진행되어 왔다. 미국과 독일 등 연방제를 택한 국가의 중앙정부와 주정부 간의 관계에 관한 연구 및 일본, 프랑스, 영국 등 단방제를 택한 국가들의 지방분권 개혁 사례에 관한 연구는 이미 상당히 축적되어 있다.

그러나 위 연구의 대부분은 지방분권 개혁의 내용과 행정적 및 재정적 영향에 관한 내용이 대부분이다. 반대로 지방분권이 가능했던 정치적 동학에 관한 연구는 상대적으로 적은 편이다. 대부분의 연구가 지방분권 모델을 제시하는 데 큰 관심을 둔 반면 분권을 통치자의 의지 문제로만 가정하는 경향이 있었다. 이에 분권개혁을 가능하게 한 정치적 동학에 관한 연구가 해외에서 활발히 진행되었지만, 국내에서는 많지 않은 편이다. 정치학적으로 '권력'의 속성을 고려할 때 중앙정부는 혹은 중앙의 정치인들은 왜 스스로 자신의 권력을 내놓는 결정을 하는가는 상당히 흥미로운 연구주제이다.

또한, 지역적으로도 선진적 정치·행정 시스템을 구축한 국가들에 대해서만 큰 관심을 두었고 우리와 유사하게 독재와 민주화를 경험한 스페인 등 남유럽 및 칠레 등 중남미 국가에 관한 연구는 상대적으로 미약한 편이다. 이러한 경향 역시 분권화에 대한 국내의 여러 연구는 학습 가능한 분권모델을 분석하고자 하는 실용적 목적이 크게 작용했을 것으로 추측해 볼 수 있다. 이에 본 연구는 이러한 비판적 문제의식 바탕으로 정치학적 시각에서 해외의 지방분권 개혁을 살펴보고자 한다.

II. 이론적 논의

1. 기존 연구의 비판적 검토

분권화의 차이를 설명하는 주요한 독립변수는 다음과 같다. 우선, 초기연구들은 기능적으로 인종적 및 언어적 다양성에 주목해 인종-언어적으로 분리된 정도가 클수록 분권화를 채택할 확률이 높다고 주장하였다(Oates 1972). 미국, 캐나다, 구 유고, 스페인, 벨기에 등 이질성이 큰 사회를 기반으로 한 국가건설 혹은 유지(state-building or state-preserving) 과정에서 인종-언어적 갈등을 조정하기 위한 방안으로 중앙정부의 권한을 축소하고 지방정부로 권한을 이양한다고 분석하였다. 이러한 분석은 직관적으로 큰 통찰력을 가지고 있으나 영국이나 스페인 등 인종적 문화적 다양성이 큰 지역에서 2000년대 이후에 가서야 분권개혁이 추진되는 등 정치적 동학을 설명하기 어려운 부분이 많이 있다.

다음으로 아이디어적 접근법은 두 가지 가치에 주목한다. 우선 민주적 가치의 옹호(democratic advocacy argument)를 위해 지방분권을 지지한다는 주장과 경제적 효율성 이론(economic efficiency argument)에 입각해 분권화를 지지한다는 연구가 존재한다. 그러나 당파성 측면에서 좌파정당은 민주적 자치를 강조하기 때문에 더 분권화를 지지한다는 연구와 우파정당이 경제적 효율성을 강조하여 분권화를 더 지지한다는 논리가 상호 모순적이기 때문에 일관적인 분석을 제기하기 어려운 부분이 존재한다(Eaton 2004; Mardones 2007).

정치경제적 분석에서는 우선 지역을 단위로 하여 지역 간 갈등 혹은 중심-주변 간 관계를 분석(core-periphery analysis)하는 흐름이 존재한다. 즉, 분권화를 통해 이익을 보는 특정 지역이 주도적으로 분권화를 선호하고 분권개혁에서 손해를 보는 지역을 억제하고 분권화를 추진한다는 논리이다. 한 국가 내에서 중심지 및 더 발전된 지역과 주변부 혹은 덜 발전된 지역간에 분권화에 대한 선호가 다르다는 가정에서 출발하고 있다. 그러나 이들이 어떠한 선호를 보이는지에 대해서는 연구마다 의견이 다르다. 즉, 부유한 지역이 지역 간 재분배를 억제하기 위해 분권화를 지지할 가능성이 크다는 논의가 존재한다(Escobar-Lemmon 2003). 반대로 덜 발전된 지역은 자신의 독자적인 발전계획을 수립하기 위해 분권화를 지지한다는 주장도 존재한다(Horowitz 1985; Rokkan and Urwin 1983). 즉, 어떤 지역이 분권화를 찬성할지는 선험적으로 규정하기 어려운 점이 많으며 특정한 사회마다 제도적이고 정치적인 맥락에 따라 결정될 가능성이 높다.

또한, 제 3세계에서는 국제적 압력 혹은 기부자(donor agencies)의 압력에 의해 지방분권이 추진되기도 한다. 최근, 세계은행이나 국제통화기금 등 국제기구는 개발도상국가에 개발 프로젝트 지원을 해 주면서 수혜국가에서 원조의 효율성을 높이기 위해 부패 방지와 'good governance'에 큰 관심을 두고 있다. 이러한 차원에서 기부자들은 국가에 분권화 개혁을 압박하며 이에 대한 정치적 인과 관계는 매우 큰 편이다(Manor 1999). 그러나 이러한 연구는 국제원조에 의지하는 저개발 국가를 대상으로 한 것이기 때문에 OECD국가들에 대한 연구에는 적용될 수 없는 한계가 존재한다.

2. 연구의 이론적 분석틀

본 연구는 기존의 연구들과 달리 정치적 변수에 초점을 맞추고자 한다. 우선, 민주화로의 이행은 분권화에 유리한 조건을 마련해 줄 수 있다. 민주화로의 전환은 분권화를 촉진한다는 경향이 있다는 것으로 알려져 있다(Alesina and Spolaore 1997; Nickson 1995; Panizza 1999). 역사적으로 특히 중남미 지역에서 민주화로 이행된 이후 분권개혁이 추진되었다. 콜롬비아 1986년, 베네수엘라 1989년, 볼리비아 1994년, 칠레, 아르헨티나 등. 민주화는 이익의 측면과 아이디어의 측면에 동시에 분권화에 영향을 미친다. 가치적 측면에서 정치인들은 민주적 가치 그 자체를 위해 분권화를 선택할 수 있다. 그러나 정치인들은 선거 전략으로서 권위주의와 거리를 두기 위해 민주화의 수단으로 분권적 가치를 강조할 수 있어서 이에 대한 직접적 인과관계를 밝히는 작업은 간단하지 않다.

이익의 측면에서 민주화 이후 정치인들은 분권화에 대해 더 많은 선출직 직위를 창출할 수 있다는 인센티브를 가진다(Eaton 2004b; Montero and Samuels 2004; O'Neill 2003). 일반적으로 민주화로 전환된 이후 분권화가 추진되면 권위주의 이전에 시행되던 시장 등 지방자치단체장 선거가 다시 실시되게 된다. 이 과정에서 많은 고위직 선출직 직위가 만들어지게 된다. 권위주의 하에 억눌려 있던 아래로부터의 분권적 요구가 분출하거나 지역 단위 이익단체(subnational interest groups)들이 주도적으로 그들이 요구하는 것을 관철하기 위해 분권화를 선호하여 이를 추진할 수도 있다. 그러나 경험적으로 민주화와 분권화 사이의 경향은 아직 불분명하다(Montero and Samuels 2004). 또한, 유사한 시기 민주화를 달성한 국가 사이에서도 분권화의 타이밍의 차이나 분권화의 질적 차이는 상당하며 이론적으로도 분권화가 시민의 참여 및 민주적 질의 향상을 보장하지는 않는다.

다음으로, 선거정치는 분권개혁의 중요한 동학을 만들어준다. 분권화는 선거전략 혹은 선거적 이익을 위해 추진되기도 한다. 우선, 야당주도의 개혁에 대한 논의가 존재한다. 일본에서 1990년대 초반 호소카와나 1980년대 프랑스 사회당 미테랑 정부 역시 선거과정에서 분권개혁을 통해 기존의 여당에 대한 선거적 우위를 차지하고자 하였고 이들이 선거에서 승리하자 분권개혁을 추진하였다(Nakano 2009).

반대로 현직자들에 의해 분권화가 추진되는 사례도 다수 존재한다. 멕시코에서 장기집권에 성공하였던 제도혁명당은 1980년대 초반 들어 인기가 하락하자 분권개혁을 추진하였다(Rodriguez 1997). 이러한 연구들은 또한 민주화 이후 정치적 위기의 상황에서 분권개혁이 추진될 가능성이 높다고 주장한다. 단순히 민주화가 분권개혁을 촉진하는 것이 아니라 민주화의 공고화 단계에서 겪게 되는 정치적 위기 상황에서 분권개혁을 선택하는 경우가 많다(Grindle 2007). 아르헨티나, 볼리비아, 베네수엘라 등에서 민주정부가 위기에 처하자 이를 타개할 전략의 하나로 분권개혁이 제시되었다. 그러나 이러한 정치적 위기이론은 위기 정국을 타개할 복수의 방안 중에서 (예를 들어 대통령 신임투표 혹은 대통령 임기 등 권력구조 개헌 등) 굳이 분권개혁이 선택되는 가에 대해 명쾌하게 설명하지 못하는 한계가 존재한다(O'Neill 2003).

이에 대해 오닐(O'Neill 2003)은 향후 선거에서 패배할 가능성이 높은 현직자는 다른 세력이 장악할 가능성이 큰 중앙정부의 영향력을 축소시키기 위해 분권개혁을 추진할 유인을 가지기 때문에 분권화가 추진될 가능성이 높다고 주장하였다. 즉, 분권화는 이후 집권자들에게 자신들의 정책을 완전히 뒤집어 버리기 어렵게 만드는 제도적 거부권자 역할을 할 것이다. 위 주장은 현직자의 위기의식이 분권개혁의 필요조건이 된다는 점에서 공통점이 있으나 분권화를 선거전략의 차원으로 이해하지 않는다는 점에서 위의 연구들과는 큰 차이를 보인다.

또한, 지역정당의 역할에 주목하는 연구들도 존재한다. 분리독립을 주장하는 극단적 지역정당이 부상할 경우 이들에 대항하기 위해 집권정당은 자치권을 확대하는 전략을 취한다. 나아가, 지역정당이 연립정부에 참여하거나 소수당 정부(minority government)가 이들의 지지에 의존할 때 소수당 정부는 분권화를 추진할 큰 동인을 가지게 된다.

마지막으로, 정당의 조직적 측면을 강조하는 연구들은 정당조직의 구조나 중앙당–지방당의 관계가 분권화의 정도를 결정한다고 주장한다. 이들에 따르면, 정당의 중앙당 지도부가 큰 통제권을 행사하는 국가에서는 중앙집권화가 유지될 확률이 크고 반대로 당 내에서 지역이 큰 영향력을 행사하는 국가에서는 분권화가 될 확률이 크다(Garman, Haggard and Willis 2001). 당 기구가 분권화되면 지방수준의 유력 정치인들이 중앙당 리더들을 지지하는 대신 국가 자원을 지방으로 배분할 것을 요구할 레버리지를 가지게 된다. 또한, 당내 주요한 지방세력이 당을 배반 혹은 이탈하려 할 때 분권개혁을 추진할 인센티브를 가지게 된다(Sadanandan 2012). 특히 당이 지방세력들과 후원적 관계(patronage politics)를 맺고 있을 때 이러한 배반의 위협은 큰 레버리지를 가질 수 있다. 분권화는 유권자에 대한 정보를 수집하고 이에 대응하는 하나의 제도적 기제가 되어 중앙수준의 리더의 당선에 결정적 영향력을 행사할 수 있다.

III. 사례연구

1. 영국

영국의 지방자치의 구조는 지역에 따라 상이하다. 우선, 잉글랜드에서는 2층제와 단층제가 혼종되어 있다(최영출 2010, 152). 잉글랜드의 2층제 지역은 광역 자치 단체인 카운티(County Council)와 기초자치단체인 디스트릭트 (District Council)로 구성된다. 대도시 단층제의 경우 '일원적 카운슬(Unitary Council)'이 존재한다. 대도시지역에 대도시 디스트릭트 단층제를 채택한 경우도 존재한다. 한편, 런던지역은 런던광역시정부(Greater London Authority, GLA)가 존재하는 특수성이 있으며 그 아래 런던시(City of London Corporation) 1개와 구(borough) 32개가 존재한다. 반면, 웨일스, 스코틀랜드, 북아일랜드에서는 단층제로 통일되어 있다. 한편, 스코틀랜드, 웨일스, 북아일랜드 정부는 '자치 정부(devolved government)'로 규정되며 스코틀랜드의 경우 32개의 단층 자치단체가 존재한다.

1) 20세기 중반까지의 역사

역사적으로 영국은 1707년 '연합법(Act of Union)'를 통해 스코틀랜드를 대영제국의 체제로 통합하는 데 성공한 이후 웨스터민스터를 중심으로 강력한 중앙정부 중심의 권력구조를 구축하였다. 특히, '의회주권'의 원칙 하에서 런던의 의회는 정책결정에 대한 막강한 권한을 가지고 있었다. 지방분권은 19세기말부터 '홈룰(Home Rule)'이라는 형태로 제기되었으나 이는 주로 아일랜드 자치에 대한 문제였다. 영국 내 자유주의자들은 아일랜드의 자치를 옹호하는 태도를 보였고 스코틀랜드와 웨일스에서의 자치문제는 부차적인 수준의 문제에서 다루어졌다. 정부는 1885년 장관급 '스코틀랜드부(Scottish Office)'를 설치하였고 그 장관(Secretary of State for Scotland)으로 하여금 정부 내에서 조세와 복지에 대한 부분을 제외한 스코틀랜드에 대한 공공서비스와 등 다양한 문제를 담당하게 하였다.

20세기 초반 스코틀랜드에서 자유주의적이며 독립에 반대하는 세력(the Liberal Unionists)들은 정치적으로 통합되어 스코틀랜드 '통합주의자 정당'으로 불렸다. 한편, 스코틀랜드에서 전통적 보수당 지지자들은 신교도의 도시 노동계급을 기반으로 하고 있었고 1950년대까지 이들의 세력은 상당히 견고하였다. 1968년 보수당 리더인 에드워드 히스(Edward Heath, 1965-1975 재임)는 제한적이나마 분권화를 추진하고자 했으나 보수당의 주류는 강하게 반대하였다.

노동당의 경우 스코틀랜드 독립 혹은 자치에 대한 문제에 대한 태도는 시기별로 상이하였다. 노동당이 창립되는 시점에서 주요한 인물인 키어 하디(Keir Hardie) 등 스코틀랜드 노동계급 출신이 많았고 이들은 스코틀랜드의 자치를 지지하였다. 그러나 민족적 분위기에 휩쓸린 1차 대전을 경유하고 이에 대한 반성속에서 1922년 이후부터는 통합주의적 입장(Unionists)을 채택하게 되었다 (Keating and Bleiman 1979). 즉, 민족주의적 호소보다는 노동계급의 단일성에 호소하며 계급적 이해를 관철하기 위해 중앙집권적 개혁이 필요하다고 주장하였다.

2) 민족주의의 부흥과 대처리즘하의 영국

세계대공황과 2차대전, 전후 부흥을 거치면서 'Home Rule'은 수면 아래로 사라졌으나 1960년대 대영제국의 쇠퇴와 함께 'Home Rule'의 문제가 다시 부상하였다. 특히, 스코틀랜드에서 스코틀랜드 민족당(Scottish National Party, 이하 SNP)이 웨일스에서 플레이드 캠리(Plaid Cymru)가 정치적 영향력을 확대하는 등 민족주의가 부상하였다. 1966년과 1967년, 웨일스에서 플레이드 캠리와 스코틀랜드의 SNP의 후보가 각각 보궐선거에서 승리를 거두면서 제도정치 진입에 성공하였다.[1] 보수당과 노동당은 모두 이에 대한 위협을 느끼고 분권을 정면으로 대응하기 시작하였다. 1968년 보수당 당수 히스는 스코틀랜드의 자치를 지지하는 내용의 퍼스선언(the Declaration of Perth)을 발표하였다. 이 선언을 통해 보수당은 영국의 주요 정당 중 처음으로 분권화된 스코틀랜드 의회를 제한하였다. 또한, 1968년 노동당 출신 헤롤드 윌슨(Harold Wilson) 총리는 지방분권에 관한 내용을 다루는 '왕립헌법 위원회(the Royal Commission on the Constitution)' 혹은 '킬브란든 위원회(Kilbrandon Commission)'를 설치하였다. 본 위원회는 1973년 스코틀랜드의 독립이나 연방제(federalism) 방안을 거부하고 분권화 방안을 지지하는 내용의 최종보고서를 제출하였다.

한편, 1970년대 들어 노동당은 SNP의 더욱 강력한 도전에 직면하였고 특히 1970년 북해에서 유전이 발견되며 스코틀랜드 내 분권화와 민족주의적 움직임은 더욱 강화되었다. 1974년 총선에서 SNP는 스코틀랜드에서 약 30%를 득표해 11석을 획득하는 역사적 승리를 기록하였다. 노동당은 SNP와의 대결과정에서 스코틀랜드 문제에 대해 분권을 지지하는 태도로 다시 견해를 바꾸게 된다. 특히, 1974~9년까지 지속한 노동당 정부는 단독과반수를 확보하는 데 실패하여 자유당 및 Plaid Cymru, SNP의 지지에 기반하고 있었고 내각 존립에 대한 신임을 유지하기 위해 분권적 법안을 지지하지 않을 수 없는 상황이었다(Mazzoleni 2009, 205). 이에 1979년 노동당은 스코틀랜드와 웨일스에서 분권화에 대한 주민투표를 추진하였으나 투표율이 저조하여 분권화 방안은 부결되었다. 한편, 보수당은 이를 정치적 기회로 활용하여 노동당 정부에 대한 불신임을 추진하기도 하였다.

반면, 대처(Margaret Thatcher)는 분권화는 대영제국을 분열시킬 것이라고 주

---

1. 스코틀랜드 민족당(SNP)의 변호사 출신의 여성후보인 이윙(Winnie Ewing)이 1967년 해밀턴 선거구 재보궐선거에서 승리를 거두며 의회에 집입하였고 이는 매우 중요한 사건으로 회자되고 있다.

장하며 분권화에 대체로 반대하였다.[2] 대처가 보수당 당수가 되면서 1976년 보수당은 공식적으로 분권을 반대하는 입장을 명확하게 발표하였다. 특히, 1979년 보수당의 대처가 선거하여 집권하면서 분권화는 주요 정치 아젠다에서 멀어지게 되었다. 오히려 신자유주의적 개혁을 추진함과 동시에 교육과 주택 등에서 지방정부의 역할을 대폭 축소하는 중앙집권화 전략을 택하였다. 1985년에는 지방행정의 층위를 단순화하여 '대런던카운실(Greater London Council)'과 '메트로폴리탄 카운실(Metropolitan councils)'을 폐지하였다. 급격한 신자유주의적 개혁은 특히 스코틀랜드 지역의 반발을 불러왔고 대처리즘 이후 스코틀랜드에서 보수당의 지지도는 급락하였고 1997년 총선에서 보수당은 스코틀랜드에서 단한 석도 얻지 못할 정도로 스코틀랜드 지역에서 반 대처 정서는 강력해졌다.

또한, 대처시기는 지방재정에 대한 급격한 개혁이 진행되었다. 전통적으로 지방정부는 자산의 가치에 비례하여 각 지역의 가구와 기업체에 부과하는 지방 재산세를 담당하고 있었다. 소위 '레이트(rate)'는 1601년 구빈법에 근거하여 빈민지원을 위한 지자체의 재원으로 도입되었다. 대처 정권은 지방지출 삭감을 추진하여 지방에 대한 보조금을 삭감하고 지방세출을 통제하였다. 지방정부들이 부족한 세수를 보충하기 위해 세율을 인상하자 신자유주의적 개혁을 추진하던 대처정부는 1984년 레이트법을 제정하여 지방재산세의 인상율을 제한하는 조치를 취하였다. 이로 인하여 지방정부의 재정적 자율성은 더욱 위축되었고 이에 저항이 지속되었다. 한편, 대처정부는 대대적인 지방세제 개혁을 추진하여 1990년 사업자에 대한 지방세율(Uniform Business Rate)를 설정하는 권한을 중앙으로 이전하였다(Bell and Vaillancourt 2017, 93). 또, 가구에 대한 지방세는 재산에 대한 세금이 아닌 인두세 성격으로 변화시켜 18세 이상의 성인에 대해 일정 세율을 부과하도록 하였다. 이러한 방식은 인두세적 성격을 띠며 강한 소득 역진성을

---

2. 이 과정에서 반(反) 분권정책에 항의하는 의미로 쉐도우 캐비넷에 참여하던 보수당 의원 2명이 사임하기도 하였다.

띠는 문제점을 가지고 있었고 전국 각지에서 시위가 끊이지 않았으며 결국 대처 정권의 몰락을 촉발하는 큰 원인이 되었다. 이후 등장한 메이저 정권은 1993년 주거재산의 평가액을 기준으로 하여 인두세적 성격을 혼합한 '카운슬세(council tax)'를 도입하였다.

3) 신노동당의 등장과 분권법(Devolution)

1979년부터 1997년까지 장기간에 걸친 보수당정권하에서 재집권화 전략이 추진되고 이에 대한 지역의 반대가 분출되면서 노동당은 이를 정치적 기회로 활용하게 되었다. 사실 노동당은 1979년 분권 주민투표에서 정치적으로 큰 실패를 경험하였고 대처주의의 물결에 적절히 대응하지 못하면서 당이 파편화되고 분열되어 있었다. 영국의 분권화에 대한 견해 역시 당내에서 나뉘어져 있었다. 당수인 키녹(Neil Kinnock)은 분권화에 소극적이었으나 그 뒤를 이어 1982년 당수가 된 존 스미스(John Smith)는 분권화의 정치적 의제화에 적극적이었다. 대처가 집권화를 강하게 추진하고 이에 대한 반대가 강해지면서 1980년대 후반에 들어서 노동당은 분권화에 찬성하는 입장을 공식화하게 된다. 1994년 당의 지도자가 된 토니 블레어(Tony Blair) 역시 분권화에 매우 열정적이었다. 1995년 스코틀랜드 노동당과 자유민주당은 스코틀랜드 의회 구성을 제안하였다. 1997년 총선 직전 노동당의 로빈 쿡(Robin Cook)과 자유민주당의 봅 맥클넌(Bob Maclennan)은 "영국의 미래에 대한 협약(Partnership For Britain's Future)"을 체결하여 선거에서 승리 시 분권화를 추진할 것을 밝혔다.

1997년 총선에서 노동당이 큰 승리를 거둔 직후 스코틀랜드와 웨일스에서는 분권화에 관한 2가지 주민투표가 진행되었다. 첫 번째 이슈는 스코틀랜드 의회 설립에 대한 것으로 선거에 참여한 스코틀랜드 유권자의 74.3%가 찬성하였다. 두 번째로 스코틀랜드 의회는 소득세를 조정할 권한을 부여받아야 하는가에 대한 질문에 63.5%가 찬성하였다(Russell 2012, 71). 주민투표 결과를 바탕으로 스코틀랜드와 웨일스에 권한을 이양하는 소위 'Devolution'이 진행되기 시작하였다. 스코틀랜드, 웨일스 및 북아일랜드에서의 지방의회설립을 통한 대폭적인 중앙사무의 지방이양이 가속화되었다.

1998년 스코틀랜드 법안과 웨일스 법안은 1999년 스코틀랜드와 웨일스에 입법권과 행정권을 부여한 독자적 의회와 지방정부를 수립하도록 하였다. 스코틀랜드 의회는 외교·국방·출입국관리·거시경제정책을 제외한 의료, 교육·훈련, 복지, 주택, 관광, 경찰, 소방, 문화유산, 스포츠, 예술, 농업, 임업, 어업, 도로, 항만에 대한 방대한 권리를 가지게 되었다. 또한, 소득세를 1파운드당 3%의 범위 이내에서 조정할 수 있는 권한을 부여받았다. 이후 2012년 스코틀랜드는 의회 선거에 대한 관리 권한, BBC 스코틀랜드 위원회(BBC Scotland Trust) 구성원 선출 과정에 대한 부분적 개입, 스코틀랜드왕실자산관리위원회(the Scottish Crown Estate Commissioner) 위원의 선출과정에 대한 부분적 개입 권한을 부여받았다.

지방재정의 측면에서 블레어 정부는 중앙정부가 독점하고 있던 조세에 대한 권한 중 상당수를 지방에 이양하였다. 1998년 스코틀랜드 법안(Scotland Act 1998)에서 스코틀랜드 의회는 지방세의 종류를 결정할 수 있으며 3%의 범위에서 중앙정부가 정한 소득세의 기본세율을 변경할 수 있는 권한을 부여받았다. 또한, 스코틀랜드 정부는 2012년 스코틀랜드법 개정안을 통해 부동산거래인지세(Land and Buildings Transaction Tax, LBTT)와 폐기물 처리세(Landfill Tax) 권한을 부여받았다. 또한, 스코틀랜드 예산에 대해 스코틀랜드 의회가 차입금의 범위를 확대할 수 있도록 하였다. 또한, 2014년 스코틀랜드 독립에 대한 주민투표 과정에서 주요 정당들은 스코틀랜드에 대한 권한 이양에 합의하였다. 이에 근거하여 스코틀랜

〈표 1〉 2018~2019년도 스코틀랜드 소득세율

구간	비율(%)
£ 11,850 - £ 13,850	19
£ 13,850 - £ 24,000	20
£ 24,000 - £ 43,430	21
£ 43,430 - £ 150,000	41
£ 150,000 -	46

출처: https://www.gov.scot/Topics/Government/Finance/scottishapproach/Scottishincometax2018-2019(검색일 2018년 8월 13일)

드 법안을 수정하여(Scotland Act 2016) 스코틀랜드 정부에게 비저축 및 비배당 소득과세의 범위와 종류에 대한 권한을 부여하였다. 또한, 이 법안은 부가가치세의 절반을 스코틀랜드 지방정부 재정으로 귀속시키는 권한을 부여하였다.

2. 일본

일본은 분권적 전통을 가지고 있으나 메이지유신과 총력전을 지나며 중앙집권적 성격이 강화되었으며 패전 후 연합국 역시 집권적 통치체제를 크게 변경시키지 않았다. 이후 1960년대 혁신 세력이 지방자치단체 선거에서 큰 승리를 거두며 복지 등의 의제를 지역적 차원에서 제기하기도 하였으나 전반적으로 분권화의 수준은 낮은 편이었다. 일본에서 지방분권 개혁은 1990년대 들어 본격적으로 진행되었다. 일본의 지방자치단체는 기본적으로 광역자치단체인 '도도부현(都道府県)'과 기초단체인 '시정촌(市町村)'으로 구성된다. 한편, 수도인 도쿄도(東京都) 내에는 하위단위로 시 중심지역에는 구(区)가 존재하고 외곽지역에는 시(市)가 존재한다.

1) 1차 분권개혁

1993년 양원에서 각각 초당파적 합의로 "지방분권의 추진에 관한 결의"가 채택되면서 지방분권에 대한 실질적인 논의가 시작되었다. 특히, 같은 해 '55년 체제'로 불리는 자민당의 장기지배가 종결되었고 비자민연립정권이 들어서면서 지방분권에 대한 논의는 큰 추동력을 얻게 되었다. 연립에 참여하는 7개 정당은 7월 29일 연립협약을 맺어 지방분권화를 촉진한다는 내용을 확인하였다. 비자민연립여당은 이듬해 붕괴되었으나 행정부 내에 행정개혁의 일환으로 지방분권에 대한 연구들을 추진하는 여러 조직들이 창설되어 유지되었다.

1994년 6월 자민당·사회당·사키가케 연립정권이 들어서는 과정에서도 사회당은 연립협약 내에 분권개혁을 강력히 요구하여 이를 관철시켰다. 자민당은 여당으로 복귀를 위해 분권화 개혁안을 승인해 주었다. 무라야마 정부는 이러한 합의에 근거해 1995년 5월 '지방분권추진법'을 국회에서 통과시켰고 7월 기본 방침및 분권추진 계획을 수립할 '지방분권추진위원회'를 내각에 설치하였다. 지방분권추진위원회는 네 차례에 걸쳐 권고안을 작성하여 정책적 방향을 제시하는 역할을 담당하였다. 연립정부 내에서 경제정책과 외교정책에서는 거대정당인 자민당의 입장이 크게 반영될 수밖에 없었고 사회당은 지방분권 개혁을 자신의 아젠다로 삼아 이를 적극적으로 추진하는 정치적 구도가 나타났다(Nakano 2010, 83).

1996년 자민당이 선거에서 승리하며 자민당 출신 수상이 정권에 복귀하였다.행정개혁을 주요한 의제로 내건 하시모토 내각이 출범하였고 수상은 지방분권을 행정개혁의 한 축으로 삼고 이를 진행하고자 하였다. 그러나 자민당과 관료조직 내에서 지방분권화에 대한 불만이 터져 나오기 시작하였다(Nakano 2010, 85). 특히 지방분권화는 자민당 정치가 근거하고 있는 지역 내 이익유도 정치에서 국회의원의 역할을 감소시키는 대신 자치단체장의 정치적 역할을 증진시키는 효과가 있으므로 이에 대한 지역출신 의원들의 불만이 높았다. 또한, 전통적으로 정책형성에서 막대한 영향력을 행사하는 중앙의 관료조직 역시 분권화로 자신들의 정치적 영향력이 감소하기 때문에 이를 지지하지 않았다. 지방분권추진위원회는 이러한 논의의 대립의 장이 되었다.

1998년 5월과 1999년 3월 2차에 걸쳐 '지방분권 추진 계획'이 내각에서 결정되었다. 1999년 '지방분권일괄법'이 통과되며 1차 분권개혁이 추진되었다. 사무배분, 국가의 관여의 새로운 규칙의 창설, 권한 이양, 조례에 의한 사무 처리 특례제도의 창설 등이 실현되었다. 우선, 국가와 지방의 사무를 재배치하는 사무배분에 관해 자치단체의 기관위임사무를 폐지한 대신 자치단체의 사무를 법정수탁사무와 자치사무로 단순화하였다. 기관위임사무는 국가사무를 지방자치단체가 대신 처리하는 것으로 지자체의 업무처리에 대해 국가의 폭넓은 감독 및 지시 권한이 인정되어 왔고 지방을 중앙의 대리인으로 축소시킨다는 비판을 받아 왔다. 법정수탁사무는 지방자치단체의 처리하는 사무 중 국가가 본래해야 할 역할에 관한 사무로서 국가에서 그 적정한 처리를 특히 확보할 필요가 있는 것으로 법률 또는 이에 근거한 정령에 특히 정하는 것으로 국정 선거와 여권의 교부 등이 이에 해당된다. 한편, 자치사무는 지방 자치 단체의 처리하는 사무 중 법정 수탁 사무 이외의 것을 말한다.

둘째, 기관위임사무가 폐지되면서 중앙정부의 개입 및 관여 방식에 대한 방식 역시 변경되었다. 지방자치법을 개정하여 국가의 관여는 개별 법령의 근거가 필요하고 그 내용도 필요 최소한으로 제한하도록 하였다. 또한 '국가—지방 분쟁처리위원회'를 설치하여 중앙과 지방간 권한 등에 대한 분쟁을 처리하도록 하였다.

2) 삼위일체개혁

1차 지방분권 개혁은 행정적 개혁에 집중되어 재정적 분권화에 대해서는 거의 다루어지지 않았다. 이후 2001년 7월에 설치된 지방분권개혁추진회의에서 세금 등 재원 배분에 대한 분권화 방안이 논의되기 시작하였다. 또한, 경제재정자문회의 등을 중심으로 국고보조 부담금 개혁, 세원 이양, 지방 교부세 개혁을 동시에 진행하는 소위 '삼위일체개혁(三位一体改革)'이 논의되었다. 고이즈미 정부의 개혁 분위기 속에서 이러한 정책은 성공적으로 추진되었다.

우선, 국고보조부담금 개혁이 실시되어 국가의 관여를 폐지 혹은 감축하고 지방자치단체의 재량권을 확대하였다. 이를 통해 중앙정부의 국고보조 부담금이 크게 감소하였다. 둘째, 국가에서 지방으로 세원을 이양하여 과세권의 일부를 지방으로 이양하였다. 셋째, 지방교부세의 개혁으로 지방 교부세의 총액에 밀접하게 관련된 지방재정 계획의 규모가 압축된, 임시 재정 대책을 포함한 지방 교부세가 2004년도부터 2006년도까지 총액 약 5.1조 엔 억제되었다. 이때 교부세 산정의 단순화 교부세를 교부하지 않는 지방자치단체 확대 등도 진행됐다.

3) 2차분권개혁

2006년 6월에 지방 6단체가 '신지방분권추진법'의 제정 등을 요구하는 의견을 내각과 국회에 제출하는 등 새로운 지방분권의 추진을 향한 움직임이 시작되었다. 이런 가운데 같은 해 7월 '기본방침 2006'이 내각에서 결정되어 국가와 지방의 역할 분담의 재검토 및 국가의 관여·국고보조 부담금의 폐지·축소 등을 추진하기로 하였다. 동년 12월 '지방분권개혁추진법'이 제정되어 1차 분권개혁에서 미진한 부분을 검토하기 위한 '지방분권개혁추진위원회'가 설치되었고 4차에 걸친 권고가 이루어졌다.

2009년 민주당에 의한 정권교체에 의해 이루어졌다. 민주당은 2009년 매니페스토에서 '중앙집권에서 지역주권으로'를 주요 5대 원칙 중 하나로 내걸었다. 2009년 중의원 선거에서 압승한 이후 민주당 정부는 내각의 기본 방침에 '지역주권'를 내걸었고 같은 해 11월에 '지역주권전략회의'를 설치했다. 동 회의에서는 조건부보조금의 일괄교부금화와 국가의 파견기관 개혁 등이 새롭게 제안되었다. 또한, 2012년 12월에 탄생한 제2차 아베 내각은 더욱 지방분권 개혁의 추진하는 '지방분권개혁전략본부'를 같은 해 4월에 '지방분권개혁 지식인회의'를 설치하고 지방분권개혁을 추진하였다.

이처럼 2006년 이후 추진된 2차 분권을 통해 다음과 같은 개혁안들이 추진되었다. 우선, 아동복지시설 관리 등에 대한 추가적인 사무권한의 지방이양이 이루어졌다. 둘째, 내각부가 지방 공공 단체 등으로부터 전국적인 제도 개정의 제안을 모집하고 관계 부처와 검토한 후 그 실현을 추진하는 '제안모집방식'에 따른 권한 이양과 재검토가 이루어졌다. 셋째, 국가와 지방의 협의하고 의견을 교환하는 논의의 장을 설치하였다. 지방자치에 영향을 미치는 국가 정책에 대한 기획 단계부터 관계 장관 및 지방 단체의 대표자가 협의를 실시하는 것으로, 지방분권

개혁의 추진과 국가와 지방 쌍방의 효율적·효과적인 정책 수행을 목표로 하며, 2011년 6월에 첫 회의가 열렸다. 국가 및 지방 공공 단체와의 역할 분담에 관한 사항고 지방자치에 관한 사항 등이 논의되었다. 2차 분권개혁은 이전 개혁에서 충분히 이루어지지 않았던 권한 이양 및 규제 완화 등이 더욱 광범위하게 실현되었다. 또한, 고용 대책·교통·농지 등의 지역민의 생활과 민감하게 관련된 이슈에 대한 정책적 협의가 본격화된 의미를 갖는다(松田恵里 2016).

3. 칠레

칠레는 중남미 국가 중 가장 중앙집권적 전통이 강한 나라이다. 중남미 국가 중 브라질, 아르헨티나, 멕시코 등은 연방제를 채택하여 일정 부분 분권적 전통이 강하였고 권위주의 시기에도 주지사를 주민의 투표에 의해 직접 선출하는 등 상대적으로 분권적 경향을 강하게 보였다. 따라서 단방제 국가로 중앙집권적 전통을 가지고 있으며 민주화 이후 분권개혁에 성공한 칠레의 사례를 연구하는 것은 큰 의미가 있다고 할 수 있다. 칠레의 지방자치 제도는 3층제로 구성되어 광역단체(regiones)과 중간단위 (provincias) 그리고 기초자치단체(comunas)로 되어 있다.

1) 권위주의 시기 칠레의 지방행정과 민주화

1973년 피노체트는 쿠데타를 통해 정권을 장악하여 1989년까지 권위주의적 통치를 지속하였다. 쿠데타 8일 후 피노체트는 지방 선거를 통해 선출된 시장을 면직하고 관선시장을 지방에 파견하였다(Valenzuela 1977). 1980년 헌법개정을 통해 제도적으로 지방자치단체에 대한 선거를 폐지하였다. 1974년 피노체트는 새로운 광역지방행정 단위인 주(region)를 창설하는 한편 대통령이 주 행정관(intendentes)과 의원(consejeros)의 선출을 통제할 수 있도록 하였다. 주 개발기금을 설립하여 주단위의 지역개발과 인프라 확충에 대한 자금조달 등을 담당하게 하였다. 또한, 지방자치단체의 장을 직접 임명하였다.

1980년 헌정체제는 1988년 피노체트에 대한 신임투표를 부과하였고 신임투표에서 패배하면서 퇴장하게 되었다. 이후 대통령선거에서 중도파와 좌파가 연합인 'Concertación'은 기독민주당의 아일윈(Patricio Aylwin)을 단일후보로 내세워 승리해 정권을 장악하였다. 그러나 다른 지역의 민주화와 달리 칠레는 1980년의 구체제적인 헌정체제 하에서 민주화가 진행되었다는 차이를 보인다(Eaton 2004a). 구 헌법제제는 이명 선거제도(binominal electoral system)과 임명직 상원의원 등을 통해 제도적으로 우파의 우월적 지위를 보장하였고 지방권력은 피노체트가 임명한 엘리트들에 의해 장악하고 있었으므로 분권화와 지방의 민주화는 상호연결된 주요한 정치적 과제로 부상하였다. 1990년 취임한 아일윈 대통령은 헌법개정을 발의해 지방권력에 대한 직접 투표를 시행하고자 하였다(Eaton 2004b, 232). 전국적 정당 지도자들은 기초자치단체의 엘리트들이 다시 당선되어 중앙의 권위에 도전할 가능성을 우려하기도 하였다. 그러나 대통령이 이끄는 중도파 및 좌파 연합(Concertación)은 분권화를 민주화 과정으로 이해하며 이를 지지하였다. 특히 피노체트가 임명한 지역 엘리트들의 직위를 합법적으로 박탈할 기회이기도 하였다. 당시 그들은 좌파연합이 중도우파인 민족부흥당이나 우파인 독립민주연합보다 선거경쟁에서 우위에 있다고 파악하였다(Eaton 2004b, 233).

반면, 피노체트가 자신의 지지자들을 주 행정관직에 임명하여 우파들이 여전히 지방권력을 장악하고 있었기 때문에 우파세력들은 좌파 및 중도파들은 광역자치단체의 자치권을 확대에 큰 관심을 가지고 있었다. 우파세력은 민주화 이후 상당히 긴 시간 동안 대통령 선거에서 승리하지 못할 것으로 판단하고 있었고 이러한 인식에 기반하여 자신들이 우위에 있는 지방권력의 확대를 주장하였다(Boisier and Zurita 1993; Siavelis 1997; 2000). 따라서 우파의 이러한 전략적 판단은 협상의 가능성을 여전히 열어 놓았다. 1991년 상원에서 우파연합은 아윌윈 대통령의 개정안을 저지시키고 집권연합과 우파연합은 지방권력의 재구축을 위한 협상에 돌입하였다. 집권연합은 주장하는 기초단체의 민주화를 관철한 대신 우파연합이 주장하는 주정부 권한의 제도화를 지지해 주었다.

2) 시장직 직선제로의 이행과정

1991년 헌법개정과 1992년 기초자치단체법을 통해 시의회에 대한 선거가 실시되었어 동트식 비례대표제가 채택되었고 기초자치단체 선거에서 정당 간 선거연합 혹은 연대를 허용하였다. 시장은 득표율 35% 이상으로 득표율 1위가 된 후보가 득표 1위가 된 정당연합명부의 소속이 경우에만 자동적으로 시장에 당선되며 그 외의 경우는 시의회 의원 중에서 호선되는 간접선거 방식이 채택되었다. 이 경우 시장에 당선되기 위해 적대적인 연합과의 개별적으로 거래하는 것을 방지하기 위해 여당연합과 야당연합은 각각 자신의 연합 내에서 사전에 시장선출 방법에 대해 협약을 체결하였다(Bunker 2008, 4). 또한, 도시계획·일차의료·초중등 교육에 대한 권한을 기초단체로 이양하였다. 그러나 주 단위에서는 대통령이 임명한 주행정관(intendentes)이 이들을 견제할 수 있었다. 개정된 법률에 의해 92년 6월 민주화 이후 첫 시의회 선거가 시행되었고 여당연합이 우위를 차지하였다. 1992년부터 2004년까지 시의회 선거에서 여당연합은 약 50%를 차지하였고 우파연합은 약 40%를 차지하였고 시장직은 여당연합이 약 70%를, 우파연합이 약 20%를 차지하였다.

1992년 선거 결과, 선거에 의해 직접적으로 시장이 선출된 경우는 50개곳이었으며 나머지 지역은 정당간 협상에 의해 시장이 결정되었다. 그중에서 85개 시에서는 두 정당연합 출신 후보가 시장임기 4년을 절반으로 나누어 각각 전·후반기를 다스리는 방식이 나타나기도 하였다. 그러나 사실상 정당간 협약에 의해 시장이 선출되자 이에 대한 개혁의 목소리가 거세졌다. 이에 거대정당인 기민당과 국민혁신당은 시장선거와 시의회 선거를 분리하는 방안을 추진하였다. 한편, 여당 연합 내 소수당인 민주당은 이에 반대하자 정부는 이들을 배려하여 정당간 협상의 여지를 남겨둔 법안이 만들어졌다. 1996년 4월 시장선거에 대한 법률이 개정되어 시장과 시의회 선거가 일괄투표에 따른 직접선출 방식으로 변경되었다. 그러나 세부적으로 들어가면 시장에 당선되기 위해 우선 득표 1위 후보가 득표율 30% 이상의 정당연합의 명부에 속하고 있어야 한다. 그 경우 정당연합 자체는 득표율 1위일 필요가 없다. 득표 1위 후보가 득표율 30% 이상의 정당연합명부에 속하지 않은 경우, 득표율 1위 정당연합의 명부에 속하고 있어야 한다. 그러지 않는 경우 1위 정당의 정당연합 명부 중에서 득표율 1위 후보가 당선된다.

개정된 법률에 따라 1996년 10월 기초자치단체 선거가 실시되었다. 우파연합은 선거 전 시장직의 20%를 차지하였으나 선거를 통해 약 40%의 시장직을 차지하는 등 크게 약진하였다. 또한, 1996년에 적용된 신제도에 따라 시장에 당선되기 위해서는 정당연합 내에서 어느 후보에게 지지를 집중할 것인지를 사전에 조정하는 것이 중요해졌다. 집권연합은 좌파와 중도파를 포괄한 주요 4개정당이 속해있는 반면, 우파연합은 국민혁신당과 독립민주동맹 등 주요 2개 정당으로 이루어져 우파연합 내의 조정이 더욱 수월하였다(Eaton 2004c, 182). 실제로 우파연합은 선거 전 시장직의 약 20%를 차지하고 있었으나 선거를 통해 그 비중을 40%로 크게 늘리는 데 성공하였다.

한편, 새로운 선거방식은 본인이 득표율 1위를 차지하여도 소속정당의 득표가 높지 않으면 시장에 당선되지 못하는 결과를 가져와 민심을 왜곡한다는 비판에 직면하였다(Mardones 2006, 10). 특히, 전국기초자치단체연합은 시장선거와 시의회 선거를 분리를 요구하고 나섰다. 시장과 시의회선거에서 같은 후보자가운데 선출되는 방식은 시장에 당선가능한 후보와 경합관계에 있는 시의회 당선자간에 대립관계를 만들어 이후의 지자체 운영에 부정적 영향을 미친다고 주장하였다. 이에 프레이 대통령은 1997년 시장선거와 시의회 선거를 분리하는 법안을 제출하였다. 우파의 주요 정당 역시 지자체 선거에서 자신의 득표율을 높이고 있었으므로 크게 반대하지 않았으나 독립민주당은 위 법안에 강하게 반대하여 처리가 지연되었다. 민주당 라고스(Ricardo Lagos)가 대통령이 당선된 이후 다시 법안처리가 시도되어 결국 2001년 기초단체장과 기초의회선거가 완전히 분리되었다(Eaton 2004c, 183).

IV. 결론 및 한국에의 함의

　본 연구는 영국, 일본, 칠레의 사례를 통해 분권개혁을 가능하게 한 정치적 동학을 살펴보았다. 영국의 경우는 노동당과 보수당은 지방분권에 대한 입장이 일관되지 않고 상황에 따라 변화하였다. 또한, 1960년대 스코틀랜드 등에서 민족주의적 정당이 선거에서 승리하며 부상하면서 중앙의 주요 정당들이 이에 대해 대응할 필요성을 느끼게 되었다는 점에서 분권개혁은 '반응적' 성격을 가진다. 이러한 특징과 함께 1979년부터 1997년까지 보수당의 장기집권이 이어지고 대처 수상이 강력한 중앙집권 개혁을 추진한 것은 야당의 반작용을 가져왔다. 장기간 집권에 실패한 노동당은 분권화를 자신의 주요 선거 아젠다로 가져와 이를 활용하는 전략을 택하게 되었고 토니 블레어는 집권과 함께 분권개혁에 나서게 되었다. 다음으로 일본의 사례 역시 장기간의 자민당 집권이 붕괴하며 야당세력이 집권 후 정치개혁의 일환으로 분권화를 추진하게 되었다는 점을 확인할 수 있다. 소위 55년 체제로 상징되는 자민당 집권기에 자민당은 지방으로 권력의 일부를 이양할 유인이 크지 않았다. 그러나 자민당에 도전하는 세력들이 등장하며 이들은 정치개혁을 매개로 반(反) 자민연립 정권을 결성하게 되었다. 새로운 집권세력들은 지방으로의 권력이양에 적극적으로 나서게 되었다. 1993년의 지방자치개혁은 연쇄적으로 이후 추가적인 분권개혁을 가져오는 동력이 되었다. 마지막으로 칠레의 경우는 민주화와 함께 정권교체가 이루어졌다. 피노체트가 퇴장하고 등장한 민주개혁세력은 지방자치를 자신의 아젠다로 상정하였다. 한편, 대통령선거에서 민주개혁 세력이 승리하자 보수연합은 중앙권력을 다시 장악하는 것이 어렵다고 판단하였다. 반면, 지방수준의 선거에서는 자신들이 여전히 경쟁력이 있다고 생각하였다. 중앙단위 선거와 지방단위 선거의 승리가능성이 크게 차이가 난다고 인식하면서 지방분권 개혁을 수용하게 되었다.

이와 같은 사례연구를 통해 공통적으로 정권교체의 주기성이 떨어지는 상황일 때 오히려 분권화 추진가능성이 높아진다고 판단된다. 주기적이고 규칙적인 정권교체가 이루어진다면 야당도 곧 다시 집권할 수 있다고 생각하게 될 것이고 권력을 지방과 나누기보다 자신이 집권했을 때 더 강한 권력을 행사고자 할 유인이 크다. 반면, 비주기적으로 정권교체가 일어나는 상황에서 야당은 상당히 긴 기간 동안 정권을 얻지 못하게 되고 선거승리를 위해 더 많은 것을 포기할 수 있을 것이다. 따라서 매우 낮아진 선거승리를 위해 집권 후 분권화를 받아들인 유인이 크기 때문이다. 이와 유사한 논리에서 칠레의 사례와 같이 주요 정치세력에서 중앙단위 선거와 지방단위 선거의 승리가능성의 차이가 커질 때 지방분권 개혁이 성공할 가능성이 크다. 즉, 중앙단위의 선거에서 승리가능성은 낮지만 지방수준의 선거에서 승리할 가능성이 높은 정당은 분권개혁을 지지할 유인이 매우 크다.

본 연구의 가설은 한국이 지방분권개혁이 쉽게 이루어지지 못하고 있는 상황을 잘 설명해 줄 수 있다. 민주화 이후 지방자치 개혁에 대한 요구가 점차 늘어나고 있으나 중앙의 주요 정당들은 중앙의 권력을 자발적으로 지방과 공유할 의사가 크지 않다. 한국은 민주화 이후 대략 10년을 주기로 보수와 진보가 정권을 교체로 물려받았다. 이처럼 정권교체의 시기에 대한 예측가능성이 높은 상황은 중앙의 주요 행위자들에게 굳이 중앙권력을 분산시킬 유인을 제공해 주지 못한다. 야당이라 할지라도 머지않은 미래에 자신들이 집권할 수 있다는 인식을 심어주므로 분권화를 적극적으로 지지하지 않게 된다. 또한, 중앙권력이 지방을 통제할 때 야당들도 당내의 지방세력을 통제하기 용이하므로 중앙집권화에 대해 큰 불만을 제기하지 않게 된다. 또한, 지방선거와 중앙선거가 연계되어 진행되는 경우가 많으므로 지방선거의 승리가능성은 중앙에서의 선거경쟁력에 따라 결정되는 경향이 크다. 이 점 역시 현재 한국의 정치상황이 분권화에 유리한 상황은 아님을 의미한다. 따라서 한국은 지방분권 개혁을 논의하는 과정에서 가장 우수한 모델에 대한 논의와 함께 지방분권을 가능하게 할 정치적 조건을 촉진할 방안 역시 함께 논의될 필요가 있다.

참고문헌

강경태 (2016) "지방자치: 선진국 사례." 강원택 편『지방정치의 이해1』박영사.

정하윤 (2016) "지방정치의 역사: 해외 사례." 강원택 편『지방정치의 이해1』박영사.

이원섭 (2017) "영국의 지역발전 정책 분권화와 분권협상(Devolution Deal)."『국토정책 Brief』(625), 1-8.

최영출 (2010) "영국의 중앙 및 지방 간 관계" 양현모·조태준·서용석 편『영국의 행정과 공공정책』신조사.

하동현 (2014) "개혁의 장의 형성과 구축, 아이디어간의 결합."『한국정책과학학회보』 18(3), 1-38.

하동현 (2018) "일본 지방분권 개혁의 성과와 함의."『경남발전』(141), 20-26.

西森光子 (2004) "地方財政の三位一体改革の概要と現状." ISSUE BRIEF NUMBER 449, 1-19.

西尾勝 (2007)『地方分権改革』東京大学出版会.

Alesina, Alberto, and Enrico Spolaore. 2003. *The Size of Nations*. Cambridge: MIT Press.

Bell, David and Vailancourt, François (2017) *Constitutional Politics and the Territorial Question in Canada and Scotland*. London: Palgrave Macmillian.

Eaton, Kent (2004a) "Risky Business: Decentralization from above in Chile and Uruguay." *Comparative Politics* 37(1), 1-22.

Eaton, Kent (2004b) "Designing Subnational Institutions: Regional and Municipal Reforms in Post-authoritarian Chile." *Comparative Political Studies* 37(2), 218-44.

Escobar-Lemmon, Maria (2003) "Political Support for Decentralization: An Analysis of the Colombian and Venezuelan Legislatures." *American Journal of Political Science* 47(4), pp. 683-697.

Escobar-Lemmon, Maria (2001) "Fiscal Decentralization and Federalism in Latin America." *Publius* 31(4), 23-41.

Eliza, Willis, Christopher, Garman and Stephan, Haggard (1999) "The politics of decentralization in Latin America." *Latin American Research Review* 34(1), 7-56.

Falleti, Tulia (2010) *Decentralization and Subnational Politics in Latin America.* New York: Cambridge University Press.

Grindle, Merilee (2007) *Going Local: Decentralization, Democratization, and the Promise of Good Governance.* Princeton: Princeton University Press.

Keating, M., and Bleiman, D. (1979) *Labour and Scottish nationalism.* London and Basings toke: Macmillan.

Marks, Gary., Hooghe, Liesbet and Schakel, Arjan H. (2008) "Measuring Regional Authority." *Regional and Federal Studies* 18(2-3), 111-121.

Manor, James (1999) *The Political Economy of Decentalization.* Washintgon D.C.: The World Bank.

Mardones Z., Rodrigo (2007) "The Congressional Politics of Decentralization: The Case of Chile." *Comparative Political Studies* 40(3), 333-58.

Montero, Alfred and Samuels, David. (Eds.) (2003) *Decentralization and democracy in Latin America.* Notre Dame, IN: University of Notre Dame Press.

Nakano, Koichi (2010) *Party Politics and Decentralization in Japan and France.* New York: Routledge.

Nickson, R. Andrew (1995) *Local Government in Latin America.* Boulder: Lynne Rienner.

Oates, Wallace (1972) *Fiscal Federalism.* New York: Harcourt Brace Jovanovich.

O'Neill, Kathleen (2003) "Decentralization as an electoral strategy." *Comparative Political Studies* 36(9), 1068-1091.

Rodríguez, Victoria (1997) *Decentralization in Mexico*. Boulder, CO: Westview.

Russell Deacon (2012) *Devolution in the United Kingdom*. Edinburgh: Edinburgh University Press.

Sadanandan, Anoop (2012) "Patronage and Decentralization: The Politics of Poverty in India." *Comparative Politics* 44(2): 211-228.

Siavelis, Peter (1997) "Continuity and change in the Chilean party system: On the transformational effects of electoral reform" *Comparative Political Studies* 30, 651-674.

Siavelis, Peter (2000) *The president and congress in postauthoritarian Chile*. University Park: Pennsylvania State University Press.

Treisman, Daniel (2007) *The Architecture of Government: Rethinking Political Decentralization*. Cambridge: Cambridge University Press.

Valenzuela, Arturo (1977) *Political brokers in Chile: Local government in a centralized polity*. Durham, NC: Duke University Press.

Ziblatt, Daniel (2004) "Rethinking the Origins of Federalism: Puzzle, Theory, and Evidence from Nineteenth-Century Europe." *World Politics* 57(1), 70-98.

제6장

지방분권과 지방재정제도: 독일 사례와 한국

김영태 · 목포대

I. 서론

중앙에 집중된 권력을 지방으로 분산하는 지방분권화의 핵심 가운데 하나는 지방자치단체의 자치재정권이다. 우리 지방자치단체의 경우 자치재정권이 크지 않기 때문에 자치재정권을 확대하기 위한 재정분권화 개혁을 요구하는 목소리가 작지 않다. 이와 관련하여 비록 연방제 국가이지만 독일은 우리에게 여러 가지 측면에서 주목을 끌고 있다. 독일의 경우 주(Land)와 지방자치단체의 재정자율성이 높은 수준일 뿐만 아니라, 강한 재정자치권이 자칫 지역 간 재정격차로 이어질 수 있음에도 재정조정제도를 통해 지역 간 재정형평성이 이루어지고 있기 때문이다. 즉 독일의 경우 우리에게는 다소 생소한 공동세 제도를 통해 지방자치단체의 재정력을 확대하고, 우리에게 익숙한 중앙에서 지방으로 교부하는 수직적 재정조정뿐만 아니라 지방정부간 수평적 재정조정제도를 운용하고 있다는 점에서도 우리의 관심을 받고 있다. 특히 잘 알려져 있지 않지만 독일은 지난

2017년 현행의 지방재정제도를 전면 개편하는 제도개혁을 단행하였다. 이 역시 우리가 관심을 갖는 독일 지방재정제도의 문제점을 보다 정확히 인식할 수 있는 계기가 될 수 있을 뿐만 아니라, 우리의 지방재정제도 개혁 방향에 시사점을 제공해 줄 수 있다.

여기에서는 이러한 점을 고려하여 먼저 독일의 지방재정제도를 설명하고, 독일의 사례가 우리에게 주는 시사점을 정리해 보도록 하겠다. 연방제 국가인 독일의 경우 주(Land)는 원칙적으로 지방자치단체가 아니다. 그러나 지방재정 문제를 논하는 경우 연방(Bund)을 중앙으로, 주와 지방자치단체를 지방으로 분류하는 것이 일반적이다. 다만 독일의 경우 지방자치단체 관련 재정제도는 주 헌법으로 규정된다. 여기에서 독일 16개 주의 지방자치단체 관련 재정제도를 모두 살펴보기는 어렵다. 게다가 연방과 주, 그리고 주간 재정 관계를 규정하는 제도와 주와 지방자치단체, 그리고 지방자치단체 간 재정 관계를 규정하는 제도가 제도적 원칙이라는 측면에서는 거의 동일하다. 따라서 여기에서는 주를 중심으로 독일의 지방재정제도를 살펴보기로 하겠다.

보다 구체적으로 이 글의 첫 번째 부분(II. 1)에서는 먼저 독일 헌법인 기본법 (Grundgesetz)을 중심으로 독일의 지방재정제도를, 다음으로 두 번째 부분(II. 2)에서는 독일 지방재정 제도의 현실적 운용과정을 살펴볼 것이다. 특히 여기에서는 정부수준별 세목과 함께 공동세 제도를 소개하는 한편, 주간 재정 형평화를 위한 재정조정제도, 특히 수평적 재정제도를 설명할 것이다. 이어지는 세 번째 부분(II. 3)에서는 독일의 2017년 재정제도 개혁을 재정조정제도를 중심으로 살펴볼 것이다. 그리고 이 글의 마지막 부분에서는 결론에 대신하여 독일의 사례가 우리의 지방재정제도 개혁에 함축하는 바를 정리해 볼 것이다.

II. 독일의 지방재정제도

1. 독일의 지방재정제도 관련 헌법 규정

재정문제와 관련한 헌법 규정은 선언적 내용에 가까울 정도로 간단한 경우부터 매우 구체적이고 상세한 내용까지 규정하고 있는 경우까지 국가마다 천차만별이다. 독일의 경우 헌법인 기본법에 국가 재정과 관련한 별도의 장(10장)을 두고 있고, 관련 조항도 104조에서 115조에 이르러 비교적 상세하게 이를 규정하고 있다. 그럼에도 입법과 이에 따르는 법률집행 등 국가적 업무수행, 그리고 이를 위한 재정과 관련한 권한은 기본적으로 주(Länder)의 소관이다. 연방(Bund)은 기본법에서 별도로 규정하거나, 혹은 별도의 규정을 허용하는 경우에만 권한을 갖는다.

보다 구체적으로 기본법에 따르면 국가권한의 행사와 국가업무의 수행은 기본법에 별도의 규정이 없는 한 주정부의 업무이며(30조), 주정부는 연방법률을 자신의 고유사무로서 집행한다(83조). 이에 따라 연방정부의 조세행정기관은 관세, 국가전매사업, 수입부가가치세를 포함해 연방법에서 규율하는 다양한 개별소비세, 그리고 EU 차원의 공과금에 대한 집행권을 가지며, 이를 제외한 조세의 집행권은 기본적으로 주정부의 조세기관에 있다(기본법 108조). 또한 재정지출 역시 기본법에 별도의 규정이 없는 한 연방과 주는 자기업무의 수행에 필요한 지출을 따로 부담하도록 하는 한편(104조a 1항), 주가 연방의 위임을 받아 수행한 업무 비용은 연방이 부담해야 한다(104조a 2항).

입법권과 관련해서도 원칙적으로 기본법에서 별도로 연방에 입법권을 위임한 경우를 제외하고는 주정부가 입법권을 가진다(70조).[1] 재정과 관련한 입법권은

---

1. 연방정부는 외교, 국방, 국적, 거주이전의 자유·여권제도, 통화, 화폐 및 주화제도, 관세 및 통상 구역, 통상 및 항해 조약, 항공교통, 우편, 전신, 총포 및 화약, 평화 목적의 핵에너지 생산 및 이용, 방사능 물질의 폐기

관세와 재정 전매에 대해서만 연방이 배타적 입법권을 갖는다(105조 1항). 나머지 조세와 관련해서는 조세 수입의 전부 또는 일부가 연방에 귀속되는 경우에만 연방이 경쟁적 입법권을 가진다(105조 2항). 주는 해당 세목이 연방 세목과 동일하지 않는 한 지역적인 소비세와 특별소비세에 대한 입법권을 가지며, 토지취득세의 세율 결정권 역시 주의 권한이다(105조 2a항). 또한 전부 또는 일부가 주 또는 지방정부의 수입으로 귀속되는 조세와 관련한 법률의 경우 연방 상원의 동의를 받도록 하여 입법과정에서 주의 영향을 보장하고 있다(105조 3항). 그리고 지방자치단체(Gemeinede)는 법률의 범위 내에서 부동산세와 영업세, 지역 내 소비세 등의 세율 결정권을 갖는다(기본법 106조 6항).

연방과 주의 재정수입의 배분, 즉 조세수입의 귀속과 관련한 사안은 기본법 196조에 세목에 따라 상세하게 규정되어 있다. 이에 따르면 재정전매 수익, 관세, 연방과 주에 공동으로 또는 지방자치단체에 귀속되지 않는 소비세, 자동차세, 자본유통세, 보험세, 어음세, 1회적인 재산 공과금 및 부담조정을 실시하기 위하여 징수되는 조정 공과금, 소득세 및 법인세에 더한 보충 공과금, 유럽공동체와 관련된 공과금 등은 연방에 귀속된다(106조 1항). 재산세, 상속세, 자동차세, 연방에 귀속하지 않거나 연방 및 주에 공동으로 귀속하지 않는 통행세, 맥주세, 도박장의 공과금 등은 주가 배타적 권한을 갖는다. 그리고 각 주에서 발생한 이 같은 세수는 기본적으로 해당 주정부에 귀속시키도록 하고 있다(107조 1항). 또한 토지세와 영업세의 수입은 지방자치단체(Gemeinde)에, 지역의 소비세 및 특별소비세의 수입은 지방자치단체(Gemeinde) 또는 주입법이 정한 바에 따라 지방자치단체연합(Gemeindeverband)에 귀속된다.

등 14개 업무에 대해서만 배타적 입법권을 갖는다(73조). 이와 달리 민법, 형법, 법원조직, 가족관계 증명제도, 결사법, 외국인 체류법, 난민 및 추방자 사무, 공적 구호, 전쟁 피해 복구 등 기본법 74조에 나열된 33개 분야는 연방정부와 주정부가 경쟁적 입법권을 가지며, 경쟁적 입법권 대상 사무는 연방정부가 입법권을 행사하지 않는 경우에만 주정부가 입법권을 행사할 수 있다.

특히 독일의 경우 조세 수입의 배분과 관련하여 독특하게 분리체계(Trenn-system)와 결합체계를 혼용한 혼합체계(Mischsystem)를 채택하고 있다. 즉 앞서 설명한 연방, 주, 지방자치단체에 각각 배타적으로 귀속되는 세목과 별도로 소위 공동세(Gemeinschaftsteuer) 제도를 두고 있다〈표 1〉. 즉 기본법 106조 3항은 소득세, 법인세, 부가가치세 등은 연방과 공동으로 귀속하도록 하면서(지방자치단체 할당분 제외), 소득세 및 법인세의 수입은 연방과 주가 각각 반씩, 부가세에 대한 연방과 주의 할당분은, 연방상원의 동의를 요하는 연방법률로 정하도록 하고 있다.

독일의 재정관련 기본법 규정 가운데 공동세 제도와 함께 가장 흥미로운 규정은 지방재정조정과 관련한 조항이다. 기본법 107조는 지방자치단체(Gemeinde)의 재정력과 재정수요를 고려한 가운데 주의 상이한 재정력을 법률을 통해 적절히 조정해야(angemessen ausgeglichen)한다. 그리고 이러한 지방재정조정은 연방이 재정력이 약한 주에 일반재정수요를 보충적으로 충당할 수 있도록 교부하는 보충교부금(Ergänzungszuweisungen) 방식뿐만 아니라, 주의 재정력에 따라 주의 조정청구권과 조정의무를 통한 주 간 재정조정 방식을 통해 이루어지도록 하고 있다(107조 2항). 다만, 후자의 주 간 재정조정, 즉 수평적 재정조정제도는 지난 2017년 7월의 기본법 개정을 통한 지방재정개혁으로 2020년부터는 폐지될 예정이며, 이에 대해서는 뒤에서 보다 상세히 서술할 것이다.

〈표 1〉 독일의 정부수준별 세수 세목

공동세	연방세	주세	지방자치단체세
소득세 법인세 부가가치세	관세, 대부분의 소비세(담배세, 커피세, 증류주세, 샴페인세, 에너지세, 전기세 등), 자동차세, 자본유통세, 보험세, 어음세 통일연대세	재산세 토지취득세(Grundsteuer) 상속/증여세(Erbschaft- und Schenkungsteuer) 자동차세, 통행세 경마, 복권 등 복권세 맥주세	영업세 토지세 제2주택세 유흥세 지역소비세(애견세, 음료세, 수렵 및 어업세 등)

2. 독일의 지방재정과 재정조정의 실제

독일의 연방, 주, 지방자치단체 등 정부 수준별 세수는 앞서 살펴본 것처럼 기본법에 규정된 세목에 따라 각각 연방, 주, 지방자치단체에 배타적으로 귀속되는 부분과 공동세(Gemeinschaftsteuer)의 할당분으로 구성된다. 예컨대 2016년 세수 유형별 세수 비중을 살펴보면 전체 705,792Mio. Euro 가운데 연방세 14.8%(104,441Mio. Euro), 주세는 3.2%(22,343Mio. Euro), 지방자치단체세 9.3%(65,313Mio. Euro), 그리고 공동세 72.1%(508,582Mio. Euro) 등으로 공동세가 압도적 비율을 차지하고 있다(〈표 2〉 참고). 물론 독일의 경우 이를 기준으로 지방세와 중앙세의 비중을 비교하는 것은 가장 높은 비중을 차지하는 공동세를 무시하는 것이기 때문에 별다른 의미가 없다.

공동세 세수는 앞서 살펴본 것처럼 연방과 주, 그리고 지방자치단체에 분할하여 귀속한다. 정부수준별 공동세의 귀속비율은 세부적인 세목에 따라 상이하다. 기본법에 따르면 먼저 소득세 및 법인세의 수입은 연방과 주가 각각 반씩 차지하되, 소득세의 경우 기본법 106조 5a항에 따라 지방자치단체에 귀속되는 부

〈표 2〉 독일의 세금유형별 세수 2010∼2016(단위: Mio. Euro)

	2010	2011	2012	2013	2014	2015	2016
연방세	93,426 (17.6%)	99,133 (17.3%)	99,794 (16.6%)	100,454 (16.2%)	101,804 (15.8%)	104,204 (15.5%)	104,441 (14.8%)
주세	12,146 (2.3%)	13,096 (2.3%)	14,201 (2.4%)	15,723 (2.5%)	17,556 (2.7%)	20,339 (3.0%)	22,343 (3.2%)
지방자치 단체세	47,780 (9.0%)	52,984 (9.2%)	55,398 (9.2%)	56,549 (9.1%)	57,721 (9.0%)	60,381 (9.0%)	65,313 (9.3%)
공동세	372,857 (70.3%)	403,567 (70.4%)	426,190 (71.0%)	442,752 (71.4%)	461,985 (71.8%)	483,178 (71.8%)	508,582 (72.1%)
관세	4,378 (0.8%)	4,571 (0.8%)	4,462 (0.7%)	4,231 (0.7%)	4,552 (0.7%)	5,519 (0.8%)	5,113 (0.7%)

분을 제외하도록 하고 있다(기본법 106조 3항). 그리고 기본법 106조 3항이 연방상원의 동의를 요하는 법률로 유보한 소득세의 지방자치단체 귀속분은 '지방자치단체재정개혁법(Gemeindefinanzreformgesetz)' 제1조에 15%로 규정되어 있다. 이에 따라 법인세는 연방과 주에 각각 50%, 소득세는 연방에 42.5%, 주에 42.5%, 그리고 지방자치단체에는 15%가 귀속된다. 법인세와 소득세는 기본적으로 세수가 발생한 주에 세수를 귀속(소득세는 주거지, 법인세는 사업장소재지 기준)시키는 지역주의를 기본원칙으로 하고 있다(기본법 107조 1항). 즉 A주에서 발생한 법인세는 A주에 50%, 연방에 50% 귀속되며, A주 b지방자치단체에서 발생한 소득세는 b지방자치단체에 15%, A주에 45%, 그리고 연방에 45%가 귀속된다는 것이다.

공동세의 상당 부분을 차지하는 부가세의 경우 정부수준별 지분 분할이 다소 복잡하다. 기본법 106조는 부가세에 대한 연방과 주, 그리고 지방자치단체의 지분은 연방상원의 동의를 요하는 연방법률로 확정하도록 하고 있다(106조 3항, 4항, 5항). 기본 106조 3항에서 법률로 유보한 부가세의 정부수준별 지분은 재정조정법(Finanzausgleichgesetz, FAG) 1조에 규정되어 있으며, 년도에 따라 상이하다. 예컨대 2016년의 경우 연방 52.3%, 주 45.5%, 지방자치단체 2.2%이며, 2017년의 경우 연방 50.6%, 주 46.7%, 지방자치단체 2.7% 등이다.

이러한 부가세 배분을 마지막으로 독일의 연방과 주, 그리고 지방자치단체 수준별 세수는 최종 확정된다. 2016년의 경우 전체 세수 가운데 연방세수와 주 세수의 비율이 거의 동일하며, 이전 년도의 경우 연방세수가 주 세수보다 다소 높은 비율을 차지한다(〈표 3〉 참고). 그러나 지방자치단체 세수와 주 세수 모두 지방세로 간주할 때 독일에서는 지방세가 중앙세인 연방세보다 대략 10% 이상 높은 비율을 차지하고 있다고 볼 수 있다.

부가세 배분을 마지막으로 독일의 연방과 주, 그리고 지방자치단체 수준별 세수는 최종 확정되었더라도 아직까지 각 주와 지방자치단체의 세수가 최종 확정

<표 3> 정부수준별 세수 2011~2016 (단위: Mio. Euro)

	2011	2012	2013	2014	2015	2016
연방	247,983 (43.3%)	256,303 (42.7%)	259,866 (41.9%)	270,746 (42.1%)	281,608 (42.1%)	289,018 (40.9%)
주	224,291 (39.1%)	236,344 (39.4%)	244,205 (39.4%)	254,276 (39.5%)	267,939 (39.5%)	288,673 (40.9%)
지방자치 단체	76,613 (13.4%)	81,083 (13.5%)	84,535 (13.6%)	87,609 (13.6%)	92,776 (13.6%)	98,827 (14.0%)
계	573,351	600,046	619,708	643,617	673,261	705,791

주: 합계와 % 계산에는 표에 제시되지 않은 Eu-Eigenmittel이 포함되어 있음.
출처: BMF, 2016, "Kassenmäaβ ige Steuereinnahmen nach Gebietsköperschaften 2011-2015, 2016".

된 것은 아니다. 주별 부가세 배분 과정(그리고 이에 포함된 1차 수평적 재정조정)과 주별 재정력 격차의 조정을 위한 조정교부금의 갹출과 배분과정(2차 수평적 재정조정)이 남아 있기 때문이다.[2]

먼저 주별 부가세 배분을 위해서는 - 2017년 7월 지방재정개혁으로 2019년까지만 효력을 갖는 - 기본법 107조 2항에 따라 주 전체의 부가세 지분 가운데 최대 1/4(25%)은 부가세를 제외한 주 세수(주세, 공동세인 소득세와 법인세 배분액 등)가 전체 주 평균 이하인 주를 위한 보충분(Ergänzungsanteile)으로 할당된다. 보충분의 액수는 재정조정법 2조 1항의 계산식에 기초해 산정되며, 이에 따르면 부가세를 제외한 주 세수가 전체 평균의 97% 미만인 주는 부족분의 95%를, 97% 이상인 주는 부족분의 최대 60%까지를 보충분으로 할당받을 수 있다. 예컨대 부가세를 제외한 주 세수(즉, 주세+공동세 가운데 법인세 할당분 + 공동세 가운데 소득세 할당분)가 주 전체 평균 1인당 1,000유로이고, A주의 부가세 제외 1인당 세수가 500유로, B주의 부가세 제외 1인당 세수가 1,500유로라고 가정해보자. 이 경우 A주는 부가세를 제외한 주정부 세수가 전체 주 평균 이하이기 때문에 부

---

2. 여기에서는 지면관계상 재정조정과정에 대해 비교적 간략하게 하였다. 보다 상세하고 정확한 이해가 필요하다면 김영태. 2017을 참고하라.

족분, 즉 1인당 500유로(주 전체 평균 1,000유로 - A주 500유로)의 대략 95%에 해당하는 1인당 475유로(A주 인구가 1,000만이라면 대략 총 47억 5000만 유로)를 보충분으로 우선 할당받는다. 반면 B주의 부가세 제외 1인당 세수는 전체 주 평균 이상이기 때문에 보충분을 할당받지 못한다. 이처럼 부가세 가운데 주 할당분의 최대 25%를 부가세 제외 주세수가 전체 주 평균 이하 주에 보충분으로 우선 배정하여 주간 재정격차를 축소하는 것이 '부가세 사전 조정(Umsatzseuer-vorwegausgleich)' 혹은 '1차적(primärer) 수평적 재정조정'이다.

그리고 부가세 보충분의 배분, 즉 '1차적 수평적 재정조정'을 마치면 다음으로 (보충분을 제외한) 주 할당분의 나머지 부가세(주 할당분의 최소 75%)는 주별 인구수를 기준으로 각 주에 귀속된다. 한편 부가세 보충분의 배분을 통한 '1차적 수평적 재정조정'의 결과 주 간 재정격차가 얼마나 축소되는지 살펴보면 예컨대 2015년의 경우 부가세 배분 이전 세수가 평균의 54.6%밖에 되지 않았던 작센 안할트(ST) 주의 경우 부가세 배분 후 평균의 92.9% 수준까지, 그리고 잘란트(SL) 주의 경우 75.8%에서 93.5%까지 재정수준이 높아졌다(부록 〈표 1〉 참고). 즉 부가세 배분 전 최저 54.6%에서 최고 155.8%로 나타났던 주별 재정 격차가 부가세 배분 후 최저 92.9%에서 최고 128.7%로 축소된다.

물론 이러한 부가세 배분으로 각 주별 혹은 지방자치단체별 세수가 최종 확정되는 것은 아니다. 앞서 언급한 것처럼 지방자치단체(Gemeinde)의 재정력과 재정수요를 고려한 가운데 주의 상이한 재정력을 법률을 통해 적절히 조정해야(angemessen ausgeglichen)한다는 기본법 107조의 규정에 따라 주간 재정력 격차를 조정해야 하기 때문이다. 여기에서의 재정조정은 재정력이 강한 주정부로부터 세수를 갹출하여 형성된 조정교부금(Ausgleichszuweisungen)을 재정력이 약한 주정부에 교부하는 것이며, 이를 흔히 '2차적 수평적 재정조정'이라 칭한다. '2차적 수평적 재정조정'을 위해서는 먼저 주의 재정력을 측정하는데, 주의 재정력은 주의 총 세수(주세, 공동세 가운데 법인세·소득세 배분액, 부가세 보충분,

부가세 잔여분, 관산채굴세 등)와 지방자치단체 세수(소득세와 부가세 배분액, 토지세, 영업세 등)의 64%(2005년 이전 50%)를 합산하여 산정한다(FAG 6조, 7조, 8조).[3] 주 재정력 다음으로 재정조정의 기준이 되는 주의 재정조정치를 산출하는데, 주의 재정조정치는 연방 전체 주 평균 1인당 세수입(지방자치단체 세수 포함)에 주의 주민수를 곱해서 산출한다. 다만, 연방 전체 평균 1인당 세수입을 산정하는 과정에서 주의 세수입을 위한 주민 수는 베를린, 브레멘, 함부르크 등과 같은 도시주(Stadtstaaten)는 사회간접자본을 위한 투자비의 증가 등을 고려하여 135%의 가중치를, 지방자치단체의 세수입을 위한 주민 수는 베를린, 브레멘, 함부르크 등은 135%, 메클렌부르크 포어포머른은 105%, 브란덴부르크는 103%, 작센 안할트는 102%의 가중치를 부여한다(FAG 9조). 그리고 마지막으로 주의 재정력 측정치와 재정조정치를 비교하여 재정력 측정치가 재정조정치를 상회하는 주에서 일정 부분을 재정분담금으로 갹출하여 조정교부금을 형성하고, 이를 재정력 측정치가 재정조정치에 미달하는 주에 조정교부금으로 배분한다.

재정력이 높은 주의 분담금을 재정력이 약한 주에 교부하는 재정교부금을 통한 '2차적 수평적 재정조정'의 결과 재정조정 전 재정력이 재정조정치의 69.99%였던 베를린(BE)은 재정조정 후 90.9%, 72.50%였던 함부르크(HB)는 91.5%로 재정력이 높아지며, 재정조정 전 118.18%였던 바이에른(BY)은 106.5%, 112.6%였던 헤센은 104.9%로 재정력이 낮아진다(부록 표 2 참고). 즉 재정조정 전 40~50% 차이를 보였던 주별 재정력이 재정조정 후 15% 내외로 격차가 크게 축소된다.

한편 앞서 언급한 기본법 107조 2항에 따라 연방은 재정력이 약한 주에 일반재정수요를 보충적으로 충당할 수 있도록 보충교부금(Ergänzungszuweisungen)을 교부해야 한다. 흔히 수직적 재정조정으로 불리는 연방보충교부금은 우리나

---

3. 추가적으로 재정조정법 7조 3항은 세수가 전년도 대비 평균 이상으로 증가한 주는 평균 이상 상승분의 12%를 감액하여 주세수를 확정하도록 하고 있다.

라의 보통교부금과 유사하게 일반재원으로 활용이 가능한 탄력적인 재원이며, 일반연방보충교부금과 특별연방보충교부금으로 구별된다. 재정조정법(FAG) 11조 3항에 따르면 앞서의 세수 배분에서 재정력 측정치가 조정력 측정치의 99.5%에 도달하지 못한 주에 부족분의 77.5%를 일반연방보충교부금으로 배분한다(FAG 11조 2항). 즉 2015년 사례의 경우 부록 〈표 2〉의 마지막 열(A)이 99.5%에 못 미치는 NW, NI, SN, RP, ST, SH, TH, BB, MV, SL, BE, HB 등이 부족분의 77.5%에 해당하는 644, 220, 427, 189, 245, 134, 238, 220, 190, 73, 1149, 203백만 유로를 일반 연방보충교부금으로 교부받는다. 이와 별도로 특별연방보충교부금은 연대협약 II(Solidarpakt II)와 재정조정법(FAG) 11조 3의 규정에 따라 2005년부터 2019년까지 지방정부의 낮은 재정력의 극복과 기간시설 건설 등을 위해 BE, BB, MV, SN, ST, SA, TH 등이 교부받는다. 독일 연방재무부(BMF)에 따르면 연방보충교부금을 통한 재정조정 결과 주정부 간 재정력 격차는 2015년의 경우 최종적으로 97.6~106.5% 사이로 나타난다. 그리고 년도 별로 다소 차이가 있지만 2015년의 경우 연방보충교부금을 통한 재정조정은 전체 재정조정액의 30.8%를 차지하며, 2014년의 경우 38.6%를 차지한다. 연방보충교부금이 주별 재정 격차의 조정에 기여하는 부분이 적지 않음을 알 수 있다. 다만, 주의 재정조정금을 통한재정조정액도 전체의 30%를 차지하고 있을 뿐만 아니라, 부가세 보충분을 통한 사전조정 역시 2014년 28.6%, 그리고 2015년의 경우 40%에 달하고 있는 점도 간과할 수 없다.

3. 독일의 지방재정(조정)제도 개혁

독일의 현행 지방재정제도는 복잡해 보이는 것도 사실이지만 주의 세수 구조를 중심으로 간략히 정리해 보면 다음과 같다(〈표 4〉 참고). 먼저 기본법의 규정에 따라 재산세, 토지취득세, 상속·증여세, 자동차세, 통행세, 경마·복권 등 복

〈표 4〉 독일 주의 세수 구조

주세: 재산세, 토지취득세, 상속·증여세, 자동차세, 통행세, 경마·복권세 등 복권세, 맥주세 등		
공동세 가운데 법인세 50% (연방 50%), **소득세 42.5%**(연방 42.5%, 지방자치단체 15%)		
공동세 가운데 부가세: 대략 44~48% 내외(연도별 상이, 연방 50~54%, 지방자치단체 2~3%)	주 귀속분의 최대 25% 보충분, 부가세 제외 주 세수(주세, 법인세, 소득세) 평균 이하 주에 우선 배분: **1차 수평적 재정조정(부가세 사전 재정조정)**	
	주 귀속분의 최소 75%, 인구비례 주별 배분	
주간 재정교부금 분담/교부(주 재정력에 따라 주정부간 3단계 재정조정, ~80%=75%, 80~93%=70%, 93~100%=44%): **2차 수평적 재정조정**		
연방보충교부금 일반연방보충교부금(재정조정치 99.5% 미달 주에 77.5% 보충), 특별연방보충교부금(구동독지역, 구조적 실업 등): **수직적 재정조정**		

권세, 맥주세 등의 주세가 세수가 발생한 각 주에 귀속된다. 여기에 공동세 가운데 법인세의 50%, 소득세의 42.5%가 각각 사업장 소재지와 주거지를 기준으로 해당 주에 추가적으로 귀속된다. 다음으로 공동세인 부가세가 배분이 되는데, 부가세는 우선 재정조정법의 규정에 따라 연방 전체 주 부가세 귀속분(총 부가세의 대략 44~48% 내외, 연도별 상이)이 확정된다. 그리고 연방 전체 주의 부가세 귀속분 가운데 최대 25%(연방 전체 주 귀속분이 45%일 경우 총 부가세의 대략 11.25%)를 부가세를 제외한 주의 세수가 연방 전체 주 평균 이하인 주에 보충분으로 우선 배정하며, 나머지 주 전체 할당 부가세(연방 전체 주 부가세 귀속분 가운데 최소 75%)는 주별 인구수에 비례하여 배분한다. 부가세 배분을 마지막으로 1차 주세수가 확정되면 이를 기준으로 연방 전체 주의 평균적 재정력, 보다 정확히는 재정조정치를 산정하고 재정조정치보다 재정력이 높은 주는 재정교부금을 분담하고, 재정조정치보다 재정력이 낮은 주는 재정교부금을 교부받는다. 이러한 재정교부금의 교부에도 재정력이 재정조정치의 99.5%에 미달하는 주는 미달분의 77.5%를 일반연방교부금으로 교부받는다. 그리고 구동독지역이나 법률로 규정된 구조적 실업지역은 특별연방보충교부금을 추가적으로 교부받는다. 결국 독일의 경우 주간 재정형평성을 위해 3번의 재정조정이 이루어진다. 즉 첫 번째

로는 부가세 보충분을 통한 사전 조정(1차적 수평적 재정조정)이, 두 번째로는 주의 재정력이 높은 주에서 낮은 주로 재정교부를 통한 재정조정(2차적 수평적 재정조정)이, 그리고 세 번째로는 연방이 재정력이 낮은 주에 교부하는 연방보충교부금을 통한 재정조정(수직적 재정조정)이 있다.

한편 지난 2017년 6월 연방의회(Bundestag)와 연방상원(Bundestag)에서 재정 관련 기본법 13개 조항과 함께 새 재정조정법(Gesetz zur Neuregelung des bundesstaatlichen Finanzausgleichssystems ab dem Jahr 2020 und zur Änderung haushaltsrechtlicher Vorschriften)이 통과되고, 8월 14일 연방대통령이 기본법과 새 재정조정법안에 서명, 공포한 바 있다. 개정된 기본법과 재정조정법안은 위에서 설명한 현행 독일재정제도의 부분 혹은 미세 개정이라기보다 기본틀을 바꾸는 전면적 개혁에 가깝다.

독일에서 이러한 재정제도 개혁이 이루어진 데는 여러 가지 배경이 있다. 다른 무엇보다 현행의 재정조정법(FAG)은 2019년까지 효력을 갖는 한시적인 법률이며, 특별연방보충교부금(I)의 기초가 되는 '연대협약 II(Solidarpakt II)' 역시 2019년 효력을 만료한다. 따라서 새로운 재정조정법과 연방보충교부금을 위한 법률이 필수 불가결했다. 그러나 재정 관련 법률의 시한 만료라는 가시적 배경만으로 재정제도의 전면적 개혁을 설명할 수는 없다. 즉 현행 재정제도에 대한 몇 가지 근본적인 문제제기가 결국 전면적 개혁으로 이어졌다는 것이다.

이러한 문제제기 가운데 중요한 의미를 갖는 첫 번째는 2단계로 이루어지는 수평적 재정조정이 지나치게 복잡하다는 것이다. 특히 부가세 보충분을 통한 사전적 재정조정(1차 수평적 재정조정) 단계에서 수혜를 받은 주가 주간 재정교부금을 통한 재정조정(2차 수평적 재정조정) 단계에서 분담금을 갹출해야 하는 사례가 나타나는 등, 재정조정제도의 복잡성으로 재정조정이 일관적이지 못한 결과를 초래한다는 것이다. 게다가 주간 재정교부금을 통한 2차 수평적 재정조정 과정에서 재정교부금을 분담해야 하는 주와 수혜를 받는 주가 동일하게 지속되는 교부금 분담주와 수혜주의 불균형으로 인해 교부금 분담주의 불만이 가중되어 온 것도 간과할 수 없다. 여기에 최근 급격히 확산되는 지방재정의 안정성 문제 역시 재정제도의 근본적인 개혁을 요구하였다. 이에 따라 연방과 주정부의 오랜 협의 끝에 2016년 10월 주지사(Ministerpräsident)간 합의를 통해 12월 개정 법안을 연방의회에 제출하였다.

독일의 2017년 재정제도개혁은 다른 무엇보다 재정조정제도와 재정안정성 강화 관련 내용을 중심으로 하고 있다.

먼저 재정조정제도와 관련해서는 현행 부가세 보충분을 통해 주간 재정을 사전에 조정하는 1차 수평적 재정조정제도와 주간 재정교부금의 분담과 교부를 통해 주간 재정을 조정하는 2차 수평적 재정조정제도를 폐지하고, 부가세 배분만으로 재정을 조정하도록 했다(〈표 5〉 참고). 이를 위해 부가세 제외 주세수가 연방평균 이하인 주에 주 전체 부가세 귀속분의 25%를 보충분으로 교부토록 한 기본법 107조 1항 일부와 재정력 조정을 위해 조정권리가 있는 주의 조정청구권과 조정의무를 지는 주의 조정채무에 관한 요건, 그리고 조정급부액의 기준을 법률로 유보한 기본법 107조 2항 일부를 수정하여, 부가세의 주 귀속분을 인구수를 기준으로 각 주에 배분하되(107조 1항), 우선적으로 주의 재정력을 감안하여 가

〈표 5〉 독일 재정조정제도 개혁 내용

현행		2020~
부가세 보충분을 통한 사전조정 (1차 수평적 재정조정)		1차·2차 수평적 재정조정 폐지 → 부가세 배분만으로 재정 조정, 즉 부가세 배분은 인구를 기준으로 하되, 재정력 감안 가산금 부여 혹은 감액 통해 재정력조정
주간 재정교부금 분담/교부 (2차 수평적 재정조정)		단계적 조정 대신 선형적인 63% 재정조정 주재정력 측정기준 가운데 지방자치단체 64% 기준 75% 상향 조정. 도시·구동독 등 인구수 가중치는 현행 유지
연방보충 교부금 교부	일반연방교부금(99.5% 미달 주, 77.5% 보충), 구동독지역특별교부금(I), 구조적 실업 등 특별교부금(II)	일반연방교부금(99.75% 미달 주, 80% 보충으로 상향) 구동독지역 특별교부금(I) 폐지(나머지 특별교부금 유지) 지방자치단체 특별교부금 신설(80% 이하 – 53.5% 보충) 연구진흥특별교부금 신설(95% 이하 – 35% 보충) 재정안정화를 위한 회생지원: 브레멘, 잘란트

산(Zuschläge) 혹은 감액(Abschläge)하여 주간 재정력을 조정하도록 하고 세부 사항은 연방법률로 유보하였다(107조 2항). 이에 따라 현행 재정조정법을 2020년부터 대체할 새 재정조정법에서는 주의 재정력에 따라 단계별로 교부되는 재정교부금(평균의 80% 미만=부족분의 75%, 평균의 80~93%=부족분의 70%, 평균의 93~100%=부족분의 44%)을 폐지하고, 주 전체 평균 재정력 대비 부족분 혹은 초과분의 63%를 선형적으로 가산 혹은 감액하도록 하였다(새재정조정법 2조 9항). 또한 주의 재정력을 측정할 때 지방자치단체의 세수를 64% 반영토록 한 것을 75%로 상향 조정하였다(새재정조정법 2조 7항). 다만, 주의 재정력 측정시 도시, 구동독 지역 등에 부여되는 인구수 가중치는 현행을 유지하였다. 수직적 재정조정방식인 연방보충교부금과 관련해서는 먼저 주 재정력이 전체 주 평균의 99.5%에 미달하는 주에 부족분의 77.5%를 일반연방교부금으로 보충해 주는 대신, 부족분의 80%를 보충해 주는 것으로 상향조정 하였다. 또한 연대협약에 따라 구동독지역에 교부하는 특별교부금(I)을 폐지하고(나머지 특별교부금은 유지), 지방자치단체 특별교부금(재정력 80% 이하, 53.5% 보충)과 연구진흥특별교부금(재정력 95%이하, 35% 보충)을 신설하였다. 여기에 추가적으로 브레멘, 잘란트 주의 재정안정화를 위한 회생지원을 위해 특별교부금을 신설하였다(기본법 143d).

2017년 재정조정제도 개혁은 전체적으로 볼 때 주간 재정교부금의 분담과 교부를 통해 주간 재정을 조정하는 2차 수평적 재정조정제도가 폐지되면서 조정교부금 부담 주의 불만이 약화되겠지만, 주간 연대성(Solidarität)이 후퇴를 가져올 수 있다. 또한 부가세를 통한 주간 재정력조정을 위해 부가세의 연방 귀속분을 축소한 것이나, 2차 수평적 재정조정제도의 폐지로 야기될 수 있는 재정력 격차를 조정하기 위해 수직적 재정조정장치인 연방교부금을 확대한 것은 한편으로는 연방 재정의 확대를 의미함과 동시에 독일 연방제가 더욱 연방 중심으로 재편되고 있다는 것을 의미할 수 있다. 물론 2차 수평적 재정조정제도의 폐지가 주의 재정 손실이나 재정격차의 확대로 이어지지는 않는다(부록 〈표 3〉 참고). 다만, 주 재정력에 지방자치단체 세수 반영 비율을 상향조정한 것이나 지방자치단체 특별교부금을 신설한 것은 지방자치가 한층 더 강화될 수 있는 토대가 될 수 있다.

다음으로 재정안정성 강화와 관련해서는 기본법 109a조 2항에서 연방과 주의 예산이 원칙적으로 차입수입 없이 균형을 이루어야 한다는 기본법 109조 3항의 준수를 안정화위원회(Stabilitätsrat)가 감시할 권한을 추가하였고, 안정화위원회의 의결사항과 회의록을 공개하도록 한 3항을 신설하였다. 그리고 재정균형을 위해서는 연방은 2016년까지 재정적자비율을 국내총생산의 0.35% 미만으로 조정하도록 하고, 주는 2020년까지 새로운 구조적 채무 부담을 가질 수 없도록 하였다. 또한 연방감사원(Bundesrechnungshof)이 연방행정기관이외에서도 연방의 재정집행뿐만 아니라 연방이 특정 목적을 위해 주에 교부하는 재정의 집행을 심사할 수 있다는 내용을 기본법 114조 1항에 추가하였다. 재정조정제도 개혁과 마찬가지로 재정안정성 강화 관련 2017년 재정제도 개혁 역시 이처럼 연방의 재정 조정·통제권 강화가 가장 주요한 특징이다.

III. 독일 지방재정(조정)제도의 시사점

지금까지 독일의 지방재정제도를 살펴보았다. 여기에서는 결론에 대신하여 독일의 지방재정제도가 우리의 지방재정제도 개혁과 관련하여 시사하는 바를 몇 가지 정리해 보도록 하겠다.

먼저 앞서 살펴본 것처럼 독일의 경우 헌법에 재정과 관련한 별도의 장을 두고 있으며, 특히 매우 구체적이고 상세하게 지방재정과 관련한 사항을 규정하고 있다. 이와 달리 우리의 경우 재정 관련 사항은 독립된 장으로 통합되어 있지 않고 개별 조문 형식으로 규정되어 있을 뿐만 아니라,**4** 지방재정과 관련한 사항을 명시적으로 규정하고 있지도 않다. 이러한 측면에서 독일의 사례는 현재 국회와 정부의 장에 분산되어 있는 재정 관련 조문을 통합하여 독립된 장을 구성하자는 주장과 함께 지방자치단체의 자주재정권과 지방세목 등을 헌법에 명시하자는 주장에 힘을 실어주고 있다. 다만, 독일은 오스트리아, 스위스 등과 함께 헌법에 매우 상세하게 재정 사항을 규정하고 있는 국가에 속하지만, 미국, 일본, 덴마크 등의 경우 우리와 마찬가지로 헌법적인 재정규율은 제한적이다.**5** 즉 독일이 국제적 표준이라고 간주하기 어려운 측면이 있다. 게다가 독일의 재정헌법은 영방국가(Territorialstaat)에서 독일제국으로의 발전이라는 역사적 배경과 밀접한 관련이 있을 뿐만 아니라, 독일의 경우 헌법 개정도 빈번하다. 이와 달리 우리의 경우 헌법적인 재정규율과 지방분권의 전통이 약하고, 특히 헌법 개정이 간단치 않다. 그럼에도 분출하는 지방분권에 대한 요구와 지방자치(권)의 헌법적 보장이라는 측면에서 자치재정권과 관련한 헌법의 명시적 규정은 필수불가결하다고 판단된다. 따라서 독일의 경우처럼 매우 세세하지는 않을지라도 사무와 재정배분의 원칙, 지방자치단체의 조세권, 지방의 균형발전을 위한 재정조정 등 지방재정과 관련한 핵심적 원칙들은 헌법적으로 명시할 필요가 있겠다.

　다음으로 독일의 경우 지방정부의 세수는 연방정부의 세수보다 10% 정도 높은 비중을 차지하고 있다. 사회보장기금을 제외하더라도 2014년 기준 지방세의 비중은 독일의 경우 50%에 가깝다. 이와 달리 우리의 경우 지방세 비중은 20% 수준이다. 이에 따라 2017년 기준 서울, 경기를 제외하고 재정자립도가 50%를 넘는 자치단체는 10개 자치단체가 되지 않는다. 이에 따라 국세의 비중을 낮추고 지방세의 비중을 높이자는 주장이 커다란 힘을 얻고 있다. 다만 앞서 살펴보았듯

---

4. 제헌헌법은 독립된 장에 재정관련 사항을 규정하였으나, 1962년 12월 26일 제5차 헌법개정으로 재정 관련 조문은 분산되었다.
5. 세계 각국의 재정 관련 헌법규정에 대한 보다 자세한 내용은 다른 무엇보다 김정훈 외 2010을 참고하라.

독일의 경우 지방세수에서 많은 부분을 차지하는 것은 지방세(주세와 지방자치단체세)라기보다 공동세 부분이다. 따라서 지방정부의 세수확대와 관련하여 지방세목을 확대할 것인지 아니면 독일처럼 공동세 제도를 도입할 필요가 있는지 검토해 볼 필요가 있다. 물론 독일의 공동세 제도는 지방정부의 재정수입뿐만 아니라 지방정부 간 재정형평성 강화에도 중요한 의미를 갖는다. 그러나 우선 지방정부의 세수 확대라는 측면에서 공동세 제도의 도입을 고려할 때 독일의 공동세 제도가 우리의 교부세 제도와 유사하다는 측면을 생각해 볼 필요가 있다. 즉 독일의 공동세나 우리의 보통교부세 모두 법률에 의해 일정 비율을 배분공식에 따라 지방정부에 배분되며, 실제 우리의 교부세는 영문으로는 'shared tax'라 지칭되고 있다. 그럼에도 독일의 경우 공동세에서 지방으로 배분되는 세수는 지방정부가 전적으로 자율성과 책임성을 갖는 완전한 자주재원인 반면, 교부세는 중앙이 지방에 이전하는 의존재원으로 지방정부의 책임성이 약하고 중앙정부에 대한 의존성을 높일 수 있을 뿐만 아니라 중앙정부의 불필요한 간섭으로 이어지기 쉽다. 따라서 지방세목을 늘리는 방식으로 지방세 비중을 높이지 않는다면 교부세 방식을 통한 지방재정 확충보다 공동세 제도를 통한 방식이 더 바람직할 것이다.

한편 지방정부간 재정 형평화와 관련하여 독일은 2017년 지방재정개혁이전에는 공동세 배분 과정의 사전 조정, 주정부간 세수 이전이라는 수평적 재정조정, 그리고 교부금을 통한 수직적 재정조정 등 3단계에 걸쳐 재정조정을 하였으나, 2020년부터는 주정부간 세수 이전이라는 수평적 재정조정이 폐지된다. 지방재정격차가 우리의 큰 상황에서 독일의 주정부간 세수 이전이라는 수평적 재정조정이 적지 않은 이들의 주목을 끌었던 것도 사실이다. 또한 수평적 재정제도의 폐지와 관련하여 주간 연대성(Solidarität)의 후퇴와 연방의 재정권한 확대를 우려하는 목소리가 있다는 것도 간과할 수 없다. 그럼에도 지방재정제도의 복잡성과 재정분담금을 부담해야 하는 지역의 불만 등으로 수평적 재정조정제도를 폐지한 독일의 경우를 고려할 때 재정력이 높은 지방자치단체의 분담금 이전을 통해 재정력이 낮은 지방자치단체의 재정력을 조정하는 수평적 재정조정제도의 도입에는 신중을 기할 필요가 있겠다.

물론 지방재정의 형평화와 관련하여 우리의 경우 현재 지방교부세, 국고보조금, 지역상생발전기금 등 국가가 지방정부로 이전하는 수직적 재정조정을 통해서 재정조정이 이루어지고 있다. 따라서 독일과 같은 수평적 재정조정제도를 도입하지 않는다면, 독일의 공동세 배분과정의 사전 조정은 우리의 보통교부세와 커다란 차이가 없기 때문에 우리가 군이 독일처럼 공동세 제도를 도입하여 재정조정을 할 필요성이 있는지 의문이 제기될 수 있다. 그러나 앞서 언급한 것처럼 공동세 가운데 지방에 배분되는 몫은 실질적인 의미에서 지방세일 뿐만 아니라 공동세를 통한 재정조정은 사전적 재정조정의 의미를 갖는다. 이와 달리 지방교부세, 국고보조금, 지역상생발전기금 등은 어쨌든 국세이며, 중앙으로부터 지방으로 이전된 의존재원이다. 사전적 재정조정이나 수직적 재정조정이나 재정형평화의 결과는 동일하다고 볼 수 있으나 재정의 분권화, 즉 지방정부의 자율성과 책임성이라는 측면을 고려할 때 사전적 재정조정이 더욱 긍정적이겠다.

마지막으로 독일의 사례는 우리가 현행의 교부세 제도를 중심으로 한 수직적 재정조정제도를 유지하는 경우에도 제도개선이 필요하다는 것을 역설해 준다. 우리의 교부세 제도는 독일에 비해 매우 복잡하며, 배분방식도 임의적인 것이 상당하고, 매칭을 요구하는 경우도 있다. 예컨대 배분방식에서 독일은 앞서 살펴본 것처럼 인구수 등 기준이 비교적 단순한 반면, 우리는 기준재정수요액을 산정하는 기준이 대단히 복잡하다. 이에 따라 복잡한 지방재정조정제도를 단순화하자는 요구가 많은데 단순화 과정에서 독일의 경우를 참고하는 것도 의미 있다고 판단된다. 또한 임의적인 교부세 배분은 중앙정부의 자의성이 개입돼 지방정부를 중앙정부에 의존케 하고 지방정부의 재정 안정성과 예측가능성을 약화시키기 때문에 독일처럼 법률에 규정된 배분방식을 통해 지방재정조정이 이루어지는 것이 바람직 할 것이다.

특히 지방재정의 형평화를 위한 지방재정조정제도의 효과와 관련하여 독일의 경우 앞서 살펴본 것처럼 지방재정조정이후 지방재정의 역전 현상 없이 지방재정격차가 크게 축소되지만, 우리의 경우 지방재정조정이후 지방재정의 역전 현상이 나타나는 심각한 문제가 있다는 점을 간과할 수 없다. 예컨대 2015년 기준 지방세 수입은 서울의 경우 1인당 158만 원 수준이지만, 전북은 52만 원으로 양자의 격차는 거의 3배이다.(물론 서울이 1인당 세수가 가장 높지 않다.) 세입 이외 수입까지 포함한 자주재원을 보더라도 서울은 1인당 자주재원이 212만 원이지만, 전북은 84만 원에 불과하다. 그러나 서울의 경우 1인당 교부금은 1만 원, 보조금은 38만인 반면, 전북의 경우 교부금은 37만 원, 보조금은 165만 원이다. 이에 따라 서울의 1인당 세입은 252만 원으로 자주재원에서 크게 늘어나지 않았지만, 전북은 286만 원으로 세입이 크게 늘어나, 1인당 세입은 전북이 더 많아진다. 기준재정력을 충족하지 못하는 비율이 높을수록 더 많은 교부금과 보조금을 배분받지만, 기준재정력을 충족하는 경우 교부금과 보조금을 거의 배분받지 못하기 때문에 재정력 역전 현상이 나타나는 것이다. 재정력의 형평화를 꾀하는 것은 매우 중요하다. 그러나 재정력 역전 현상이 나타날 경우 재정력이 상대적으로 높은 지역의 불만이 높아질 수 있을 뿐만 아니라, 재정력이 부족할수록 교부금과 보조금을 많이 배분받을 수 있기 때문에 자체적인 수입원을 발굴하려는 노력을 등한시할 수 있고, 지방정부의 재정적 책임성도 약화될 수 있는 등 여러 가지 문제가 노정될 수 있다. 따라서 재정조정제도를 설계할 때 재정의 형평화뿐만 아니라 재정력의 역전 방지에도 유념할 필요가 있겠다.

참고문헌

김영태. 2017. "독일 지역 재정조정제(Finanzausgleich)의 실제." 『한국지방정치학회보』 7
집 1호.

김정훈 외. 2010. 『헌법과 재정』. 한국조세연구원.

Bundesministerium der Finanzen(BMF). 2015. "Der bundesstaatliche Finanzaus-
gleich."

Bundesministerium der Finanzen(BMF). 2016a. "Kassenmäßige Steuereinnahmen
nach Gebietsköperschaften 2011 - 2015."

Bundesministerium der Finanzen(BMF). 2016b. "Kassenmäßige Steuereinnahmen
nach Steuerarten in den Kalenderjahren 2010 - 2015."

Bundesministerium der Finanzen(BMF). 2017a. "Ergebnisse des Länderfinanzausglei-
chs 2016." Monatsbericht des BMF - März 2017, S. 28-32.

Bundesministerium der Finanzen(BMF). 2017b. "Ergebnisse des Länderfinanzaus-
gleichs 2016." Monatsbericht des BMF - August 2017.

Bundesministerium der Finanzen(BMF). 2017c. "Die Neuordnung der Bund-Länder-
Finanzbeziehungen." Monatsbericht des BMF - August 2017.

Bundestag. 2017. "Gesetz zur Neuregelung des bundesstaatlichen Finanzausgleichs-
systems ab dem Jahr 2020 und zur Änderung haushaltsrechtlicher Vorschriften,
Gesetzesbeschluss des Deutschen Bundestages." Drucksache 431/17, Berlin.

Konferenz der Regierungschefinnen und Regierungschefs von Bund und Ländern,
2016. "Beschluss Neuregelung des bundesstaatlichen Finanzausgleichssystems
ab 2020." Berlin.

Hentze, Tobias. 2017. "Die Abschaffung des Länderfinanzausgleichs: Was der neue-
Finanzkraftausgleich für Bund und Länder bedeutet." IW policy paper, No.
16/2017.

〈표 1〉 1차적 수평적 재정조정(부가세 보충분의 배분)의 효과: 2015년의 사례

	부가세 배분 전 1인당 세수	부가세 배분 전 평균(%)	부가세 배분 후 1인당 세수	부가세 배분 후 평균(%)	실제부가세 배분액(A, 단위 1,000)	가상부가세 배분액(B, 단위 1,000)*	차이(A-B, 단위 1,000)
NW	1.794	96.9	2,849	94.1	18,656,069	20,738,774	-2,082,705
BY	2.417	130.5	3,426	113.2	12,865,376	14,946,720	-2,081,344
BW	2.157	116.5	3,167	104.7	10,879,756	12,639,868	-1,760,112
NI	1.573	85.0	2,838	93.8	9,939,928	9,218,827	721,101
HE	2.211	120.3	3,220	107.0	6,174,225	7,173,083	-998,858
SN	1.064	57.5	2,812	92.9	7,088,791	4,756,745	2,332,046
RP	1.697	91.6	2,844	94.0	4,612,595	4,716,076	-103,481
ST	1.011	54.6	2,810	92.9	4,012,287	2,616,568	1,395,719
SH	1.725	93.1	2,845	94.0	3,183,165	3,331,944	-148,779
TH	1.022	55.2	2,810	92.9	3,853,960	2,527,168	1,326,792
BB	1.280	69.1	2,823	93.3	3,803,874	2,890,396	913,478
MV	1.055	57.0	2,812	92.9	2,811,688	1,877,183	934,505
SL	1.404	75.8	2,829	93.5	1,409,841	1,160,208	249,633
BE	1.801	97.2	2,849	94.2	3,653,883	4,087,202	-433,319
HH	2.885	155.8	3,894	128.7	1,786,955	2,076,046	-289,091
HB	1.628	87.9	2,840	93.9	804,656	778,281	26,375

*부가세 보충분을 통한 수평적 재정조정 없이 인구수에 비례해 부가가치세를 할당할 경우 부가가치세 배분액
출처: BMF, 2016, "Der Finanzausgleich unter den Laendern fuer die Zeit vom 01.01.2015~31.12.2015", 일부 필자 계산.

〈표 2〉 2차적 수평적 재정조정(주 재정교부금 배분)의 효과: 2015년의 사례

	재정력 측정치	재정조정치	재정력의 재정조정치(%)	재정교부금/분담금	재정조정 후 재정력	재정조정치 %(A)
NW	62,851,805	64,900,083	96.84	1,021,297	63,873,102	98.4
BY	55,280,139	46,774,385	118.18	-5,449,267	49,830,872	106.5
BW	43,481,333	39,555,305	109.93	-2,313,418	41,167,915	104.1
NI	28,003,332	28,849,471	97.07	418,390	28,421,722	98.5
HE	25,264,141	22,447,503	112.55	-1,720,166	23,543,975	104.9
SN	13,238,209	14,885,797	88.93	1,022,588	14,260,797	95.8
RP	14,092,135	14,758,527	95.48	349,093	14,441,228	97.9
ST	7,265,959	8,220,335	88.39	596,617	7,862,576	95.6

SH	9,954,635	10,427,011	95.47	247,588	10,202,223	97.8
TH	6,980,993	7,908,540	88.27	580,716	7,561,709	95.6
BB	8,274,070	9,098,293	90.94	494,903	8,768,973	96.4
MV	5,184,755	5,931,908	87.40	472,598	5,657,353	95.4
SL	3,367,005	3,630,763	92.74	151,596	3,518,601	96.9
BE	12,084,741	17,267,206	69.99	3,613,163	15,697,904	90.9
HH	9,006,790	8,770,673	102.69	−111,766	8,895,024	101.4
HB	2,383,759	3,288,003	72.50	626,068	3,009,827	91.5

출처: BMF, 2016, "Der Finanzausgleich unter den Laendern fuer die Zeit vom 01.01.2015−31.12.2015", 일부 필자 계산.

〈표 3〉 재정제도 개혁 이후(2020~) 재정조정 효과

주	재정조정 전	현행 재정조정 후	향후 재정조정 적용
NW	94.8	100.0	99.8
BY	131.7	107.6	108.7
BW	117.0	105.2	105.8
NI	84.8	99.9	99.5
HE	126.6	106.6	107.5
RP	92.0	100.1	100.0
SH	90.2	101.2	99.7
SL	75.1	108.2	109.2
HH	150.4	100.4	101.2
HB	91.7	109.1	109.1
SN	57.3	108.9	101.0
ST	57.1	110.9	101.3
TH	54.5	109.6	101.6
BB	65.9	108.3	99.5
MV	55.1	109.6	101.5
BE	95.7	103.4	97.8

출처: Hentze, Tobias(2017).

제7장

지방자치, 지방분권 그리고 균형발전: 헌법개정의 쟁점과 과제[1]

김용복 · 경남대

I. 머리말

한국정치는 민주화이후 지속적인 발전과 후퇴를 거듭하여 왔지만, 2016년이후 박근혜정부에서 발생한 국정농단, 촛불시위 그리고 탄핵은 한국 민주주의 취약성을 그대로 보여 주었다. 그동안 제기되어 왔던 제왕적 대통령제, 폐쇄적인 정당체계, 권력의 중앙집권주의 등은 탄핵과 촛불정국을 거치면서 그대로 표출되었고, 문재인정부가 등장하면서 정치개혁의 과제로 집중적으로 제기되어 왔다. 촛불민심에 기반하여 제기된 정치개혁은 국민들의 의사가 정치권에 반영될 수 있는 제도의 개혁으로 집중되었고, 정치구조를 보다 민주적이고 공공적으로 작동할 수 있도록 권력구조와 선거제도를 개혁하려는 움직임을 낳았다.

이러한 정치개혁들에 대한 근본적인 요구는 헌법개정의 논의로 나타났지만,

---

1. 이 글은 김용복(2017)을 기초로 하여 대폭 수정보완한 것이다.

무력한 정치권의 개헌논의와 일방적인 청와대 개헌안 발의는 결국 개헌의 무산으로 나타났고, 선거제도와 같은 정치개혁 논의도 동력이 상실된 국면이 지속되고 있다.

　문재인정부의 개헌논의는 과거와는 달리 집권초에 청와대가 주도적으로 제기하였지만, 거대정당들의 당리당략에 걸려 국회문턱을 넘지 못하고 무산되었다. 과거의 개헌논의는 대통령선거를 앞두고 집중적으로 제기되었다. 그 개헌논의의 핵심은 대통령에게 집중된 권력을 분산시키는 데 있었다. 3당합당과 DJP 연합은 '내각제' 개헌을 고리로 한 것이었다. 노무현정부의 원포인트 개헌은 4년 연임제와 대선과 총선의 선거주기 조정을 위한 제안이었다. 이명박정부에서도 개헌이 제기되었지만, 개헌의 공론화에는 실패하였다. 다만 국회차원에서 김형오 국회의장이 〈헌법연구자문위원회〉(2008.9-2009.8)를 설치하여 준대통령제와 4년 중임제를 제1,2대안으로 제안하였지만, 주목을 받지는 못했다. 2012년 대통령선거에서도 문재인후보는 4년중임제와 정부통령제 개헌논의를 제기하였고, 박근혜후보도 정치쇄신 차원에서 개헌논의를 할 수 있다고 언급하였고, 19대 국회에서도 〈헌법개정자문위원회〉(2014.1-2014.5)를 설치하는 등 개헌 움직임이 있었지만, 정부여당의 거부로 논의가 진전되지는 못하였다. 탄핵 이후 대통령선거 과정에서 모든 후보가 개헌을 공약하였고, 20대 국회에서도 2017년 들어 〈헌법개정특별위원회〉를 설치하여 기한을 연장하면서까지 논의하였지만, 개헌과정으로 이어지지는 못하였다. 국회의 논의가 지지부진하자, 2018년 2월 13일 문재인정부는 정책기획위산하에 〈국민헌법자문특별위원회〉를 구성하고, 홈페이지, 숙의형 시민토론회 등을 통해 국민들의 의견을 수렴하여 3월 13일 국민헌법 자문안을 만들었다. 정부의 최종적 검토를 거쳐 3월 26일 국무회의 의결을 거쳐 개헌안을 발의하였지만, 5월 24일 야당의 불참으로 의결정족수가 미달됨에 따라 정부의 헌법개정안은 자동폐기되었다. 대통령선거의 공약대로 지방선거와 동시에 개헌 국민투표를 실시하고자 하였지만, 국회의 문턱을 넘지 못하였다.

과거 개헌논의는 권력구조 특히 정부형태 논의에 집중되어 있었다. 제왕적 대통령제의 폐해를 극복하기 위한 분권형 대통령제가 주로 거론되었다. 그러나 개헌이란 국가의 근본적인 틀을 바꾸는 정치개혁이기 때문에, 그동안의 중요한 변화들과 현재의 시대정신을 반영한 다양하고 새로운 쟁점들이 제기되어 왔다. 그래서 논의과정에서 국회개헌특위 자문위, 자치단체, 학계, 시민단체 등에서 다양한 쟁점을 제기하고 개헌시안을 제시하여 왔던 것이다. 이들의 개헌 논의는 크게 세가지 축으로 진행되었는데, 첫째, 기본권과 관련된 논의, 둘째, 정부형태 혹은 권력구조와 관련된 논의, 셋째, 지방분권과 관련된 논의이다. 최근 논의는 정치권에서 가장 첨예하게 맞선 쟁점인 정부형태 및 정치개혁과 관련된 논의외에는 많은 부분에서 여야, 학계, 시민사회 등의 합의를 모을 수 있는 매우 좋은 정치적 환경에서 진행되었다. 그래서 이번 정부개헌안도 최소한 합의한 것만이라도 개헌하자는 최소주의적 개헌, 그리고 중요하지만 대체로 합의한 지방분권의 과제만이라도 바꾸자는 의미에서 지방분권형 개헌이라고 명명하였던 것이다.

지방분권이란 〈지방분권및지방행정체제개편에관한특별법〉에 따르면, "국가 및 지방자치단체의 권한과 책임을 합리적으로 배분함으로써 국가 및 지방자치단체의 기능이 서로 조화를 이루도록 하는 것을 말한다". 이에 반해 국가균형발전은 "지역의 특성에 맞는 발전과 지역 간의 연계 및 협력 증진을 통하여 지역경쟁력을 높이고 삶의 질을 향상함으로써 지역 간의 균형"을 도모하는 것을 의미한다. 즉 지방분권은 '권한이전'을, 국가균형발전은 '지역 간 경제불균등 해소'라 주요한 목적이 된다. 이러한 지방분권과 균형발전에 대한 관심은 민주화이후 지방자치의 본격적인 실시에도 불구하고 많은 문제점과 제약이 드러나자 지방자치의 정신을 헌법에 반영하는 제도적 보완을 추구하자는 인식으로 이어졌던 것이다.

이 글은 개헌논의의 중요한 기둥인 지방분권을 확대하기 위한 그동안의 논의들을 쟁점별로 정리하고 향후 과제를 제시하는 데 그 목적이 있다. 이번 정부의 개헌안은 다양한 논의들 특히 지방분권과 균형발전에 관한 논의들을 반영하려고 노력하였다. 그러한 정부개헌안을 포함한 다양한 논의들을 쟁점별로 정리하여 의미, 문제점, 과제를 살펴보고자 할 것이다.[2]

II. 개헌논의의 방향과 지방분권화의 전제

그동안 진행되어 온 개헌논의들은 주로 권력구조 개혁에 초점을 두었다. 제왕적 대통령제의 폐해를 극복하기 위한 것이기도 하지만, 더불어 권력구조 개혁에 대한 논의는 대체로 임기말에 특정 정권과 정파가 권력을 유지하거나 획득하기 위한 수단으로 논의되어 왔다. 따라서 그들의 대체적인 논의들은 정치제도 개혁이라는 종합적이고 체계적인 시각에서 제기되기 보다는 권력의 분점, 공유, 연장이라는 정부형태에 집중된 제한되고 정략적인 논의들이 많았었다. 그래서 그러한 논의들은 크게 주목을 받지 못하고, 동력을 상실하여 유야무야되었다가, 다시금 다른 정치세력들에 의해 등장하는 과정이 반복되곤 하였다. 박근혜정부를 물러나게 하였던 촛불의 민심은 국민들의 목소리가 정치권에 반영되지 않는다는 불만에서 비롯된 것이다.따라서 촛불정신을 반영하는 정치개혁은 국민들의 요구와 목소리가 정당정치와 정부정책에 반영될 수 있는 정치구조를 만드는데에서 시작되어야 하며, 이는 참정권의 확대, 의회와 지방에 권력이 분산되는 정부

---

2. 여기서는 지방자치단체와 지방정부를 혼용하여 사용할 것이다. 원래 지방자치단체(地方自治團體)는, 일정한 지역에 대하여 국가로부터 자치권을 부여받아 지방적 사무를 처리하는 지방자치의 단체를 말한다. 대한민국에서는 대한민국의 헌법에 따라 지방자치를 보장하고, 지방자치단체의 조직·운영 등에 관한 사항을 법률로 정하도록 하고 있다. 반면에 지방 정부(地方政府)는 중앙 정부에 대하여 지방의 자치 정부를 이르는 말이다. 지방정부는 중앙과 지방의 관계를 정부간 관계로 보는 연방제적 개념이다. 우리나라 현재의 상황은 지방자치단체이지만 지방정부로 자치가 확대되는 방향으로 개혁을 주장하기 때문에 기본적으로 지방자치단체라는 용어를 사용하지만, 때에 따라서는 지방정부라는 용어도 혼용한다. 정부개헌안에는 지방자치단체라는 용어가 지방정부로 대치되었다.

형태, 비례성이 높은 선거제도, 다양한 사회균열이 반영되는 정당정치로의 개혁을 의미한다.

이러한 것을 전제로 하여 바람직한 권력구조 개혁의 방향을 살펴보자. 이는 합의제 민주주의 모델에 적합하면서, 현재 복합적인 사회갈등과 균열을 제도적 차원에서 포용하고 통합할 수 있는 방안이어야 할 것이다. 권력구조는 기능적으로 행정부와 입법부와의 관계와 영토적으로 중앙정부와 지방정부와의 관계로 만들어진다. 권력구조의 개혁은 대통령과 국회의 개혁을 하나의 축으로, 지방분권을 또 하나의 축으로 종합적으로 고려하는 것이 중요하다. 특히 한국의 사회균열에서 지역갈등이 오랫동안 지배적인 균열로 자리잡고 있으면서 최근 수도권-지방의 갈등이 새로운 균열로 부각되는 현실을 고려할 때 더욱 그러하다고 생각한다.

따라서 현행 권력구조 개혁의 방향은 아래와 같이 두 방향으로 나아가는 것이 바람직하다고 생각한다. 하나가 대통령과 행정권력의 의회분산이고, 다른 하나가 중앙권력의 지방분권화이다. 첫째, 대통령의 권한분산과 의회권력의 강화라는 방향에서 권력구조의 개혁이 필요하다. 이는 현행 대통령제를 유지하면서도 의회의 견제와 감시기능을 강화하는 방향에서의 개혁에서부터, 순수 내각제로의 권력구조 변경까지 다양한 대안들을 고려할 수 있다. 둘째, 중앙집권적 권력구조를 지방분권적 권력구조로 바꾸는 개혁이다. 여기에는 현행 지방자치를 강화하는 방향에서 중앙권력을 지방정부에 이양하는 분권화의 개혁, 지역대표성을 반영할 수 있는 양원제로의 개혁, 연방제의 도입 등이 논의될 수 있다. 이 글에서 말하는 '지방분권형 개헌'이란 대통령 권력의 의회로의 분산이라는 정부형태 논의와 병행하여, 중앙집중화된 권력을 지방으로 이전하는 분권화가 병행되어야 하는 것을 강조한 논의들이다. 단지 중앙권력의 기능적 분산만이 아니라 영토적 분권으로 이어지는 종합적인 분권화 논의가 되어야 새로운 틀에서 한국 국가의 전략을 그리려고 하는 시도이다.

이러한 개헌의 기본적인 방향에는 전제되어야 할 논의들이 있다. 먼저 한국 민주주의를 심화하고, 분열된 사회를 통합하기 위한 제도적 조정은 중요할 뿐만 아니라 시급한 과제이기도 하다. 사회통합과 민주주의 심화를 위한 정치제도 개혁에서 중요한 것은 종합적인 시야를 가진 정치개혁에 대한 논의가 필요하다는 점이다. 정치개혁은 어느 특정부분의 제도가 바뀐다고 바라는 목적이 달성될 수 있는 것은 아니다. 각각의 정치제도는 상호 밀접히 연관되어 있기 때문에, 권력구조논의, 정당정치의 민주화, 선거제도의 개혁, 의회의 개혁 등은 개별적인 논의보다는 종합적이고 체계적인 관점에서 논의가 필요하다. 현재 정치제도개혁에 관한 논의도 종합적이고 체계적인 것이 아니라 다소 분절적이고 단편적인 내용에 치중되어 있다. 권력구조, 지방분권화, 정당체계, 선거제도 등의 제도개혁은 따로따로 논의되어야 하는 것이 아니라 전체적인 조화를 모색하는 일관된 논의가 요구된다.

권력구조 개헌의 기본적인 방향이 대통령의 권한을 의회로 분산시키고 중앙의 권력을 지방으로 이전한다고 했을 때, 이는 의회권력과 지방권력이 강화되는 것을 목표로 하게 된다. 그런데 현재의 의회와 정당을 보았을 때, 의회권력을 강화함으로써 정치개혁의 목적을 성취할 수 있을지 회의적이다. 의회로의 권력이전과 병행하여 반드시 개혁되어야 할 것이 의회개혁이고 정당개혁이다. 특히 현재의 선거제도로는 거대 양당의 독점체제가 유지되는 가운데 의회의 권한만이 강화되는 개혁의 역효과가 발생할 수도 있다. 다양한 국민들의 이해가 의회에 대표될 수 있도록 선거제도를 바꾸는 개혁이 동시에 진행되어야 한다. 대통령 중임제로의 개헌이든, 분권형 대통령제도로의 개헌이든 대통령에게 집중된 권한과 책임을 상당부문 의회로 이전하는 것을 목표로 한다. 대통령 중임제로의 개헌은 부통령 선출, 의원들의 내각겸직 금지와 더불어 행정부의 예산편성권, 감사권 등의 권한이 의회로 이전됨을 의미한다. 이러한 개혁없이 4년 중임제로 바꾼다면 대통령과 행정부의 권한만을 더 비대하게 하는 역효과가 나타날 것이기 때문이다. 여기에도 대통령 결선투표제 도입, 비례성 확대로 국회의원 선거제도 개혁 등이 반드시 수반되어야 할 것이다. 분권형 대통령제는 의회제의 강화를 의미하기 때문에, 반드시 다양한 정치세력이 의회에 진출할 수 있도록 독일식 선거제도와 같은 비례성의 대폭 확대된 제도로의 개혁이 병행되어야 개혁의 시너지효과를 발휘할 수 있을 것이다.

지방분권의 강화도 마찬가지이다. 지방분권이 한국적 현실에서 최선의 개혁인지에 대해서도 논란의 여지가 있다(전용주 2013). 개헌의 필요성은 인정하지만, 지방분권의 확대 혹은 명문화에는 신중한 견해도 있다. 이들은 지방분권이 반드시 민주주의 발전에 긍정적인 관계에 있다고 할 수 없으며, 지역단위의 정당정치, 시민단체들이 미성숙했을 때, 오히려 지방차원의 부패를 심화시킬 수도 있으며 민주주의 진전에 역효과를 낳을 수도 있다고 한다. 또한 지방분권의 강화는 경제적 효율성을 떨어뜨릴수도 있다고 주장한다. 지방분권을 통한 정책결정과정의 다원화는 일종의 거부권 행위자의 수를 확대시킴으로 정책결정과 집행의 효율성을 저하시킬 수도 있으며, 중앙정부와 지방정부의 정책적 부조화를 가져오고, 지역이익중심의 지방자치단체의 경제정책도 중앙정부와 갈등, 지방의 재정악화, 지역간 불균형 발전 등을 낳을 수도 있다는 것이다. 그래서 지방분권은 양날의 칼이라서 신중한 판단을 해야 한다고 주장한다.

그러나 지방분권 확대에 적극적인 의견들은 지방분권이 민주주의 발전에 기여할 수 있으며, 주민참여의 확대를 통해 직접민주주의를 강화시키고, 중앙정부보다 지역주민의 요구를 정책에 실질적으로 반영시킬 수 있는 장점을 거론한다. 또한지방분권이 지역의 경제발전에도 도움이 될 것이며, 지방분권은 공공영역의 축소로 인하여 효율성을 제고시키고, 지역간 상호경쟁을 유도할 수도 있으며, 세계화와 지방화라는 이중압력에 가장 효과적으로 대응할 수 있는 방안이라는 긍정적인 견해도 강하다. 이러한 원칙론외에도 현재의 지방자치제도에서 중앙과 지방의 불균형이 확대되고 있는 현실, 중앙정부의 과도한 개입이 일상화되어 온 그동안의 경험들 그리고 지방자치 도입이래 많은 환경과 의식이 변화하고 있는 현실들을 고려해야 한다는 현실적인 주장도 있다.

아마도 지방분권 강화에 대한 신중한 의견에는 지방정치의 후진성, 지역리더십에 대한 회의, 주민참여의 제한 등이 존재하는 지방의 현실을 개선하기 위한 노력이 선행되어야 한다는 판단이 있는 것으로 생각된다. 따라서 지방분권의 강화도 지방적 차원에서 정치, 행정개혁과 병행되어야 개혁적 효과도 기대할 수 있을 것이다. 지방의회가 단체장을 견제하기 위해서는 필요한 선거제도의 개혁, 의회권한의 확대 등이 필요하고(김용복 2009), 지방정치에 주민들의 참여를 제도화하고 확대하는 방안, 지역당 설립 허용 등과 같은 지방정치 개혁방안이 지방분권의 강화와 병행되지 않는다면, 지방자치의 부정적인 결과들이 증가될 우려가 높은 것이다.

또한 지방분권형 개헌도 실현가능성을 고려한 논의들이 필요하다는 점이다. 지방분권화가 매우 중요한 이슈라고 하더라도, 개헌논의를 주도하는 정치인들에게는 정부형태 논의보다 긴급한 아젠다로 느껴지지는 않는다. 무리한 헌법규정화를 시도하는 것보다, 논란의 여지가 작은 내용을 헌법에 도입하고 논쟁적인 내용들은 법률에 위임하는 유연성있는 접근들이 필요할 것이다. 또한 선언적인 규정으로도 충분한 것과 구체적인 규정화를 시도해야 하는 것도 분리해서 전략적 접근을 취할 필요도 있다. 모든 것을 다 헌법에 담는다는 헌법만능주의도, 현실과 동떨어져있는 이상주의도, 의회와 정당정치를 무시하는 비정치주의도, 모두 개헌의 실현가능성을 고려하지 않은 비전략적 접근이다. 문재인정부의 개헌안이 여러 문제에도 불구하고, 결국 여야 정당정치의 문턱을 넘지 못한 것은 개헌의 당위성도 중요하지만, 개헌을 가능하게 하는 전략적 사고와 병행되어야만 개헌이란 고도의 정치개혁을 달성할 수 있다는 것을 확인시켜준 경험일 것이다.

III. 현행 헌법과 지방자치제도: 문제점과 개선논의들

한국의 지방자치는 정부수립과 더불어 시행되어 5.16 군사쿠데타이후에 폐지되었다가, 1987년 민주항쟁이후에 다시 부분적으로 부활하면서 현재에 까지 이르고 있다. 지방자치와 관련된 헌법조항은 1948년 제헌헌법에 삽입되어[3] 1949년 지방자치법의 제정으로 구체화되었지만, 1961년 새로운 헌법하에서 사라졌다가 1987년 민주화과정에서 직선제 개헌과 더불어 헌법에 명문조항으로 부활되었다.

1987년에 만들어진 현행 헌법에서 지방자치에 관한 조항도 두 개로 제헌헌법의 규정과 거의 유사하여, 그동안 변화된 환경과 성숙한 지방자치의 현실은 반영하지 못하고, 오히려 헌법 규정이 지방자치의 발전에 제약을 주고 있다는 비판이 지속적으로 제기되고 있는 실정이다. 현행 헌법은 전문과 부칙을 제외하면 130개 조항으로 이루어졌는데, 이 중 지방자치와 관련된 조항은 제117조와 제118조의 2개조 4개항뿐이다.[4] 이 두 조항조차도 지방자치의 구체적인 내용이 포함된

〈표 1〉 현행 헌법의 지방자치 규정

117조 ① 지방자치단체는 주민의 복리에 관한 사무를 처리하고 재산을 관리하며, 법령의 범위 안에서 자치에 관한 규정을 제정할 수 있다. ② 지방자치단체의 종류는 법률로 정한다.
118조 ① 지방자치단체에 의회를 둔다. ② 지방의회의 조직, 권한, 의원선거와 지방자치단체의 장의 선임방법 기타 지방자치단체의 조직과 운영에 관한 사항은 법률로 정한다.

---

3. 〈제헌헌법〉 8장 지방자치에서 두 조항을 규정하고 있는데, 96조에 "지방자치단체는 법령의 범위 내에서 그 자치에 관한 행정사무와 국가가 위임한 행정사무를 처리하며 재산을 관리한다. 지방자치단체는 법령의 범위 내에서 자치에 관한 규정을 제정할 수 있다"으며, 97조에 "지방자치 단체의 조직과 운영에 관한 사항은 법률로서 정한다. 지방자치단체에는 각각 의회를 둔다. 지방의회의 조직, 권한과 의원의 선발은 법률로서 정한다"고 되어 있다.
4. 반면에 정부개헌안을 보면, 지방자치관련 조항은 4개조 12개항으로 대폭 늘어났다.

것이 아니라 대부분 법률로 위임 혹은 유보하고 있다.

이처럼 헌법상 지방자치에 관한 관련 규정은 지나치게 단순하며 자치단체의 종류, 조직과 운영 등 모든 사항을 법률에 유보하여 둔 형식적인 조항이다. 나아가 이러한 규정은 오히려 정치인들이 중앙집권을 정당화하는 근거가 되고 있어 지방자치 발전을 저해하는 요인이 되기도 하였다. 이러한 헌법규정이 갖고 있는 문제점을 다음과 같이 정리하여 볼 수 있다(김성호 2007; 최우용 2008; 전용주 2013, 89).

첫째, 지방분권 혹은 자치권, 주민주권에 대한 기본적인 이념이나 가치에 대한 규정이 헌법에 빠져있다. 이에 따라 지방분권 관련 헌법 규정이 취약하여 권한의 지방이양이 제대로 이루어지지 않는 배경이 되었다. 반면에 주요 선진국의 경우, 지방분권체제의 확립은 구체적인 헌법원리이며 명문조항으로 규정되어 있다. 중앙집권의 전통이 강한 프랑스는 1982년 미테랑 사회당정부의 출범이후 40여개의 법률을 제, 개정하여 지방분권개혁을 추진하였으며, 2003년 정쟁으로 인한 지방분권정책의 지연을 막기 위하여 지방분권형 개헌을 추진하였다. 국민적 동의와 좌우익 합의로 이룩한 2003년 개헌은 분권국가의 이념을 정착시킨 큰 의미를 갖는다. 특히 프랑스 헌법 제1조1항은 "프랑스는 불가분의 공화국이며, 조직은 분권화된다"라고 규정하고 있어 지방분권이 국가조직의 근간임을 분명히 규정하고 있다(윤기석 2015). 12장 지방자치의 장에 10개조를 두고 있는데, 그중 해외 지방자치단체(해외식민지)에 관한 5개조를 제외하면 5개조 16개항을 헌법에 두고 있다.[5]

---

5. 그중 중요한 내용을 보면 '지방자치단체는 시·읍·면, 도, 레지옹,특별자치단체 및 해외자치단체이다'(제72조제1항), '지방자치단체는 그 계층에서 집행할 수 있는 일체의 권한에 대한 결정권을 가진다'(제2항), '지방자치단체는 선출된 의회에 의하여자유로이 행정을 하며 그 권한을 행사하기 위하여 규제권한을 가진다'(제3항), '어느 지방자치단체도 다른 지방자치단체에 대한 감독을 할 수 없다'(제4항) '특수한 지위를 가진 지방자치단체를 창설하거나 그 조직을 개편하려는 때에는 관계 지방자치단체의 선거권자와 협의를 거쳐 법에 따라 결정해야 한다'(제72조의1제3항), '지방자치단체는 법이 정하는 조건 하에서 자유로이 정하는 재원을 보유한다. 지방자치단체는 모든 성질의 과징수입의 전부 또는 일부를 받을 수 있다.'(제72조의2제1항, 제2항)

둘째, 중앙정부와 지방자치단체간 사무, 권한, 책임 배분의 기준이 불분명하다. 중앙정부–지방자치단체 간 관계도 행정권한을 배분하는 사무배분의 법적 근거 및 구체적인 배분내용이 없으므로 무늬만 지방자치를 띠는 중앙집권적 행정법률체계 성격을 보여 주고 있다. 외국에서는 중앙–지방정부간 역할분담을 위해 구체적으로 사무를 헌법에서 배분하고 있다. 그러나 우리나라 헌법은 사무배분을 법령에 위임하고 있을 뿐이어서 중앙집권이 불가피한 구조를 가지고 있다. 〈지방자치법〉 제9조제2항에 보면, ② 제1항에 따른 지방자치단체의 사무를 예시하면 다음 각 호와 같다. 다만, 법률에 이와 다른 규정이 있으면 그러하지 아니하다라고 되어 있다. 그리고 약 약50개의 항목으로 자치사무를 열거하면서도 이를 법령에 의해 얼마든지 국가사무화 할 수 있도록 제도화하고 있어 자치사무 처리 우선권을 무력화하고 있다.

셋째, 지방자치단체의 입법권을 법령에 종속시킴으로써 조례제정권을 대통령령, 총리령, 부령으로까지 제약하여 왔다. 〈지방자치법〉 제22조는 "지방자치단체는 법령의 범위 안에서 그 사무에 관하여 조례를 제정할 수 있다. 다만, 주민의 권리 제한 또는 의무 부과에 관한 사항이나 벌칙을 정할 때에는 법률의 위임이 있어야 한다"라고 규정하고 있어 조례제정범위를 극도로 축소하고 있다. 또한 지방자치단체의 가장 기본적 권한인 자치조직권에 있어서도, '지방자치단체 행정기구 및 정원에 관한 규정'이라는 대통령령을 통해 시군구 보건소 소장까지 인구 규모에 따라 직급을 규정하고 있을 정도로 세세하게 지방을 규제하고 있다.

넷째, 중앙정부 위주의 재정제도로 인하여 지방차지단체의 재정을 제약하고 중앙의존적 구조를 만들고 있다. 현행 헌법 제95조에 따르면 조세의 종목과 세율을 오직 법률로 정하도록 함으로서, 지방자치단체의 과세자치권을 지나치게 제

'국가와 지방자치단체 간의 모든 권한이양은 그 집행을 위하여 계상된 재원의 이양을 수반한다. 지방자치단체의 비용부담을증가시키는 결과를 초래하는 모든 권한의 신설 또는 확대는 법이 정하는 재원의 이양을수반한다'(제3항) 등이다.

한하고 있다. 현재 국세와 지방세의 규모는 대략 국세 8할, 지방세 2할로 현격한 차이로 보이고 있다. 이에 따라 지방의 재정자립도가 낮으며, 이러한 것도 지속적인 하락의 경향을 보이고 있다. 따라서 지방자치단체의 자체사업 비율도 지속적으로 감소하고 있다.

다섯째, 지방자치단체의 종류에 관한 것도 법률에 위임하고 있어, 지방행정체계가 행정개혁이라는 이름하에서 정치인들이 개입할 수 있는 여지를 만들어 놓았다.

이렇게 현행 헌법에서는 매우 제한된 조항만을 가지고 있어, 그동안은 법률로 그 부분을 보완하려는 노력도 적지 않았다. 그런데 지방자치는 법률적 차원만으로는 실현될 수 없다. 현행 헌법자체가 이미 중앙집권적 권력구조를 정당화하고 있기 때문이다. 지방분권형 개헌을 주장하는 입장에서는 현행 헌법틀안에서 지방자치관련 법률을 확대, 강화하는 방안으로는 한계가 뚜렷하기 때문에 헌법개정을 통해서 지방자치의 중요한 내용을 규정화하자고 주장한다. 가장 지방분권화정책을 적극적으로 추진했던 참여정부에서도 지방분권과 국가균형발전을 위해 특별법(〈지방분권특별법〉, 〈국가균형발전특별법〉, 〈행정수도건설을 위한 특별조치법〉)을 제정하여 시행하였지만, 지방분권을 확대하고 제도화하는데에는 한계가 있다고 지적되었다. 따라서 지방분권형 개헌이 되기 위해서는 지방자치에 필수불가결한 내용들이 헌법에 삽입되어야 한다.

그동안 개헌논의에서도 지방자치와 관련된 논의가 있었다. 18대 국회의 〈헌법연구자문위원회〉(2008.9-2009.8)에서는 현행 헌법체계의 큰 틀은 유지하되 자치권을 일부 확대한다는 합의를 하였다. 자치입법권의 범위를 넓히고자 '법령의 범위안에서"를 '법령에 저촉되지 않는 범위 내에서'로 수정하는 안과 법률에 규정된 주민투표와 주민소환의 헌법적 근거를 마련하는 안이 제안되었다. 또한 법률에 지역의 재정적 불균형을 해소하기 위한 균형이나 조정에 관한 조항을 두도록 헌법에 명시하는 안이 합의되었다. 19대 국회의 〈헌법개정자문위원회〉

(2014.1-2014.5)에서도 현행 헌법체계를 유지하되 일부 선언적 규정을 신설하는 안을 제안하였다. 국가가 자치권을 최대한 보장하고 지역간의 균형있는 발전을 위해 노력해야 한다는 규정과 함께 국가는 지방재정의 건전성을 감독하고 재정격차를 해소하기 위해 노력해야 한다는 내용을 신설하자고 제안하였다. 현재 20대 국회 헌법개정특별위원회 자문위원회안도 여러 쟁점들을 헌법규정에 반영하는 의견을 제출하기도 하였다.

광역단체장, 광역의회, 기초단체장, 기초의회 등 4개의 지방자치단체관련 협의회는 2015년 9월 한국헌법학회에 의뢰하여 개헌안을 발표하였다. 이와는 별도로 한국헌법학회는 학회내 헌법개정특별위원회를 구성하여 그 결과를 2018년 3월 기자회견을 통해 독자적인 개정헌법안을 발표하기도 하였다. 시민사회를 대표하는 국민주도헌법개정전국네트워크도 개헌에 관한 의견을 '헌법개정에 대한 의견청원'을 통해 국회에 제출하기도 하였다. 참여연대도 헌법개정안을 마련하여 2018년 2월 말에 국회에 입법청원하기도 하였다. 이외에도 국민주권회의, 대화문화아카데미 등에서도 자체 개헌안을 발표하기도 하였다.

지방분권개헌국민회의[6] 등 시민사회 및 전문가들도 현재 개헌논의에서 지방분권 문제를 중요시하게 취급해야 한다고 제안하여 왔다. 이들은 대체로 헌법총강에 지방분권 국가임을 천 명하고, 주민자치권, 지자체의 종류, 보충성의 원리, 입법권의 귀속과 종류, 입법, 행정, 자치재정권의 배분 등 규정을 담고 있다. 나아가 상원의 신설, 국세와 지방세 배분 및 재정조정제도의 신설, 지방정부의 권리구제 등을 주장하기도 하였다(김문현외 2016; 국민주권회의 2017; 지방분권개헌국민회의 2017).

가장 주목할 만한 것이 문재인정부의 개헌안이다. 국회의 개헌논의가 지지부

---

6. 개헌국민회의는 2017년 2월8일 출범하였는데, 지방분권개헌국민행동과 전국시장군수구청장협의회, 전국시도의회의장협의회, 전국시군자치구의회의장협의회, 전국지방분권협의회, 대한민국지방신문협의회, 한국지방신문협회, 지역방송협의회, 한국지역언론인클럽 등 9개 단체가 공동으로 구성하였다.

진하자, 국회의 개헌논의를 촉구하고 대통령공약을 실현하기 위해 정부는 자체 개헌안을 만들어 국회에 제출하고 지방선거와 동시에 개헌국민투표의 실시를 제창하였지만, 국회에서 자동폐기되었다.

IV. 개헌논의에 있어 지방분권과 균형발전: 쟁점과 과제

그동안 지방분권개헌과 관련된 논의중에서 대체로 정부, 여야당, 지방자치단체, 학계, 시민단체 등이 합의할 수 있고, 의견이 수렴된 쟁점들은 전문에 자치분권의 가치를 명기하는 것이나 총강에 분권국가를 선언하는 것 등 기본적인 사항에 관한 것이고, 내용에 대해서는 동의하지만 헌법사안인지 법률사안인지 이견이 있는 쟁점들, 나아가 수도조항, 정당설립과 조직의 자유, 교육사법경찰의 자치강화 부분에서는 현재상태를 유지해야 한다는 입장과 더 강한 지방분권형 제도로 바꾸어야 한다고 대립되는 쟁점들이 있다.

이하에서는 그동안 제기되었던 지방분권과 균형발전에 관한 헌법개정 논의를 쟁점별로 살펴보고, 이에 대한 의견을 제시할 것이다(강성권 2016; 전용주 2013; 하혜영 2017; 차재권 2018).

1. 자치분권 원리의 명문화: 헌법 전문과 총강

지방분권형 개헌에서 헌법의 기본원리로 '지방분권과 균형발전의 이념'을 선언적으로나마 명문화하는 것이 필요하다는 쟁점이다. 현행 헌법이 가지고 있는 중앙집권적 요소들을 지방분권 원리의 헌정화를 통해서 근본적으로 바꾸려는 시도가 필요하다는 것이다. 즉 지방자치의 본질을 헌법에 선언적으로 규정하여 보장해야 한다는 것이다.

헌법 전문 혹은 총강에 지방자치와 분권이 국가체제의 기본 원리임을 규정함으로써 모든 하위법의 입법질서에 지방분권의 이념이 반영될 필요가 있다는 것이다. 프랑스 헌법처럼 총강에 "대한민국은 지방분권형 국가이다" 혹은 "대한민국은 지방분권에 기초한 복지국가를 지향한다"라는 선언적 규정을 넣는 것이 필요하다는 주장이다. 헌법에 지방분권이 국가의 기본원리로 규정된다는 것은 모든 하위법의 입법질서에 반영되도록 하는 제도적 장치를 마련한다는 중요한 의미가 있다.

나아가 국가균형발전의 원리도 헌법에 명문화하는 것이 필요하다고 제기된다. 균형발전이란 "지역 간의 불균형을 해소하고, 지역의 특성에 맞는 발전과 지역 간의 연계 및 협력 증진을 통하여 지역경쟁력을 높이고 삶의 질을 향상함으로써 지역 간의 균형 있는 발전을" 추구하는 것이다.[7] 예를들면 〈국가균형발전특별법〉 제3조에 있는 내용을 선언적인 의미로 헌법에 규정한다면, "국가 및 지방자치단체는 지역 간의 균형 있는 발전과 지역 간의 연계 및 협력을 추진해야 한다" 정도일 것이다.

이러한 논의에 대해서는 문구의 차이는 있을지언정 대체로 의견이 일치하고 있다. 국회개헌특위 자문위원회안은 "자치와 분권을 실현"하는 것을 제안하고 있으며, 정부의 개헌안에는 전문에 "자치와 분권을 강화하고"와 "지역간 균형발전을 도모하고"라는 문구가 신설되어 들어가 있다. 또한 전문과는 별도로 1장 총강 1조 3항에 헌법 제1조 3항에 대한민국이 지방분권국가임을 선언하자는 주장이다. 정부의 개헌안도 1조3항을 신설하여 "대한민국은 지방분권국가를 지향한다"고 규정하였다. 대체적인 논의들도 표현을 좀 달리하더라도 기본적인 취지에는 동의하고 있다.

그리고 기본적 권리(생명권, 환경권, 소비자기본권, 남녀동등권 등)로서 주민

---

7. 〈국가균형발전특별법〉(2003년12월 제정) 제1조.

으로서의 자치권을 신설하여 지방자치가 국민의 기본권 실현이자 그 보장임을 명확히 하자는 제안도 있다. 예를들면 "모든 국민은 헌법과 법률이 정하는 바에 의하여 주민으로서의 자치권을 가진다"라고 헌법에 규정하자는 것이다. 자치권을 좀더 적극적으로 확대하여 주민참여의 원리로 규정하자고도 주장된다. 프랑스 헌법에서는 주민청원권과 직접민주주의의 권한을 헌법조항으로 규정한 것처럼 주민투표, 주민소환 등과 같은 주민참여제도의 헌법적 근거를 확고히 하기 위한 주민참여 원리를 선언적으로 신설하는 것도 필요하다는 것이다. 정부개헌안도 제9장 지방자치에서 121조 1항을 신설하여 "지방정부의 자치권은 주민으로부터 나온다. 주민은 지방정부를 조직하고 운영하는 데 참여할 권리를 가진다"라고 규정하였다.

지방자치는 국가의 기본적인 제도인 만큼 국가의 최고 의사인 헌법으로 보장하여 누군가가 우월한 입법권을 이용해서 자의적으로 개변하지 못하도록 자주성/독자성을 부여할 필요가 있다. 헌법 전문이나 총강에서 필요한 부분에 선언적인 규정으로 지방분권, 자치권, 균형발전의 원리를 규정하는 것을 적극 고려해야 한다.

그런데 정부개헌안을 보면, 제1장 총강, 3조2항을 신설하여 "대한민국의 수도에 관한 사항은 법률로 정한다"는 수도조항을 규정하였다. 이는 세종시를 행정수도로 할 수 있는 헌법적 근거를 만들었다는 것이다. 그런데 이에 대해서는 이견이 존재한다. 국회개헌특위 자문위원회 안도 통일헌법 등을 고려할 때, 수도에 대한 내용은 별로도 명시하지 않는 것이 좋겠다는 제안을 하였다. 수도조항은 여야간, 지방정부간, 시민사회내에서 이견이 있는 규정이다. 합의 도출이 어렵다면, 헌법에 명문화하는 과정에서 갈등이 지방분권의 의미를 퇴색시킬 수 있다는 점에서 신중한 접근이 필요하다고 생각된다.

2. 지역대표성의 제도화: 상원과 국가자치분권회의

　지방분권을 제도적으로 보장하고, 국가정책에 지방의 이익이 반영되는 구조를 만드는 것이 지방분권 개헌에 매우 중요하며, 이는 지역대표성을 갖는 국가기구의 신설로 집중된다. 지방분권형 개헌에는 지역대표성을 제도화하기 위해 상원과 같은 기구의 신설이 필요하다는 주장한다.

　우선 크게 본다면, 지방분권형 개헌을 국가의 근본적인 틀을 개조하여 추진할 수도 있고, 부분적인 개정을 통해 점진적인 변화를 추구할 수도 있을 것이다. 지방분권에 초점을 두고 헌법내 지역대표성을 갖는 기구를 만든다고 할 때, 크게 세가지 정도의 권력구조상의 변화를 생각해 볼 수 있을 것이다.

　첫째, 현행 헌법의 단방제를 유지한 채, 지방의 권한을 확대하고 지방의 이익을 대표하는 기구를 만드는 방안이다. 이는 광역단체장협의회등을 제2국무회의 위상을 제고한다던지, 정부개헌안과 같이 가칭 '국가자치분권회의'를 신설하는 방안을 고려할 수 있다.

　둘째, 현행 단방제는 유지하되, 입법부를 개편하여 지역을 대표하는 또다른 의회를 구성하여 인구대표성을 가진 하원과 지역대표성을 가진 상원의 양원제로 개편하는 방향이다. 지역대표성에 기초하여 구성되는 상원을 설치하는 양원제 방안은 지역대표를 중심으로 구성된 상원이 지역의 이익에 반하여 결정한 하원의 입법에 대해 거부권을 행사할 수 있도록 하여 입법부의 권한남용을 억제할 수 있으며 지역의 권한과 이익을 보다 높은 수준에서 보장할 수 있다는 제안이다.

　셋째, 단방제를 연방제로 개조하여 지방분권을 근본적으로 실현하는 방향이다. 연방제 방안에서는 지방정부의 권한이 광범위하게 확대되고, 정부 간 상호독립성을 바탕으로 다양성과 창의성을 살리고, 지방경쟁력과 국가경쟁력을 제고하는 효과를 가져올 수 있으며, 연합헌법에서 지방정부의 자치권을 최대한 보장하도록 규정된다.

이러한 세가지 방안 중에 어느 것이 한국적 현실에 적합하고, 실현가능한 방안이냐 하는 것이다. 현재 개헌논의에서 권력구조 개혁에 대한 쟁점은 첨예하게 대립되어 있는데, 그것보다 더 근본적인 연방제로의 개혁은 논쟁적일 뿐만 아니라, 현실가능성도 매우 희박하다고 할 수 있다. 연방제 도입에 대한 논의는 아직 시기상조일뿐만 아니라 현실적인 필요성에 대한 합의도 크지 않은 쟁점이다. 앞으로 통일 이후 한국의 국가상과 관련된 논의에서 고려해 볼 수 있을 것이라고 생각된다(김용복 2018 참조). 따라서 양원제 도입에 의한 상원의 설치나 지역대표성을 담보할 수 있는 회의체의 신설이 보다 현실적인 논의라고 할 수 있다.

먼저 지역대표성을 가진 상원의 설치가 필요하고 실현가능한가하는 문제이다. 지방분권형 개헌론자들 가운데에는 지방정부의 중앙정치 예속을 극복하기 위하여 지역대표성을 실현할 수 있는 지역대표형 '상원'제 도입이 필요하다는 주장도 많다. 지역대표형 상원의 창설은 지방분권개혁과 지역균형발전을 촉진하고, 승자독식의 다수결주의가 야기하는 지역할거주의와 지역갈등을 예방할 것이라고 주장된다. 상원의 창설로 졸속입법과 대통령제의 폐해를 예방하고 정치적 안정을 촉진함으로써 국회에 대한 국민의 신뢰를 제고할 것으로 기대하기도 한다. 즉 상원의 설립으로 지역의 이익 보호 및 지방정부간, 중앙−지방정부 간 갈등조정의 역할 등의 기능이 잘 수행될 것이라고 한다. 국회 개헌특위 자문위원회안이 상원의 설치를 제안하였다. 그에 따르면, 국회를 지역을 대표하는 상원과 국민을 대표하는 하원으로 구성하되 상원은 50인 이하, 하원의원은 300인 이하로 구성하며, 하원의원수의 1/3은 비례대표로 선출하도록 규정하고 있다(41조2항). 그리고 3항을 신설하여 "지방자치 및 지역주민의 이해와 관련된 하원의 의결은 상원의 동의를 받아야 한다"라고 명기함으로써 상원의 지역대표성을 명확히하고 있다.

그런데 지역대표성을 가진 상원을 신설하려는 논의는 지방분권론자를 중심으로 제기되고 있지만, 정치권 및 여론의 동의를 얻을 수 있는지는 회의적이다. 특히 국회개편과 관련하여 의원정수를 늘리는 것에 대한 국민과 언론에서의 비판이 만만치 않은 것이 현실이다. 의원의 특권을 줄이고, 예산총액을 유지하는 범위 내에서 의원정수를 늘리려는 문제도 아직 거부감이 많다. 상원의 신설은 곧 의원의 증가를 의미하기 때문에 현실적인 어려움에 직면할 가능성이 높다.

그래서 지역대표성을 가진 상원을 신설하려는 주장은 비용이나 의원수를 고려하여 독일과 같은 모델에 관심을 갖는다. 독일연방상원은 헌법기관이지만, 선거없이 16개 연방주에서 파견한 주정부의 대표로 구성되며, 지역인구에 비례하여 대표자수가 결정된다. 상원은 각 주 이익에 관련된 법률이나 독일기본법에 영향을 주는 법률에 대해서 거부권의 행사가 가능하다. 즉 독일의 상원처럼 새로운 선거없이 기존의 단체장, 지방의원을 지역대표로 선출하여 구성하는 방안을 고려할 필요가 있다. 이는 선거비용을 없애고 상원의 유지 비용을 최소화하면서, 지역대표성을 가진 입법기구를 만들 수 있는 장점이 있다. 그리고 상원의 권한도 미국이나 스위스처럼 상원, 하원이 동등한 권한을 갖는 것이 아니라, 독일의 상원처럼 지역의 이해관계가 걸린 영역에서는 배타적인 거부권을 행사할 수 있도록 하고, 그 밖의 영역에서는 지연 내지 자문의 권한을 갖도록 하는 것도 고려할 수 있다. 그래서 일부는 거부감이 있다면 입법부로서의 상원이 아니라 지역을 대표하는 기관으로서 위상과 역할을 주장한다(주인석 2014). 지방정부의 대표단으로 구성되는 독일의 상원모델은 연방정부와 하원의 권한이 크기 때문에, 정책적 통일성을 비교적 유지할 수 있다. 특히 양원간 권한조정을 통해 기존 국회의 우위성을 보장함과 동시에 제2원의 지역정치적, 경제적 이해관계를 대변할 수 있는 장점이 있다는 것이다. 더욱이 기존 정치구조와 선거제도를 그대로 유지하면서 정치적 합의가 가능하다는 점이고, 또한 추가되는 의석수와 의원의 세비증가, 선거비용 등의 문제를 고민하지 않아도 된다는 이점이 있다고 주장된다.

그렇지만 양원제의 도입과 상원 설치 논의는 다른 쟁점보다 시급하고 중요하게 취급되지 않을 가능성이 크다. 정부형태에 대한 정치적 타협을 만드는 것도 힘든 과정일 것인데, 지방분권의 확대방안으로 상원의 도입이라는 의회개혁의 방안을 논의하기도 쉽지 않을 것이다. 제왕적 대통령제 극복과 중요한 선거제도 개혁이라는 정치개혁의 초점을 분산시키는 쟁점으로 인식될 수 있다.

그렇다면 정부개헌안과 같이 '국가자치분권회의'를 설치하는 방안은 어떠한가? 정부의 개헌안은 4장 정부에 3절 국무회의와 국가자치분권회의를 두고, 97조를 신설하여 국가자치분권회의를 규정하고 있다. 1항은 정부와 지방정부간 협력을 추진하고 지방자치와 지역간 균형발전에 관련된 중요정책을 심의하기 위해 국가자치분권회의를 둔다라고 규정하였으며, 2항과 3항은 국가자치분권회의의 구성을 대통령(의장), 국무총리(부의장), 법률로 정하는 국무위원과 지방정부의 장으로 한다고 하였고, 4항은 국가자치분권회의의 조직과 운영은 법률로 정한다고 규정하였다. 이에 따르면 국가자치분권회의는 정부산하의 조직으로 제2 국무회의와 같은 기능을 갖는 것으로 보인다. 그러나 행정부산하 기관이므로 국회의 법률이나 예산안에 관여할 수 있는 권한이나 기능은 없다. 즉 상원과는 다른 지역대표성을 가진 행정부 기관이라고 할 수 있다. 다만 정부개헌안은 제3장 국회에서 55조 3항을 신설하여 "법률안이 지방자치와 관련되는 경우, 국회의장은 지방정부에 이를 통보해야 하며, 해당 지방정부는 그 법률안에 대하여 의견을 제시할 수 있다"고 규정하여 지방정부의 의견제시 근거를 마련한 정도이다. 국가자치분권회의안도 헌법안에는 목적과 구성의 추상된 규정만 있어, 구체적으로 법률로서 만들어질 경우, 위상, 권한, 기능이 어떠한지가 중요한 쟁점이자 과제이다. 그러나 이 개헌안도 무산되었기에 하나의 방안으로만 남아있다.

지방을 대표하고 지방의 이익을 지킬 방안으로 연방제로의 변화, 양원제 도입과 지역대표형 상원의 설치, 정부내 국가자치분권회의 등 지역대표기구 설치 등이 주장되지만, 현재로서는 당위성과 현실성에 있어서 많은 어려움이 제기된다. 가장 현실적인 방안은 입법부 개혁과 관련되지 않는 행정부내 지역대표기구의 설치라고 보여지지만, 이것도 헌법규정화를 둘러싸고 이견이 생길 수 있다. 새로운 기구의 신설이 바람직하지만, 어려움이 있다면, 현행 제도를 그대로 두고 실질적인 지방분권의 확대하는 방향으로 논의를 집중하는 것도 전략적이다.이는 중앙과 지방의 사무배분 문제, 지방재정의 문제, 자치권의 확대 문제 등을 어떻게 헌법개정에 반영할 것인가라 논의로 집약된다.

3. 지방자치의 원리와 범위 규정화

지방분권형 개헌을 주장하는 입장에서는 지방자치의 원리를 명문화하고 그 범위를 확대하는 규정을 헌법에 포함시키자고 주장한다.

첫째, 지방자치는 주민자치와 단체자치로 나누어 볼 수 있는데, 주민자치의 원리를 명문화하고 그 범위를 헌법에 규정함으로써, 주민자치권을 명기하자는 주장이다. 정부개헌안도 9장 지방자치 121조 1항과 3항을 신설하여 자치권과 범위를 헌법에 규정하였다. 1항은 "지방정부의 자치권은 주민으로부터 나온다. 주민은 지방정부를 조직하고 운영하는 데 참여할 권리를 가진다"라고 규정하여 주민자치권을 헌법상 선언하였고, 3항에서 구체적으로 "주민발안, 주민투표 및 주민소환"을 명시하여 그 권리를 헌법상 보장하였다. 다만 구체적인 사항은 법률과 조례로 위임하였다. 이는 지방자치의 근본원리를 헌법상 반영한다는 점에서 중요하다고 생각된다. 따라서 주민자치권을 명시적으로 헌법에 선언하고, 구체적인 내용은 법률에 위임하더라도 주민자치의 기본적인 권리를 헌법에 언급함으로써 그동안 법률적인 권리였던 주민자치권을 헌법적 권리로 명확히하는 것은 중요하다고 보인다.

둘째, 지방자치단체의 종류를 헌법규정으로 정하는 문제이다. 현행 헌법 117조는 지방자치단체의 종류를 법률로 정하도록 하고 있다. 이는 지방자치의 존폐문제가 국회의원들의 입법재량에 맡겨져 있어서 안정성을 해치고 있다고 주장된다. 이에 헌법에 자치단체의 종류를 명문화하여 정당간 야합이나 국회의원들의 재량으로 지방자치단체를 개편하려는 시도를 원천적으로 봉쇄해야 한다고 주장되기도 한다. 사실 그동안 지자체의 종류를 법률로 정하도록 하였기 때문에, 정치권의 이해관계나 정권의 목적에 따라 행정구역을 개편하려는 시도들이 있었다. 그래서 지방자치단체가 시군자치구와 특별시, 광역시, 도로 이루어진다거나 혹은 기초지방자치단체와 광역지방자치단체로 구성된다라고 헌법에 명시하자고 주장한다.

그러나 현재 17개 광역지자체, 226개 기초지자체로 구성된 행정체제는 필요성에 의해 얼마든지 개편될 수 있는 사항이라고 보여진다. 또한 국가전략상의 필요성, 국내인구의 급변[8] 등을 고려할 때, 새로운 유형의 자치단체 신설도 필요할 수 있다. 따라서 현재는 이견이 있지만, 향후 의견이 수렴되어 행정체제의 개편이 진행될 가능성도 있기 때문에, 헌법의 규정화는 오히려 행정체계의 경직성을 가져올 수도 있다고 보여진다.

국회개헌특위 자문위원회의 지방분권분과의 조문시안은 "지방정부의 종류는 종전에 의하되, 이를 변경하고자 하는 경우에는 주민투표를 거쳐 법률로 정한다"(117조 2항)라고 하여 주민투표에 의한 절차를 명문화하여 지방정부의 종류를 변경하는 과정을 엄격하게 제안하였을 뿐이다. 정부의 개헌안에서도 "지방정부의 종류 등"은 법률로 정한다고 과거의 규정을 유지하였다. 지방정부의 종류를 헌법에의 명시화하는 것은 득보다 실이, 안정성보다는 경직성을 가져올 우려도 있다고 생각된다. 헌법에 구체적으로 지자체의 종류를 명시하는 방안은 신중한 검토가 필요할 것이다.

셋째, 실질적인 분권국가로 나아가기 위해서는 교육, 사법, 검찰, 경찰의 지방분권화를 헌법에 반영하자는 주장도 있다(김성호 2016). 현재 교육감을 선거로 뽑고 있지만, 헌법에는 명시적인 규정은 없다. 지방의 검찰총장을 선출직으로 하

---

8. 지자체의 종류를 결정하는데 인구 수가 중요한 기준이다. 현재 5만이 넘지 못하는 기초단체(계룡, 태백)가 있는가 하면, 100만이 넘는 기초단체(창원, 수원, 고양)이 있기도 하다.

거나, 지방경찰청장을 지방자치단체장이 임명하고, 배심원제도를 확대하는 등 지방의 사법권을 확대하는 등의 주장들은 현재로서는 매우 신중한 검토가 필요하다고 생각된다. 일단 핵심적인사무, 입법, 재정의 분권화가 진전되고, 지방정치가 성숙되어 가는 과정을 보면서 법률로서도 충분히 실현할 수도 있는 사항이라고 생각된다. 다만 교육자치의 제도적인 틀은 이미 갖추어진 상황이니(최준영 2014), 내실있는 분권화로 나아갈 수 있도록 노력하는 것은 필요하다고 보이지만, 헌법적인 논의로까지 확대될 필요는 없다고 생각된다.

4. 자치행정의 원리와 확대: 보충성의 원리와 자치행정권

지방자치권은 지방정부가 자치정부로서의 목적을 달성하기 위해 갖는 권한을 의미한다. 지방자치권으로는 지방입법권, 자치행정권, 자치사법권, 자치조직권, 자치재정권 등이 있다(유병선 2016). 지방분권형 국가체제로 개혁하기 위해서는 지방의 입법, 행정, 재정 자치권을 실질적으로 보장할 수 있는 헌법개정이 중요하다.

첫째, 중앙정부와 지방정부간 사무배분의 원칙을 헌법에 규정하여 지방자치의 원리를 명확히하자는 주장이다. 현행 헌법에서는 지방자치단체의 역할이 주민 복리에 관한 사무와 재산관리라고 간단히 언급한 수준에만 그치고 구체적인 것은 법령에 위임하고 있다. 그래서 지금까지는 중앙정부의 통제하에서 국가사무와 지방사무를 나누어 왔다. 하지만 지방분권형 개헌에서는 중앙과 지방자치단체간의 합리적인 사무배분을 헌법에 명시하는 것이 매우 중요하다. 개정헌법에는 보충성 원칙(principle of subsidiarity),[9] 사무배분의 원칙을 명시하고 사무배분체계를 개편할 필요가 있다. 중앙과 지방의 사무배분에 있어서 보충성의 원칙

---

9. 보충성의 원칙은 공동체와 개인, 혹은 공동체사이에 역할을 분담할 때 적용되는 것으로서, 무슨 일이든 당사자가 우선적으로 처리하고 책임을 져야 한다는 원칙을 의미한다(허석제 2016, 97).

이란 지역사무는 원칙적으로 해당 지자체에 맡기고, 지자체가 수행하기 어려운 사무는 국가가 수행토록 하는 원리이다. 지방정부가 권한과 책임을 가지고 주민복리에 관한 모든 사무를 처리하고, 외교나 국방 등 지방정부가 하기 어려운 부분은 중앙정부가 맡는 방식으로 사무배분의 원칙이 근본적인 전환이 필요하다. 즉 사무범위에 대한 원칙에서 있어서 중앙정부의 권능은 지방정부의 후견에 그치는 보충성의 원칙을 헌법에 반영해야 한다는 것이다. 예를들면 "통치를 위한 모든 기구는 권력의 분립과 보충성의 원리를 기초로 구성한다" 등과 같은 규정을 도입할 필요가 있다. 이러한 보충성의 원칙이 적용되는 대표적인 사례가 유럽연합이다. 1984년 유럽의회의 연방조약초안을 보면, "회원국은 보충성의 원칙에 따라 개별적으로 행동하는 국가들보다 더욱 만족스럽게 수행할 수 있는 업무를 성공적으로 완수하는 데 필요한 권한만을 공동기구에 위임한다"고 규정되어 있다(허석제 2016, 98).

대체적으로 주요 선진국의 경우에도 중앙–지방정부 간 사무구분과 관련된 입법권의 근거를 헌법에 두고 있다(강경태 2016 참조). 일반적으로 국가안보, 외국과의 교역 등 국제관계, 화폐, 도량형 등 표준단위제도, 환경과 생태계 보호를 위한 정책을 비롯하여 근로시간, 근로환경 등의 근로조건 및 사회복지·사회보장을 위한 정책 등 전국적 통일을 요하는 사무와 이에 대한 입법권을 국가사무로 규정하고 있다. 독일은 연방의 입법권을 제외한 영역에서는 주가 입법권을 행사하도록 규정하고 있으며, 이탈리아도 헌법에 명시되지 않은 모든 사항에 대한 입법권을 지방정부의 사무로 하고 있으며 지방에 우선적인 사무처리권을 부여하여 지역주민과 직접적으로 관련된 사무를 수행할 수 있도록 규정하고 있다. 일본과 같이 사무구분의 근거를 헌법에 두지 않고 〈지방자치법〉에 두는 경우 국가사무를 〈지방자치법〉에 열거하는 등 〈지방자치법〉을 사무구분을 위한 기본법으로 활용하고 있다. 많은 국가에서는 헌법에서 연방 또는 중앙정부의 사무를 특정하여 한정하고, 나머지 개별 지방정부의 자치사무는 자치입법권의 영역으로 보장하고 있다.

국회 개헌특위의 자문위원회 지방분권분과 시안도 "정부간 사무배분과 수행은 보충성의 원칙에 따른다"라고 명기하였다. 정부개헌안은 9장 지방자치에 121조 4항을 신설하여 "국가와 지방정부 간, 지방정부 상호간 사무배분은 주민에게 가까운 지방정부가 우선한다는 원칙에 따라 법률로 정한다"라고 하여, 보충성의 원칙을 선언하고 구체적인 사무배분은 법률에 위임하였다.

중앙–지방자치단체 간 사무배분의 원칙과 기준은 지방자치를 운영하는 데 있어서 근간을 이루고 있다. 구체적인 국가사무와 지방과 경합되는 사무 등을 헌법에 열거하고 나머지는 지방의 자치사무로 인정하는 헌법개정을 할 수도 있고, 단지 보충성의 원칙을 선언적으로 규정하고 이를 법률로서 구체화하는 방안도 있을 수 있다. 중앙과 지방의 사무배분과 관련된 구체적인 규정이 헌법에 반영됨으로써 지방분권형 국가운영을 정당화하는 노력이 매우 중요하다고 할 것이다.

둘째, 자치행정권은 지방자치단체가 순수한 지방사무인 고유사무를 독자적으로 처리할 수 있는 권한을 의미하며, 자치조직권은 조례나 규칙 등의 형식으로 지방자치단체의 조직을 독자적으로 구성할 수 있는 권한을 의미한다.[10] 현행헌법은 지방자치단체의 조직구성에 대해 118조1항에서 "지방자치단체에 의회를 둔다"고만 규정하고 있고 2항에서 "지방의회의 조직권한의원 선거와 지방자치단체장의 선임방법 기타 지방자치단체의 조직과 운영에 관한 사항은 법률로 정한다"라고 규정하고 있다. 그런데 지방의회와 집행기관의 조직과 권한, 그리고 지방의회의 선거와 집행기관의 선임방법, 지방정부의 기관구성과 운영 등에 대해서는 지방정부가 자체적인 법률로 규정할 수 있도록 해 주는 것이 자치행정권을 확대하는 방법이다. 그래서 국회개헌특위 자문위원회 지방분권분과 시안에서는 지방정부는 지방의회와 집행기관으로 구성되는데 "다만 지방정부의 법률

---

10. 자치조직권은 조직구성에 필요한 인력의 범위를 규정하는 정원 및 충원, 인력배치, 보수 등의 문제와 관련이 있으므로 자치인사권을 포함한다.

로 주민총회를 입법기관으로 할 수 있다"고 규정하여 지방의회 구성의 자율성을 열어놓았고, "지방정부의 입법기관과 집행기관의 조직, 인사, 권한 등 기관구성과 운영에 관한 필요한 사항을 해당 지방정부의 법률로 정한다"라고 명기하였다. 정부개헌안은 현행과 큰 차이없이 지방정부의 조직과 운영에 관한 기본적인 사항은 법률로 정하고, 구체적인 내용은 조례로 정한다고 약간의 개정만 제안했다.

그런데 지방자치단체의 자치행정권 및 집행권과 관련해도 헌법개정을 통해 그 권한과 책임을 명확히 하고, 지방에서 지방자치단체의 기관, 즉 의회와 집행기관의 구성을 자율적으로 결정할 수 있도록 헌법으로 보장하자는 주장이 있다. 이는 지방자치단체장 선출방식이나 지방의회의 조직과 권한이 전국적으로 동일할 필요가 없으며 지역의 특수성에 따라 다양한 모델이 있을 수 있다는 제안으로 이어지기도 한다. 그러나 자치행정권 혹은 조직권과 관련하여서는 지방자치의 심화와 지방정치의 활성화에 연동하여 유연하게 접근할 필요가 있다. 세부적으로 헌법에 반영되지 않더라도 관련 법률로도 확대할 수 있는 문제라고 보여진다.

5. 자치입법권의 확대

자치입법권의 확대는 헌법개정을 통해 지방자치단체의 '자치입법권'을 실질적으로 보장하자는 것이다. 자치입법권은 지방정부가 독자적으로 법규를 제정하는 권한이다. 현행 헌법에서는 지방자치단체가 "법령의 범위 안"에서 자치관련 조례와 규칙 등을 제정할 수 있도록 제한하고 있다. 그동안 상위법령과 맞지 않은 지방정부의 조례나 규칙은 법령에 그 근거가 없다는 이유로 효력을 발휘하지 못하였다.

그래서 자치입법권의 실질적인 확대를 위해서는 입법권도 국회와 자치의회가 모두 가진다는 것을 명시하여 "입법권은 국회와 자치의회에 속한다"라는 규정을 만들자고 주장하기도 한다. 또한 자치입법을 현행 "법령의 범위 안"에서 "법률의 범위 안"으로 혹은 "법률에 위반되지 않는 범위 내에서"로 확대하는 안이 주장되고 있다. 나아가 국회에는 전국적인 통일성의 유지, 확보가 불가피한 일체의 사무에 관하여 입법권을 부여하고 광역지방정부에는 광역지방정부의 법률입법권을, 기초지방의회에는 조례제정권을 부여하자고 세부적인 헌법규정을 제안하기도 한다. 국회개헌특위 자문위원회 지방분권안은 "지방정부는 그 관할구역에서 효력을 가지는 법률을 제정할 수 있다"고 하여 법률제정권을 부여하고 있다. 이는 중앙정부가 독점하게 되는 입법권의 범위를 먼저 설정한 다음, 그것에 해당하지 않는 사항들에 대해서는 중앙정부와 지방정부가 입법권을 공유하며, 지역특성을 반영하기 위해 필요한 경우에는 중앙정부의 법률과 다른 법률을 지방정부가 직접 제정할 수 있도록 허용하자는 주장과 맥을 같이 한다.

그러나 헌법에 구체적으로 규정을 도입하는 것보다는 지방정부는 "법률에 위반하지 않는 범위 안에서 자신의 권한에 속하는 사무에 관한 조례를 제정할 수 있다"는 정도의 유연한 규정이면 충분하다고 생각된다. 정부개헌안(123조)도 "지방의회는 법률에 위반되지 않는 범위에서 주민의 자치와 복리에 필요한 사항에 관하여 조례를 제정할 수 있다"라고 제안하였다. 지방의회에 법률제정권이나 법안제출권을 부여하자는 주장은 국회의 권한을 약화시키는 방향이므로 논의과정에서 많은 어려움이 있을 것이다. 현재의 "법령의 범위 안에서"의 조문 내용을 표현이 어떠하든 "법률의 범위 안에서" 혹은 "법률에 저촉되지 아니하는 범위 안에서", "법률을 위반하지 않는 범위 안에서" 정도로 점진적인 변화를 추구하는 것이 오히려 현실적인 대안이라고 보여진다.

6. 자치재정권의 실질적 보장

자치재정권은 지방자치단체가 배분된 기능을 수행하는 데 필요한 경비를 충당하기 위해 중앙정부의 간섭을 받지 않고 독자적으로 그 재원을 조달하고 관리할 수 있는 권한을 의미한다. 실질적인 지방분권을 달성하기 위해서는 재정권이 지방으로 대폭 이양되어야 한다. 지방분권형 국가라는 원리를 헌법에 규정하고, 중앙의 권한과 사무를 지방으로 이양하였어도 재정이 뒷받침되지 않고서는 실질적인 지방분권이 실현될 수가 없다. 현행 헌법에서는 지자체의 자주재정권에 대한 명시적인 규정은 없다. 그래서 지방자치단체의 조세권을 강화하고 중앙정부의 재정지원 의무를 규정하는 헌법 개정이 필요하다고 주장된다.

쟁점은 지방세의 세목과 세율을 지방의회의 조례에 의해 자율적으로 정할 수 있는 자치권을 부여할 것인가? 또한 자치재정이 확대되면, 그에 따른 지역간 재정격차를 어떻게 조정할 것인가? 라는 점이다.

현행 헌법은 법률의 근거없이 세금을 부과 혹은 징수할 수 없도록 엄격히 제한하는 조세법률주의를 채택하고 있다. 즉 조세종목과 세율을 법률로만 정하도록 규정하여 지방자치단체의 과세자치권을 지나치게 제한하고 있다. 그래서 헌법 개정으로 지방세원을 배정하고, 법률에 정하는 범위 안에서 지방세, 사용료, 수수료에 대한 세목, 세율 및 기타 필요한 사항을 조례로 정할 수 있도록 바꾸어야 한다고 주장된다. 또한 지방의 재정을 보장하는 방안으로 지방으로 위임한 사무에 대해 국가의 비용부담의무를 명시하고, 지역간 재정력 격차를 우려하여서 국가의 재정조정제도를 도입하는 것이 필요하다고 한다.

지방의 재정은 여전히 취약한 상황이라고 할 수 있다. 국세와 지방세는 8: 2 구조가 고착화되어 있고, 지방자치단체의 자립도도 1995년 63.3%에서 2015년 50.6%로 지속적인 하락의 추세에 있으며, 기초단체의 경우에는 1995년 44%에서 2015년 22%로 대폭 하락하였다(유병선 2016, 149). 또한 지역간 편차도 크게 나타나는데, 2016년 지방재정자립도를 보면, 경기도가 55.2%인데, 전라남도는 18.35%이며, 울산 울주군은 44.76%인데 비하여 경북 봉화군은 9.64%이었다(하혜영 2017).

지방의 재정권을 보장하기 위해서는 자주재정권을 헌법에 선언적으로 명시하거나 법률에 위반되지 않는 범위 내에서 지방과세권을 규정하는 방안에 대한 검토가 필요할 것이다. 정부의 개헌안에서는 제124조를 신설하여 1항에서 "지방정부는 자치사무의 수행에 필요한 경비를 스스로 부담한다. 국가 또는 다른 지방정부가 위임한 사무를 집행하는 경우 그 비용은 위임하는 국가 또는 다른 지방정부가 부담한다"라고 기본원칙을 규정하였다. 그리고 2항에서 "지방의회는 법률에 위반되지 않는 범위에서 자치세의 종목과 세율, 징수 방법 등에 관한 조례를 제정할 수 있다"라고 하여 지방세 조례주의를 도입하고 있다.

이러한 지방의 조세권확대와 병행하여 지방분권과 균형발전을 위해서도 재정조정제도의 도입도 적극적인 검토가 필요하다. 현재는 중앙정부가 제정한 법률에 의해 지방교부세와 국고보조사업을 통해 중앙통제형 재정조정을 실시하고 있다. 이러한 상황에서 지방세 조례주의의 도입은 어떤 형태로든 지방간 과세 경쟁으로 인해 발생하는 재정격차를 확대할 가능성이 매우 높다. 따라서 지방정부간 균형을 위해서는 재정조정제도의 도입도 같이 논의해야 한다는 것이다. 지방정부간 격차를 축소하기 위해서 정부의 개헌안도 124조 4항에 "국가와 지방정부, 지방정부 상호 간에 법률로 정하는 바에 따라 적정한 재정조정을 시행한다"라고 규정하여 지방재정조정제도의 도입을 제안하고 있다.

재정의 분권화 규정은 지방자치단체가 스스로 필요한 재원을 마련할 수 있는 구조를 갖기 위해서 필요한 것이며, 재정확보를 위한 자치입법권의 확대와 재정조정제도의 도입이 그 핵심이 된다고 할 것이다.

V. 맺음말

역대 비극적인 대통령의 결말에서 많이 경험하였듯이, 집중된 권력은 견제와 균형에 의해 통제되어야 하거나, 분산되는 것이 그래도 최악을 피할 수 있는 방법일 것이다. 제왕적 대통령제의 폐해에 대해서는 오랫동안 많은 지적이 있었고 대안으로 권력구조를 바꾸는 시도들이 있어 왔다. 지방분권화도 집중화된 중앙의 권한과 재정을 지방에게 합리적으로 이전하여 지방자치를 심화시키고 국토의 균형발전을 도모하자는 논의이다. 즉 지방이 스스로 지역발전의 책임을 지도록 하여 풀뿌리 민주주의를 강화하고 지역주민의 복리를 향상시켜 균형있게 중앙-지방의 발전을 추구하도록 국가운영체제를 전환하자는 것이다.

이 글에서는 개헌 논의에 있어서 지방분권의 이념과 핵심적인 제도를 헌법에 반영하는 것이 필요하다고 주장하였다. 물론 이것은 지방자치의 성숙과 지방정치의 개혁과 맞물려 진행할 필요성이 있다고 보았다. 지방분권, 자치권, 균형발전의 이념은 선언적인 규정만으로도 충분할 것이고, 지방분권을 확대시키기 위해서는 보충성의 원리, 자치입법권과 재정권을 헌법에 명시하는 것이 중요하다고 지적하였다.

지방분권형 개헌은 이러한 지방분권의 이념과 제도들을 헌법에 규정하여, 지방자치가 역행하지 않고 더 심화될 수 있는 제도적 기반을 마련하자는 제안이다. 1987년에 만들어진 현행 헌법에서 규정된 두 개의 지방자치 관련 조항만으로도 지방자치는 지속적으로 발전하여 왔다. 제도만능주의적 사고처럼, 구체적이고 세부적인 논의들까지 헌법에 규정하려는 시도는 실현가능성을 떨어뜨리고 오히려 자유롭고 유연한 발전에 걸림돌이 될 수도 있다. 지방분권과 균형발전의 핵심적인 사항만을 헌법에 반영하고, 다른 세부적인 논의들은 지방정치의 성숙에 따라 현실적실을 가지고 유연하게 진전시키려는 전략적인 사고 필요하다고 보인다. 제도와 정치가 같이 갈 수 있는 유연한 규정이 더 전략적 선택과 기회의 폭을 넓힐 수도 있을 것이다.

문제는 어떻게 실현시킬 것인가하는 것이다. 개헌은 국가의 근본적인 틀을 바꾸려는 노력이지만, 정치권의 이해와 밀접하게 연결되어 있는 이슈이기도 하다. 민감한 정부형태에 대한 합의도 쉽지 않은 과정일 것이고, 여기에 지방분권의 주장을 과도하게 제기하면 중앙의 반발에 직면할 수도 있다. 그래서 헌법 규정의 선언성과 구체성, 헌법 사항과 법률 사항 등을 전략적으로 구분하여 접근하는 논의가 필요할 것이다. 개헌은 많은 비용과 논란을 수반하는 과정이다. 이 논란과 비용을 최소화하면서 합의를 이끌어 내기 위해서는 매우 현실적이면서도 전략적인 접근이 중요할 것이다.

참고문헌

강경태. 2016. "11장 지방자치: 선진국 사례." 강원택 편. 『지방정치의 이해 1』. 박영사.

국민주권회의. 2017. 『헌법개정안』.

국회헌법연구자문위원회. 2009. 『헌법연구자문위원회결과보고서』.

김문현 외. 2016. 『2016년 새헌법안』. 대안문화아카데미.

김성호. 2016. "분권개헌에 있어서 지방자치 관련 쟁점들." 『지방행정』. 통권755호(2016년 9월). 행정공제회.

김용복. 2009. "지방의회의 역할과 선거제도의 개선: 비례성의 제고와 정당정치의 활성화." 『세계지역연구논총』. 27권3호.

김용복. 2017. "촛불정국과 개헌논의: 쟁점과 과제." 『정치비평』. 10권1호(복간호). 한국정치연구회.

김용복. 2018. "통일과 지방분권." 『한국과 국제정치』. 34권1호. 경남대 극동문제연구소.

유병선. 2016. "6장 지방정부의 자치권과 기능사무." 강원택편. 『지방정치의 이해 1』. 박영사.

윤기석. 2015. 『분권형 국가만들기』. 도서출판바름.

전용주. 2013. "개헌논의와 지방자치: 지방분권 개헌은 최선인가?" 『입법과 정책』. 제2호(2013년 6월). 서울특별시의회.

조충훈. 2016. "20대 국회 헌법개정과 지방자치: 지방분권개헌." 『지방행정』. 통권751호(2016년5월호). 행정공제회.

주인석. 2014. "독일 연방상원(Bundesrat)의 지역, 정당이익대표: 한국정치개혁에의 시사점." 『21세기정치학회보』. 24권1호. 21세기정치학회.

지방분권개헌국민회의. 2017. 『지방분권개헌국민회의 공동협약 및 출범식 자료집』.

차재권. 2018. "지방분권형 개헌 논쟁의 쟁점과 과제." 한국정치연구회 4월세미나 자료집.

최준영. 2014. "교육감 직선제: 민주적 대표성 강화를 중심으로." 『한국지방자치의 현실과 개혁과제』. 사회평론.

하혜영. 2017. "지방분권형 헌법 개정을 둘러싼 주요 쟁점과 과제." 『이슈와 논점』(2월24일). 국회입법조사처.

한국지방자치학회. 2008. 『한국지방자치의 이해』. 박영사.

허석재. 2016. "4장 지방정치제도의 기본원리." 강원택 편. 『지방정치의 이해 1』. 박영사.

제2부

사례와 관찰

제8장

서울: 지방자치의 심화를 위한 다채로운 도전

미우라 히로키·서울대

I. 서울 지방자치의 전개: 인간 중심적 자치 도시를 향한 여정

1995년의 민선제도 부활 이후 역대 서울 시정은 두 번의 정권 교체를 겪으면서도 공통적으로 인간 중심이라는 목표를 내걸고 지방자치를 발전시켜왔다〈표 1〉. 물론, 세부적 정책에 관해서는 각 집권 시기마다 상이한 성격이 있으나 모두 사람이나 인간 혹은 시민 공동체의 다양한 측면을 보호하거나 발전시키기 위한 치열한 노력이라고 볼 수 있다. 구체적으로 민선 1, 2기에는 시민의 시정 참여를 촉진하거나 시민의 정치적 권리 강화를 도모하는 제도나 사업이 선구적으로 추진되었던 점이 특징이다. 민선 3, 4기에는 시민의 실질적인 생활환경이나 복지 수준을 향상시키기 위한 다양한 사업을 바탕으로, 주민 참여나 자치, 각 자치구의 내생적 혹은 지속적 발전의 중요성이 부각되었다.

자치, 협치, 분권 등에 관해서 본격적인 변화가 시작한 것은 민선 5기 후반 이후이다. 2011년 7월에 제정된 주민참여 기본조례를 필두로, 정권 교체 이후, 주

<표 1> 역대 서울 시정의 특징과 변화

	시정 목표	주요 정책·조례 등
민선1기 [조순 시장] 1995.7- 1998.6	시민 본위의 사정, 인간 중심의 도시	• 시정을 시민중심으로 전환하고 시정운영 3개년 계획과 부문별 중장기 계획 수립 추진. • 당산철교 재시공 등 각종 도시 시설물의 안전점검과 보수 추진 • 환경기본조례, 제정, 환경헌장 제정, 서울의제 21 등 환경정책 • 전국 최초로 사회복지조사를 실시, 시민복지 5개년 계획 수립 • 시민창안 제도, 버스정책시민위원회
민선2기 [고건 시장] 1998.7- 2002.6	인간적인, 한국적인, 세계적인 도시	• 투명행정 구현을 위한 반부패 시책 추진(민원처리 온라인 공개 시스템, 청렴계약옴부즈만, 전자수의계약 등) • 생명의 나무 천 만 그루 심기, 월드컵공원 등 녹색 가꾸기 • 2002월드컵 성공적 추진, 2기 지하철 완성 • 시민감사관 제도, 여성발전기본조례 • 주민조례제정개폐청구 제도
민선3기 [이명박 시장] 2002.7- 2006.6	서울, 세계 일류도시	• 경영마인드를 도입한 시정 추진으로 예산 절감 및 부채 상환 • 지역균형 발전을 위한 뉴타운 사업 기반 마련 • 청계천 생태하천 복원, 서울 숲 조성 등 친환경 시정 추진 • 대중교통체계 전면 개편으로 빠르고 편리한 서울 구현 • 자동차 중심에서 사람 중심의 시정 패러다임 전환 • 주민투표조례 제정
민선4-5기 [오세훈 시장] 2006.7- 2011.8	맑고 매력 있는 세계 도시 시민이 행복한 서울 세계가 사랑하는 서울	• 창의시정(120다산콜 센터, 천만상상 오아시스 등) 추진 • 광화문광장 조성, 세운초록띠공원 조성 등을 통한 도심 재창조 • 장기 전세 주택 Shift, 여행프로젝트 등 서울형 복지 추진 • 대기질 개선, 북서울 꿈의 숲 조성 등 친환경 서울 구현 • WDC 2010 유치, 동대문디자인 파크플라자 건설 • 자치구 인센티브 사업, 지속가능발전 기본조례 제정 • 주민참여 기본조례 제정, 주민 소송 제도, 주민 소환 제도
민선5-7기 [박원순 시장] 2011.10-	함께 누리는 서울 시민이 행복한 서울	• 채무 감축으로 재정건전성 확보 • 마을공동체, 사회적 경제, 협동조합 등 사회혁신도시 기반 구축 • 보도블록 10계명, 심야전용 올빼미 버스 도입 • 서울형 어린이집, 데이케어센터 어르신행복타운 등 도입 • 금융·관광 인프라 조성, 외국인 편의시설 확충 • 찾아가는 복지, 돌봄의 사회적 책임 강조 • 관광산업육성 집중 홍보마케팅 지역경제, 문화, 관광거점을 조성하는 도시재생 사업 • 공공자전거 확대, 보행 전용거리 확대 등 걷고 싶은 도시 조성 • 주민(시민)참여 예산제 도입, 시민청 운영 • 분권, 자치, 협치를 위한 각종 제도 정비(자치 헌장 조례, 서울시의회 기본조례, 시의회와 서울특별시, 서울특별시교육청 간 소통과 협치를 위한 조례, 지방분권촉진 및 지원에 관한 조례, 민관협치 활성화를 위한 기본조례, 상생교류 활성화 지원에 관한 조례 등)

출처: 서울시(2016, 10-11), 서울시 홈페이지 등을 참고해 필자 수정.

민(시민)참여 예산제(2012년), 서울시의회 기본조례(2013년), 지방분권촉진 조례(2015년), 민관협치 기본조례(2016년), 시-의회-교육청 협치 조례(2017년), 서울 자치 헌장(2017년)과 같은 주요 제도가 잇따라 도입되었다. 최근 10년 사이에 서울 지방자치의 제도 지형은 과거와 비교해 크게 달라졌으며, 시와 25개 자치구 차원에서 다채로운 도전이 나타나고 있다.

II. 서울 지방자치의 전체적 현황과 특색이 있는 자치구 사례

1. 제도적 조감도: 자치, 분권·협치, 참여, 마을·지역

지방자치는 다양한 이슈나 제도를 포함하는 복합적인 영역이며 지방분권이나 로컬 거버넌스(local governance)와 같은 키워드와도 관련된다. 다만, 실천적 차원에서는 이러한 개념들의 세부 요인에 대해서 어느 정도 공통점이 도출되고 있다. 서울연구원은 '지방분권'의 핵심 요인을 다음 6가지로 정리한 바 있으며(정희윤 외 2016), 서울시 또한 이와 동일한 관점에서 서울의 '지방자치'가 걸어온 발자취와 과제를 전망하고 있다(서울시 2016). 즉, 1) 자치입법, 2) 자치 조직, 3) 자주 재정, 4) 사무 분배, 5) 협력적 거버넌스, 6) 주민 참여를 구체적 요소로 보는 것이다. 다른 기존연구나 보고서를 봐도 서울의 지방자치, 지방분권, 로컬 거버넌스 등의 세부 요인에 대한 시각은 크게 차이가 없다(김찬동·정희윤 2015; 이주헌 2016; 라미경 2017).

이러한 관점을 바탕으로 서울 지방자치의 현황을 파악하기 위한 틀을 보다 쉽게 다음과 같이 설정해 보고자 한다. 1) 서울시의 자치, 2) 분권과 협치, 3) 시민·주민의 참여, 4) 마을·지역의 자치의 4가지 세부 영역이다.

1) 서울시 자치의 기본 시스템

현행 제도 체계에서 서울시 자체의 자치에 관한 가장 근본적인 것은 2017년 5월에 제정된 서울특별시 자치헌장 조례가 해당된다. 이는 '자치의 근간이 되는 조례'로서 제정되었으며(전문 및 제5조), 주로 다음 내용을 포함하고 있다. ① 자치의 기본원칙(시민의 주체성과 참여, 제2-3조), ② 시와 중앙정부의 관계 및 자치권(상호 존중·협력 관계, 제4조, 제17-20조), ③ 시민의 참여권과 공동체 활성화(시정참여를 위한 기본제도와 방법 등, 제6-9조), ④ 시의회의 책무(제10조), ⑤ 시장의 책무(제11조), ⑥ 시정 운영의 기본방향(포용적 성장, 지속가능발전, 역사문화 보존, 제12-14조)이다.[1] 이 근간 조례하에 의회기본조례, 의회행동강령조례, 공무원행동강령조례, 행정서비스헌장 등이 시민-행정-의회의 관계를 규정하며 서울시 자치의 기본 시스템을 형성하고 있다.

2) 분권과 협치의 활성화

서울시자체의 자치를 다각적으로 보완하는 것이 분권과 협치에 관한 다양한 제도이다. 조례로 제도화된 지방분권 촉진·지원추진계획과 지방분권협의회의 운영, 공공갈등 예방 제도, 자치영향평가제도, 조정교부금제도, 행정권한위임과 민간위탁 제도 등을 통해 중앙정부-서울시(광역)-기초지자체 간 분권체계나 광역 간 협치를 운영한고 있다.

또한 최근에는 협치에 관한 제도가 급속히 발전·심화되고 있는 것이 특징이다. 제도적으로는 2016년의 협치서울선언[2]과 같은 해 9월에 제정된 '민관협치 기본조례'를 중심으로 서울협치회의와 각 자치구 협치회의, 지역사회혁신계획, 시민협력플랫폼 등을 디자인하고 있다. 이를 보다 심화시켜 시민민주주의 조례, 시

---

1. '서울특별시 자치헌장 조례'(2017.5.18 제정, 제6469호).
2. 2016년 11월 27일, 민관 함께 개최해 약 1,200명이 참가한 협치서울시민대회에서 투표를 통해 채택된 선언문임.

민민주주의 위원회로 재구성하는 구상도 등장하고 있다.**3** 이 밖에도 일정 수준의 의결권을 부여하는 서울청년의회를 설치해 새로운 권한 주체를 창출하고 있다. 2016년을 전후하여 자치구 수준에서는 공무원의 '협업 포인트' 운영을 통해 협력, 협업, 협치의 문화 활성화와 내실 강화에 노력하고 있다(강서구, 금천구, 양천구, 성북구 등).**4**

3) 주민·시민의 참여와 역량강화

자치와 협치를 실질적으로 수행하고 활성화하는 것은 시민·주민의 참여와 힘이다. 따라서 이들의 기본적인 정치적 권리(참정권)는 물론, 역량강화나 교육, 평등, 복지 등과 관련된 기본 제도는 지방자치와 실질적으로 관련되며, 이를 심화시키는 데 중요한 과제가 된다. 역사적으로는 주민투표, 주민소환, 주민소송, 주민감사 등과 관련된 제도가 중요시되고 실천되어 왔다. 최근에는 시민참여예산 제도나 주민참여조례, 시민옴부즈만 제도, 시민공익 활동 촉진 제도, 민주주의 서울(온라인 시민의견 플랫폼 사업), 서울천만인소(온라인 시민청원 사업) 등을 통해 시민의 참여수단이나 역량강화 수단이 다각적으로 제도화되고 있다.

참정권뿐만 아니라 시민의 실질적 역량강화와 정치적 평등을 구현하기 위한 제도도 다수 있다. 중요한 것으로서는 인권조례나 성평등 조례, 시민교육 사업과 서울시민자유대학의 운영, 경제민주화 사업, 사회적경제 활성화 그리고 각종 맞춤형 복지사업 등이 시행되고 있다.

---

3. 서울시는 2018년 9월 10일에 '시민민주주의 조례(안)'에 대한 공청회를 개최했다.

4. 협업포인트제도란 공무원이 기관 간 또는 기관 내 다른 부서 공무원과 업무과정에서 도움을 주고받거나 지식·정보를 공유하는 등 협업을 한 경우 포인트를 주고받는 제도이다. 각 자치구 내에서 운영되고 있으며, 주로 1인당 매월 200포인트씩 배정받아 협업 상대방에게 1회 10포인트씩 감사메시지와 함께 보낼 수 있으며 동일인이나 같은 부서 직원 간의 제공은 제한되는 시스템이다.

4) 마을·지역 자치의 활성화

풀뿌리 차원의 마을이나 지역, 동네 등을 활성화시키는 제도나 사업은 이른바 '지방 내 분권'이자 '서울 내 자치'의 영역이다. 서울시는 이러한 마을 차원에서 이루어지는 자치와 문제 해결 등의 의지나 동력을 '마을 공공성'으로서, 현대 민주주의의 핵심적 요소로 중요시하고 있다(서울시 2017a, 13-14).

구체적으로는 마을공동체 지원사업과 '찾아가는 동주민센터 사업' 등을 통해 마을 수준의 소규모 시민활동이나 동네 수준의 다양한 주민주도의 문제해결 그리고 기층제도인 행정동·동주민센터의 개혁에 노력하고 있다. 각 동 단위로 마을계획단이나 마을총회를 운영하고, 마을변호사나 마을담당관을 신설, 찾아가는 복지 서비스를 실천하는 등 주민자치에 관한 기존의 질서를 개혁하고 있다.

이와 같이 다양한 개혁이 이루어졌음에도 불구하고 풀뿌리 차원의 주민자치는 아직 완성했다고 평가할 수 없다. 2010년대에서 2020년대는 과도기적 기간이라고 보는 것이 현실적일 것이다. 앞에서 언급한 다양한 정책·조례·사업들이 마을이나 지역을 단위로 재구성되며, 기층 수준의 자치 시스템은 상당히 역동적으로 변화하고 있기 때문이다. 참여예산제나 마을공동체 지원사업, 지역사회혁신 사업의 통합을 비롯해, 생활체육이나 교육문화 활성화 사업(책 읽는 마을 사업, 구립 합창단, 축구단 사업, 동아리 지원 사업, 장난감 공유 사업 등), 지역사회복지 사업(지역아동센터 운영, 지역자활센터 운영, 다문화, 외국인 지원사업 등) 또한 주민자치의 맥락에서 재구성되고 있다. 문화도시, 건강도시, 녹색도시, 아동친화도시, 교육도시와 같은 다양한 도시정책이나 비전이 등장한 것도 마을·지역의 자치 질서를 변화시키고 있다. 전통시장과 시민시장의 활성화, 기업 유치, 대기업-중소기업의 상생 모색, 젠트리피케이션(gentrification) 방지, 지속가능발전의 추진 등 지역경제 활성화와 관련된 다양한 정책의 발전도 결국 마을·지역 자치의 중요한 요소이다.

이와 같은 서울시 지방자치에 관한 주요 제도를 정리하면 〈그림 1〉과 같다.

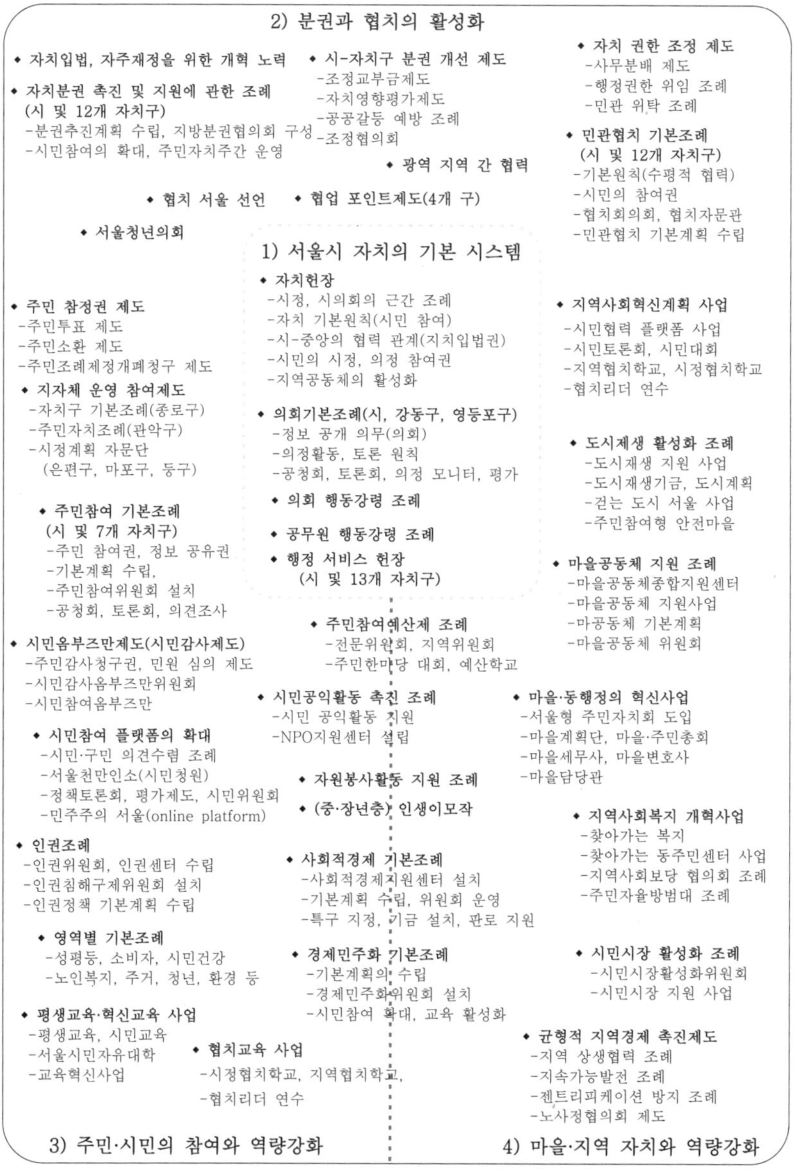

2) 분권과 협치의 활성화

◆ 자치입법, 자주재정을 위한 개혁 노력

◆ 자치분권 촉진 및 지원에 관한 조례
　(시 및 12개 자치구)
　-분권추진계획 수립, 지방분권협의회 구성
　-시민참여의 확대, 주민자치주간 운영

◆ 시-자치구 분권 개선 제도
　-조정교부금제도
　-자치영향평가제도
　-공공갈등 예방 조례
　-조정협의회

◆ 광역 지역 간 협력

◆ 협치 서울 선언　　◆ 협업 포인트제도(4개 구)

◆ 서울청년의회

◆ 자치 권한 조정 제도
　-사무분배 제도
　-행정권한 위임 조례
　-민관 위탁 조례

◆ 민관협치 기본조례
　(시 및 12개 자치구)
　-기본원칙(수평적 협력)
　-시민의 참여권
　-협치회의회, 협치자문관
　-민관협치 기본계획 수립

1) 서울시 자치의 기본 시스템

◆ 자치헌장
　-시정, 시의회의 근간 조례
　-자치 기본원칙(시민 참여)
　-시-중앙의 협력 관계(지치입법권)
　-시민의 시정, 의정 참여권
　-지역공동체의 활성화

◆ 의회기본조례(시, 강동구, 영등포구)
　-정보 공개 의무(의회)
　-의정활동, 토론 원칙
　-공청회, 토론회, 의정 모니터, 평가

◆ 의회 행동강령 조례

◆ 공무원 행동강령 조례

◆ 행정 서비스 헌장
　(시 및 13개 자치구)

◆ 주민참여예산제 조례
　-전문위원회, 지역위원회
　-주민한마당 대회, 예산학교

◆ 시민공익활동 촉진 조례
　-시민 공익활동 지원
　-NPO지원센터 설립

◆ 자원봉사활동 지원 조례

◆ (중·장년층) 인생이모작

◆ 사회적경제 기본조례
　-사회적경제지원센터 설치
　-기본계획 수립, 위원회 운영
　-특구 지정, 기금 설치, 판로 지원

◆ 경제민주화 기본조례
　-기본계획의 수립
　-경제민주화위원회 설치
　-시민참여 확대, 교육 활성화

◆ 지역사회혁신계획 사업
　-시민협력 플랫폼 사업
　-시민토론회, 시민대회
　-지역협치학교, 시정협치학교
　-협치리더 연수

◆ 도시재생 활성화 조례
　-도시재생 지원 사업
　-도시재생기금, 도시계획
　-걷는 도시 서울 사업
　-주민참여형 안전마을

◆ 마을공동체 지원 조례
　-마을공동체종합지원센터
　-마을공동체 지원사업
　-마을공동체 기본계획
　-마을공동체 위원회

◆ 마을·동행정의 혁신사업
　-서울형 주민자치회 도입
　-마을계획단, 마을·주민총회
　-마을세무사, 마을변호사
　-마을담당관

◆ 지역사회복지 개혁사업
　-찾아가는 복지
　-찾아가는 동주민센터 사업
　-지역사회보장 협의회 조례
　-주민자율방범대 조례

◆ 시민시장 활성화 조례
　-시민시장활성화위원회
　-시민시장 지원 사업

3) 주민·시민의 참여와 역량강화

◆ 주민 참정권 제도
　-주민투표 제도
　-주민소환 제도
　-주민조례제정개폐청구 제도

◆ 지자체 운영 참여제도
　-자치구 기본조례(종로구)
　-주민자치조례(관악구)
　-시정계획 자문단
　　(은평구, 마포구, 둥구)

◆ 주민참여 기본조례
　(시 및 7개 자치구)
　-주민 참여권, 정보 공유권
　-기본계획 수립,
　-주민참여위원회 설치
　-공청회, 토론회, 의견조사

◆ 시민옴부즈만제도(시민감사제도)
　-주민감사청구권, 민원 심의 제도
　-시민감사옴부즈만위원회
　-시민참여옴부즈만

◆ 시민참여 플랫폼의 확대
　-시민·구민 의견수렴 조례
　-서울천만인소(시민청원)
　-정책토론회, 평가제도, 시민위원회
　-민주주의 서울(online platform)

◆ 인권조례
　-인권위원회, 인권센터 수립
　-인권침해구제위원회 설치
　-인권정책 기본계획 수립

◆ 영역별 기본조례
　-성평등, 소비자, 시민건강
　-노인복지, 주거, 청년, 환경 등

◆ 평생교육·혁신교육 사업
　-평생교육, 시민교육
　-서울시민자유대학
　-교육혁신사업

◆ 협치교육 사업
　-시정협치학교, 지역협치학교,
　-협치리더 연수

4) 마을·지역 자치와 역량강화

◆ 균형적 지역경제 촉진제도
　-지역 상생협력 조례
　-지속가능발전 조례
　-젠트리피케이션 방지 조례
　-노사정협의회 제도

〈그림 1〉 주요 제도 조감도: 자치, 분권·협치, 참여, 마을·지역
출처: 필자 작성

2. 서울시 및 25개 자치구의 관련 조례 제정 현황

이상의 4가지 영역에 관한 서울시와 25개 자치구의 주요 제도의 현황을 '조례'의 제정 여부를 기준으로 정리하면 〈표 2, 3, 4〉와 같다.[5]

현행 조례 체계에서 자치, 분권·협치, 참여, 마을·지역과 관련된 주요 조례를 약 60개 도출할 수 있으며, 이를 성격에 따라 종합적 영역〈표 2〉과 개별적 영역〈표 3〉 그리고 기타 특색이 있는 조례〈표 4〉로 구별해 각 자치구의 제정 여부를 파악해 보았다.[6] 이 중 약 35개 조례에 대해서는 모든 자치구와 시가 제정했다(〈표 2〉의 공통 조례). 물론, 이러한 분류와 현황 파악은 조례 제정을 기준을 한 형식적인 것이기 때문에 각 자치구의 실질적인 사업·정책 추진의 수준이나 깊이로 확대 해석해서는 안 될 것이다. 다만, 각 자치구의 특색이나 관한 관심 수준을 이해하거나 점검하기 위해서 유익할 것이다.

현황을 보면 강동구, 노원구, 도봉구, 서대문구, 성동구, 성북구, 은평구, 종로구 등은 조례 제정 수준이 비교적 높으며, 각 자치구의 적극성에 차이가 나타난다. 또한 성동구, 종로구, 중구 등은 특생이 있는 독자적 조례를 비교적 많이 제정하고 있으며, 제도화의 성격에도 차이가 나타난다. 일부 중요한 조례에 관해서 아직 전체적 제정 수준이 낮으며(예: 의회기본조례, 저책평가조례 등), 향후의 발전이 필요하다.

---

5. 일부 중요한 '규정'도 포함함. 유사한 내용이나 명칭을 가진 조례는 경우에 따라 병기하거나(예: 도시디자인/계획조례)나 단순화 시켰음(예: 사회적기업지원 조례와 사회적경제 지원 조례를 모두 사회적경제조례로 표시).

6. 자치구는 주로 200~300개의 조례를 운영하고 있으며 모두 각 분야별로 분류되고 있다(행정자치부 2018). 자치·분권·협치·참여 관련 조례는 주로 지방의회, 감사, 자치행정, 기획재정 등 분야의 관련 조례 그리고 복지, 교육, 도시 등의 개별 분야의 관련 조례를 추출하는 방식으로 선별했다.

〈표 2〉 관련 조례의 시·자치구별 제정 현황 1: 종합적 영역

	종합적 영역											공통 조례 (모든 지자체가 제정)
	지자체 기본 조례	자치 기본 조례	주민 참여 기본 조례	의회 기본 조례	행정 서비스 헌장	협치 기본 조례	자치 분권 조례	주민 자치 회 조례	인권 기본 조례	청년 기본 조례	민주 시민 교육 조례	
서울시		○	○	○	○	○	○		○	○	○	• 자치법규입법조례 • 참여예산제조례 • 구세기본조례 • 지방보조금관리조례 • 민간위탁/위임조례 • 시민옴부즈만/감사조례 • 민원조정/심의조례 • 의회/행정 행동강령 조례 • 주민투표조례 • 행정정보공개조례 • 정보화기본조례 • 소식지/매체조례 • 정책실명제조례 • 도시디자인/계획조례 • 사회적경제조례 • 양성평등조례 • 환경/에너지 기본조례 • 상생협력조례 • 중소기업지원조례 • 생활임금/주민소득조례 • 지역사회보장협의회 조례 • 주민자율방범대조례 • 마을공동체조례 • 자원봉사활동지원조례 • 평생교육조례 • 자치회관조례 • 통반설치조례 • 자율적 내부통제 규정 • 반상회운영규정
강남구				○*								
강동구					○		○			○		
강북구					○		○		○			
강서구					○					○	○	
관악구		○	○*	○*	○		○				○*	
광진구											○	
구로구			○						○			
금천구				○*	○		○	○			○	
노원구							○	○			○	
도봉구			○		○	○	○	○	○	○	○	
동대문구					○	○	○		○			
동작구			○				○			○		
마포구			○				○					
서대문구					○	○	○		○			
서초구									○			
성동구			○		○		○		○			
성북구					○	○	○		○			
송파구			○									
양천구					○					○		
영등포구				○	○	○	○		○			
용산구												
은평구			○		○	○	○	○	○	○		
종로구	○		○*	○*	○		○		○			
중구					○							
중랑구					○		○	○			○*	

*타 법을 통해 실질적으로 제도화되고 있음.
출처: 국가법률정보센터, "자치법규" 데이터베이스를 활용하여 필자 작성.

〈표 3〉 관련 조례의 시·자치구별 제정 현황 2: 개별적 영역

개별적 영역

구분	재능나눔활성화조례	인생이모작지원조례	소셜미디어활용조례	인성교육지원조례	공동체관련리더조례	협동조합활성화조례	공공시설개방조례	공유촉진조례	도시재생조례	지속가능발전기본조례	지역치안협의회조례	공익·사회단체지원조례	예산낭비사례공개조례	시민정책평가조례	시민제안·청원제도조례	조례제개정주민청구조례	의정·정책모니터조례	의정·정책시민토론조례	의정·정책자문단조례	공공갈등예방조정조례	노사민정협의회조례
서울시		○				○	○	○	○			○	○		○*			○	○*	○	○
강남구								○							○		○		○		
강동구	○		○	○				○		○	○	○			○			○	○	○	
강북구				○				○							○			○	○	○	
강서구			○					○		○	○			○	○	○				○	
관악구		○	○					○		○	○		○	○	○	○					
광진구	○	○													○						
구로구				○				○			○	○			○		○				○
금천구				○				○				○			○			○	○	○	○
노원구	○	○						○							○				○		○
도봉구				○				○							○		○	○			○
동대문구								○			○				○						
동작구		○						○		○					○		○				
마포구		○				○	○	○	○				○	○	○				○*		
서대문구			○*					○						○*	○						
서초구		○		○	○			○							○	○			○	○	○
성동구							○	○							○						
성북구		○		○	○			○							○						
송파구					○		○	○							○					○	
양천구	○		○					○							○			○	○		
영등포구	○							○							○						
용산구								○					○		○				○		
은평구			○					○	○					○	○	○			○		
종로구								○		○	○	○*			○				○		
중구				○				○		○	○				○	○			○		
중랑구				○		○		○							○				○		

〈표 4〉 관련 조례의 시·자치구별 제정 현황 3: 기타 영역(특색이 있는 조례)

	기타 영역(특색 있는 조례)		
서울시	• 지역사회 알권리 조례 • 문화다양성보호 조례	• 자치구 공동협력사업 조례 • 지역균형발전 조례	• 삶의 질과 격차해소 조례
강남구	• 대학생 행정체험 조례	• 청담·압구정 패션특구 조례	
강동구	• 문화나눔 행복티켓 조례		
강북구	• 문화다양성보호 조례		
강서구	• 교양대학조례	• 미라클메디특구 조례	
관악구	• 이면도로 자율청소 조례		
광진구	• 교통특구 조례	• 맛집멋집 심의위원회 조례	
구로구	• 문화다양성보호 조례		
금천구	• 통통희망나래단 조례	• 기업시민청 조례	
노원구	• 마을미디어 활성화조례	• 마을학교사업 조례	• 국제화교육특구조례
도봉구	• 구민청 설치 조례	• 도봉구 주식회사 조례	
동대문구	• 대학생 행정체험 조례	• 서울약령시 한방특구조례	
동작구	• 주민의견수렴조례	• 어르신행복주식회사조례	
마포구	• 미래성장자문단조례		
서대문구	• 소통 및 홍보매체 운영 조례	• 젠트리피케이션 방지 조례	
성동구	• 지역공동체 상호협력 조례 • 미래일자리 주식회사 조례 • 구민대학 조례	• 소셜벤처 생태계지원 조례 • 융복합혁신교육특구 조례 • 옥상 공공성 강화 조례	• 사회적경제 활성화 기금 조례 • 교육나눔운동 지원조례
성북구	• 동행 활성화·확산 조례 • 주민자율청결실천 조례	• 마을서점 인증지원 조례	• 성북동가게 인증 조례
양천구	• 거버넌스위원회 조례	• 지역균형발전 조례	• 청년인턴제 운영 조례
영등포구	• 영등포구 이미지 관리 조례		
은평구	• 은평내일자문단 조례		
종로구	• 주민행복증진 조례 • 클린넷 구성 및 운영 조례 • 잘 가꾼집 선정 조례	• 대학생 행정체험 조례 • 젠트리피케이션 방지 조례	• 국민운동조직 지원 조례 • 도시공간예술 조례
중구	• 입법자문위원회 조례 • 소셜미디어 활용 조례	• 의회체험활동 지원 조례 • 미래포럼 구성 및 운영 조례	• 문화/교육나눔운동 지원조례 • 축제지원 및 운영 조례

출처: 국가법률정보센터, "자치법규" 데이터베이스를 활용하여 필자 작성.

3. 자치구 수준의 특생이 있는 사례

1) 종로구 기본조례: 지역주권과 개선 있는 지역 창조의 대표 사례

종로구는 2015년 12월에 전국에서 최초로 행정과 의회를 포함한 지자체 운영의 기본 방향을 조례로 제도화했다. 이 조례는 '자치의 근간'(전문)이자 '종로구의 최고 기본 규범'(제6장)으로서 이른바 지자체 헌법의 역할을 하고 있다.[7] 구체적으로는 ① 종로구의 기본이념(자치, 행복, 참여. 제2조), ② 종로구의 구성(주민, 구역, 청사 제3-5조), ③ 주민의 권리와 의무(제7-8조), ④ 주민참여의 원칙과 수단(제10-11조), ⑤ 의회의 원칙(제12-14조), ⑥ 구청장의 원칙(제15-16조), ⑦ 구정 운영의 9대 원칙과 기본계회의 운영(제18-21조), ⑧ 다른 지자체와의 협력(제22-23조)을 규정하고 있다.[8] 특히 중요한 것은 구정 원칙을 조례로 정함으로써 역대 구청장 모두가 이에 구속되면서 구정 기본계획과 세부 시행계획을 장기적 및 안정적으로 운영할 수게 제도화한 점이다. 나아가 종로구는 기본 이념 중 하나인 행복에 대해서 2017년 9월에 주민행복증진조례를 제정하여 주민행복증진 기본계획의 수립과 운영을 제도화했다.[9]

기본계획의 제도화는 자치를 심화시키는 데 중요한 과제인데, 종로구 밖에도 은평구, 마포구, 중구의 경우 각각 은평내일자문단, 마포미래성장자문단, 미래중구포럼을 제도화시켜 구정 기본계획을 시민·전문가 참여형으로 운영하고 있다.

2) 관악구 주민자치 기본조례: 참여와 자치의 포괄적 제도화 사례

2011년을 전후하여 각 자치구에서 주민참여예산제가 도입되며, 주민참여 기본조례(구로구, 도봉구, 동작구, 마포구, 성동구, 송파구, 은평구, 서울시)가 제정

---

7. 조례의 기본적 성격과 제정 과정에 대해서 임석호(2016) 참조.
8. '서울특별시 종로구 기본 조례' (2015.12.31 제정, 제1137호).
9. '서울특별시 종로구 주민 행복 증진 조례' (2017.9.1 제정, 제1213호).

되는 흐름에서 관악구에서는 전국 지자체 최초로 주민 자치의 기본 틀이 되는 조례를 2011년 7월에 제정했다. 헌법상의 자치권(헌법 제117조 제1항)과 지방자치법에 유의하면서 주민 스스로의 자치에 관한 조례·규칙의 개폐를 위해 준수해야 할 최고 규정을 제정한 것이다.[10] 구체적 내용을 보면, ① 주민자치의 기본이념(자발성, 협력, 평등, 삶의 질, 제2조), ② 주민의 권리와 구청장의 책무(제4-5조), ③ 자치기본위원회의 운영(제6-13조), ④ 정보 공개(제14-16조), ⑤ 옴부즈맨 제도(제17-19조), ⑥ 예산편성에 대한 주민참여(주민의 권리. 참여방법, 제도, 교육, 홍보 등, 제21-25조)를 규정하고 있다.[11] 특히 주민자치의 구현 수단을 다각적으로 제도화한 점과 예산편성 과정에 관한 주민의 참여를 포괄적으로 제도화한 점이 특징이다. 예산 참여에 관해서는 참여권과 방법(설명회, 토론회, 소셜 미디어 등)을 규정하고 있고, 주민참여예산제와도 연계시키고 있다.

  종로구와 더불어 이러한 기본 제도를 얼마나 내실 있게 운영할 수 있는지 즉, 지자체의 운영 역량이 중요한 과제이다. 최근에는 주민참여예산제도와 각종 주민참여제도 그리고 각종 협치선도정책을 통합해 '협치예산제'를 도입하는 논의도 등장하고 있다.[12]

3) 성북구 마을 민주주의: 자치의 이념·비전을 심화시킨 선구 사례

  성북구는 민선 5, 6기를 통해 '마을 민주주의'라는 비전을 수립하여, 주민, 마을, 마음, 협치, 자치, 성장 등에 관한 다양한 정책·사업을 종합적으로 추진해왔다. 2017년에는 이를 보다 체계화하여, 5대 전략(공공분야 혁신, 마을계획, 민관-민민 협력 플랫폼, 깨어있는 시민양성, 마을정보 공유)을 추진하기 위한 복합

---

10. 조례의 기본적 성격과 제정 과정에 대해서 (윤준병 2011) 참조.

11. '서울특별시 관악구 주민자치기본 조례' (2011.7.28 제정, 제894호).

12. '협치선도정책'으로서 도시재생, 마을공동체 활성화, 지역사회 보지서비스, 사회적경제 활성화, 녹색에너지, 공원녹지 조성, 청년지원, 생활안전, 베이비부머 지원, 다문화가정 지원 정책이 있으며, 이를 참여예산제와 결합해 예산편성체계를 개혁하려고 하는 논의가 있다(정병순 외 2016b).

적 체계(각종 마을공동체-지역협치체-구청 6대 업무부처-협치성북회의 협업)를 구성했다. 이를 통해 참여와 결정이 일상화되는 마을 민주주의, 실질적 주민 주도 자치체계 수립, 소통하는 민주시민, 주민자치력 강화를 지향하는 것이 마을 민주주의 2.0의 비전이다.[13] 또한 민주주의 축제나 동행(同幸) 프로젝트,[14] 인권도시, 아동친화도시, 마을·사회적경제센터, 각종 교육·아카데미 사업 등 성북구가 추진하는 다양한 프로젝트가 실질적으로 결합되고 있다.

주민자치와 민주주의를 명시적으로 결합시킴으로써 자치의 비전과 내용을 심화시키며, 동시에 서울시가 추진하는 관련 사업과 성북구의 독자적 사업을 창의적으로 결합시킨 점이 특징이다. 성북구에서는 프로젝트의 추진에 따라 성과와 함께 다양한 문제나 장애가 나타나고 있으며 이를 극복해 나가는 노력 속에 민주주의의 지평을 열고 있다.

4) 금천구 통통희망나래단, 동대문구 보듬누리: 복지 분야 참여·자치의 대표 사례

금천구는 당초 복지위원으로서 시작한 주민주도형 사회복지 사업을 통통희망나래단으로 발전시켰다. 2012년에는 이를 조례로 재정비·제도화했다. 통통희망나래단이란 사회보장에 대한 민간부문의 참여 유도와 활성화를 목적으로 하여, '민·관·이웃이 소통하여 최일선에서 현장복지를 실천함으로써 도움이 필요한 분에게 희망의 날개를 달아줄 지역의 복지리더'를 의미한다.[15] 약 50명(동별로 3-8명)의 단원이 주 3일, 1일 4시간 활동을 하며 활동비가 지급된다.[16] 활동 내용에는 ① 지역의 이웃돌보미로서 요보호대상자 적극 발굴. ② 지역주민들이 공감할 수 있는 기부문화를 활성화시켜 나눔 사업 전개. ③ 요보호대상자 정기 방

---

13. 성북구 「주요업무계획」(2017년 및 2018년)을 참고로 필자가 재구성한 내용임.
14. 동행이란 함께 행복한 상생문화로써 사회적 약자의 인권과 복지증진을 위해 노력하는 주민주도형 모델이다. 동행공동체,동행 공동주택, 동행계약서, 동행카드 등 다양한 방법을 도입하고 있다.
15. 금천구의 「2018년 통통희망나래단 추가모집 공고」참조.
16. '서울특별시 금천구 통통희망나래단 운영에 관한 조례'(2012.4.10 전문개정, 조례 704호).

문 및 서비스 연계. ④ 지역 내 복지 관련 활동의 조정 역할. ⑤ 자살예방 활동 등이 포함된다.

동대문구는 2011년부터 법적으로 보호를 받지 못하는 취약계층 등과 구청 공무원이 1:1결연을 맺는 희망결연 프로젝트(보듬누리)를 추진해 왔으며, 이에 대한 참여 주체를 구민과 민간단체로 확대해 왔다. 결연을 맺고 한 달에 한번 안부 전화와 가장방문을 하는 사업이다. 또한 이 사업을 동별로 구성 및 활동하는 '동 희망복지위원회'와 결합시킴으로써 사회안전망에 관한 주민·공무원·민간단체의 3자 참여형 시스템을 운영하고 있다. 2018년 4월 시점에서 구소제의 133개 민간단체와 1,374명의 구 직원, 그리고 1,436명의 희망복지위원(주민)이 사업에 참여하고 있다.[17] 사업을 결국 복지, 교육, 문화, 마을 등과 관련된 다양한 행사나 서비스 활동과 연결되며, 복지를 바탕으로 한 주민자치가 발전되고 있다.

5) 성동구 지역동공체 상호협력 및 지속가능발전: 도시재생·지속가능발전을 위한 대표 사례

지역경제 발전에 따른 임대료 상승과 지역사회 생태계 과괴의 문제 이른바 젠트리피케이션의 방지를 위해 성동구는 2015년 9월 '지역공동체 상호협력 및 지속가능발전구역 지정에 관한 조례'를 제정했다. 이는 ① 문제해결을 위한 주민 참여와 구청장의 책임을 명시(제3-4조), ② 지속가능발전구역의 설전과 지속가능발전계획의 설치·운영(제5-7조), ③ 성동구 지역공동체상호협력위원회와 각 구역 주민협의체의 설치·운영 지속가능발전자치기본위원회의 운영(제8-16조), ④ 입정 업체 등의 조정 기재로서 주민협의체의 동의 의무화(제17조), ⑤ 공공 안심상가의 설치·운영(제18-19조)을 포함하고 있다.[18] 특히, 주민협의체는 해당 구역의 주민위원회 위원, 직능단체 대표, 이해당사자(거주자, 임대인, 임차인

---

17. 보듬누리 홈페이지 참조(동대문구 2018).
18. '서울특별시 성동구 지역공동체 상호협력 및 지속가능발전구역 지정에 관한 조례'(2015.9.24 제1138호).

등), 지역활동가, 문화예술인, 사회적경제기업가 등으로 구성된다. 성동구의 실험은 다른 자치구에도 파급되며 지역균형발전이나 지속가능발전 제도화를 촉진하고 있다(강동구, 강북구, 구로구, 도봉구, 종로구, 중랑구 등). 뿐만 아니라 국회 차원에서도 상가건물임대차보호법 및 동법 시행령의 개선에 기여했으며, 지역경제의 선구적 자치가 중앙정부의 분권 정책을 변화시킨 사례이다.[19]

6) 노원구 교육혁신 마을학교사업: 마을·시민 역량강화를 위한 대표 사례

서울시의 혁신교육지구 사업의 일환으로 노원구는 '마을이 학교다'사업을 추진하고 있다. 이는 주민들이 다양한 마을학교를 설립하여 구청과 교육기관이 다각적으로 지원·협조해 민·관·학 거버넌스를 운영하는 교육 자치이다. 또한 이를 총괄하는 마을학교지원센터와 마을학교위원회(공무원, 학교장, 학부모, 전문가, 시민단체 대표 등의 협업체)가 설립되어 있다. '마을학교'란 '문화·예술·체육·전통놀이 등 다양한 분야에 걸쳐 주민들이 스스로 만들어 운영하거나 단체, 기관 등이 주민을 대상으로 운영하는 교육 등의 프로그램'을 말하며, 이를 개설하여 운영하거나 마을학교에 참여하여 재능 나눔 봉사를 실천하는 사람을 '마을학교 활동가'로 한다.[20] 2018년에는 약 250개의 마을학교가 운영되고 있다.[21]

노원구는 이밖에도 민주시민교육, 마을미디어, 재능 나눔 활성화, 국제화교육특구 사업 등을 통해 마을자치의 필수 조건인 교육에 의한 시민 역량강화를 추진하고 있다.

---

19. 상가건물임대차보호법 시행령은 2018년 1월 26일에 일부 개정되며, 법의 적용 범위와 보증금 증액 한도가 하향 조정되었다. 이어서 동법은 2018년 9월 20일에 일부 개정되며, 임차인의 계약갱신청구권을 5년에서 10년으로 연장했다. 정원오 성동구청장은 '젠트리피케이션 방지와 지속가능한 공동체를 위한 지방정부 협의회' 회장직을 맡으면서 이 문제의 개선에 노력해 왔다.
20. '서울특별시 노원구 마을학교지원센터 설치 및 운영 등에 관한 조례' (2013.4.11 제정. 제1033호).
21. 마을학교지원센터 홈페이지 참조(노원구 마을학교지원센터 2018).

III. 서울 지방자치 심화를 위한 과제

서울 지방자치의 전개와 현황에 대한 이해를 바탕으로, 향후 주목할 만한 주요 과제 3가지를 다음과 같이 제시한다.

1. 자치·분권 내실화와 자치입법 제도 개선을 위한 정치적 노력

2011년 이후 시와 자치구 차원에서 자치, 분권, 협치 등에 관한 조례나 사업이 활발하게 도입되었다. 우선, 지방자치를 보다 심화시키기 위한 향후의 제도적 과제는 크게 두 가지로 정리할 수 있다. 기존 연구에서도 유사한 지적을 볼 수 있다 (김찬동·정희윤 2015; 김순은 2016; 정희윤 2016).

하나는 시와 각 자치구에서 도입한 기존의 정책이나 사업을 보다 내실화하기 위한 노력이다. 기본적 제도의 정비 현황을 비교하면 자치구 사이에서 어느 정도 차이가 나타나고 있다. 이러한 상황을 긍정적 방향으로 발전시키기 위해서는 각자의 독자적 노력은 물론 자치구 간의 교류, 협력, 학습, 절차탁마 등을 통해 서울시 전체의 자치·분권 수준을 향상시키는 것이 중요하다. 정책적 심화의 과제에 있어서 특히 중요한 것은 시·자치구의 중장기 기본계획과 연도별 시행계획의 수립과 시행, 평가에 대한 시민의 참여 혹은 시민에 의한 관리·통제라고 할 수 있다. 자치나 협치, 참여에 관한 실천적 방법이 계속 확대하는 흐름의 도달점은 결국 시와 자치구의 가장 근본적인 정책체계나 규칙체계에 대한 시민 참여의 실현일 것이다. 종로구 기본조례의 시도나 시민예산제의 확대, 협치예산제 도입 논의 등 모두 이러한 행정기본계획 자체에 대한 시민 참여를 시야에 두고 있다.

다른 하나는 자치입법권의 강화이다. 다양한 제도 도입에도 불구하고 강제력이나 위반에 대한 처벌 등에 관한 문제로 인해 제도의 효과성에 한계가 나타나고 있는 것도 사실이다. 이 문제는 근본적으로 지방법규의 법적 한계 즉, 법률유보에 의해 자치입법권을 제한하고 있는 지방자치법 제22조의 문제이다.[22] 이를 개선 위해 서울시는 중앙정치 차원에도 개입해 왔는데, 이러한 노력을 향후에도 지속 또는 강화하는 것이 중요하다.

2. 참여 격차의 등장과 극복을 위한 사회적 노력

　제도 발전의 결과 최근에는 시민참여나 활동에 관해서 각 자치구 사이에서 격차가 나타나기 시작한 점도 주목해야 할 것이다〈그림 2, 3〉. 시민들의 참여나 활동에 관한 실질적인 수준 격차는 결국 민관-협치에 의한 공공서비스의 공급이

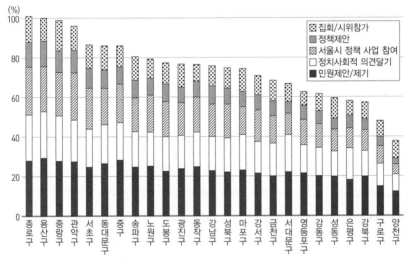

〈그림 2〉 시민의 시정 참여율에 관한 자치구 간 격차

주: 과거 1년 동안의 시정 참여 경험 여부에 관한 설문 항목 중 '단순 참여'를 제외한 5가지 유형(정책제안, 사업 참여, 민원 제기, 집회 참여, 정치사회적 의견 달기)의 누적 값임. 3년간의 평균값임.
출처: 서울시, "서울서베이"(2016-2017).

_____

22. 널리 지적된 문제로서, 지방자치법 제22조 "지방자치단체는 법령의 범위 안에서 그 사무에 관하여 조례를 제정할 수 있다. 다만, 주민의 권리 제한 또는 의무 부과에 관한 사항이나 벌칙을 정할 때에는 법률의 위임이 있어야 한다." 이로 인해 자치입법권이 '법령의 범위' 및 '법률의 위임'으로 제한된 문제이다.

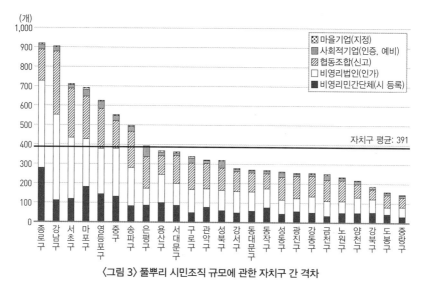

주: 조직의 소재지 기준임.
출처: 행정안전부(2017a); 행정안전부(2018b); 기획재정부(2017); 한국사회적기업진흥원(2017)

〈그림 3〉풀뿌리 시민조직 규모에 관한 자치구 간 격차

나 마을 공동체의 분포, 참여예산제 등의 사업 분포에도 장기적으로 영향을 줄 것이다. 협치·자치 지향적인 정책이나 사업에서 가장 중요한 원동력이자 자원이 시민 참여이기 때문이다.

이 문제는 정부의 힘이나 정책만으로 해결할 수 있는 단순한 문제가 아닐 것이다. 궁극적으로 시민 참여 수준은 시민 스스로의 문제이기 때문에 각 자치구에서 시민사회의 활성화, 다양화, 네트워크와 연대 강화와 같은 사회적 노력이 중요하다.

3. 구조적 격차 해소를 위한 혁신적 노력

마지막으로, 각 자치구의 경제사회적 기본 구조에 주목하는 것도 중요하다. 재정자립도에 관한 자치구 간 격차가 고정화된 경향이 있으며, 특히 하위권에 있는 자치구가 전국 시군구 평균(36.3%)보다 낮은 수준인 것은 사실이다〈그림 4, 5〉.

서울시 자치구의 재정자립도가 전체적으로 악화되고 있는 것도 사실이며, 이는 주로 복지지출의 증가에 기인하고 있다(박종철 외 2016). 복지지출과 관련된

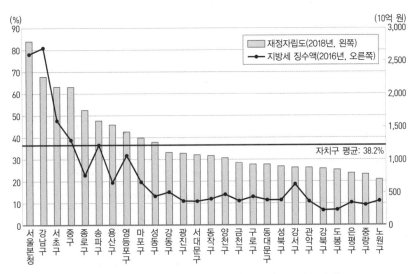

〈그림 4〉 서울시 및 자치구 간 재정자립도의 격차(2018년도 예산)

출처: 통계청, "e-지방지표"(검색: 2018년 10월 4일).

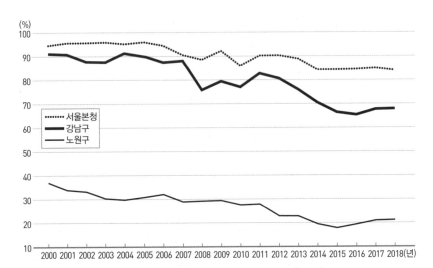

〈그림 5〉 재정자립도 격차 고정화: 강남구와 노원구 비교

출처: 통계청, "e-지방지표"(검색: 2018년 10월 4일).

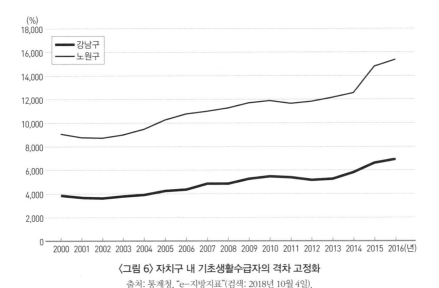

〈그림 6〉 자치구 내 기초생활수급자의 격차 고정화

출처: 통계청, "e-지방지표"(검색: 2018년 10월 4일).

주요 통계를 보면 역시 각 자치구의 격차가 고정되거나 부분적으로 확대되고 있
다〈그림 6〉. 즉, 과거 10년 동안 분권·자치에 관한 제도 개혁이 본격화되었으나,
이는 각 자치구의 경제사회적 격차나 재정 요건의 격차 해소에 관해서 충분한 효
과를 발휘하지 못했다고 볼 수 있다. 현실적인 경제사회 구조의 문제를 더 이상
악화시키지 않기 위해서도 향후에도 계속해서 자치·분권·협치·참여의 정책이
나 방법의 혁신이 필요하다.

IV. 나가며

서울은 인구나 산업, 역사·문화와 같은 측면에서 세계적 도시임에 틀림 없
다. 이러한 세계도시가 정치, 행정, 사회적 노력을 통해 인간 중심의 자치 도시로
서 도약할 수 있는가의 문제는 세계적 관심사일 것이다. 이를 향해 특히 2011년

을 전후하여 본격적인 움직임이 시작되었다. 물론, 이러한 거시적 관점에서 최근 7-8년의 도전성과를 평가하는 것은 아직 시기상조일 것이며 향후 10-20년 정도의 지속적 노력과 발전을 지켜봐야 할 것이다. 다만, 모든 도시가 발 빠르게 변화 또는 악화되는 사회문제로부터 도전을 받고 있는 현대적 상황에서 최근 서울시가 보여 준 '적응력'은 충분히 주목할 만하다. 제도, 정책, 사업 등에 관한 다각적인 변화가 가능했던 배경에는 많은 리더들의 행동력이나 지역사회의 기반력뿐만 아니라 인구, 지리, 산업 조건과 같은 다양한 요인이 있을 것이다. 25개 자치구가 펼치고 있는 선구적인 노력이나 다채로운 도전의 시너지도 중요한 요인 중 하나일 것이다.

이러한 힘과 조건을 가지고 있는 점에서 서울은 도전에 직면했을 때 지지 않도록 스스로 노력하는, 이른바 회복력 높은 도시(resilient city)라고도 할 수 있다. 자치·분권·협치·참여의 문제는 단순한 제도나 사업의 문제뿐만 아니라 이와 같은 도시 자체의 힘이나 성장과 같은 측면에서 보는 것도 중요하고, 이에 관해서는 향후 다양한 연구가 필요할 것이다.

잊어서는 안 되는 문제로서 서울시의 높은 적응력 혹은 회복력의 배경에는 국가의 수도 혹은 중심 도시로서의 지위가 있으며, 인구나 산업, 역사·문화적 측면에서 한국의 다른 도시보다 유리한 위치에 있다. 기타 도시의 경우 급격한 인구 감소와 이로 인한 재정 악화, 고령화, 인프라 노후화 등의 악순환이 갈수록 심해지고 있다. 도시 간 격차가 악화될 것이 예상되는 상향에서 서울시가 무엇을 할수 있는지의 과제 또한 향후 갈수록 부각될 것이다.

향후 10-20년에 걸쳐 높은 회복력을 발휘하면서 스스로의 자치를 지속적으로 심화시킴과 동시에 전국 균형발전을 위한 새로운 도전을 시작해 기타 도시들과 함께 공진화(co-evolution)하는 것이 미래의 서울을 만드는 착실한 방향일 것이다.

참고문헌

국가법률정보센터. "자치법규." http://www.law.go.kr/ordinSc.do?tabMenuId=tab138 &query= (검색일: 2018년 9월 1일-10월 10일).

금천구. 2018. 『2018년 통통희망나래단 추가모집 공고』. 서울: 금천구.

김찬동·정희윤. 2015. 『지방분권 활성화 위한 서울시 추진전략 모색』. 서울: 서울연구원.

기획재정부. 2017. "협동조합 설립현황." http://www.coop.go.kr/COOP/state/guildEsta blish.do (검색일: 2018년 1월 10일).

노원구 마을학교지원센터. 2018. "마을학교 입학신청." https://nest2.nowon.kr/nest/ main/login.do#/?unk1539245597337 (검색일: 2018년 10월 10일).

동대문구. 2018. "보듬누리." http://www.ddm.go.kr/nuri/collraborate/member.jsp (검 색일: 2018년 10월 10일).

라미경. 2017. "민관협치를 바탕으로 한 시민정치: 서울시 사례를 중심으로." 『NGO연구』 제12권 제1호, 78-106.

박종철·금재덕·하현상. 2016. "서울시 자치구간 재정력 격차에 미치는 영향요인 분석." 『지방행정연구』 제30권 제3호, 123-154.

서울시. 2016. 『지방자치 서울, 2.0: 시민 행복을 위한 지방분권 20년의 기록』. 서울: 서울 시.

_____. 2017a. 『협치서울: 기본교재』. 서울: 서울시.

_____. 2017b. 『(2017) 서울협치백서: 제1부, 같이 만드는 협치서울』. 서울: 서울시.

_____. "서울서베이." http://stat.seoul.go.kr/jsp3/stat.book.jsp?link=2&cot=007 (검색 일: 2018년 10월 10일).

_____. "역대서울시장." http://www.seoul.go.kr/v2012/seoul/mayor_his/mayor.html (검색일: 2018년 6월 4일).

성북구. 2017. 『주요업무계획』. 서울: 성북구.

_____. 2018. 『주요업무계획』. 서울: 성북구.

유창복. 2017. 『협치서울: 기본교재』. 서울: 서울시.

윤준병. 2011. "주민자치의 규범적 실험: 서울시 관악구 주민자치 기본조례." 『지방자치입 법연구』 제11권 제4호, 243-266.

이주헌. 2016. "서울시의 로컬 거버넌스 모형." 『지방행정』 통권750호, 24-27.

임석호. 2016. "서울특별시 종로구, '자치구 기본 조례' 제정으로 세계적인 역사문화 도시

실현해간다."『지방행정』통권751호, 8-11.

장수찬 외. 2017.『서울시 민관협치 활성화를 위한 시민사회 역량강화 방안』. 서울: 서울연구원.

정병순. 2016.『서울대도시론: 위기를 넘어서 희망의 도시로』. 서울: 서울연구원.

정병순 외. 2016a.『지역사회 기반 지역협치모델 정립 방안』. 서울: 서울연구원.

_____. 2016b.『서울시 협치예산제 도입과 운영방안』. 서울: 서울연구원.

정희윤·하민지. 2017.『시민의 삶과 지방자치: 한 권으로 보는 서울시 지방자치의 모든 것』. 서울: 서울연구원.

정희윤 외. 2016.『서울시 민선자치 20년 회고와 전망: 시민중심의 지방분권 실현 위한 역할과 과제』. 서울: 서울연구원.

최우용. 2017. "自治憲章 또는 자치기본조례에 관한 小考: 서울특별시 자치기본조례안을 소재로 하여."『공법학연구』제18권 제1호, 113-146.

통계청. "e-지방지표." http://kosis.kr. (검색: 2018년 10월 4일).

한국사회적기업진흥원. 2017. "사회적기업 리스트" http://www.socialenterprise.or.kr/kosea/company.do?dep1_kind=1 (검색일: 2018년 1월 10일).

행정자치부. 2017a. "비영리민간단체 등록현황" http://www.mois.go.kr/frt/bbs/type001/commonSelectBoardList.do?bbsId=BBSMSTR_000000000058 (검색일: 2018년 1월 10일).

_____. 2017b. "마을기업 현황." http://www.mois.go.kr/frt/sub/a06/b06/village/screen.do (검색일: 2018년 1월 10일).

_____. 2018. "자치법규정보시스템." http://www.elis.go.kr (검색일: 2018년 10월 10일).

제9장

인천·경기: 수도권의 빛과 그림자

이준한 · 인천대

I. 머리말

이 글은 인천과 경기 지역의 지방자치에 있어서 현안과 과제를 살펴본다. 인천은 일찍이 경기도의 일부로 속해 있다가 독립했고 나중에 경기도의 다른 일부까지 흡수하면서 도시의 규모를 키워나갔다. 인천과 경기는 수도권에 위치하면서 서울의 베드타운이라는 기능을 공유하고 있다. 인천시와 경기도는 서울을 제외하고 광역시와 광역도 가운데 규모가 각각 가장 큰 편에 속하고 다른 지역의 인구를 꾸준히 흡수하고 있다. 이와 동시에 같이 수도권 지역에 위치하면서 인천시와 경기도는 수도권정비법의 규제 아래 놓여 있다. 이에 따라 인천과 경기는 과거 20여년의 지방자치 시대에 여러 가지 문제점을 응축적으로 보여주는 사례가 되기도 한다.

이 글에서는 먼저 인천의 지방자치에 대한 간단한 역사와 특징을 요약해보고 그 다음으로 인천의 지방자치 현안과 문제를 파악해볼 것이다. 그 다음으로 이 글에서는 경기의 지방자치 현안과 문제를 살펴볼 것이다. 이 글은 인천과 경기의 지방자치가 과거 20여년 동안 납세자들의 정치적 참여, 경제, 사회, 문화, 삶의 질 등의 측면에서 큰 성과를 남겼다기보다는 오히려 많은 과제를 쌓아두고 있다는 점을 지적해본다. 이 글은 맺음말을 통하여 앞으로 지방자치의 발전에 필요한 방향을 제시할 것이다.

II. 인천의 지방자치와 현안

1945년 독립 뒤 항구도시로서 인천은 실향민들이 임시로 거처를 삼다가 귀향을 기다리던 피난처로 기능했다. 남북 분단은 물론 한국전쟁 뒤에도 북으로 돌아갈 것을 기다리다가 주저앉은 인구도 많았다. 또한 인천은 중국 본토와 가깝다는 이유로 인하여 산동반도 지역으로부터 많은 중국인들의 이주지가 되었다. 1914년부터 경기도 인천부로 편재되어 있었던 인천은 1949년에 한국 역사상 처음으로 지방자치제가 도입되면서 인천시로 바뀌었다. 이때 인천은 경기도의 부천군까지 아우르게 되었다.

통계청 자료에 의하면 1949년 당시 경기도 인천시의 인구는 265,767명이었다. 이로부터 인천시의 인구가 두 배로 성장하는데 17년이 걸려 1966년에 528,579명을 기록했다. 인천시의 인구는 1979년 1,043,744명을 돌파하면서 13년 만에 다시 약 두 배 성장했다. 이에 따라 인천시는 1981년 경기도 옹진군 영종면 및 용유면과 경기도 김포군 계양면을 포함시키면서 인천직할시로 승격했다. 다시 13년 만인 1992년 인천직할시의 인구가 2,070,616명을 돌파하면서 또 다시 약 두 배 정도 커졌다. 이로 인하여 1995년 인천직할시는 인천광역시로 승격했다. 인천 통계연보 기준으로 인천의 인구는 2016년에 3,002,172명을 기록했지만 현재로서는 3백만 명을 넘지 못하고 있다(〈표 1〉 참조). 이와 같이 인천에 인구가 꾸준

<표 1> 광역시별 각종 규모의 비교

	주민등록인구* (명)	국고보조금** (백만 원)	지역구 의원정수(명)		
			국회의원 (2014년)	시의원 (2018년)	구군의원 (2018년)
서울	9,851,767	9,269,822(0.94)***	49	100	369
부산	3,467,055	5,479,706(1.58)	18	42	157
대구	2,474,309	3,799,568(1.54)	12	27	102
인천	2,950,771	4,034,271(1.37)	13	33	102
광주	1,464,037	2,433,006(1.66)	8	20	59
대전	1,501,378	2,168,552(1.44)	7	19	54
울산	1,164,489	1,601,112(1.37)	6	19	43

* 2018년 1월 기준, ** 2017년, *** 괄호 안은 일인당 국고보조금
출처: 주민등록인구 http://www.mois.go.kr/frt/sub/a05/totStat/screen.do; 지역구 의원정수 http://info.nec.go.kr/electioninfo/electionInfo_report.xhtml

히 증가하는 이유는 인천이 서울에 인접해 있기 때문에 그 이점을 누리고 있다는 점에서도 찾아진다. 하지만 인천 인구의 자연증가를 제외하고 그 외 사회적 증가의 특징을 볼 때 생산가능인구보다 그렇지 않은 인구가 더 많다는 점에서 그 실질적인 이점이 크지 않다는 사실이 부각된다.

인천의 급속한 성장 이면에 그만큼 인천시민의 마음에 자리를 잡은 것은 상대적 박탈감이나 차별의식이다. <표 1>은 2018년 1월 기준의 행정안전부 주민등록 인구가 서울과 부산 다음으로 인천이 많은 것으로 나타나고 있는데 일인당 국고보조금의 규모(137만원)는 광주(166만원), 부산(158만원), 대구(154만원), 대전(144만원)보다 훨씬 더 적은 것을 알려준다. 또한 인천의 인구가 부산보다 약 50만 명 더 적은데 두 도시 사이의 국회의원 정수 차이는 5명으로 매우 크다. 이에 비하여 인천의 인구가 대구보다 약 50만 명 더 많은데 인천의 국회의원이 대구에 비하여 겨우 1명만 더 많고 구군의원 정수는 102명으로 똑같은 상황이다. 2014년 지방선거에서도 인천의 구군의원 정수가 116명으로 대구의 구군의원 정수와 같았는데 4년 사이에 두 광역시의 인구 차이가 더 벌어졌음에도 불구하고 2018년에도 똑같은 의원정수(102명)를 배정받았던 것이다. 물론 영남과 호남에 상대

적으로 집중된 정치적 혜택은 인천을 포함한 그 외 모든 지역에게 제로섬적으로 불이익을 준 것이 사실이다. 하지만 2017년 광역시 가운데 인구가 줄어들지 않은 곳은 인천이 유일한데 인천이 받는 다양한 혜택은 그만큼 늘고 있지 않다면 시민 일인당 받는 혜택은 오히려 과거보다 더 줄고 있다는 의미이다. 이러한 지표를 통해서 보듯이 인천은 외형상 규모에 비하여 경제적으로나 정치적으로나 또는 다른 어느 것으로나 충분히 받아야 하는 대접을 제대로 못 받고 있다는 의식이 퍼져 있다.

인천시민의 상대적 박탈감은 지역주의에 영향을 받은 것으로 보인다. 지역주의가 강한 호남과 영남에서는 지역에 기초한 정당이 역사 깊게 성장했고 그 사이 대통령도 더러 배출했다. 그동안 호남과 영남에는 정치적으로나 경제적으로나 문화적으로나 매우 다양한 혜택이 장기간 돌아갔다. 이에 반하여 인천에는 과거 3김과 같은 대표적 지역 인물도 없었고 이에 따라 정치력이 상대적으로 많이 약한 상황에 자연히 다양한 혜택을 다른 지역으로 빼앗겼던 것이다. 게다가 인천은 다른 행정구역에 비하여 그 경계가 상대적으로 빈번하게 바뀐 동시에 서울로 출퇴근하거나 통학하는 인구가 많아 지역주의는커녕 인천을 하나로 묶는 정체성마저 약하다는 평가를 받는다.

또한 인천시민의 상대적 박탈감은 수도권정비법에 영향을 받았을 것이다. 인천은 수도권에 위치하고 있다는 이유로 수도권정비법에 묶여서 줄곧 이러저러한 개발과 투자가 제한되어 왔고 좋은 기회가 다른 지역으로 돌아가는 것을 빈번하게 경험했다. 인천은 수도권에 있다고 하지만 사실상 서울에서는 인천을 지방으로 여기고 그 밖의 모든 다른 지역에서는 인천을 수도권이라고 간주한다. 수도권에서는 규모가 현격하게 차이나는 서울이나 경기와 경쟁을 해야 하는데 지방과 경쟁할 때는 수도권이라는 이유로 아예 기회가 사라지면서 이중의 불이익을 받는 것이다. 중앙관료로 오래 동안 지낸 뒤 인천시 고위공무원까지 맡았던 경력까지 가진 대구 출신의 한 국회의원이 2018년 지방선거를 앞두고 이부망천이라고 발언했던 것은 다른 지역 사람이 어떻게 인천을 바라보는지를 단적으로 반영하고 있는 셈이다.

1987년 민주화 이후 지방자치의 경험이 많이 쌓이고 확장되면 그만큼 인천의 정치, 경제, 사회, 문화, 환경, 복지, 교육 등 모든 분야에서 변화도 생기고 발전도 많이 했을 것으로 기대된다. 하지만 1988년 3월 지방자치법이 국회를 통과하면서 지방자치 부활 20년이 넘어가는 현 시점에 인천의 지방자치는 여러 가지 측면에서 이러한 기대를 충족시켜주지 못하고 있다. 그간 인천에서 지방자치가 오히려 인천의 정치적, 경제적, 사회적, 문화적 발전에 기여하지 못했던 것은 아닌지 의문을 불러일으키기에 충분하다.

먼저 인천시민의 정치적 참여는 민주화 이후 지방자치 시대에 여전히 전국 최저 수준에 머물러 있다. 대표적으로 인천의 대통령선거 투표율은 전국의 광역시도 가운데 1987년과 2007년에 꼴찌, 1992년, 2002년, 2012년에 밑에서 세 번째, 1997년에 밑에서 아홉 번째를 기록했다. 인천의 국회의원선거 투표율은 1996년과 2012년에 광역시도 가운데 가장 낮았고 1988년, 1992년, 2000년, 2004년, 2008년에 밑에서 두 번째와 2016년에 밑에서 네 번째에 머물렀다. 인천의 투표율은 1995년, 1998년, 2002년, 2006년, 2018년 전국동시지방선거에서 전국 광역시도 가운데 꼴찌를 기록했고 2014년에 밑에서 세 번째와 2010년에 밑에서 네 번째로 위치했다.

인천의 재정상황도 겨우 최악의 상황을 면한 수준에 머물러 있다. 인천은 2018년 1월까지 전국에서 유일하게 재정위기 주의단체였다. 2017년 9월 2분기 연속 재정위기 주의단체 해제기준인 예산대비 채무비율이 25% 미만이라는 조건을 충족시키면서 인천시가 지정해제를 신청한 끝에 행정안전부가 2018년 2월에 지정해제를 결정했다. 정부는 "예산대비 채무비율이 25%를 넘으면 재정위기 주의단체, 40%를 넘으면 재정위기 심각단체로 지정"하는데 2015년에 인천이 주의단체로 지정받았을 때 채무비율이 40%를 간발의 차이로 겨우 피한 39.9%였지만

"2014년 13조2000억 원에 달했던 부채를 3조4000억 원 가량"줄였다는 것이다 (인천일보 2018년 1월 11일). 그러나 인천은 재정위기 주의단체라는 명찰만 떼어 냈을 뿐 여전히 10조에 육박하는 부채가 인천시민의 어깨 위에 남아 있다는 사실에는 변함이 없다. 인천시가 작성했던 2018년 예산안이 9조271억 원 규모였으니 인천의 부채 규모가 한 해 예산보다 더 큰 수준이라는 말이 된다(http://www.imedialife.co.kr/news/articleView.html?idxno=18604 검색일: 2018년 8월 15일).

그간 인천의 부채가 커졌던 배경에는 한국 사회에 뿌리 깊은 개발지상주의가 자리하고 있다. 지방자치단체로서 세계경제의 흐름이나 국내 인구감소의 추세에 대하여 고려하지 않고 부동산 경기가 좋았던 시절에 인천시는 도처에 신도시 개발을 추진했고 거점 개발을 위하여 해외자본의 투자를 유도하는 동시에 아시안게임까지 유치했다. 그러나 인천의 송도, 영종, 청라에 경제자유구역까지 설치하였지만 해외자본의 투자성과는 매우 제한적이었고 부동산 경기가 급락하면서 신도시 개발이나 구도심 재개발이 연쇄적으로 느려졌거나 무산되었다. 이에 따라 시의 재정이 크게 나빠졌는데 거기에 아시안게임을 위한 경기장 건설 등은 밑 빠진 항아리의 구멍 크기를 더욱 더 키우고 말았다.

인천 부채의 책임과 이를 해소하는 방안은 시장선거의 단골 주제 가운데 하나였다. 이 주제는 인천의 부채 규모가 갈수록 커졌던 2010년과 2014년 시장선거에서는 후보의 당락을 결정하는 중요한 요소가 되었다. 2018년 지방선거에서도 역시 인천의 부채 논쟁이 거셌는데 이때 유정복 전 시장은 시 재정의 다양한 부문에서 지출을 줄였고 누락된 세원을 적극적으로 발굴했으며 숨겨진 채무 6920억 원을 해소하면서 자신의 임기 동안 약 3조7000억의 부채를 감축했다고 주장했다. 이에 대하여 이번 선거에서 승리했던 박남춘 후보는 유정복 전 시장의 재임기간 빚이 감소했던 것은 지방세 3조5천억을 다른 데 쓰지 않고 빚을 갚는데 소진했고 시 재산을 1조 원어치씩이나 팔아서 가능했다고 비판했다. 결국은 전임 시장이 시 재정을 잘 운용해서 빚을 갚았던 것이 아니라 시민에게서 세금을 더 걷었거나 시민의 삶의 질을 향상시키는 데 쓸 세금을 대신 빚 갚는 데 사용했으며 시의 자산을 팔아서 부채를 줄였다는 주장이다.

2018년 9월 인천시의회 예산결산특별위원회 회의 결과 인천시는 2018년 9월 현재에도 부채가 10조 원에 이르고 이자만 연간 1800억 원 내고 있는 것으로 알려졌다. 이를 계산하면 하루에 이자만 5억 원에 해당하는 규모이다. 이에 조금 더 나아가면 2018년 지방선거가 끝난 뒤 시장 인수위원회가 추정하는 학교용지 부담금, 각종 기금 등 법적 경비는 물론 의무적 경비와 우발부채 등을 포함한 잠재적 부채 약 5조 원까지 합한다면 실제 인천시의 부채규모는 훨씬 더 커지게 된다. 여기에 3,938억 원이나 되는 경인고속도로 일반화 사업비를 국비지원 없이 모두 시비로 충당하는 상황이 되었기 때문에 인천시의 재정은 더 좋아지지 않게 된 것이 분명하다(http://www.incheonin.com/2014/news/news_view.php?m_no=1&sq=45509&thread=001002000&sec=3 검색일 2018년 9월 13일).

지방자치단체가 재정을 잘못 운영해서 부채가 커졌는데 정작 세금으로 이를 감당했던 인천 시민의 일자리 사정은 사실상 전국적으로 최악의 상황이다. 경인지방통계청의 인천광역시 고용동향을 참고하면 인천의 실업률은 수년 동안 대체로 전국에서 가장 높은 수준에 머물고 있다. 게다가 인천의 청년 실업률도 장기간 동안 전국에서 가장 높았고 최근에는 다소 낮아지는 추세라고 하지만 여전히 평균을 훨씬 넘어서고 있다(http://blog.naver.com/PostView.nhn?blogId=ds1mpt&logNo=221073407621 검색일: 2018년 8월 15일). 그 사이 인천의 자살률도 전국의 최고였다. 2010년 인천은 광역시도 가운데 자살률 1위를 기록한 후 조금씩 줄어들어 2016년에는 광역시도 가운데 2위로 바뀌었다. 그러나 여전히 인천의 자살률이 최악의 수준에 머물고 있는 것은 사실이다(http://www.kgnews.co.kr/news/articleView.html?idxno=507157 검색일: 2018년 8월 15일).

여론조사 기관 리얼미터가 월례적으로 실시하는 시도지사 지지도 조사에서 인천시장의 순위는 꾸준하게 전국 최저 수준에 머물고 있다. 인천과 관련된 다양한 객관적 지표가 부정적이다 보니 인천시장에 대한 주관적 평가도 좋을 수가 없는 것이다. 2018년 지방선거를 앞두고 과거와 달리 인천시장의 지지도 순위가 17개 광역시도 가운데 17등을 면하는 경우가 간혹 생기기도 했다. 2018년 지방선거가 끝난 뒤 처음으로 집계했던 7월 정례조사에서는 박남춘 인천시장이 경기도 이재명 지사를 앞서면서 전국 17개 광역시도 가운데 16등을 기록했다. 그러나 8월 정례조사에서 박남춘 인천시장과 이재명 지사가 서로 자리를 바꾸었다. 같은 월례조사에서 인천의 주민생활 만족도는 17개 광역시도 가운데 10위로 나타났다. 2017년에만 해도 인천의 주민생활 만족도는 6월과 9월에 17개 광역시도 가운데 17위를 기록하는 등 최하위권에 맴돌았다. 2017년에 인천의 주민생활 만족도가 가장 좋았던 때는 11월로 최고 성적인 8위를 기록했다. 2018년 4월에는 전국 17개 광역시도 가운데 12위에 머물렀다. 같은 해 8월에는 인천이 13위로 내려갔다.

인천의 개발지상주의는 이미 살펴보았던 막대한 부채로 이어졌는데 다른 한편으로는 심각한 양극화로 귀결되었다. 인천은 1890년대 개항의 모습이 그대로 남아 있는 구도심에서부터 송도, 영종, 청라로 상징되는 국제 신도시까지 공존하고 있다. 인천의 구도심은 도시 공동화와 저출산으로 인하여 빈 공간이 늘어 가는데 국제 신도시는 수요를 초과한 과잉공급으로 인하여 공실이 사라지지 않고 있다. 이러한 공통점을 제외하고는 인천 내부에는 국제도시를 포함하여 몇 곳의 신도시를 한 축으로 하고 구도심을 다른 한 축으로 하는 사이에 경제, 사회, 문화, 교육, 교통 등 다양한 분야에서 양극화가 확대재생산되고 있다. 다른 광역자치단체도 마찬가지이지만 인천에서는 이른바 도시재개발, 또는 도시재생 등이 가장 중요한 현안 가운데 하나이다. 하지만 이마저도 경쟁적으로 개발지상주의 논리에 따르면서 부작용이 따르고 있다.

한국에서 지방자치시대가 20여 년 펼쳐지는 동안 인천의 지방자치가 자체적인 동력으로 인천의 발전을 이루는 데로 이어지지 않고 있는데 이와 동시에 인천의 지방자치가 중앙정부의 규제에 의하여 왜곡되는 사례도 적지 않다. 이에 대표적인 것은 경인고속도로 통행료 문제이다. 경인고속도로는 1968년 개통된 뒤 지난 50년 동안 한국도로공사 자료를 기준으로 통행료 수입이 이미 건설 및 유지비 총액(약 8,800여 억 원)을 회수하고도 충분히 남았다. 2017년 12월말 기준으로 한국도로공사의 자료에 따르면 경인고속도로 운영으로 인한 초과 이익은 4,062억 원으로 경부선 다음으로 가장 규모가 컸다. 그러나 경인고속도로는 늘어난 교통량과 병목현상으로 인하여 고속도로로서 기능을 상실한 지 이미 오래이다. 게다가 현행 유료도로법 제16조 제3항에 따르면 "통행료의 총액은 해당 유료도로의 건설유지비 총액을 초과할 수 없"고 유료도로법 시행령 제10조 제1항에는 "30년의 범위안에서 통행료의 수납기간을 정하여야 한다"고 규정되어 있다. 이에 따라 30년도 훨씬 넘게 통행료를 받아왔던 경인고속도로 통행료 폐지가 인천에서는 오래전부터 장기간 중요한 현안이 되어 왔다.

하지만 경인고속도로 통행료 폐지는 인천시민의 희망대로 전개되지 않았고 끝내 중앙정부와 법적인 다툼까지 진행하게 되었다. 2012년에 법원은 유료도로법 제18조 통합채산제 규정에 의거하여 둘 이상의 유료도로를 하나의 유료도로로 간주하여 통행료를 받을 수 있다고 해석하여 인천시민의 희망에 반하는 판결을 내렸다. 이에 다시 인천의 대표적인 시민단체들이 유료도로법이 개인의 재산권을 부당하게 침해하고 경인고속도로 통행료 유지가 수익자 부담과 원가회수주의에 부합하지 않는다고 헌법소원까지 제기했다(http://news.kbs.co.kr/news/view.do?ncd=2432843 검색일 2018년 8월 16일). 그러나 2014년에 헌법재판소는 경인고속도로 통행료 부과가 합헌이라고 판결했다.

최근 경인고속도로 통행료 폐지 문제는 2017년 12월부터 경인고속도로의 일부가 일반화되면서 과거와 다른 국면으로 전환되는 중이다. 경인고속도로 전 구간이 22.11km인데 그의 약 절반인 인천기점 쪽 10.45km를 지방도로로 일반화하고 서울기점 쪽 나머지를 민간자본을 통하여 지하화하고 있다. 그런데 3,938억 원에 달하는 지방도로화 사업이 국비확보의 무산으로 시비로 떠넘겨지면서 가뜩이나 안 좋은 인천시의 재정에 부담이 더 커져버렸다. 게다가 서울기점 쪽 구간이 민간 고속도로로 바뀌게 된다면 통행료가 폐지되기는커녕 오히려 현행 900원보다 훨씬 더 비싸져서 인천시민에게 더 큰 부담으로 던져질 가능성이 생긴다(http://www.isisa.net/news/articleView.html?idxno=110178 검색일: 2018년 8월 16일). 이는 경인고속도로 일반화의 방향이나 내용에 대한 의견수렴과 그 과정에 대한 인천시민의 불만은 물론, 통행료 폐지 논의 자체를 완전히 무색하게 만들어 인천으로서는 혹을 떼려다 다른 쪽에 더 큰 혹을 하나 더 붙인 격이 된 것이다.

다른 한편 인천이 다른 광역자치단체, 특히 수도권의 식민지와 같은 대접을 받는 사례도 있는데 이는 수도권매립지와 관련되어 있다. 수도권매립지는 1992년 2월부터 인천의 서구 등지에 단일 규모로는 국내 최대이고 나아가 세계적인 규모로 조성된 쓰레기 매립지이다. 경기도 11개 시군이 1992년 2월부터 이곳으로 쓰레기를 보냈고 인천과 서울은 4월과 11월부터 각각 수도권매립지를 사용하기 시작했다. 수도권매립지는 정작 인천에 있는데도 불구하고 지분은 인천 대신 서울시(71.3%)와 환경부(28.7%)에 나뉘어져 있었다. 이와 동시에 쓰레기 반입량의 대부분은 2014년 기준으로 서울(48%)과 경기도(34%)이었는데 인천의 쓰레기 반입량은 전체의 18%에 불과했다(https://ko.wikipedia.org/wiki/%EC%88%98%EB%8F%84%EA%B6%8C_%EB%A7%A4%EB%A6%BD%EC%A7%80 검색일: 2018년 8월 16일).

그나마 애초에는 2016년 말까지 수도권매립지 사용이 끝나기로 예정되어 있었는데 현재까지 그 사용시한이 연장된 상황이다. 수도권매립지 사용종료를 앞두고 2015년 6월에 인천시장, 서울시장, 경기도지사, 환경부 장관이 만나서 사용기간을 연장하면서 몇 가지 중요한 합의를 이루었기 때문이다. 4자 협의체에서는 첫째, 수도권매립지의 대체매립지를 마련하고, 둘째, 수도권매립지공사를 인천시로 이관하며, 셋째, 매립면허권과 매립지 땅 소유권을 서울시와 환경부에서 인천시로 넘겨주기로 합의했다. 또한 4자 협의체는 그간 피해를 감내했던 수도권매립지 주변 인천시민의 삶의 질 향상과 인천경제의 활성화를 위한다는 차원에서 쓰레기 반입수수료 가산금과 부지매각대금 등 수익금을 인천시에게 보내기로 결정했다(인천일보 2015년 6월 29일).

그러나 수도권매립지 연장합의는 인천시민으로부터 불공정한 것이라는 비판을 받았다. 이번에 수도권매립지의 소유권이나 수익금을 인천으로 넘긴다는 합의가 나왔지만 애초에 인천의 소유 아래 관리되었어야 했던 사항들이었다는 것이다. 그리고 수도권매립지공사가 적자 상태의 공기업이기 때문에 인천으로 이관되어봤자 시에게 또 다른 재정부담이 될 것이라는 인식이 확산되었다. 2018년 6월 인천시장 선거에서도 수도권 매립지 연장합의에 대한 입장과 대책을 둘러싸고 후보들 사이의 공방이 이어지기도 했다. 2018년 8월 1일 현재 수도권매립지 대체 후보지가 인천 5곳과 경기도 32곳으로 압축되었고 2019년 3월 최종 후보지가 서너 곳으로 압축될 예정이다(한국일보 2018년 8월 2일).

III. 경기의 지방자치와 현안

경기는 17개 광역시도 가운데 인구규모가 가장 큰 동시에 최근에도 계속 인구의 증가추세를 유지하는 등 한국에서는 매우 예외적인 지역이다. 통계청이 1945년 독립 뒤 처음 실시했던 1949년 인구총조사에서 경기도의 인구는 2,733,944명으로 집계되었다. 경기도의 인구가 1966년 인구총조사에서 3,102,325명으로 3백만 선을 넘어선 뒤 1975년에 4백만 선(4,034,707명)을 넘었다. 1985년에서 1990년 인구총조사로 넘어가는 동안 경기도 인구가 4,792,617명에서 6,154,359

명으로 증가했던 것으로 나타나는데 이는 매우 빠르게 5백만명 선과 6백만명 선을 뛰어넘었던 사실을 알려준다. 경기도 인구는 다시 1995년과 2000년 인구총조사를 거치면서 각각 7백만명 선(7,637,942명)과 8백만명 선(8,937,752명)을 올라섰다. 그 뒤 2015년 인구총조사에서 경기도 인구가 드디어 1천만명 선을 넘어 10,341,006명으로 집계되었다. 경기도 인구는 2010년 인구총조사에서도 1천1백만명 선(11,196,053명)을 돌파했다. 다만 경기도 인구가 2016년에 13,090,703명으로 집계되면서 성장세가 다소 둔화된 것으로 나타났다. 〈표 2〉에서도 경기도의 대표적인 지표가 잘 요약되어 있는데 인구규모에 따라 국회의원정수나 지방의회의원정수의 규모도 단연 독보적인 것으로 보인다.

경기도에게 인구 규모가 큰 것이 이점이 될 수 있지만 이것이 다시 또 다른 분란의 씨앗이 될 수도 있다. 경기도에는 인구 규모가 50만명, 심지어 100만명이 넘는 기초자치단체가 있기 때문이다. 대표적으로 경기도의 기초자치단체 가운데 하나인 수원시의 인구는 2015년도를 전후로 광역자치단체인 울산시를 추월했다. 수원시는 이렇게 빠르게 증가하는 인구 규모에 맞게 기초자치단체보다 더

〈표 2〉 광역도별 각종 규모의 비교

	주민등록인구* (명)	지역구 의원정수(명)		
		국회의원(2014년)	도의원(2018년)	구군의원(2018년)
경기	12,890,445	60	129	390
강원	1,548,078	8	41	146
충북	1,593,903	8	29	116
충남	2,117,685	12	38	145
전북	1,851,694	10	35	172
전남	1,893,444	10	52	211
경북	2,688,747	13	54	247
경남	3,379,981	16	52	228
제주	658,167	3	31	–

* 2018년 1월 기준
출처: 주민등록인구 http://www.mois.go.kr/frt/sub/a05/totStat/screen.do; 지역구 의원정수 http://info.nec.go.kr/electioninfo/electionInfo_report.xhtml

높고 울산시와 비슷한 수준으로 승격을 요구하는 것이 자연스러운 일이 될 수 있다. 그리고 인구가 50만명 이상이 되는 전국의 15개 시(수원, 고양, 용인, 성남, 부천, 안산, 화성, 남양주, 안양, 청주, 천안, 전주, 포항, 창원, 김해시) 가운데 9개가 경기도에 위치하고 있다. 수원을 포함하여 경기도의 해당 기초자치단체는 인구 규모에 맞는 특례를 요구하는 중이다. 이에 따라 2018년 정기국회에서 수원과 고양 등 인구 100만 도시에게 국가사무의 일부를 이양하는 특례시로 바꾸는 지방자치법 전면 개정이 시도되고 있다. 장차 이러한 여파가 경기도 전체의 변화로 이어질 수 있는 것이다.

다른 한편 인천과 반대로 일자리 사정도 많이 좋고 채무도 상당히 적은 경기도의 도지사에 대한 지지율은 대체로 인천보다 더 높지만 17개 광역시도 단체장 가운데는 중하위권에 머물고 있는 것으로 나타난다. 여론조사 기관 리얼미터가 월례적으로 실시하는 17개 광역시도지사 지지율 조사에서 남경필 전 경기도지사의 지지율은 2014년 지방선거 뒤 10월에는 10위를 기록했다. 남경필 경기도지사의 지지율은 2015년 3월에 17개 광역시도 가운데 9위, 8월에 8위, 12월에 5위를 오르내렸다. 2016년에도 남경필 경기도지사의 지지율이 2월에 17개 광역시도 가운데 9위, 6월에 11위 등에 위치했다. 2017년에도 남경필 경기도지사의 지지율이 높아지지 않아서 1월에 11위로 시작하여 3월에 14위까지 내려갔다가 5월에 12위, 9월에 10위 등으로 오르내렸다. 2018년 4월 남경필 경기도지사의 지지율이 전국에서 11위였다. 다만 2018년 6월 지방선거가 끝난 뒤 첫 정례 지지도 조사에서 새로 당선된 이재명 경기도 지사는 전국 17개 광역시도에서 최하위를 기록했다(http://www.realmeter.net/ 검색일: 2018년 8월 21일).

같은 조사에서 동시에 집계된 전국 주민생활만족도 통계에서 경기도의 만족도는 역시 인천보다 다소 좋지만 대체로 전국의 중하위권에 머물고 있다는 사실이 확인된다. 2014년 10월 경기도 주민의 생활만족도가 전국 17개 광역시도 가운데 13위에 그쳤다. 2015년 12월에도 경기도 주민의 생활만족도는 전국 15위로 더 나빠졌다. 2016년에도 2월 경기도 주민의 생활만족도가 전국 17개 광역시도 가운데 15위에서 6월에 11위로 조금 나아졌을 뿐이었다. 2017년에도 경기도 주민의 생활만족도는 1월에 전국 17개 광역시도 가운데 12위, 3월에 11위 등에 머물다가 5월에 5위로 올라갔다가 9월에 13위로 다시 내려갔다. 2018년 4월에는 경기도 주민의 생활만족도가 전국 17개 광역시도 가운데 11위였다(http://www.realmeter.net/ 검색일: 2018년 8월 21일).

경기도에서도 유권자의 정치참여는 지방자치가 전개될수록 나아지는 것으로 확인되지 않는다. 대통령선거에서 경기도의 투표율은 1987년에 광역시도 가운데 밑으로 세 번째였는데 1992년에 밑으로 여섯 번째, 1997년에 밑으로 열한 번째, 2002년에 밑으로 일곱 번째, 2007년에 밑으로 네 번째, 2012년에 밑으로 네 번째, 2017년에 밑으로 여덟 번째에 그쳤다. 국회의원선거에서 경기도의 투표율은 1988년에 광역시도 가운데 밑에서 세 번째, 1992년에 밑에서 다섯 번째, 1996년에 밑에서 다섯 번째, 2000년에 밑에서 여섯 번째, 2004년에 밑에서 여섯 번째, 2008년에 밑에서 네 번째, 2012년에 밑에서 네 번째, 2016년에 밑에서 아홉 번째를 기록했다. 지방선거에서 경기도의 투표율은 1995년에 광역시도 가운데 밑에서 두 번째, 1998년에 밑에서 일곱 번째, 2002년에 밑에서 여섯 번째, 2006년에 밑에서 세 번째, 2010년에 밑에서 다섯 번째, 2014년에 밑에서 두 번째, 2018년에 밑에서 세 번째로 오르내렸다. 경기도의 투표율은 대체로 광역도 단위 가운데는 가장 낮은 경향이 있다.

경기도에서 가장 오래되고 큰 현안은 역시 경기도 남북의 격차해소와 이를 위한 차원에서 경기도의 분도 등에 관련되어 있다. 경기도는 서울을 주위로 두꺼운 반지 모양으로 되어 있는데 생활권은 자연적으로 한강에 의하여 남북으로 뚜렷이 나뉘는 특징을 갖는다. 한강 위쪽 경기북부지역은 한편으로는 수도권정비법으로, 또 다른 한편으로는 군사적 목적이나 환경보호라는 이유로 개발이 상당히 강하게 제한되어 있다. 이에 따라 경기북부지역에는 인구가 적어지게 되었고 경제가 상대적으로 뒤떨어지게 되었다. 이는 다시 교육, 의료, 문화 등의 전반적인 낙후로 이어졌고 계속해서 경기북부지역의 저개발과 저발전으로 반복적인 악순환이 유지되어 있다.

　이러한 연유로 해서 경기남북의 격차해소에 대한 고민은 오래 전부터 이루어졌는데 1992년 대통령선거에서 김영삼 후보가 경기도 분도를 공약하면서 경기도 내부에서는 물론 국회에서도 계속 논의가 더 확산되고 있다. 여기에서 핵심은 경기도 내부의 경제권 및 생활권과 행정권을 일치시켜서 경기 남북을 분리함으로써 지역적 특성에 맞게 주민의 삶의 질을 향상시키고 권익을 보호하며 균형발전을 촉진시키자는 것이다. 이와 동시에 경기도의 인구가 한국 전체 인구의 약 1/4 가량을 차지하면서 너무 집중되어 과대해진 탓에 다른 광역시도와 균형을 맞춘다는 차원에서도 경기도의 분도 필요성은 주목을 끌고 있다.

　간단히 말하자면 경기도 분도는 경기도 북부의 10개 시·군(고양시, 구리시, 남양주시, 동두천시, 양주시, 의정부시, 파주시, 포천시, 가평군, 연천군)과 남부의 과천시, 광명시, 광주시, 군포시, 김포시, 부천시, 성남시, 수원시, 시흥시, 안산시, 안성시, 안양시, 오산시, 용인시, 의왕시, 이천시, 평택시, 하남시, 화성시, 양평군, 여주군를 분리하자는 방안이다. 사실 이미 경기북부지역에는 경기도 북부청사(제2청), 경기도교육청 북부청사(제2청), 경기도경찰청 제2청 등은 물론 지방검찰청과 지방법원 등이 자리를 잡고 있다. 따라서 경기도를 남북으로 나눌 때 행정적 공백이나 혼란이 최소화될 수 있고 추가적인 비용도 적을 수 있다.

　이에 반하여 경기도 분도에 대하여 유보적인 입장에서는 경기도 전체를 남북으로 분리한다면 규모의 경제가 줄어들기 때문에 경기도 남북 모두에게 더 불리해질 것이라고 우려하고 있다. 특히 경기도를 분리할 때 경기북부는 혜택에 있어서 증가를 보장받기가 다소 어려울 수 있다. 경기북부지역의 개발이 제한되어 온 배경에는 경기도 내부의 논리보다 외적인 규제가 더 크게 작동하고 있기 때문이다. 경기북부지역은 수도권정비법에 더하여 휴전선 접경지역에 위치한 특성으

<표 3> 각종 지표로 살펴본 경기도 남북격차

항목(단위)	기준연도	경기북부(비율)	경기남부(비율)	전체
면적((㎢)	2016년	4,266(42%)	5,908(58%)	10,172
인구(천 명)	2016년	3,395(26%)	9,744(74%)	12,892
경제활동인구	2015년	1,569천 명(25.3)	4,630천 명(74.7)	6,199천 명
취업자 수	2015년	1,514천 명(25.4)	4,448천 명(74.6)	5,962천 명
총사업체 수	2015년	208천개(24.8)	620천개(75.2)	828천개
공장등록 수	2015년	13,780개(21.6)	48,618개(78.4)	62,398개
사회적 기업 수	2015년	108개사(25)	323개사(75)	431개사
마을기업 수	2015년	55개사(32)	117개사(68)	172개사
협동조합 수	2015년	338개사(25)	993개사(75)	1,331개사

출처: 김민철(2018, 10).

로 인하여 군사적인 이유로 규제가 강하게 가해지고 있는 것이다. 이러한 환경적 특성이 사라지지 않는 한 경기도가 남북으로 나뉜다 하더라도 경기북부지역의 개발은 기대만큼 쉽지 않은 상황이다. 2018년 4월 남북 정상회담 이후 파주 등 접경지의 부동산 경기가 들썩였듯이 남북관계가 변화하고 통일이 된다면 이에 따라 전체적인 행정구역의 개편 등과 함께 경기도 분도 문제가 연계될 가능성이 생길 것이다.

경기도 분도가 쉽지 않은 것만큼 경기도 남북의 격차를 해소하는 것도 쉽지 않은 현안이다. 위의 〈표 3〉은 경기도의 남북격차를 각종 지표로 요약한 것인데 그 수준이 매우 심각하다는 사실을 보여주고 있다. 이에 따르면 2016년 기준으로 경기북부지역은 경기도 전체 면적의 42%를 차지하는데 인구는 경기 전체의 26%에 불과했다. 그리고 경제활동인구, 취업자 수, 총사업체 수, 공장등록 수, 사회적 기업 수, 마을기업 수, 협동조합 수에 있어서 경기북부지역의 비율이 대체로 약 1/4정도를 차지하고 경기남부지역의 비율이 약 3/4를 차지하는 것으로 확인된다. 다만 마을기업의 수만 경기북부지역에 32%가 위치하여 약 1/3 정도를 보유하고 있을 뿐이다. 경기도에서는 지방자치를 통하여 바로 이러한 남북격차를 해소하는데 노력을 경주할 필요가 있다고 하겠다.

최근 지방자치와 관련하여 경기도는 단연 유일한 유형의 실험을 진행했다. 남경필 전 지사가 임기 중에 연합정치를 시도했던 것이다. 2014년 지방선거 결과 경기도의회의 128석 가운데 남경필 전 지사가 소속되었던 새누리당 의원이 50석을 차지했던 데 비하여 새정치민주연합이 78석을 장악했다. 이른바 지방자치단체 수준에서 분점정부가 탄생했던 것이다. 이미 남경필 전 지사는 야당 추천 부지사를 등용하여 통합 도지사가 되겠다는 선거공약을 제시했고 실제 선거결과에 따라 지방자치단체 수준에서 역사상 처음으로 연정을 구성했다.

　지방선거가 끝난 뒤 2014년 8월 남경필 전 지사는 경기도 연합정치 실현을 위한 정책합의문을 제시했고 새정치민주연합 경기도의원들은 사회통합부지사를 파견함으로써 화답했다. 광역자치단체에서 소속정당이 다른 도지사와 부지사의 연합정부가 구성된 것이었다. 중앙정치에서도 하지 못했던 연합정부의 실험은 그 자체로 많은 가능성과 시사점을 남겼다. 또한 남경필 전 지사는 2018년 지방선거를 앞두고 경기도의 연정이 2017년에 신규 일자리를 전국 최대로 늘렸고 민선 6기의 채무 2조6천억 원을 상환하게 만드는 등 성과가 적지 않았다고 주장했다.

　그러나 2018년 지방선거에서 남경필 전 지사가 민주당 이재명 후보에게 패했고 전체 경기도의회의석 142석 가운데 민주당이 135석을 확보한 반면 한국당이 겨우 4석을 차지하면서 사실상 4년간의 연정과 관련한 실험은 끝났다. 이와 동시에 경기도의 연정에 대한 이면이 드러나기도 했다. 감사원의 감사에 따르면 수백억 규모의 이른바 연정예산이 도의원들 사이에 나누어 먹기식 선심성 사업으로 흔적 없이 쓰였던 것이다(한겨레 2018년 5월 30일). 지역의 민원사업을 해결하기 위하여 자원을 분배했다는 차원에서는 문제가 적을 수 있겠으나 그 절차나 과정에 부적정성까지 있었던 것은 연정의 취지나 목적을 무색하게 만드는 일이 만연했던 것을 알려준다. 예컨대 2016년과 2017년 사이 도의원 및 정당별 문화정책 기획발굴 지원사업과 시군 문화예술 활성화 지원사업이라는 이름으로 도의원들 사이에 지역구 민원을 위하여 배분되었는데 특히 예산의 65억 원은 공모절차도 거치지 않았거나 사업수행 자격이 없는 단체에 지원되었던 것이 감사원에 적발되었던 것이다.

IV. 맺음말

2017년 대통령선거를 앞두고 문재인 대통령은 연방제 수준으로 지방자치를 확대하는 방향으로 헌법을 고치겠다고 공약했다. 하지만 개헌은 지금 이 시점까지도 성사되지 못했으나 제20대 국회의 후반기 문희상 의장은 개헌을 다시 추진할 것을 공언했다. 지난 20여년 동안 지방자치가 자리를 못 잡았기 때문에 연방제 수준으로까지 확대해서 지방자치를 발전시키자는 주장은 한국 사회에서 결코 약하지 않은 흐름을 형성하고 있다. 지방정부가 단순한 행정집행권을 갖는 것이 아니라 높은 수준의 독립적인 입법권까지 갖는 것이 그 핵심적 내용이다. 그러나 2018년 9월 11일 발표된 문재인 정부의 자치분권 종합계획은 현재 8대2인 국세와 지방세의 비율을 7대3을 거쳐 6대4로 개편하면서 지방재정의 자율성을 높이고 광역단위 자치경찰제도 도입하는 수준에 머물렀다.

이와 반대로 지난 20여년 동안 지방자치가 자리를 못 잡았다고 지방자치를 마냥 확대하는 것만이 만병통치약이 될 수 없다는 입장도 강하게 형성되어 있다. 지방자치가 다시 도입된 뒤 과거 20여년 동안 지방자치단체나 지방의회가 많이 변화해온 것이 사실이나 여전히 많은 문제를 노출한 채 똑같은 문제를 반복하고 있어 이러한 상황의 개선 없이 지방자치의 폭만 확대하는 것은 제대로 된 처방이 아니라는 것이다. 대통령선거에서 공약의 규모가 대단하고 선심성 예산이 넘쳐나는데 광역단체장들이 2018년 지방선거에 제시했던 공약을 다 이행하려면 약 205조가 소요될 정도였고 지방선거가 아니라 대통령선거에 어울릴 공약들이 적지 않은 상황이다(조선일보 2018년 6월 19일). 광역단위마다 각종 단체나 기관의 장들이 친목모임을 갖다가 점차 이를 확대하면서 단체장이 지역의 기득권 층이나 기업가 등에 포획되는 비리의 네트워크가 형성되는 일도 만연해 있다(한겨레 2018년 9월 4일). 국회에서는 최근 특수활동비가 축소되고 폐지되는 중인데 일부 지방의회에서는 주민숙원사업비니 재량비니 비리와 예산낭비의 관행이 남아있다(한겨레 2018년 8월 23일). 지방자치가 더욱 더 발전하기 위해서는 연방제 수준의 지방자치를 보장하기 위한 개헌 이전에 과거 20여년의 시행착오를 반복하지 않도록 지방자치의 문제는 최소화하고 성과는 극대화하도록 제도적으로 보완하는 것이 필요한 것이다.

인천시가 과거 20년의 지방자치시대에 가장 큰 유산으로 남긴 것은 약 10조에 달하는 부채이다. 인천시가 이렇게 큰 부채를 떠안게 된 것은 지방자치의 가장 근본적인 병폐 때문으로 보인다. 자치단체가 단기적인 계획과 경쟁적인 대형사업 유치라는 치명적인 유혹을 떨쳐내지 못했던 것이다. 최근까지도 인천의 부채는 기대만큼 줄지 않았고 시민의 삶의 질은 나아지지 않았다. 그 후과로 인천의 광역 또는 기초 단체장들은 선거를 통하여 책임을 졌지만 공무원 사회나 의회는 시민들의 세금만 축내는 과도한 사업을 걸러내지 못했다. 단체장들은 전임 단체장들과도 경쟁적으로 대형사업을 벌이는 한편 다른 지역과도 중복적인 사업을 추진하기도 했다.

그 사이에 인천시나 경기도나 납세자들의 수십 년 묵은 숙원사업을 해결하지는 못했다. 인천의 경인고속도로 통행료나 쓰레기 매립지 문제는 아직도 현재진행형이고 경기도의 남북 사이 지역격차도 좁혀지지 않고 있다. 인천시에서나 경기도에서나 단체장들은 선거를 의식해서 서로 나눠먹기식 민원해결로 예산을 사용하기도 했다. 의회도 단체장들을 감시하고 견제하는데 중요한 역할을 하지만 전문성의 부족으로 기대에 못 미치거나 오히려 의회로서 본연의 역할보다 단체장들과 한 통속이 되는 일도 있었다. 그 동안 수도권에 있는 인천시나 경기도의 수장에 대한 유권자의 평가나 삶의 질 만족도도 나아지지 않았다.

그렇다고 중앙정부가 모든 것을 잘 한다는 것은 아니다. 중앙정부도 지방자치 시대에도 재정과 중요한 사항을 장악하고 지방정부에게는 재정적으로 중앙에 의존하게 만드는 동시에 위임사무만 잔뜩 맡겨놓은 상태를 유지하고 있다. 또한 예컨대 지난 해 말부터 중국에서 우리 비닐 쓰레기를 수입 안하기로 결정했기 때문에 장기간 비닐 쓰레기 재활용 대란이 벌어질 것이 예견되었는데 중앙정부는 실제 대란이 벌어진 다음에도 쓰레기 재활용은 지방자치단체의 일이라고 미루는 일도 발생했다. 또한 지하철 무임승차에 따른 손실이 커지자 6개의 지방자치단체는 중앙정부가 손실액을 보전해야 한다고 주장하고 중앙정부는 지방자치단체의 의무라고 맞서고 있다(중앙일보 2018년 9월5일). 중앙정부나 지방자치단체나 서로 책임은 미루고 권한만 앞세우는 일이 이어지는 것이다.

이에 비하여 지방자치가 지난 20년 동안 남긴 성과는 더욱 빛을 발하도록 강화해야 할 것이다. 즉 과거 수년 사이에 지방 공기업과 출자출연기관에 대한 경영평가의 실시는 그 중요한 성과 가운데 하나가 될 것이다. 지방자치단체에 대하여 국회의 국정감사나 감사원의 감사 또는 자체 감사 등이 제도화되어 있지만 지방 공기업과 출자출연기관에 대한 경영평가를 통하여 리더십, 재정, 인사, 조직, 문화 등 전반에 대하여 평가하고 비교함으로써 그 경영의 질을 향상시키는 것뿐 아니라 지방의 다양한 기관의 운영을 전국적으로 표준화시키는 결과를 이끌었다고 하겠다. 향후에도 지방 공기업과 출자출연기관에 대한 경영평가도 강화하고 이와 비슷한 평가를 확대하여 지방자치의 수준을 더 향상시켜야 할 것이다.

또한 지방자치가 발전하려면 스스로 자존감을 높여야 하는 과제도 남아 있다. 최근 서울의 집값이 급등하면서 정부가 내놓은 정책에 대하여 지방자치단체가 내놓은 입장이 여러 측면에서 평가를 받을만하다. 서울의 집값이 급등하는데 박원순 시장 자신이 여의도나 용산, 그리고 강북을 재개발하겠다는 발언에 영향을 받은 것은 사실이다. 하지만 정부가 그린벨트를 풀어서 아파트를 더 짓겠다는 대안에 대해서는 과감하게 반대하는 입장을 냈다. 게다가 광명시장과 시흥시장 등은 정부의 신도시 개발이나 택지 개발 계획에 대하여 반대하고 나섰다. 인구가 줄고 있어서 그렇지 않아도 미분양 등 문제가 많은데 더 많은 공급은 적절하지 않다는 주장이다(조선일보 2018년 9월 29일). 물론 그 이면에는 지역이기주의가 없는 것은 아니겠지만 정부의 정책이 부당한 것이 있다면 지방정부는 이를 바로 잡는 역할도 과감하게 해야 지방자치가 바로 서게 될 것이다.

참고문헌

김민철. 2018. "경기북도 설치의 당위성과 효과분석." 「경기도 분도에 관한 경기도민 공청회 자료집」 9-15.

제10장

대전·충청: 국토중심부의 지방분권과 균형발전

김욱·임헌만 · 배재대

I. 서론

정부는 2018. 9. 11. 대통령 소속 자치분권위원회 주도로 자치분권 로드맵(안)에 기초한 자치분권 종합계획을 확정하였다(자치분권위원회 2018). 정부의 자치분권 종합계획은 자치분권 확대를 포함하는 헌법개정 노력이 무산되어 관련한 헌법개정이 어렵다는 현실적 상황을 고려하여 법령 개정을 통하여 실질적인 자치분권을 이루겠다는 현실 타당한 내용으로 이뤄졌다고 할 수 있다. 그러나 헌법개정이 전제되지 않은 자치분권에는 본질적인 한계가 존재하기 때문에 관련한 헌법개정까지 고려한 2017년 10월 발표된 행정안전부의 자치분권 로드맵(안)이 자치분권위원회의 자치분권 종합계획보다 더 자치분권에 충실하다고 판단된다.

인구감소, 고령화에 따른 충청지역의 성장 동력 저하 및 행정수요 감소로 행정서비스 공급부문의 효율화, 구조조정 필요성이 증대되고 있으며, 대전지역을 중심으로 생활권과 행정구역 불일치로 인한 주민불편이 가중되면서 행정구역을 초월한 지방정부(지방자치단체) 간의 협력을 통한 종합서비스 제공이 필요한 시점이다(원광희 외 2015).

위와 같은 인식을 기초로 지방분권과 균형발전 차원에서 자치역량 강화, 지방자치단체 간 행정구역 통합·조정의 지원 강화, 지방자치단체간 협약 활성화, 국토균형발전을 위한 세종시의 과제 및 충청권의 균형발전 과제 등에 대하여 충청권 현황 분석과 개선과제를 제시하고자 한다. 이와 같은 연구는 현 정부의 지방분권·균형발전 정책 전개 상황에서 충청권의 지역문제를 해결하는 정책공간에서 활동할 잠재역량이 크게 신장할 가능성이 있어 선제적으로 대응하고 여러 상황변화에 맞춰 민선 7기 충청권의 다양한 문제를 해결하여 사회적 가치 창출과 시민의 삶의 질 제고에 기여할 것으로 기대한다.

이와 같은 논의를 진행함에 있어 충청권에 대한 개괄적 이해를 위해 충청권의 인구와 경제의 주요측면을 간단히 살펴보면 다음과 같다. 충청권의 인구는 2017년 12월 31일 현재 기준으로 대전 150만 2,000명, 충남 211만 6,000명, 충북 159만 4,000명, 세종 28만 명으로 충청권 총 인구는 549만 2,000명이다〈표 1〉.

전국 5,117만 8,000명 대비 충청권 인구는 10.61%를 차지하고 있다. 2011년

〈표 1〉 충청권 시도별 인구 변동 현황(단위: 천 명)

	2012		2013		2014		2015		2016		2017	
	인구	증감	인구	증감	인구	증감	인구	증감	인구	증감	인구	증감
전국	50,948	▲ (0%)	51,141	▲ (0%)	51,328	▲ (0%)	51,529	▲ (0%)	51,696	▲ (0%)	51,778	▲ (0%)
대전	1,525	▲ (1%)	1,533	▲ (1%)	1,532	▼ (0%)	1,518	▼ (−1%)	1,514	▼ (0%)	1,502	▼ (−1%)
충남	2,029	▼ (−3%)	2,048	▲ (1%)	2,062	▲ (1%)	2,077	▲ (1%)	2,096	▲ (1%)	2,116	▲ (1%)
충북	1,566	▲ (0%)	1,573	▲ (0%)	1,579	▲ (0%)	1,583	▲ (0%)	1,591	▲ (1%)	1,594	▲ (0%)
세종	113	↔ (0%)	122	▲ (8%)	156	▲ (28%)	210	▲ (35%)	243	▲ (16%)	280	▲ (15%)

출처: 행정안전부 「지방자치단체 행정구역 및 인구현황」, e-나라지표, 작성기준일: 매년 12월 31일

기준으로 충청권의 인구는 516만 9,000명으로 호남권 인구 507만 2,000명을 추월하여 격차가 확대되고 있다. 충청권 인구증가의 특이 사항으로 행정중심복합도시건설 완성에 따라 2012년 이후 세종시로의 인구 유입으로 폭발적 인구성장이 가장 큰 원인이다.

2012~2016년 사이 충청권의 지역내총생산(GRDP)[1] 변화를 보면, 대전은 2013년 증가폭이 2%로 줄었다가 4~5%의 증가세를 보이고, 충북은 2013년 증가폭이 9%로 높았다가 6% 내외의 완만한 증가세를 보였고, 충남은 5% 내외의 증가폭을 보이고 있다〈표 2〉.

한편, 세종시 지역내총생산 2012년 5조 8,468억 원에서 2016년 9조 192억 원으로 증가(전국의 0.6%)하였고 총부가가치 기준으로 서비스업 49.5%, 제조업 26.4%, 건설업 19.1%를 차지하고 있다(김성표 2018).

2012~2016년 사이 충청권의 성장률[2] 변화를 보면, 대전은 2016년 3.3%를 제

〈표 2〉 충청권 지역별 지역내총생산(단위: 당해 가격 기준 10억 원)

	2012		2013		2014		2015		2016	
전국	1,377,041	▲ (3%)	1,430,255	▲ (4%)	1,485,505	▲ (4%)	1,565,248	▲ (5%)	1,635,555	▲ (4%)
대전	30,884	▲ (4%)	31,456	▲ (2%)	32,799	▲ (4%)	34,062	▲ (4%)	35,922	▲ (5%)
충북	43,628	▲ (3%)	47,402	▲ (9%)	49,791	▲ (5%)	52,656	▲ (6%)	56,122	▲ (7%)
충남	95,308	▲ (4%)	99,154	▲ (4%)	105,002	▲ (6%)	111,265	▲ (6%)	117,128	▲ (5%)

주: 1. 매년 12월 말 전년도 잠정자료 발표, 국세,지방세 등 기초통계자료를 보완하여 익년 6월 말 확정자료 DB 수록, 2. 기준 연도: 2010년
출처: 통계청 「지역소득」

---

1. 지역내 총생산(Gross Regional Domestic Product: GRDP): 시·도 단위별 생산, 소비, 물가 등 기초통계를 바탕으로 추계한 해당지역의 부가가치로서 시.도 단위의 종합경제지표임. 지역내총생산은 사업장 단위로 추계하며 생산측면의 부가가치로서 각 시·도내에서 경제활동별로 얼마만큼의 부가가치가 발생되었는가를 나타내는 지표

<표 3> 충청권 시도별 실질성장률(단위: %)

	2012	2013	2014	2015	2016
전국	2.3	2.8	3.3	2.8	2.8
대전	1.2	1.3	3.1	1.7	3.3
충북	2.0	7.4	4.8	4.5	5.8
충남	3.6	6.5	5.1	3.8	3.9

주: 1. 매년 12월 말 전년도 잠정자료 발표, 국세, 지방세 등 기초통계자료를 보완하여 익년 6월 말 확정자료 DB수록, 2. 기준 연도: 2010년
출처: 통계청 「지역소득」

외하면 전국 평균에 비해 저조하고, 충북은 전국평균에 비해 높은 성장률을 보이고 있고, 충남 역시 전국 평균에 비해 높은 성장률을 보이고 있다〈표 3〉.

II. 충청권 지방자치단체의 자치역량 강화

지방자치단체의 '자치역량'이란 환경변화에 대응하여 민주적 참여와 통제를 활성화시킬 수 있는 지역주민의 민주의식의 성숙도와 지방자치권능을 효율적으로 행사할 수 있는 지방정부 구성요소의 자질을 포함하여 스스로 문제를 해결하거나 자신의 일을 처리해 낼 수 있는 능력이다. 지방자치단체 '자치역량 강화'란 이러한 능력을 향상시키는 것을 의미하며, 구체적으로는 민주적 요구를 충족하기 위한 참여적 메커니즘의 개발, 지방정부 운영에 대한 새로운 접근법으로써 제도개혁, 업무절차와 조정메커니즘의 개선, 지역수요를 만족시킬 수 있는 가치체계 및 행태를 변화시키는 능력의 강화를 말한다(최수창 외 2015).

충청권의 자치역량 현황을 살펴보면 첫째, 권력구조 및 행정구조적 차원에서 많은 제약과 한계가 있다. 지방자치권이 아직 충분히 주어지지 않았으며 중앙통

---

2. 성장률은 일정기간 동안 각 경제활동부문이 만들어낸 부가가치가 전년에 비하여 얼마나 증가하였는가를 보기 위한 지표로서 특정 지역의 경제가 이룩한 성과를 측정하는 중요한 척도로 이용

제의 정도도 지나칠 만큼 세세한 부분에까지 영향을 미치고 있다.

둘째, 중앙 정부로부터 지방자치권은 각종 제약 받는 상황이다. 조례와 규칙의 제정범위가 법률의 위임이나 범위 내에서만 인정되며, 국가의 지도와 감독을 받도록 법률에 규정되어 있어 실질적으로 자치입법권이 크게 제약되어 있다. 자치행정권은 국가의 사무와 권한이 광역 및 기초자치단체에 비하여 월등히 많으며, 위임사무와 보조금 지급사무 등을 통하여 행정적 자율성이 제약당하고 있는 실정이다. 자치재정권이 세입구조에서 중앙정부와 비교하면 큰 열세이고 자율적인 과세권이 부여되지 않고 법률의 위임을 받도록 되어 있으며, 중앙정부의 보조사업 범위가 넓고 매칭사업이 대부분이어서 지방자치단체의 재정자율성은 거의 없다.

셋째, 중앙 정부나 법률의 각종 통제로 지방자치단체의 부담이 가중되고 있다. 중앙의 각 부처가 보조사업 혹은 위임사무 등의 형태로 중앙은 기획 기능을 지방자치단체는 집행기능을 담당하도록 하여, 각종 통제가 심하고 지방행정에 인적·재정적 많은 부담을 주고 있다. 지방자치단체들에 대하여 각종의 감사, 감독, 지도, 권고, 지침 등을 내리고 있어 업무의 자율적 범위 위축, 지방자치단체장도 각종의 보조사업 유치와 정치적인 제재나 불이익을 피하려고 중앙정부의 요구에 불응하기 힘든 정치 및 행정구조, 지방의회도 자율적인 입법이나 조직운영이 힘들도록 중앙정부나 법률의 통제를 받는다.

따라서 변화하는 자치환경에 대응하여 경쟁력 제고를 위한 충청권의 자치역량 강화가 필요한 시점에 있다. 충청권의 자치역량 강화방안으로 첫째, 사무배분 조정을 통한 중앙-지방 간 기능배분이 이루어져야 한다. 충청권 지방자치단체들이 외국 지방정부와 MOU를 맺고 교류하는 있는 것을 고려할 때 외교기능의 일부 담당하고, 경제·산업개발 기능은 대부분 전국적인 차원에서 국가가 담당하되 일부 광역적·지역적인 기능은 지역경제 발전 차원에서 충청권 지방자치단체가 담당하는 것이 바람직하다. 주민들과 밀접한 관련성이 있는 보건·복지기능,

국가가 해야 할 역할은 많지 않은 문화·관광기능 및 국가보다는 광역자치단체가 담당해야 할 주택·도시·지역개발 기능은 충청권 지방자치단체가 우선적으로 담당하여야 하며, 환경보전 기능은 국가가 정책적·전국적 측면에서 수행하고 환경에 직접 밀착되어 있는 충청권 지방자치단체들이 환경보전기능의 일부를 담당하여야 한다.

둘째, 충청권 지방자치단체들의 자율적·탄력적 자치조직권이 확대되어야 한다. 중앙정부가 지방자치단체의 조직관리권에 대한 직접적 통제방식 보다 거시적 차원에서 기본방향과 원칙을 제공하고 충청권 지방자치단체들은 이러한 틀 속에서 조직 관리의 자율성이 확대되어야 한다. 지방자치단체의 조직 관리의 자율성 남용에 대한 통제는 중앙정부의 일방적 통제·규제가 아니라 지방의회나 시민단체, 주민들의 견제와 통제를 강화하는 방향으로 제도개선이 이루어져야 한다. 중장기적으로 지방자치단체의 조례에 의한 조직설계의 자치권을 부여하여야 한다. 그러나 주민참여를 통하여 인건비 절감 및 조직 축소를 통한 효율화 등을 촉진 및 자치조직권의 남용방지를 위한 지방의회의 역할을 강화시킬 필요가 있다.

셋째, 지방의회의 역할이 확대되어야 한다. 주민의 대의기관으로서 지방의회 권한과 전문성 제고, 기관대립형(단체장-의회) 구조의 취지에 맞게 지방의회의 역량 강화를 통한 집행부 견제기능 강화, 의장의 사무직원 인사권 확대, 입법정책 전문인력 지원, 지방 공기업 인사청문회 도입 등을 적극 추진하여야 한다.

III. 지방자치단체 간 행정구역 통합·조정의 지원 강화

1994~1998년 국가(내무부) 주도의 시·군 통합 노력이 전개되었다. 1994년부터 지장자치체계의 복원에 따른 본격적인 지방자치시대를 앞두고 지방자치의

기반을 확고히 하고 행정비용의 절감, 지역경제의 활성화, 지역간 형평서 달성 등의 목표 아래, 종래 시·군으로 분리되었던 지역을 중심으로 통합정책이 추진되었다(문상덕 2016). 1차적으로 49시와 43군이 통합 권유대상지역으로 선정되어 통합 결과 총 50시와 44군이 폐지되고 41개 도농복합시 신설되었다(행정자치부 2015; 문상덕 2016).

2008~2009년 국가(행정안전부) 주도의 시·군의 자율통합이 추진되었다. 이명박 정부는 100대 국정과제로 지방행정체계 개편을 추진하면서 자율통합 시 중앙정부의 재정적 인센티브 제공 등 약속하였다. 2009년 10월까지 18개 지역 46시·군 통합 신청하여, 6개 지역의 13개 시·군을 통합대상으로 선정되었으나, 2010. 7. 1. 마산, 창원, 진해시를 통합한 통합 창원시가 탄생되었지만 나머지 통합대상은 통합에 실패하였다.

2011~2012년 지방행정체계 개편에 관한 특별법 제정(2010. 10. 1.)과 시·군·구 통합이 추진되었다. 20개 지역 50개 시·군·구로부터 통합건의가 접수되어 2012년 6월 청주시와 청원군의 통합을 사실상 결정하고 2014년 7월 통합 청주시가 출범하였으나, 나머지 통합대상은 통합에 실패하였다. 이상과 같이 정부의 대대적 통합노력에도 불구하고 2008년 이후 통합에 성공한 것은 창원시와 청주시뿐이다.

지금까지 정부 주도의 시·군 통합 정책 평가하면, 통합 시·군·구의 규모 과대, 민주주의 후퇴, 통합 찬성론의 검증 미비, 과도한 통합 특례, 국가 주도의 인위적 통합 추진의 부적절함이 지적되고 있다(문상덕 2016). 중심도시와 주변 농촌의 통합과 같이 지역 간 위계가 분명한 경우 비교적 목표한 성과를 도출하는 것으로 평가되나, 경쟁관계에 있거나 여건이 비슷한 지방자치단체 간 통합은 주민 갈등과 행정적 비효율성을 초래할 우려도 제기된다(김영철·이우배 2013). 시·군·구를 통합하여 광역화해서 지방분권을 도모하려는 것은 제도설계가 잘못된 것일 수 있으므로 지방분권 강화는 지방자치단체의 통합이 아니라 지방행정 기능의 강화로부터 시작되어야 한다(최철호 2011).

행정안전부의 자치분권 로드맵(안)에 따르면 경계조정 개선 제도로 지방자치단체 간 자율 협의체 구성·합의로 경계 조정하는 것을 들고 있으며, 정부의 이러한 정책방향과 관련하여 아직까지 이와 관련된 구체적 방안이 제시되고 있지는 않다. 자치분권위원회의 자치분권종합계획에서 살펴보면 동일 시·도 내의 시·군·구 간 경계조정의 경우 주민편익 증진을 위해 시·도조례 위임, 지방자치단체의 명칭변경과 폐치분합(廢置分合) 등 지방행정체제 개편과정에서 주민의견이 실질적으로 반영되도록 주민참여 절차 개선할 계획이며, 행정안전부 주관으로 지방자치법 개정을 2019년 내로 추진할 계획이다. 경계조정을 시·도 조례에 위임하는 방향으로 지방자치법이 개정될 경우 지방자치단체 사이의 의사만 일치하면 보다 쉽게 경계조정이 이루어질 것이다.

기존의 시군구 통합 정책 평가로부터 시사점을 도출하면 첫째, 국가가 주도하는 이른바 하향식 통합 추진은 그 나름의 장점도 없지는 않으나, 기본적으로 상향식 방식으로 이루어지는 것이 타당하다(문상덕 2016; 주경일 2018). 둘째, 주민의 전체적인 의사를 확인하거나 존중하지 않은 통합의 시도는 결과적으로 성공하기 어렵거나 많은 부작용이 있을 수 있으므로 무엇보다도 주민투표제도를 거쳐야 한다(문상덕 2016). 셋째, 공동체의 정체성이 중요하므로 생활권역이 일치하고 지역 간 동질성이 확보되는 지역들을 중심으로 통합이 우선 이루어질 수 있도록 하여야 한다(양고운·박형준 2013).

2008년 이후 통합에 성공한 청주시 통합 사례는 우리나라 최초의 주민 중심 자율통합으로 평가받고(주경일 2018), 지방자치단체 통합의 실패요인과 성공요인을 모두 담고 있는 사례로 평가된다(한상우 2014).

청주시 제3차 통합논의는 중앙부처 9개 부처 장관이 제시한 인센티브가 주민들을 공감시키지 못하였고, 청원군 의회가 소극적 태도를 보였으며, 청주·청원이 안고 있는 숙원사업 등 군민들의 현실성에 기초한 민원을 해결하는 의지가 약

<표 4> 청주시 통합 과정

제1차 통합논의 (1994-1995)	• 정부정책에 따라 통합 추진했으나 주민의견 조사결과 청원군 반대 65.7%로 실패
제2차 통합논의 (2002-2005)	• 통합 찬성 측과 반대 측이 조직적으로 상호 협조와 견제활동을 하였고, 주민투표 결과 청원군 53.5%가 반대하여 실패
제3차 통합논의 (2009-2010)	• 충북지사, 청주시장, 청원군수가 5개 공동 추진사항을 채택하는 등 진전이 있었으나, 구체적인 통합 시기는 결정되지 못함
제4차 통합논의 (2010-2014)	• 2010. 8. 11. 충북지사, 청주시장, 청원군수는 '청주·청원 통합 추진 합의문' 발표 • 2011. 5. 3. 청원·청주 통합군민협의회 출범 • 2012. 1. 주요 연결도로망 조속 추진, 시내버스 요금 단일화의 조기 시행 등 합의 • 2012. 4. 24. 상생발전방안 5개 분야 39개 사항 75개 세부사업이 확정됨 • 2012. 6. 21. 청주시의회 전원 통합 찬성 의결 • 2012. 6. 27. 청원군 주민투표 결과 투표율 36.75%, 찬성율 78.6%로 통합 결정 • 2013. 1. 23. '충청북도 청주시 설치 및 지원 특례에 관한 법률' 제정 • 2014. 7. 1. 통합 청주시 출범

하여 실패하였다(장황래·김영종 2013). 그러나 제4차 통합논의는 주민과 이해
관계자들의 공감대 형성, 통합의 지역개발효과에 대한 확신, 민주적 통합절차와
방법 채택, 중앙정부 및 지방자치단체의 통합의지, 언론과 시민단체의 긍정적 역
할 등으로 성공하였다(한상우 2014).

통합청주시 사례에서 '시·군민 협의회' 중심으로 자율적 협의체를 구성하여 주
민들의 의견을 수렴하고 수렴된 의견 가운데 쟁점이 되는 사항, 즉 주민들의 우
려사항과 숙원사업에 대해 국가와 지방자치단체가 협의와 조정의 과정을 거쳐
이를 해결하려는 의지를 밝힘으로써 군민들의 신뢰를 얻을 수 있었고, 국가에서
제시한 인센티브를 주민들이 공감할 수 있는 실효성 있는 내용으로 제시하였다
(장황래·김영종 2013). '시·군민 협의회'의 개방적이고 객관적인 활동으로 인해
청원군민들이 이중 순환학습의 과정을 거쳐 신념의 변화를 가져왔다(조서형·엄
태호 2017).

통합 청주시 탄생 성공사례에서 도출되는 중요한 시사점에 기초하여 향후 충
청권의 지방자치단체간 통합 추진방향은 다음과 같아야 한다.

첫째, 통합 추진기간을 충분히 확보하고(장황래·김영종 2013), 정부와 시민,

시민단체들의 원활한 의사소통과 협의를 위한 과정이 상시적 제도로 보장되어야 한다(한상우 2017).

둘째, 통합의 구체적 목표설정 및 공감대 형성이 필요하다. 주민들에게 '왜(why)'를 해소시켜야 하며(장황래·김영종 2013), 주민과 이해관계자들이 함께 참여함으로써 목표가 설정되고 이에 대한 공감대를 형성하는 것이 필요하다(한상우 2017). 청주시 통합의 성공에서 구 청주시와 구 청원군이 역사적 동질성을 가지고 있었음이 중요하였듯이 공동체의 정체성을 확보하는 노력이 필요하다.

셋째, 국가의 인센티브의 방법을 개선하여 주민들의 피부에 와 닿는 실질적이고 현실적 대안을 갖고 다가가야 한다(장황래·김영종 2013). 행정구역 통합으로 예상되는 행정의 효율적 수행보다는 주민의 생활과 직접 관련이 높은 도시적 시설의 입지가 청원군민의 통합결정으로 이어졌다(정민철 외 2014).

넷째, 정확한 정보공개가 필요하다. 주민들에게 정확한 자원과 정보를 제공하고(장황래·김영종 2013), 공감대 형성을 위한 관련된 정보의 공개가 필요하다(한상우 2017).

다섯째, 통합논의가 상향적으로 주민으로부터 전개되는 것이 가장 바람직하다(한상우 2017). 2008년 이후 국가 주도 통합에 성공한 것은 창원시뿐이고, 그 이후 청주시만 지방자치단체와 주민들 스스로 통합을 추진하여 성공하였는데 시·군민 협의회가 중요한 역할을 하였다. 통합에 따른 인센티브도 중요하지만 통합의 필요성이나 타당성 등에 대한 공론의 형성이나 객관적 검증이 필요하다.

여섯째, 주민투표를 거친 통합이 바람직하다. 통합 방식은 의회 의결 방식과 주민투표 방식이 있는데, 최종 결정은 주민투표 방식이 되어야 한다는 점에 대하여 많은 학자들이 공감하고 있다. 청주시는 제4차 통합에서 청원군에 대한 주민투표 방식으로 통합에 성공하였다.

위와 같은 시군구통합과 다른 문제로서 충청권의 행정구역 경계조정문제도 중요한 문제로 대두되고 있다. 현 정부의 자치분권 로드맵(안)에서 주민 불편사항의 신속한 해결을 위해 합리적·효율적 관할구역 경계조정 제도 개선을 추진하고 있다. 여기서 지방자치단체의 관할구역 경계조정은 지방자치단체 간 자율 협의체 구성·합의로 경계조정을 함을 의미한다. 국내 경계 조정 사례로 부산 동래구와 수영구, 서구와 사하구, 경기도 의왕시와 군포시, 광주 동구, 광산구와 북구, 서울광역시 구로구와 금천구, 인천광역시 동구·남구·연수구·남동구 등이 있다.

충청권 지방자치단체의 경계조정 추진방안을 제시하면 다음과 같다.

첫째, 구역변경시 적극적 주민 참여와 지역공동체의 활성화가 필요하다(권자경 2015).

둘째, 주민 편익을 우선 고려하는 것이 필요하다. 아파트 개발 단지가 2개 행정구역으로 분리되는 것은 주민편의, 행정편의상 비효율성을 발생시키는 문제점을 갖고 있기 때문에 실제로 주민들의 생활 근거지나 정체성에 입각하여 하나의 통합된 자치구로 편입하는 것이 필요하다(대전발전연구원 2008). 즉, 1개 아파트 단지가 2개 자치구로 분리되는 경우와 같은 경우는 최우선적으로 조정되어야 할 것이며, 대로(大路) 건설로 생활권이 분리되는 경우도 우선적으로 조정되어야 할 것이다.

셋째, 경계 조정으로 세수나 토지면적상으로 지방자치단체 운영에 지장이 있는 경우 그에 대해 고려하여야 한다. 편입 토지에 대한 세수의 이양(서울 광역시 구로구 사례)이나, 토지의 상호 교환(경기도 의왕시과 군포시 사례, 대전광역시 서구와 유성구의 2011년 사례) 등은 그 방법이 될 수 있다.

넷째, 경계조정과 관련하여 지방자치단체간 갈등관리방안이 마련되어야 한다. 지방자치단체의 경계조정 문제는 지방자치단체의 세수나 면적 등과 관련하여 여러 차원의 갈등이 발생할 가능성이 높다. 이러한 여러 갈등을 관리하기 위해서 갈등 관리 및 조정에 관한 조례의 개정 및 그 시행을 위한 규칙 제정 등이 시급하고, 갈등 관리 교육훈련 활성화와 전문 인력 육성 등 효과적인 갈등관리 체제를 시급히 수립하여야 한다.

IV. 충청권 지방자치단체 간 협약의 활성화

지방자치단체 간 협약은 지방자치단체 간에 공동적 관련사무를 양자의 의사의 합치로서 공동으로 처리하는 사무수행의 방식을 지칭한다. 행정법상 협약은 국가 또는 지방자치단체가 일정한 행정목적을 수행하기 위하여 체결하는 계약으로서의 성질을 가진 것으로 보는 것이 일반적인 견해이다(최종술 2007).

협약에 의한 행정수행방식은 순기능적 측면에서 지방분권화의 경향이 강화됨에 따라 점증하는 지방자치단체 간의 분쟁을 완화시키는 예방적 효과를 기대할 수 있을 것이다. 또한 협약에 의한 사무처리는 불분명한 사실관계나 법률관계의 해결을 위한 유용한 수단인 동시에, 법의 흠결을 보충하는 기능을 수행할 수 있다. 나아가 광역화된 현대 행정 하에서 상충하는 지방자치단체 간의 권한 또는 이익을 사전적으로 조정함으로써, 사전적 분쟁해결수단으로서도 기능할 수 있다. 오늘날 지방자치의 확대와 지방분권화의 경향은 필연적으로 지방자치단체 간의 갈등 문제를 초래하고 종래의 법적 해결방식에는 한계가 있어 이익을 조화하는 갈등해소 방안이 필요하다. 이와 관련하여 지방자치단체 간의 이익의 형량 및 조화를 위한 제도적 수단으로서 협약에 의한 사무처리가 지방자치단체 간 갈등해소방안으로 고려할 수 있을 것이다.

현재 지방자치단체 간의 협약을 규정한 법령으로 국토의 계획 및 이용에 관한 법률 제45조 제2항은 관계 특별시장·광역시장·시장 또는 군수는 협약을 체결하거나 협의회 등을 구성하여 광역시설을 설치·관리할 수 있다고 규정하고 있다.[3] 지방자치단체 간에도 협약에 의한 사무처리의 가능성이 존재함은 물론이며 오

---

3. 국토의 계획 및 이용에 관한 법률 제45조 (광역시설의 설치·관리 등) ② 관계 특별시장·광역시장·시장 또는 군수는 협약을 체결하거나 협의회 등을 구성하여 광역시설을 설치·관리할 수 있다. 다만, 협약의 체결이나 협의회 등의 구성이 이루어지지 아니하는 경우 당해 시 또는 군이 동일한 도에 속하는 때에는 관할 도지사가 광역시설을 설치·관리할 수 있다.

히려 협약의 실질적 전제요건인 상호 간의 대등한 협력관계가 이론적으로는 물론 실제적으로도 존재하고 있다. 따라서 지방자치단체 간 협약의 가능성 및 유용성은 국가-지방자치단체 간의 경우보다 크다.

2018년 10월 현재 충청권 지방자치단체의 협약관련 자치법령 현황은 다음과 같다. 먼저 충청남도의 지방자치단체의 협약관련 조례가 제정된 곳이 광역자치단체인 도 1개, 기초자치단체 3개(홍성군, 청양군, 보령시)에 불과하다. 대전광역시교육청 업무협약 조례가 제정되어 있고, 충청북도의 경우 보은군의 군유임야 관리 및 보호협약에 관한 조례가 제정되어 있지만 도 본청 마저 미제정된 상태이다. 이와 같은 지방자치단체들을 제외하고 기타 많은 충청권의 광역과 기초 자치단체들에서 협약에 관한 조례는 미제정된 상태이다.

2018년 10월 현재 전국에서는 총 43개 지방자치단체가 협약관련 조례를 제정하고 있다. 다음으로 충청권의 협약관련 시행규칙은 광역과 기초 자치단체 모두에서 제정된 곳이 없어 미비된 실정이며, 전국에서도 진주시만이 협약관련 시행규칙이 제정되어 있다.[4]

충청권의 지방자치단체 간의 협약으로 대전시-세종시 상생발전협력 협약 체결 사례가 있다. 당시 권선택 대전광역시장과 이춘희 세종특별자치시장은 2015. 4. 7. 대전시청 중회의실에서 세종시와 대전시간 상생발전 협력 협약을 체결하고 5대 분야 12개 과제에 대하여 교류협력을 추진하기로 합의하였다. 두 도시는 협약에 따라 산업·경제 동반성장 기반 마련, 광역교통시스템 확충, 도시 인프라 공동 활용, 시민화합 행사 및 문화교류 활성화, 행정발전을 위한 공동연구 및 공무원 상호교류 등 5대 분야 12개 과제에 대해 협력사업을 추진할 계획하에 협력사업을 실시하고 있다.

다음으로 충청권 지방자치단체도 참여한 협약으로 지방세징수법 제18조(징수

---

4. 진주시수출농가경영비협약대출금이차보전지원조례시행규칙[시행2015.3.4.][제611호, 2015.3.4. 개정]

촉탁)**5**에 근거하여 2015년 6월 전국 17개 광역자치단체 간 지방세 징수촉탁 협약체결사례가 있다. 충청권이 아니지만 최근 지방자치단체의 협약체결사례로는 국토부−수도권 광역자치단체 국토교통 업무 협약(2018. 07. 18.)과 2017. 11. 2. 위례신도시 생활권−행정구역 불일치 문제 해결 업무협약 체결(행정안전부 보도자료 2017.11.02) 등이 있다.

위와 같은 협약관련 법령과 사례 고찰에 기초하여 충청권의 지방자치단체 간 연계·협약제도 활성화방안을 제시하면 다음과 같다. 행정안전부는 인구감소 지역의 행정서비스 전달체계 효율화 및 지방분권화 경향에 따른 지자체간 갈등의 사전해소를 위한 지자체간 협력제도를 정비해 나가기로 하였다(행정안전부 보도자료 2017/11/2). 통근, 의료, 교육 등 행정구역을 초월한 협력을 위해 「(가칭) 지방자치단체 간 연계·협약제도」**6**를 지방자치법 개정을 통해 도입할 예정이다. 이러한 제도 도입을 통해 법률상 근거를 통한 구속력 있는 협약의 효력 발생, 지자체간 분쟁발생시 현행 분쟁조정위에서 조정토록 하여 이행력 확보 및 분쟁해소가 가능할 것이다.

충청권 지방자치단체들은 중앙정부의 「(가칭) 지방자치단체 간 연계·협약제도」 도입을 위한 지방자치법 개정에 대비하여 아래와 같은 내용을 면밀히 검토, 추진하여야 한다.

충청권 광역자치단체들은 본청 및 산하 기초자치단체의 협약 관련 조례 및 시행규칙 정비를 지원하여야 하고, 기초자치단체들은 미비된 협약관련 조례와 시행규칙 제정을 서둘러야 한다. 업무제휴와 협약에 관한 조례를 제정하고 하위 자치법령인 시행규칙을 제정하여 협약의 법적 미비상태 해소 및 실행력을 확보하

---

5. 지방세징수법 제18조(징수촉탁) ③ 지방자치단체는 상호 간에 지방세의 징수촉탁에 관한 협약을 체결할 수 있다. 이 경우 징수촉탁에 관한 협약에는 징수촉탁사무의 내용과 범위, 촉탁사무의 관리 및 처리비용, 경비의 부담 등에 관한 사항이 포함되어야 한다.
6. 여러 지방자치단체에 걸친 광역계획 수립·집행, 특수 광역행정수요 충족 등을 위한 기본방침과 지방자치단체 간 역할을 분담하는 협약 체결

여야 한다.

충청권 지방자치단체의 연계·협약의 문제는 광역·기초자치단체-국가, 광역·기초자치단체-타 광역·기초자치단체, 광역·기초자치단체-주변 광역·기초자치단체, 광역·기초자치단체-특별행정기관, 광역·기초자치단체-기업, 단체, 주민 등 다양하게 논의될 수 있다. 실정법령이 협약의 의미를 특히 규율하지 않는 한, 협약의 전제는 본질적으로 대등한 법률관계이며, 상호 공동적 관련성에 기인한 협력적 체제이다. '지방자치단체 간의 연계·협약제도' 도입방안에 대한 논의는 지방자치단체 간 관계에 초점을 둔 논의를 전제하고, 이 경우 지방자치단체 간 관계는 독립된 행정주체로서 이념적·법적으로는 대등한 관계라고 할 수 있다. 충청권 지방자치단체의 협약에 의한 사무처리에 있어서 지방자치단체 간의 실질적인 대등·협력관계를 보장할 수 있는 법제도적 장치의 마련, 특히 협약의 한계원리 및 절차적 보장에 대한 문제가 중요하게 고려되어야 한다(최승원 외 2006).

V. 충청권 균형발전 현황과 과제

1. 충청권 균형발전

정부에서는 2000년대 이후 국가균형발전특별법을 제정하는 등 균형발전을 위한 정책을 추진하여 왔으나 수도권과 지방의 격차는 오히려 확대 되고 있다. 이명박정부는 수도권정비법, 산집법 등 수도권규제 관련법령 개정 등 명시적·직접적인 방법으로 수도권규제완화를 시도함에 따라, 규제완화 대상 및 범위가 수도권에 한정되어, 비수도권 입장에서는 파급효과·영향력 분석 및 반대논리 개발 등이 용이하여 즉각적인 정책대응이 가능했다. 그러나 박근혜정부는 창조경제 실현, 일자리 창출 등 투자활성화 명분을 내세워 각종 관련 규제 전반에 대한 완화 정책을 추진하고 있다. 결국, 대상범위가 수도권과 비수도권, 지역내에서도 계층 간, 분야 간 중첩되어 나타나기 때문에 비수도권 간 이해관계의 차이로 통일된 목소리를 결집하기 어려울 뿐만 아니라 해결방안을 모색하기도 복잡하고 어려운 상황이다(원광희 외 2015).

그러나 현 정부의 지방분권과 균형발전 정책이 새롭게 전개되는 상황에서 충청권의 균형발전과제를 모색할 필요성이 큰 시점에 와있다. 이하에서는 국토균형발전정책 측면에서의 수도권 정책의 동태를 파악하고 균형발전측면에서 충청권의 현황과 과제를 논의한다.

대전과 세종은 한반도 중부권의 거점권역으로 국내 주요도시로부터 접근성이 양호하여 지역균형발전을 위한 영향력 확산에 유리한 입지여건을 가지고 있다. 대전은 철도를 따라 중구와 동구, 대덕구를 중심으로 주거와 상업, 산업지역이 조성되었고, 지방자치가 부활한 1995년 이래 신시가지역인 둔산과 유성지역으로 주거지역이 확장되면서 도시내 인구이동이 확대되어 2018년 현재 동서지역간 격차가 가장 강력한 지역정치 쟁점으로 등장하였다.

재정적 토대가 취약하고 자율성이 약한 지방정부가 대규모 토지개발에 의존하는 행정을 펼치면서 가속화한 대전의 동서 지역격차는 2013년 대전인구가 최고점을 찍고 감소국면으로 들어서면서 일반시민들에게 도시성장모델의 한계를 인식시켰고 지속가능한 발전과 균형도시모델로 전환하도록 압박하였다. 2012년 세종시 출범으로 대전의 인구가 큰 폭으로 세종시로 이동했고 대전의 인구가 급격하게 감소하면서(〈표 5, 6〉 참조) 대전시의 도시경쟁력 약화를 가속화한 요인이 되었다(김종남 2018).

대전시는 도시내부의 동서지역간 불균형 극복 방안을 마련해야 하는 과제와 더불어 발전하는 세종시와 치열하게 경쟁해야 하는 과제를 동시에 안고 있는 실정이다.

<표 5> 2013~2017년 대전과 세종 인구(단위: 명)

구분	2013	2014	2015	2016	2017
대전	1,532,811	1,531,809	1,518,775	1,514,370	1,502,227
세종	122,153	156,125	210,884	243,048	280,100

출처: 국가통계포털

<표 6> 대전, 세종의 순이동 인구(단위: 명)

구분	2010	2011	2012	2013	2014	2015	2016	2017
대전	−1,045	3,344	499	311	−8,838	−20,616	−10,631	−16,175
세종	−	−	17,493	8,696	33,456	53,044	29,816	34,690

출처: 국가통계포털

대전의 인구가 세종시로만 이동한 것은 아니나 세종시 출범이전까지 대전의 인구는 다소 증가하다가 세종시 출범이후 급격하게 감소함을 알 수 있다. 2010년 인구가 감소하다가 2011~2013년 사이 소폭의 인구증가도 세종시 개발영향으로 볼 수 있다. 따라서 대전의 입장에서는 세종과 경쟁하는 것이 아니라 연합도시네트워크 전략으로 200만 광역생활권을 선언하고 일자리, 문화, 교육 등 지역연계 정책을 적극 펼칠 필요가 있다.

경제분야에서는 대전시의 산업구조 한계, 고급두뇌집단 보유, 상대적으로 두터운 소비층 보유 등의 조건을 고려할 때 충청권 4개 시도가 광역경제생활공동체로 묶여 공동번영할 수 있는 정책을 구사할 필요가 있다. 충청권 상생연합도시네트워크 구축이 하나의 방안이며 이는 문재인정부의 지방자치 강화 전략이기도 함. 충청권으로 확장된 푸드플랜 수립과 이행체계 마련으로 식량공동체 구축, 대전충청권 인재채용 할당제 제도화, 수자원 및 에너지 환경자원 공유 및 보전노력 증진 등 충청권 정책협력체제 마련이 과제이다(김종남 2018).

세종시는 국가 균형발전을 해결하기 위한 상징적 모범도시를 건설하여 수도권 과밀해소와 국가 균형발전 및 경쟁력 강화를 도모하고자 2012년 7월 광역자치단체로 출범하였다. 2012년 출범당시 11.5만 명 수준이었던 인구는 2017년 12월

28만 명 수준으로 대폭 증가하였다. 세종시는 자족적 성숙단계(2020년)에서 인구 30만 규모로 도시자족 기능을 개발하고, 완성단계(2030년)까지는 인구 50만 규모로 도시의 전체적인 골격이 완성될 예정이다. 세종시는 현재 단계별로 건설되고 있는데, 2015년까지 중앙행정기관 및 이전대상 공공기관이 이전하는 '초기 활력단계'가 마무리되었고, 2020년까지 상업·업무, 문화 등의 자족기능이 확충되는 '자족적 성숙 단계'가 진행되고 있다.

균형발전 측면에서 세종시 출범 이후에도 인구 측면에서의 국토 균형발전 효과가 미흡하다는 지적이 제기되어 오고 있다. 이는 세종시 출범 이후에 유입된 인구 중 약 60%가 인근 대전, 충청권 이주자로 실제 수도권 인구유입 효과가 높지 않다는 데에서 기인한다(지남석·김성표 2018). 이와 같은 국가적 차원의 국토균형발전정책의 보다 실효성 있는 개선책이 요구된다. 세종시는 행정수도 개헌, 국회 세종의사당과 청와대 집무실 설치를 위한 정치권과의 협력 등 전략적 접근을 통해 적극 노력하여야 한다.

균형발전 측면에서 세종시의 대내적 불균형 즉 행복도시–읍면지역 간 불균형에 대하여 최근 세종시 내에서는 행복도시 건설로 인한 신도시와 기존 읍면지역과의 환경적 불균형이 심화되고 있는 추세이다. 이주민 중심의 신도시와 기존 원주민 중심의 읍면지역간 잠재적 갈등 요인이 될 수 있다는 점에서 불균형 문제를 완화하고 건전한 방향으로 유도할 수 있는 합리적인 방안이 필요하다(지남석·김성표 2018).

충북은 도내 시군간 불균형발전이 심화되어 균형발전 요구가 증대되고 있다. 2014. 7. 1. 청주시와 청원군이 통합청주시로 출범함에 따라 청주시의 집중현상이 뚜렷하여 도내 불균형발전이 심화되고 있다. 통합청주시는 충북 인구의 과반수를 차지함으로써 압도적 위상을 보이며 청주시의 충북 내에서 집중도는 마치 우리나라에서 수도권이 차지하는 비중과 유사하다. 청주시의 일극 중심으로 집중이 심화됨에 따라 충북의 남부와 북부 권역은 상대적으로 침체되고 있다.

한편, 2018년 충청권의 시도별 재정자립도를 보면, 대전의 경우 전국평균과 근소하게 높은 54.4%이지만 기초자치단체인 구들의 평균 21.7%로 전국 구 평균 31.2% 보다 크게 낮은 수준이다. 충북의 경우 전국 평균에 비해 크게 낮은 37.4%이고 산하 시 평균 31.5%, 군 평균 20.4%이다. 충남의 경우 역시 전국 평균에 비해 크게 낮은 38.9%이고 산하 시 평균 33.8%, 군 평균 16.7%이다. 17개 광역자치단체의 하나인 세종시의 경우 재정자립도가 69.2%로 전국 평균 보다 크게 양호한 상태이다. 특히 충남과 충북의 산하 기초자치단체들에서 시군간 재정자립도를 살펴보면 충북시 평균 31.5(26.7), 군 평균 20.4(13.8)이고, 충남 시 평균 33.8(28.9), 군 평균 16.7(12.0)로 군지역이 시지역에 비해 훨씬 열악한 상황으로 각 도의 관내 균형발전을 위한 추진역량에 저해요소이다〈표 7〉. 따라서 국가적 차원에서 지방자치단체 재정자립도 향상을 위한 적극적 노력이 요구되고 있으며, 광역자치단체 차원에서도 자체재원 배분에서 개선 노력이 요구된다.

균형발전 차원에서 충북, 충남, 세종의 대내적 불균형 문제는 시급히 해소되어야 한다. 세종시의 경우 동지역으로 구성된 행복도시는 현재 2030년을 완공목표

〈표 7〉 2018년 충청권 시도별 재정자립도(단위: %)

시도별	시도 평균	시	군	구
전국 평균	53.4(46.8)	31.2(25.4)		
		37.9(32.3)	18.5(12.2)	30.3(24.7)
대전	54.4(47.1)			21.7(18.2)
충북	37.4(29.6)	31.5(26.7)	20.4(13.8)	
충남	38.9(34.5)	33.8(28.9)	16.7(12.0)	
세종	69.2(57.1)			

주: 1. 평균은 예산순계, 지방자치단체별은 예산 총계 기준임
   2. 시도별 전국평균 재정자립도는 순계예산규모로 산출함에 따라 단체별보다 다소 높게 나타남(이전재원인 국고보조금 등 중복계상분 공제)
   3. ( )은 2014년 세입과목 개편 후 기준으로 산정한 자료이며, 세외수입에서 잉여금, 전년도이월금, 전입금, 예탁예수금 등을 제외
출처: e-나라지표, 연구자 재구성

로 하여 건설되고 있는데 읍면지역에 대한 근본대책이 마련되지 않는다면, 행복도시 건설이 진행 될수록 동지역-읍면지역의 불균형 문제는 보다 심화될 가능성이 높다. 행복도시(동지역)가 정부 차원에서 건설되고 있다는 점을 고려한다면, 읍면지역 환경 개선·활성화는 시가 적극 추진해야 할 과제영역이다(지남석·김성표 2018). 세종시라는 울타리 안에서 동지역-읍면지역이 상생할 수 있도록 각각의 지역특성을 살려나가는 방향으로 개선이 필요할 것이다. 세종시의 역내 불균형은 잠재적 갈등 요인이 되고, 장기적으로 동지역과 읍면 지역을 정서·공간적으로 분리하여 세종시를 이분화하는 결과를 초래할 수 있다는 점에서 이를 완화하기 위한 정책적 전략이 필요하다(지남석·김성표 2018). 세종시와 마찬가지로 충북 도내 시군간과 시군 산하의 읍면동간 불균형 발전문제를 해결하기 위한 적극적 노력이 필요하다.

2. 세종시와 국토 균형발전

세종특자치시는 제16대 대통령 선거에서 민주당 노무현 대통령 후보의 수도권 집중 억제 및 지역균형발전을 위해 충청권에 행정수도 건설 공약을 계기로 시작되어 국토균형발전이라는 정책목표를 가지고 위헌판결, 행정중심복합도시, 세종시로 명칭 확정, 교육과학 중심의 경제도시, 원안 플러스 알파 등 다양한 논쟁의 쟁점을 만들어 가면서 추진되었으며, 2012. 7. 1. 국내 첫 특별자치시인 세종시특별자치시가 17번째 광역자치단체로 출범하였다.

세종특별자치시는 세종특별자치시 설치 등에 관한 특별법의 제6조(설치 등)에 의해 정부 직할로 세종특별자치시를 설치하고, 관할구역내에는 지방자치단체를 두지 않고 도시의 형태를 갖춘 지역에는 동을, 그 밖의 지역에는 읍·면을 두는 단층체 구조의 광역자치단체이다. 수도권의 과도한 인구집중으로 인한 부작용을 시정하기 위하여 행정중심복합도시를 참여정부 때 만들기로 결정되고 추진된 것으로 세종특별자치시는 지역개발과 국가균형발전을 도모하고, 국가경쟁력을 강화한다는 목적을 가진다(세종특별자치시 설치 등에 관한 특별법 제1조). 따라서 세종특별자치시는 행정과 재정의 자주권을 제고하기 위한 도시이고, 국가균형발전을 선도하는 구심점 역할을 할 것이 기대되는 도시로서 국가의 책무로서 특별자치를 위한 시책이나 방안을 마련하도록 의무지우고 있다(세종특별자치시 설치 등에 관한 특별법 제3조).

세종특별자치시는 행정과 재정의 자주권을 제고하기 위한 도시이고, 국가 균형발전을 선도하는 구심점 역할을 할 것이 기대되는 도시로서, 지방자치의 관점에서 본다면 세종특별자치시는 국가로부터 행정과 재정의 자치권을 제고받은 도시로서 상당한 정도의 자치권을 특별히 부여받은 도시이다(김찬동 외 2016).

우리나라는 강고한 중앙집권구도와 세계에 그 유례를 찾아볼 수 없을 정도의 수도권 초 일극 집중구조를 보이고 있어 지역불균형의 심화 상황을 맞이하여 세종특별자치시의 행정수도화 요구가 증대되고 있다. 압축성장 및 권위주의 정부시기인 1960년대부터 그린벨트 설정이나 인구 분산책, 임시수도계획 등에 이어 1980년대에도 수도권정비 계획법과 같은 수도권 과밀집중 억제정책이 이어졌음에도 오히려 집중은 심화되었을 뿐 아니라 민선자치이후에도 집권 현상은 완화되지 않고 있는 등 심각한 사회적 양극화와 한국 중앙과 지방간 격차의 핵심에 수도권 집중과 권력의 중앙 집중의 문제가 자리하고 있다. 2003년 신행정수도 추진 당시 남한면적의 11.8%에 불과한 수도권지역에 인구의 47.6%, 중앙행정기관의 83.9%, 100대 기업본사의 92.0%, 공기업본사의 84.8%, 은행 여신·수신의 67.0%, 벤처기업의 77.0%가 집중(신행정수도 건설추진위원회 2004). 그 결과 수도권 교통혼잡 비용이 2002년 기준 12조 4천억 원, 수도권 환경오염에 따른 연간 사회적 비용이 10조 원에 달하여 수도권의 경쟁력저하가 심각하여 국가균형발전을 위한 대책이 시급히 요구되었고, 국가균형발전 도모, 수도권 과밀해소, 국가경쟁력강화를 목적으로 신행정수도건설을 추진하기에 이르렀다. 참여정부 들어 수도권과 비수도권의 격차를 해소하고 중앙집권의 굴레를 벗어나기 위한 고단위 방책으로 등장한 것이 신행정수도 계획이었고, 균형발전이란 시대적 가치였으나, 관습헌법이라는 논거에 막혀 좌절되고 난 후 여야합의로 이뤄진 후속대안이 바로 행정중심복합도시이며, 전국 10개 지역에 공공기관 지방 이전을 위한 혁신도시 건설 정책이었다.

그러나 이명박 대통령 등장 이후 국가균형발전특별법은 법명만 가까스로 유지된 채, '선 지역 발전, 후 합리적 수도권규제완화'라는 기조가 와해되었고 급격하게 수도권규제 완화로 선회하였다. 국가균형발전특별법은 과도한 수도권 집중 현상을 완화하고, 균형 있는 국가발전을 위해 2004년 제정되었으나, 2009년 개정을 통해 법률 제명과는 다르게 '국가균형발전'의 개념을 삭제하고 지역발전으로 대체하였고 대수도론을 앞세운 김문수 경기도지사가 앞장서 각종 수도권규제의 해제를 선도하였다. 경제민주화와 복지확대를 공약으로 내건 박근혜 정부는 경제활성화와 투자활성화로 국정의 기조를 전환하였으며 규제완화의 정책을 통해 민간투자의 촉진과 경기활성화를 적극적으로 시도하고자 하였다. 이러한 정책의 기조가 그동안 유지된 지역균형발정책 및 수도권관리정책의 중요한 기조를 바꾸어 새로운 지역간 불균형의 확대 가능성이 우려되기도 한다.

행정수도가 좌절된 후, 정치적 타협에 의한 행정중심 기능의 세종특별자치시는 내재된 특성상의 제약과 정치적 지원 부족으로 그 목적을 다하지 못하고 있다. 신행정수도 위헌판결에 따라 행정중심복합도시로 변경되어 추진한 결과 2017년 현재 세종특별자치시는 2014년 6월 국무총리실 조사결과 세종청사 8개 부처 공무원 중 주1회 이상 출장자 수 80%이상, 전체 출장 중 국회 출장자 수 46.8%에 이르는 등 중앙부처 분산배치에 따른 문제가 심각하다. 수도권과 비수도권은 두 개의 국가처럼 균열되어 사회 가치를 독점화하고 집중시킨 수도권과 이로부터 배제되고 있는 지방으로 분할되어 있음. 집권 국가의 운영과 부의 수도권 집중화는 지방으로 부를 흘려 보내주는 것(trickle down)이 아니라 지방을 공동화시키는 블랙홀로서 역할. 두 개의 국가로 인한 사회적 균열로 사회안정과 통합을 기대하기 어렵고, 경제적 성장도 쉽지 않기 때문에 집권형 사회를 대체할 협력의 사회자본 시대로 전환이 필요하고, 이러한 두 개의 국가를 완화하는 것이 균형적인 사회체제가 지향해야 한다(초의수 2008).

위와 같은 문제의식을 기초로 향후 국토균형발전이라는 중차대한 과제를 추진하기 위한 과제를 제시하면 다음과 같다.

첫째, 수도권 집중과 지방의 공동화 심화에 대응하여 세종특별자치시를 국가 중추행정 및 자족기능을 갖춘 실질적 행정수도화가 요구되고 있으므로 새로운 국토중심으로서의 위상을 확보하여 국가균형발전을 선도할 것을 요구한다. 세종특별자치시를 명실상부한 행정수도로 육성하기 위한 국가 정책 방안을 마련하여야 한다.

둘째, 지역균형발전 및 수도권규제정책을 유지하고 보다 실효성 있는 형태로 개선, 발전시켜 나가야 한다.

셋째, 지역균형발전과 지방분권의 조화로운 정책 혼합(mix)을 통한 역동적 지역균형발전정책을 추진하여야 한다. 넷째, 수도권규제 완화는 우리나라의 심각한 지역간 격차에 부정적 영향을 미치게 되므로 국가적 차원에서 재고하여야 하며 지방자치단체, 지역주민 등 지역주체들의 적극적인 대처가 필요하다.

VI. 맺음말

표면상 드러나지 않았지만 지금까지 관존민비나 지방분권이란 용어가 의미하듯이 '권위의 원천인 정부가 우월한 지위에서 시민을 지배한다'라거나 '권한은 중앙에 있고 그 권한의 일부를 지방에 나누어 준다'는 식으로 우리들 대부분이 생각해 왔다. 그러나 이제는 '권위의 원천인 시민에게 정부는 봉사한다'와 '본래 권한은 지방에 있고 필요에 따라 그 권한의 일부를 중앙에 위임한다'는 식으로 사고방향이 크게 바뀌어야 한다.

주권은 본래 국민(지역주민)들에게 있으므로 주권의 실현을 위하여 지역문제에 대한 국민(지역주민)의 의견이 보다 많이 반영되어야 하고, 지방정부는 시민들의 이익에 봉사하는 존재가 되어야 한다. 자치가 자치답게 되기 위해서는 먼저 분권이 철저히 이루어져서 내 삶이 결정되는 현장까지 분권이 종합적으로 구조적으로 이루어져야 한다. 이를 위해서는 현재의 지방자치법에 도입되어 있지 않은 '주민자치' 개념이 법률개념으로 도입되어야 하고, '주민자치 정부'의 개념도 도입되어 현재의 지방자치단체로서의 시나 도를 '주민자치에 의한 지방정부'로서의 법률상의 위상을 가지도록 자치제도의 패러다임 설계를 새롭게 해야 할 것이다.

지방분권에 대해 적극 찬성하는 분권론자와 지방자치의 무용론을 주장하는 집권론자가 극명하게 갈리고 상당수는 중간적 입장을 취한다는 현실을 고려할 때 중위투표자의 정리(median voter theorem)[7]가 시사하듯이 급격한 지방분권 추진이나 수구적인 중앙집권 고수는 여론의 지지를 얻기 어렵다. 충청남도는 17개 광역시도 중에서 인구규모나 경제규모, 면적규모, 지리적 위치 등의 모든 면에서 중위수준(median level)이므로 중위투표자의 정리를 고려할 때 자치분권과 관련한 17개 시도의 의견을 집약하여 대표하는 데 있어서 중위 광역지방정부로서 최적의 조건을 갖고 있다. 같은 맥락에서 대전광역시 및 충청북도는 국토의 중심부에 위치하여 각각 대도시와 농촌지역 도(道)의 중위적 위치에 가깝다. 따라서 지방분권과 국토균형발전정책에서 수도권 규제완화의 직접 당사자로서 중앙의 집중된 자원을 지방으로 분산시키어 지방의 자율성과 경쟁력을 강화하는 데 선도

---

7. 중위투표자의 정리(median voter theorem)는 대의민주제 정당들이 다수의 지지를 획득하기 위해 갈수록 보수-진보의 이념 스펙트럼에서 중간지대로 이동한다는 내용으로(Downs 1957), 과반수제 투표제도는 중위투표자가 가장 선호하는 결과를 선택하게 된다는 것이다(Holcombe 2006, 155).

적이며 중요한 역할을 다해야 한다.

참고문헌

권자경. 2015. "지방자치단체 구역 경계변경의 성공사례 분석 -로컬거버넌스의 적용-". 『한국지방자치학회보』. 제27권 제3호.

김성표. 2018. "세종특별자치시의 발전전략과 과제: 세종시 균형발전계획을 중심으로". 『정책심포지움: 문재인 정부의 포용적 성장과 민선7기 지방정부의 과제』.

김영철·이우배. 2013. "지방자치단체 행정구역 통합의 성과 평가에 관한 연구: 경남지역 사례를 중심으로". 『지방정부연구』. 제17권 제1호.

김종남. 2018. "민선7기 대전광역시의 발전전략과 과제". 『정책심포지움: 문재인 정부의 포용적 성장과 민선7기 지방정부의 과제』.

김찬동·김필두·이주호. 2016. "세종시 및 자치단체 복합커뮤니티센터내 주민자치조직의 활성화 방안". 『한국도시행정학회 학술발표대회 논문집』. 113-133.

대전발전연구원. 2008. "대전광역시 자치구 행정구역 조정방안".

문상덕. 2016. "시·군·구 통합과정과 관련 법제에 관한 고찰". 『지방자치법연구』. 통권 제49호. 한국지방자치법학회.

신행정수도 건설추진위원회. 2004. 『국가균형발전을 위한 첫걸음 신행정수도건설』. 8.

양고운·박형준 2013. "지방정부 간 자율적 행정구역 통합의 성공요인 탐색: 퍼지집합질적 비교 분석(fsQCA)의 적용". 『한국지방자치학회보』. 제25권 제1호.

원광희·변혜선·윤영한·김덕준·오상진·홍성호·조철주·박효기. 2015. "박근혜 정부의 지역발전정책과 수도권 규제완화 대응방안". 충북발전연구원.

자치분권위원회. 2018, 『자치분권 종합계획 비전과 추진』.

자치분권위원회. 2018.『자치분권 종합계획(안)』. 2018. 9.

장황래·김영종. 2013. "시·군 통합의 정책네트워크 분석 -청주시와 청원군의 통합을 중심으로-". 『한국지방자치학회보』. 제25권 제4호.

정민철·정진호·황희연·박미규 2014. "청주·청원 통합을 위한 주민투표에 미친 요인 분석 - 통합 찬반투표에 참여한 청원군민 중심으로-". 『국토지리학회지』. 제48권 제3호.

조서형·엄태호. 2017. "청원·청주 통합의 정책형성과정 분석: 정책학습을 통한 이해관계자 신념체계 변화를 중심으로". 『국가정책연구』. 제31권 제4호.

주경일. 2018. "청주시와 청원군의 행정구역 통합과정에 대한 재구성: 수정된 옹호연합모형(ACF)의 적용을 중심으로". 『한국정책연구』. 제18권 제1호.

지남석·김성표. 2018. "세종시 불균형 진단과 정책적 과제". 대전세종연구원.

초의수. (2008). "참여정부 국가균형발전정책에 한 평가 연구: 국민인식조사를 심으로". 『지방정부연구』. 제12권 제3호. 261-287.

최수창·이수창·이현우. 2015. "광역자치단체 역량 강화방안 연구". 한국지방자치학회.

최승원·조성규·전훈. 2006. "국가와 지방자치단체 강의 협약에 의한 사무처리에 대한 연구". 한국지방자치법학회.

최종술. 2007. "국가·자치경찰간 협약에 관한 연구". 경찰대학 치안정책연구소.

최철호. 2011. "지방행정체계개편특별법 조명". 『지방자치법연구』. 통권 제32호. 한국지방자치법학회.

한상우. 2014. "지방자치단체 통합사례 분석 및 시사점: 청주·청원 통합 사례". 『국가정책연구』. 제28권 제4호.

한상우. 2017. "협력적 거버넌스 관점에서의 자치구역 통합과정 분석: 청주시 사례를 중심으로". 『국가정책연구』. 제31권 제1호.

행정안전부 보도자료. 2017. 11. 2.

행정안전부. 2017. 『자치분권 로드맵(안)』.

Downs, Anthony. 1957. "An Economic Theory of Political Action in a Democracy". Journal of Political Economy, 65.

Holcombe, Randall G.. 2006. *Public Sector Economics*. Upper Saddle River: Pearson Prentice Hall.

제11장

광주·전남: 지방분권, 주민자치, 균형발전

지병근 · 조선대

I. 서론

이 장은 광주·전남을 사례로 지방분권, 주민자치, 균형발전의 현황 및 이와 관련한 주요 쟁점을 소개하고 이를 실현하기 위해 해결해야할 과제를 제시하고자 하였다. 민주화 이후 30여 년이 경과하고 있음에도 불구하고 한국의 분권화는 매우 낮은 수준에 머무르고 있으며, 이로 인해 광주·전남 또한 다른 지역과 마찬가지로 지방자치시대에 어울리는 지방정치가 작동하지 못하고 있으며, 재정자립도 또한 지극히 미약하다. 더구나 이 지역은 권위주의정부시기부터 다른 지역에 비해 상대적으로 경제발전이 더디게 이루어져왔다. 이로 인해 이 지역의 시도민들은 심각한 상대적 박탈감을 경험하고 있으며, 이에 대한 마땅한 해결책이 제시되지 못하고 있는 상황에서 미래에 대해서도 그다지 낙관하지 못하고 있다.

집권 이후 문재인 정부가 국회에 앞서 개헌안을 제시하면서 '지방분권(decen-tralization)'은 사회개혁의 핵심적 주제로 자리를 잡았으며, 이를 실현하기 위해서는 주민자치의 전통을 창출하고 경제적인 지역간 불균형발전을 극복해야 한다는 주장이 지속적으로 제기되어 왔다. 하지만 안타깝게도 이를 실현할 수 있는 정치적 환경은 아직까지 형성되지 못하고 있다. 문재인 정부의 개헌안 또한 표결도 부쳐보지도 못하고 국회에서 정족수 부족에 따른 '투표불성립'으로 부결되고 말았다.

지방분권화는 자원의 배분 권한을 지역에 분산시키는 것을 의미하며, 이는 중앙정부는 물론 중앙정치와 지역정치가 작동하는 방식의 근본적 전환(critical transition)을 요구한다. 그리고 이러한 전환이 지역의 시도민들에게 주민자치를 강화하고 경제적 차원에서는 지역의 불균등 발전을 치유할 수 있는 기회를 부여할 수 있을 것이다. 하지만 지방분권화가 이러한 선순환의 메카니즘을 처음부터 가져올 것이라고 낙관할 수만은 없다. 특히, 광주·전남과 같이 일당 중심의 비경쟁적 경제체제가 유지되고 있는 지역에서는 이러한 기대와 달리 분권화로 인해 주민자치의 요구가 묵살당하고 비효율적인 자원배분에 의해 지역경제가 악화될 가능성도 존재한다. 과거 한국사회가 경험했던 소위 '정경유착', 즉 권위주의체제와 재벌 사이에 강한 카르텔이 형성된 것과 마찬가지로, 지역에서는 지역주의에 의존한 지역정당과 토후경제세력 사이의 유착관계가 강화되고 이들의 지배권력이 주민들의 통제력을 벗어나 작동할 가능성 또한 커질 수 있다.

지방분권이 지역정치를 민주적 양식으로 작동시키는 기제가 되기 위해서는 다양한 문제점들을 고려할 필요가 있다. 지방분권화는 중앙정부가 갖고 있던 권한만이 아니라 책임도 지방정부에 부여한다. 따라서 지방정부에 대한 견제와 균형을 가져올 수 있는 정치환경이 조성되지 못한 상황에서 지방분권화는 오히려 재앙이 될 수도 있다. 그리고 이를 피하기 위해서는 지방정부와 정당의 지역조직에게 부여되는 '책임의 투명성(clarity of responsibility)'을 제고할 필요가 있다. 과거에는 지방정부에게 부여된 권한이 지극히 제한적이었기 때문에 이들에게 책임을 묻기 어려웠던 반면, 지방분권시대에는 그렇지 않다. 하지만 복잡해진 권한

배분으로 인해 오히려 책임의 소재가 불투명해질 수 있다는 점에서 이를 고려한 민주적 지역정치를 디자인할 필요가 있다. 그리고 이를 위해서는 지역정치가 '독점적' 혹은 '지배적'이기보다 '협의적' 혹은 '경쟁적' 체제로 전환할 필요가 있으며, 주민들의 참여에 대한 개방적 정치문화와 지역정당조직의 자율성을 보장하기 위한 정당 자체의 노력이 수반되어야 한다.

이 연구는 II절에서 지방분권과 관련하여 광주·전남지역의 쟁점들을 경제상황, 주민자치의 경험, 지역정치의 차원에서 개괄적으로 살펴볼 것이다. III절에서는 재정자립도, (청년)실업률, 고용율 등의 지표를 이용하여 지역의 경제상황을 살펴보고, 일자리 창출과 도시철도 개통, 대학교육정책 등 최근의 정책이슈들을 소개함으로써 지역균형발전을 어렵게 하는 요인들을 설명할 것이다. IV절에서는 지역균형발전과 지방정치시스템을 개선하기 위한 방안들을 제시할 것이며, V절에서는 이 연구의 결과를 요약하고 향후의 정책과제를 간단히 논할 것이다.

II. 광주·전남의 지방분권, 주민자치, 균형발전의 현황

광주·전남은 지방분권에 대한 요구가 매우 강한 지역이라고 할 수 있다. 역대 권위주의정부시기에 이루어진 경제발전의 수혜를 제대로 받지 못하였을 뿐만 아니라 정치적으로도 김대중을 비롯하여 이 지역을 대표하는 정치인들이 탄압을 받으면서 '중앙정부로부터의 자유'에 대한 갈망이 촉진되었다고 볼 수 있다. 이와 함께 광주민주화운동 당시 광주시민들이 경험한 '자치'의 역사적 경험과 기억은 지방분권시대에 조응하는 주민자치의 가능성에 대한 낙관적인 태도로 이어져 오고 있다.

그럼에도 불구하고 이 지역은 지역불균등 발전으로 인해 재정적으로 중앙정부에 대한 의존도가 매우 높다. 최근의 추이를 보더라도 이 지역의 재정자립도는 영남의 광역시도에 비해 현격히 낮다. 따라서 지방분권화가 가속화되더라도 이 지역이 재정적으로 자율성을 갖기 어려우며, 수도권을 제외한 다른 지방들과 마찬가지로 지방분권화 과정에서 역설적이지만 중앙정부에 대한 재정적 의존성은 쉽게 해소되기가 어려울 것으로 전망되고 있다.

광주·전남에서 지방분권화와 관련된 이슈는 재정적 측면 외에도 많다. 특히, 정치적 측면에서 이 지역은 더불어민주당을 비롯한 '민주당계' 정당들이 전폭적인 지지를 받아왔지만, 포스트-DJ 시대가 도래한 이후 이들의 정치적 대표성에 대한 시도민들의 불만과 의구심은 사라지지 않고 있다. 물론 문재인정부가 출범한 이후 더불어민주당의 지지도가 고공행진을 하고 있기에 이러한 성향은 최근에는 잘 드러나지 않고 있다. 그러나, 김대중과 같이 이 지역을 대표하면서도 전국적인 영향력을 행사할 수 있는 정치인의 부재와 지역의 공직후보공천과정을 비롯한 정치과정에서 지역정치가 중앙정치에 종속되는 것에 대한 우려가 제기되고 있다. 문화적 측면에서도 이 지역은 호남의 정체성을 살려야 한다는 주장에 대한 공감대가 매우 크며, 지역문화산업을 개발하려는 시도가 지속되고 있다. 그러나 재원조달과 추진방식을 둘러싸고 상당한 이견이 노출되고 있다.

III. 주요 쟁점

1. 호남의 경제상황: 낮은 재정자립도, 높은 청년실업률, 낮은 고용율,

최근 광주·전남의 시도민이 주목하는 이슈는 매우 다양하다. 광주전남연구원(2017a)에 따르면 호남에서 제기되는 이슈로는 청년 실업과 일자리 창출(청장년 동시고용시스템 도입, 광주청년드림사업 확대, 나노융합 클러스터 조성), 교통망 개선(KTX 운행역 확대, 광주~완도 고속도록 조기완공), 지역 중소기업 양성(중소기업 성장사다리 구축, 인력난 해소), 지역교육문화 육성(캠퍼스 산업단지 개발, 광주 도심 문화자원 AR 콘텐츠 개발, 평생교육시스템 구축) 등이 있다.[1]

이들 가운데, 다른 지역들도 마찬가지겠지만, 이 곳에서 가장 시급히 해결해야 할 과제로는 일자리 창출과 지역의 경제발전이라고 할 수 있다. 이미 앞서 언급하였듯이 호남은 역대 권위주의정권에 의해 경제발전의 혜택을 받지 못한 지역이었으며, 이에 대한 피해의식 또한 크다. 아래의 〈그림 1〉에 잘 나타나듯이 2018년 광주광역시의 재정자립도는 6대 광역시(서울특별시, 부산, 대구, 인천, 광주, 대전) 가운데 가장 낮은 49.0%에 머무르고 있을 뿐만 아니라 전국평균인 53.4%에도 미치지 못한다. 전남과 전북의 재정자립도는 각각 26.4%와 27.9%로 전국에서 가장 낮다. 수도권의 재정자립도(서울 84.3%, 경기도 69.9%, 인천 67.0%)에 비하면 호남의 경우는 현격히 낮은 것이다. 물론 강원도는 물론 충남과

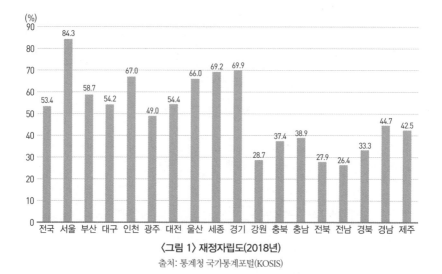

〈그림 1〉 재정자립도(2018년)
출처: 통계청 국가통계포털(KOSIS)

---

1. 2007년부터 분리되어 운영되어오던 광주발전연구원과 전남발전연구원으로 2015년 광주시의회와 전남도의회에서 통합조례안이 의결되어 통합하여 광주전남연구원이 "시·도의 중장기 발전계획과 주요정책에 대한 조사·연구"를 목적으로 발족하였다. 광주전남연구원은 "자치단체간 협력활성화" 모델의 전형으로 여겨져 왔다.

충북, 경남과 경북, 제주도 등 호남만이 아니라 거의 모든 지방의 재정자립도는 매우 낮은 상황이다.

아래의 〈그림 2〉는 최근 전국의 시도별 실업률(2018년 8월)과 청년실업률 (2018년 2/4분기)을 보여 준다. 이 그림에 잘 나타나 있듯이 실업률만 보면 호남의 경제상황이 다른 지역에 비해서 그다지 나쁘지 않은 것처럼 보인다. 2018년 8월 기준으로 실업률은 전국평균 4.0%이며, 수도권 가운데 서울이 5.0%로 전국에서 가장 높으며, 인천이 4.3%, 경기도가 4.1%에 이른다. 대구, 울산, 대전의 실업률 또한 각각 4.2%, 4.8%, 4.9%로 비교적 높은 편이다. 호남의 경우 광주광역시의 실업률(4.2%) 또한 그다지 낮지 않다. 그럼에도 불구하고 전남과 전북의 실업률은 각각 2.8%와 2.6%로 다른 지역에 비해서 현격히 낮다.

하지만 경제활동인구 가운데 농업부문 종사자가 많은 지역에서의 실업률이 낮다는 점을 고려하면, 이 지표가 지방의 경제상황이 수도권에 비해서 양호하다는 판단의 근거가 되기는 힘들다.[2] 오히려 이 지표는 호남을 포함한 지방경제의 산업구조가 갖고 있는 한계를 보여 주는 것일 수 있다. 아울러, 실업률과는 대조적

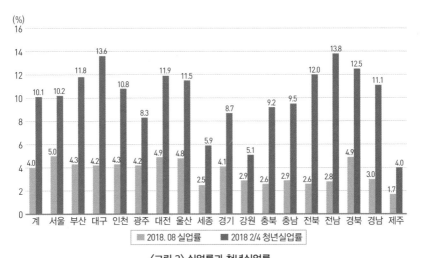

〈그림 2〉 실업률과 청년실업률

출처: 통계청 국가통계포털(KOSIS)

으로 호남의 청년실업률은 다른 지역에 비해서 상당히 높은 편인 것으로 나타났다. 예를 들어, 광주광역시의 청년실업률은 8.3%로 전국평균(10.1%)은 물론 6대 광역시 가운데 가장 낮지만 전남의 청년실업률은 전국시도 가운데 가장 높은 13.8%였으며, 전북은 12.0%로 대구(13.6%)와 경북(12.5%)에 뒤이어 네 번째로 높았다.

〈그림 3〉이 보여 주는 고용률을 보더라도 호남의 경제적 상황은 그다지 좋지 않다. 여기에 잘 나타나듯이 6대 광역시 가운데 광주광역시의 고용률은 59.3%로 부산이나 대구보다 높다. 하지만 전남과 전북의 고용률은 각각 62.5%와 58.4%에 그치고 있으며, 특히 전북의 경우 9개 도 가운데 가장 낮으며, 전남의 경우에는 경남, 경북, 경기도 다음으로 낮다.

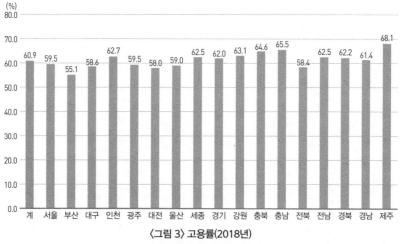

〈그림 3〉 고용률(2018년)
출처: 통계청 국가통계포털(KOSIS)

---

2. 호남 내부에서도 심각한 지역간 격차가 인구증가율, 문화기반시설, 제조업사업체수, 노령화, 의료병상수 등에서도 나타나고 있다(김봉진 2017).

2. '광주형 일자리', '도시철도 2호선 건설', 대학기본역량평가

이러한 지역경제상황을 반영하여 호남에서는 일자리 창출을 위한 방안이 다각도로 모색되고 있다. 최근 전국적인 관심을 받고 있는 '광주형 일자리'의 경우도 마찬가지다. 당초 이 구상은 기업유치를 통한 일자리 창출을 명분으로 현재 동일직종에 종사하는 대기업 노동자들의 임금보다 현격히 낮은 수준의 임금 지급을 전제조건으로 현대자동차 광주 완성차공장 합작법인 설립이 추진되면서 시작되었다. 하지만 이는 노동계의 반발로 실현가능성이 불투명하다. 물론 전향적으로 이에 대한 사회적 합의가 도출될 수도 있겠지만 규범적으로 동일직종에 종사하는 노동자들에 대한 차별적 임금적용으로 인해 장기적으로 분쟁소지가 있다.

광주광역시의 도시철도 2호선 건설관련 이슈 또한 마찬가지다. 중앙정부 예산지원이 결정된 이후 도시철도 2호선 건설이 추진되고 있지만, 광주시에 과연 이 사업이 필요한 교통정책인지에 대한 지역사회 내부의 논란이 커지면서 이를 둘러싼 갈등이 장기간 지속되었다. 이 사업을 반대하는 측에서는 광주시의 경우 지하철 이용객이 적어 현재의 지하철 1호선도 적자인데 2호선을 건설할 경우 장기적으로 시재정에 상당한 부담이 가중될 수 있고, 오히려 교통난이 비록 일시적일지라도 가중될 수 있다는 점과 함께 환경파괴 가능성에 대한 우려를 제시해왔다. 최근에야 광주시가 이를 둘러싼 지역사회의 갈등을 해소하기 위하여 '광주도시철도 2호선 공론화위원회'를 구성하여 숙의를 통해 추진하기로 결정하였지만, 윤장현 전 시장의 재직시절부터 이 이슈를 둘러싸고 빚어진 첨예한 갈등으로 인해 후유증을 극복하기가 결코 쉽지 않다(도시철도 2호선 공론화위원회 홈페이지).

광주형 일자리 문제는 지역경제의 발전을 위한 기업유치의 필요성이 지역사회에서 대두되고 있지만, 노동부문의 희생이나 사회적 합의 없이 지역 스스로 이를 실현하기가 결코 쉽지 않다는 점을 잘 보여 준다. 도시철도 2호선 건설 사례는 지방정부가 자율적으로 지출분야를 결정할 수 없는 상황에서 사업의 우선성이나 경제적 효과를 고려하여 실질적으로 지역에서 요구되는 정책을 추진하기가 어렵다는 점을 잘 보여 준다.

지역균형발전은 단순히 경제적인 차원에서만 논의할 수 있는 것은 아니다. 지역고등교육의 불균형발전 또한 핵심적인 이슈 가운데 하나이다. 교육부는 1997년 금융위기의 여파로 발생한 출산율 저조로 인해 학령인구가 급속히 감소하게 되는 점을 고려하여 대학의 구조조정을 진행해왔다. 하지만, 그동안 교육당국이 추진해온 방안은 노무현정부시절 추진된 지방사립대학혁신 역량강화사업(NURI)을 제외하면 지방대학을 육성하는 데에는 별다른 노력 없이 시장의 논리에 따라 경쟁력 있는 대학에 대한 재정지원정책에 치중해왔다.

이로 인해 그동안 호남을 포함한 지방의 고등교육환경은 지속적으로 악화되어 왔다. 그 대표적인 사례로 들 수 있는 것은 2018년 대학기본역량평가결과 조선대와 순천대를 포함한 상당수의 호남지역대학들이 자율개선대학 지정대상에서 제외된 것이었다. 조선대의 경우 전북의 원광대, 영남지역의 영남대와 동아대와 함께 영호남 4대 사학으로 경쟁해왔다. 그런데 지난 2011년 9월 대학구조개혁평가에서 원광대가 재정지원제한대학으로 분류되어 위기에 처하게 되었고, 이번 평가에서는 호남의 대표적인 사립대학인 조선대와 국립대학인 순천대가 자율개선대학에 포함되지 못하여 구조조정의 대상이 되었다.[3] 이 평가는 등록금이 사실상 동결된 상황에서 갈수록 열악해지고 있는 지방고등교육의 현실을 충분히 고려하지 못하였다는 비판을 받아왔으며, 전국의 사립대학총장들이 폐지할 것을 지속적으로 요구해 온 사안이었다.

대학기본역량평가 결과가 발표된 이후 호남지역에서는 일반재정지원을 받을

---

3. 학령인구가 감소하고 있는 상황에서 대학의 구조개혁이 필요하다는 공감대가 있지만, 이번 평가는 대학의 기본역량을 평가하여 대학재정지원여부를 결정하면서도 연구성과를 배제한 채 교육관련 부문만을 평가대상에 포함하였다는 점에서 많은 비판을 받았다.

수 있는 '자율개선대학'에 진입하지 못한 대학들이 지역사회에서 차지하는 역할의 중요성을 고려해야 한다는 성명서가 지역정치권을 포함한 각계에서 제기되었다. 아울러 지역경제를 발전시키기 위해서는 지역에 필요한 인재양성이 필수적이며, 이를 위해서는 지역의 고등교육에 대한 국가의 책임성을 분명히 하고 그동안 대학생의 등록금에 과도하게 의존해온 지방사립대의 재정건전성을 강화하고, 더 나아가 사학비리를 척결할 수 있도록 법인을 개혁하기 위해서는 공영형 사립대모델을 점진적 도입해야 한다는 주장이 이어졌다. 그러나 교육부는 별다른 태도의 변화를 보이지 않고 있다.

3. 지역의 주민자치

광주광역시의 경우 민주인권도시라는 명성처럼 주민자치가 비교적 활발하게 이루어지고 있다고 볼 수 있다. 대표적으로 제7회 동시지방선거를 앞두고 이 지역에서는 시도의회를 분점하고 있던 더불어민주당과 국민의당이 3·4인 선거구제를 줄이려는 시도를 사전에 예방하기 위해 시민단체대표들을 중심으로 구성된 '100인 위원회'가 각 정당들과 시도의회를 설득하고, 이를 통해 자신들의 정치적 요구를 선거구획정과정에 반영시키는 데 성공하였다. 이 활동은 3·4인 선거구제의 수혜를 받는 군소정당의 요구보다 시민들의 자발적인 의지로 출발하였다는 점에서 의미가 크다.

광주광역시는 2013년부터 시행된 주민자치회 활성화를 위한 추가 시범사업과 함께 "읍면동 자치공동체 센터 구축"을 통해 마을공동체 운동이 활발한 지역을 중심으로 "주민들에 의해 계획을 수립하고 교육, 육아, 복지, 재생, 커뮤니티공간, 환경가꾸기, 사회적 기업만들기 등 공동체사업"과 "마을혁신가 및 마을공익재단 육성을 위한 주민참여 활성화"를 추진할 계획을 제시하였다(광주전남연구원 2017b). 그뿐만 아니라 광주광역시는 그동안 활성화되어온 시민사회, NGO,

지방자치단체의 성과를 바탕으로 "광주광역시 분권 선도도시 지정"을 추진하고 있다(광주전남연구원 2017b, 70).

주민자치와 관련하여 최근 광주광역시에서 주목할 만한 것은 무엇보다 앞서 언급했던 도시철도 2호선 개통과 관련한 정책결정에 주민들이 참여하는 방식에 관한 것이다. 도시철도 공론화 위원회의 출범이 결코 쉬운 것은 아니었다. 이를 출범시킬 때까지 2018년 9월 12일 공론화위원회 구성을 위한 준비모임이 7차에 걸쳐 진행되었고, 오랜 논의를 거쳐 '숙의형조사방식'으로 공론화하여 이 문제에 대한 해결책을 마련하기로 결정한 것이다.

그러나 도시철도 2호선 건립을 거부하던 '사람중심 미래교통 시민모임'측은 중립적 인사 7인으로 구성하자는 광주시 시민권익위원회안을 반대하고 광주시와 시민모임측 인사 2인이 공동으로 참여해야 한다는 입장을 제기하였고 결국, 이 단체가 참여를 거부한 가운데 광주시민단체협의회와 광주시가 시민권익위원회안을 수용함으로써 공론화위원회가 출범하게 되었다(이승훈 2018a; 이승훈 2018b).[4] 이는 지역의 주요 이슈에 대하여 주민이 직접 참여하여 결정하는 대표적인 주민참여사례, "숙의 기반 주민참여"의 전형으로 남게 될 것으로 보인다.

〈표 1〉 도시철도 2호선 공론화 주요 일정

△10월 10~23일: 1차 표본(설문)조사(2천500명)
△10월 26일까지: 시민참여단 구성(250명)
△11월 8일까지: 시민참여단 사전 숙의(숙의자료집)
△11월 9~10일: 시민참여단 종합토론회(2차 설문조사)
△11월 10일: 최종 권고안 결과 도출

출처: 김대우(2018)

---

4. 공론화위원회의 위원장은 광주시 시민권익위원장인 최영태(전남대), 김미경(조선대), 홍기학(동신대), 김기태(호남대), 김은희(전남대) 등 학계인사 5인 외에 박강회(변호사), 박태순(사회갈등연구소 소장) 등이 참여했다(김재선 2018).

4. 일당우위의 정당체제

중앙-지역의 불균형발전은 지역주의의 중요한 기원이다. 지역주민들은 여전히 호남이 역대권위주의정부에 의해 불이익을 당해왔고, 경제발전의 수혜대상에서 제외되어왔다는 정서가 강하다. 이는 국가적 차원에서 국민통합에 걸림돌이 될 뿐만 아니라 호남지역을 정치적으로 지역주의에 취약하게 만들었으며, 이를 이용하여 유권자들의 지지를 동원하려는 지역정당의 과대성장을 가져왔다. 그리고 이러한 지역주의는 국가적으로는 지역갈등을 유발하고 정치적으로 지역주의적 정당체제를 양산함으로써 한국정치의 성장을 제약해왔다.

그런데 아직 충분히 주목받지 못한 문제는 이처럼 지역주의에 기초한 한국의 정당체제가 호남지역 내부에서는 일당지배체제를 지속적으로 재생산해왔다는 것이며, 이로 인해 지역의 정당정치발전이 지체되어 왔다는 사실이다. 그리고 이는 지방의회와 자치단체 사이에 '견제와 균형'의 원리가 실현되지 못하게 만드는 정치구조로도 작동하고 있다. 최근에는 이러한 경향성이 일당지배차원에서만 나타나는 것이 아니라 이들 내부에서 발생한 당내계파갈등으로 이어지고 있으며, 정상적인 시의회운영마저 저해하고 있다. 제7회 지방선거 직후 개원을 앞두고도 광주시의회는 소위 '○○○계'와 '○○○계' 사이에 상당한 갈등이 발생하였다. 광주시의회가 파행 끝에 3일 만에 ○○○의원을 의장으로 선출하는 과정에서 ○○○의원을 비롯한 ○○○계 비주류측이 이를 '불법'으로 규정짓고 참여를 하지 않아 파행이 이어졌다(박용구 2018). 이와 같은 광주시의회 내부의 계파갈등은 지난 2014년 제6회 지방선거 직후에 시의회 의장선거에서도 발생하였다. 당시 ○○○계에 속하는 ○○○과 ○○○ 등이 비○○○계에 속하는 ○○○, ○○○ 등과 대결하였으나 결국 ○○○가 의장에 선출되었다(노정훈 2018). 그후에도 광주광역시의회는 계파간 갈등으로 상당기간 운영위원장과 예결특위원장을 뽑지 못하는 사태가 빚어졌다. 대체로 당내계파간의 갈등을 해소하기 위한 정당들의 제도화 수준이 높지 않다는 점을 고려하면, 광주·전남의 일당우위체제는 지역의 정치발전을 지체시키는 심각한 장애요인이라고 볼 수밖에 없다.

IV. 지방자치, 지역균형발전을 위한 개선방안

최근 '대통령 소속 자치분권위원회'가 제출한 '자치분권 종합계획(안)(2018.9. 11.)'에는 자치분권을 위한 기본적인 아이디어가 담겨져 있다. 여기에는 ① 주민주권 구현, ② 중앙권한의 지방이양, ③ 재정분권 추진, ④ 중앙-지방 및 자치단체 간의 협력 강화, ⑤ 자치단체의 자율성과 책임성 확대, ⑥ 지방행정체제 개편과 지방선거제도 개선 등 6대 전략이 포함되어 있다(정찬 2018). 보다 구체적으로 살펴보면, 이 계획에는 자문기구인 주민자치위원회를 실질적 권한이 있는 주민자치회로 전환하고, 주민소환의 청구요건 및 주민소환 개표요건 완화와 주민투표청구대상의 확대, 주민감사청구 요건 완화와 청구기간 연장 등도 포함되었다. '지방이양일괄법' 제정을 통해 자치경찰 등 518개 사무의 지방이양하기로 하였다. 재정분권 추진을 위해 지방소비세와 지방소득세의 규모를 확대하여 국세와 지방세의 비율을 현행 8:2에서 7:3, 6:4의 비율로 전환하는 것을 계획에 포함하고 있다. 그 외에도 (가칭)'중앙-지방협력회의'를 설치하여 중앙-지방 및 자치단체 간의 협력을 강화하고, 자치단체의 조직·인사·재정의 자율권 확대, 자치단체의 채무 및 재정사업의 성과 공개를 통한 책임성 강화, 지방의회 사무처 직원의 인사권을 지방의회에 이양하는 것 등도 포함되었다. 하지만 이 계획안은 근본적으로 지방분권시대에 조응하는 조건을 창출하기에는 매우 미흡한 내용을 담고 있다.

1. 지역균형발전의 조건: 지역의 내생적 발전 및 '기본재원' 마련과 지방 정부의 재원확충

지역균형발전은 그 의미에 맞게 각 지역이 균형적으로 발전할 수 있도록 국가 재정의 배분이 이루어지는 것을 전제로 한다. 그런데 이는 시장에 의존해 그 성과를 기대할 수는 없는 것이다. 아울러, 이를 위해서는 국가–지방 사이의 근본적인 자원배분방식의 전환이 필요하다. 지금까지 역대정부가 간헐적으로 지역 균형발전의 필요성을 제기하며 다양한 정책을 추진해왔음에도 불구하고 별다른 성과를 거두지 못한 것은 그 지향이 불분명하고 이를 실현하기 위한 자원배분구조를 근본적으로 갖추지 못했기 때문이다. 기존의 자원배분구조를 그대로 둔 채로 미온적인 정책만을 추진할 경우 중앙–지방 사이의 불균형상태는 더욱 심화될 수밖에 없다.

이를 위해서는 단순히 '분수효과' 즉 수도권 성장의 성과물이 지방으로 흘러넘치는 것을 기대할 것만이 아니라 지방의 인적 물적 자원이 지속적으로 수도권으로 집중되는 권위주의 시대의 전형적인 수도권중심의 성장정책으로부터 탈피하여 지역의 '내생적 발전'을 이루려는 발상의 전환이 필요하다. 아울러, 수도권이 아닌 지방의 시도민들도 동등하게 기본적인 경제적, 사회문화적 권리를 향유할 수 있도록, 개인차원의 '기본소득'과 마찬가지로 지역차원의 '기본재원'이 마련될 수 있도록 자원의 배분을 국가가 추진할 필요가 있다. 그리고 이러한 노력은 단순히 지방에 대한 특혜성 지원이 아니라 중장기적으로 수도권 인구과밀화 현상을 완화함으로써 수도권 주민들의 삶의 질을 향상시키는 데에도 기여할 수 있을 것이다.

지방재정운영의 자율성을 높이기 위한 방안이나 주민참여예산제도의 확대방안을 제안하기에 앞서 지방재정확충을 위한 방안이 체계적으로 마련될 필요가 있다. '대통령 소속 자치분권위원회'의 종합계획에도 이러한 내용들이 포함되어 있다. 예를 들어, 자치단체에 대한 기부금 일부에 대한 세액공제를 허용하는 '고향사랑기부제' 등도 하나의 방안이 될 수 있다; 국세와 지방세 비율을 개선하는 것은 매우 중요하다. 그런데 지방세 비율을 늘릴 경우 지방에 대한 국고지원을 위한 국세의 감소로 이어질 수 있다는 점을 고려할 필요가 있다. 따라서 단순히 국세와 지방세 비율만이 아니라 지방세 인상을 통해 보완하는 방안도 강구해볼 필요가 있다. 아울러, '지역상생발전기금'(수도권의 지방소비세수 5%p분의 35% 출연)의 규모를 보다 많이 늘리는 방안도 고려해볼 필요가 있다(자치분권위원회 2018).

그러나 이러한 시도는 지역균형발전을 이루기 위한 경제적 기초를 마련하기에는 지극히 미약하다고 할 수 있다. 한국의 지역경제가 지속적이고 자생적인 발전, 소위 '내생적 발전'을 이루기 위해서는 지역내부에 주요산업기반과 함께 지역민들의 삶의 질을 보장하는 사회문화적 기반 또한 조성되어야 한다. 물론 이는 단순히 외부와 단절된 지역공동체가 갖추어야 할 자족적 생존기반을 형성하는 것이 아니라 다른 지역과의 유기적 기능분화를 통해 지역특수성을 반영한 경제성장을 이루려는 발전전략의 수립을 요구한다. 그럼에도 불구하고, 지금까지 한국은 지역균형발전에 어울리는 특별한 발전전략을 수립해왔다고 보기 힘들다.

단적인 예로 앞서 언급했던 교육부의 고등교육정책은 개별대학을 평가하여 서열화하고, 그 순위에 따라 재정지원여부를 결정해왔다. 이는 지역대학육성정책을 추진하면서도 마찬가지였다. 그런데 이러한 정책은 대학의 서열구조를 고착화시키는 문제점과 함께 근본적으로 지역대학육성방안이 될 수 없다는 한계가 있다. 고등교육의 활성화는 대학이 지역균형발전의 동력으로 작동할 수 있다는 점에서 중요하다. 특히 대학진학을 절대적으로 중시하는 한국적 특수성을 고려하면 정부기관의 지방이전처럼 지역균형발전을 위해서는 지역대학육성이 반드시 추진해야할 과제라고 할 수 있다. 그런데 이를 위해서는 현정부도 추진하고 있는 지역거점 국립대의 육성과 대학간 네트워크를 강화하는 것에 그치는 것이 아니라 고등교육의 재원을 근본적으로 개별대학이 아닌 지역을 기준으로 배분할 필요가 있다. 지역별로는 이들이 지역사회에서 차지하는 지위와 역할을 고려하여 국가가 책임성을 갖고 육성할 필요가 있다. 서열을 매겨 경쟁력 있는 일부 지방대학에게 재정지원을 할 것이 아니라 지역사회에 필요한 대학육성의 관점에서 지역별로 균등한 교육예산을 투여하는 것을 교육재정배분의 기본원칙으로 재정립하는 것이 필요하다. 아울러 한가지 더 주목해야 할 것은 지역 내부에 특정한 대학만을 육성하기보다 복수의 대학이 경쟁할 수 있는 체제를 형성하는 것이 바람직하다는 점이다. 단일한 '거점' 국립대학이 지역의 엘리트집단을 독점적으로 재생산하지 않도록 주의할 필요가 있다는 것이다. 광주광역시의 경우 이용섭 시장은 물론 기초단체장 5인 가운데 4인이 전남대 동문이다.

2. 지방정치시스템 개선

지역의 정치시스템을 지방분권화시대에 맞게 개혁하기 위해서는 지방정부가 내부의 부처 간은 물론 중앙정부, 지방의회(시도당), 유권자 등 주요 행위자들과의 사이에 한편으로는 협력적인 관계를 형성하면서도 다른 한편으로는 상호견제가 이루어져야 함에도 불구하고, 일당지배체제에 놓여있는 광주·전남의 정치시스템은 이를 기대하기 어렵게 만드는 구조적인 문제점들을 안고 있다. 특히 지방의회가 지방정부에 대한 견제기능을 제대로 수행하기 어렵고, 자신들의 업적과는 무관하게 지역유권자들의 정당지지를 통해 재선이 가능한 상황에서 지방정부와 지역의회를 차지한 지역정당(시도당)의 반응성 수준은 낮을 수밖에 없다. 아울러 지방정부는 제한된 자원으로 인해 자율성이 낮고, 책임성 또한 낮을 수밖에 없다.

따라서 광주·전남의 지역발전을 위해서는 이러한 문제들을 극복하기 위한 다양한 방안이 모색될 필요가 있다. 최근 문재인정부가 마련한 개헌안에는 지방분

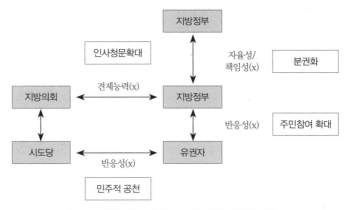

〈그림 4〉 광주·전남정치와 반응성/책임성 강화 방안

권과 지역균형발전에 대한 지향을 담은 헌법전문과 함께 이를 실현하기 위한 제
도개혁방안, 즉 국가자치분권회의 설치조항과 사무배분과 관련하여 지방정부가
우선한다는 보충성의 원칙 등이 포함되어 있다(부록 〈표 1〉 참조).[5] 하지만, 지역
발전을 위해서는 이들 외에도 주요정책을 결정하는 과정에서 주민참여를 확대
하고, 경쟁적 정당체제를 형성할 수 있는 선거제도의 개혁과 함께 정당공천과정
에서 유권자들의 의지가 반영될 수 있도록 민주적 공천제도를 시행하는 방안을
마련할 필요가 있다.

1) 지방의회의 인사청문대상 확대를 위한 조례 제정

앞서 언급했던 지방분권위원회의 계획안은 지방의회 활성화를 위한 실행방안

---

5. 이 개헌안에는 "자치와 분권을 강화" 하고 "지역 간 균형발전을 도모"한다는 내용을 헌법전문에 명시하고,
"대한민국은 지방분권국가를 지향한다"는 조항(제1조 제3항)과 지역간 차별을 받지 않아야 한다는 원칙(제
11조제1항), 그리고 "국가는 지역 간의 균형 있는 발전을 위하여 지역경제를 육성할 의무를 진다."(125조 3
항)는 조항도 포함되어 있다. 보다 구체적으로 이 원칙들을 실행하기 위해 "국가와 지방정부 간, 지방정부 상
호 간 사무의 배분은 주민에게 가까운 지방정부가 우선한다는 원칙에 따라 법률로 정한다."는 소위 보충성의
원칙(제121조 제4항)과 함께 "법률안이 지방자치와 관련되는 경우 국회의장은 지방정부에 이를 통보해야
하며, 해당 지방정부는 그 법률안에 대하여 의견을 제시할 수 있다"(제55조)는 점과 중앙정부와 지방정부 간
협력을 위한 국가자치분권회의 설치(제97조)를 명시하였다.

으로는 매우 미흡하다. 이 계획안은 주로 원칙만 제시하는 데 그치고 있고 "정책 지원전문인력, 인사권 독립, 자치입법권, 자치조직권, 예산편성권, 교섭단체운영 지원" 등 지방의회 등 광주광역시의회를 포함한 전국의 지방의회가 요구해온 지방의회의 권한에 관한 사항이 충분히 포함되어 있지 않을 뿐만 아니라 개헌을 하지 않더라도 지방자치법이나 대통령령 및 부령의 개정을 통해서도 실현가능한 것을 뒤로 미루고 있다는 비판을 서울특별시의회를 비롯한 전국의 시의회로부터 받고 있다(광주광역시의회 2018). 광주시의회 또한 최근보도자료를 통해 이번 종합계획이 구체적인 재원보전방안이 제시되지 않았고, 지방의회를 활성화하기 위한 방안이 누락되어 있다고 주장하였다.

아울러, 지방정부에 대해서는 지방의회의 인사청문대상을 확대하고 그 권한을 확대하는 방향으로 제도를 개선하는 방안도 모색할 필요가 있다. 아울러 지방정부에게 더 많은 재정적·법률 차원에서 자치의 권한을 부여함으로써 더 많은 자율성과 책임성을 갖도록 제도를 개선할 필요가 있다. 특히 지방정부에 대한 견제를 위해서는 제주특별자치도처럼 주요인사들의 임면에 관한 청문제도를 법제화하거나 조례를 제정할 필요가 있다. 물론, 현행법령 하에서는 지방의회가 인사청문회를 실시하는 것이 지방자치단체장의 권한을 침해하는 위법일 수 있으나, 이를 양해하는 협약이 이루어질 경우 시행이 가능하며, 더 나아가 그 시행지역과 대상을 확대해 나갈 필요가 있다(하혜영 2018, 부록 2 참조). 광주시의 경우에도 지난 2015년 2월 8개의 지방공기업의 장에 대한 인사청문을 시행한 바 있다(11회). 전남의 경우에도 동년 1월 5개의 공공기관에 대하여 이를 시행한 바 있다(6회). 하지만 6개 광역시도(부산, 울산, 경남, 전북, 충북, 세종 등)에서는 아직까지 이를 허용하지 않고 있다.

2) 경쟁적 정당체제 형성을 위한 선거법개정

하지만, 이러한 대안들 역시 지역 내부에 일당우위의 정당체제가 경쟁적 정당체제로 재편되지 않는다면 그 효과가 기대에 미치지 못할 수 있다. 일부 선행연구들이 지적해온 것처럼 광주·전남의 유권자들은 단일정당에 의해 지배되고 있는 광주·전남의 정치현실에 대한 문제의식을 갖고 있으면서도 지역정당의 필요성에도 공감하고 있다. 지역 국회의원을 3선 이하로 제한해야 한다는 주장에 공감하면서도 지역출신 국회의원이 필요하다고 본다(지병근·차재권 2018). 이는 지역주의적 정당정치를 강화하겠다는 태도로 오해받기 쉽지만, 실상은 '민주당계'에 속하는 정당과 정치인들이 지배하는 광주·전남의 정당체제에 대한 대안으로 지역정당을 통한 경쟁적 정당체제의 확립과 구태정치인의 퇴출과 능력 있는 정치인으로의 교체 등 지역정치의 개혁에 대한 지향을 밝힌 것이라고 할 수 있다.

지방의회 구성을 위한 선거제도를 자율적으로 선택할 수 있도록 하는 방안도 필요하다. 선거제도뿐만 아니라 기초의회에 대하여 별다른 필요성이 없다고 판단되는 지역의 경우는 이를 자율적으로 폐지할 수 있도록 하는 방안도 고려할 필요가 있다. 특히 지역적으로 일당지배체제를 극복할 수 있는 선거법 개정을 통해 현재 일률적으로 시행하고 있는 단순다수제에 기초한 지방선거를 다양화할 수 있도록 지방의 선거제도를 지방의회에서 자율적으로 선택할 수 있도록 하는 것도 고려할 필요가 있다. 현행 선거제도 하에서 한국의 정당체제는 전국적으로는 양당제 혹은 다당제 형식을 갖추고 있지만, 영호남지역의 경우에는 단일정당에 의해 지방의회와 지방정부가 모두 독점되는 현상이 사라지지 않고 있다.

예를 들어, 이번 광역시의회선거의 경우 더불어민주당은 광주광역시에서 20개 지역구 의석 가운데 20석(100.0%)을 모두 차지하였으며, 전남과 전북에서는 각각 지역구 52석 가운데 50석(96.2%), 35석 가운데 34석(97.1%)을 차지하였다. 하지만 이들이 실제로 얻은 득표율은 이에 크게 미치지 못한다. 광역비례대표선거의 경우에도 더불어민주당은 광주에서 67.5%, 전남에서는 69.1%, 전북에서는 68%를 얻는 데 그쳤으며, 비례대표 의석의 비율 또한 광주광역시에서는 3석 가운데 1석, 전남에서는 6석 가운데 4석, 전북에서는 4석 가운데 2석을 차지하는 데 그쳤다. 이를 완화하기 위해서는 지방의회선거에서라도 비례성이 보장될 수 있도록 선출방식을 변경시키는 것이 절실하다.

V. 결론

지금까지 이 연구는 광주·전남지역을 사례로 지방분권과 관련한 지역의 사회경제적 현황과 주요 쟁점들을 살펴보고, 지역균형발전과 주민 자치 및 지역정치 발전을 위한 과제를 제시하였다. 광주·전남지역은 민주화 이후에도 지방분권을 통한 지방자치를 실현할 수 있는 경제적 기반이 취약한 상태이다. 재정자립도는 매우 낮은 수준에 머무르고 있으며, 광주광역시는 전국평균보다 낮고, 전남과 전북은 전국에서 최하위에 머무르고 있다. 청년실업률의 경우에도 이는 별다른 차이가 없었다. 이러한 상황을 타개하기 위하여 지방정부가 다양한 방안을 모색하고 있지만 특별히 개선될 여지가 아직까지 마련되었다고 보기는 어렵다.

최근에 관심을 끌고 있는 '광주형 일자리'나 중앙정부의 재원에 의존한 '도시철도 2호선' 또한 동일직종에 대한 차별임금의 적용이라는 규범적 제약과 지역실정에 맞는 정책이 아니라는 의구심 때문에 지역사회의 합의를 이끌어 내지 못한 채 장기간 표류하였다. 올해 대학역량평가에서 이 지역을 대표하는 주요 대학들이 자율개선대학에 진입하지 못하였고, 공영형 사립대 추진이 불확실하게 되면서 지역발전의 견인차 역할을 수행해야 할 고등교육 또한 위기에 처하게 되었다. 이 지역의 주민자치는 비교적 활발하게 진행되고 있는 편이며, 최근 구성된 '도시철도 2호선 공론화위원회'는 지역의 주요정책결정과정에서 숙의를 통한 주민참여의 전형을 창출할 것으로 전망된다. 하지만, 민주화 이후 일당이 지역정치를 독점하고 있는 지역정치는 여전히 지방정부와 지방의회의 책임성을 약화시키는 구조적 한계를 극복하지 못하고 있다.

지역균형발전은 지금까지 역대정부가 취해왔던 것처럼 단순히 시장에 의존하거나 미온적인 정부정책만으로는 실현할 수 없다. 점차 가중되고 있는 수도권-지방의 간극은 '기본소득'처럼 지역차원에서 '기본재원'을 허용하는 국가재정의 배분원칙을 확립하는 것이 필요하며, 국비 대비 지방세 비율만이 아니라 지방세의 인상을 포함한 지방재정의 확충이 필요하며 주민참여예산제도의 실시가 필요하다. 그 외에도 지역발전에 필요한 인재양성을 위한 공영형 사립대 정책의 추진, 주요정책에 주민참여가 가능한 공론화 위원회 운영, 지역일당체제의 문제점을 해소할 수 있는 선거법 개정, 지방의회의 활성화를 위한 인사청문대상 확대와 민주적 공천제도 도입 등의 노력이 필요하다.

참고문헌

광주전남연구원. 2017a.『새 정부 국정과제 대응과제 – 광주광역시』광주전남연구원.
광주전남연구원. 2017b.『100대 지표로 본 광주 전남(1) –지표체계 개발을 중심으로』광주
    전남연구원.
광주광역시의회. 2018. "보도자료(18.09.19)–광주광역시의회: 자치분권 종합계획은 전면
    수정되어야 한다." http://council.gwangju.kr(검색일: 2018.10.30.).
김대우. 2018. "도시철도 2호선 '공론화 로드맵' 확정."『무등일보』(10월10일) http://
    mnews.sara ngbang.com/detail/article/997140(검색일: 2018.10.30.).
김봉진. 2017.『광주·전남 시·군·구의 지역격차 변화분석을 통한 격차완화 방안 연구』광
    주전남연구원.
김재선. 2018. "'우여곡절 끝에' 광주 도시철도 2호선 공론화위원회 출범."『연합뉴스』(9월
    17일). http://www.yonhapnews.co.kr/bulletin/2018/09/17/0200000000AKR20
    180 917129200054.HTML(검색일: 2018.10.30.).
노정훈. 2018. "광주시의장 후보 단일화 물밑경쟁."『남도일보』(6월30일). http://m. nam
    donews.com/news/articleView.html?idxno=367219(검색일: 2018.10.30.).

도시철도 2호선 공론화위원회. http://barosotong.gwangju.go.kr/contentsView.do?me
nu Id=barosotong0901010000(검색일: 2018.10.30.).

박용구. 2018. "광주시의회, 사흘 파행 끝 '반쪽' 의장단 선출."『시민의 소리』(7월12일).
http://www.siminsori.com/news/articleView.html?idxno=203854(검색일:
2018.10.30.).

박종일. 2018. "자치분권 종합계획(안) 의회만 빠진 지방분권 종합선물세트."『아시아경제』
(9월12일). http://www.asiae.co.kr/news/view.htm?idxno=2018091215260370
575(검색일: 2018.10.30.).

이승훈. 2018a. "광주 도시철도 2호선 공론화위원회 구성 놓고 '이견'."『광주 CBS』(9월10
일). http://www.nocutnews.co.kr/news/5029377(검색일: 2018.10.30.).

이승훈. 2018b. "광주도시철도 2호선 공론화 본격화…공론화위 17일 출범."『노컷뉴스』(9
월14일). http://www.nocutnews.co.kr/news/5031987(검색일: 2018.10.30.).

자치분권위원회. 2018.『자치분권 종합계획(안)』대통령 소속 자치분권위원회.

정찬. 2018. "'자치분권 종합계획' 확정, 국세·지방세 비율 '7:3' 거쳐 '6:4'로."『폴리뉴스』(9
월11일). http://polinews.co.kr/news/article.html?no=367073(검색일: 2018.10.
30.).

지병근·차재권. 2018. "유권자들의 지역발전에 대한 지방정부의 책임성 인식과 행태."『한
국정당학회보』17집 1호, 135-163.

하혜영. 2018. "지방의회 인사청문회 현황과 향후 과제."『이슈와논점』1468호. 국회입법조
사처.

통계청 국가통계포털. http://kosis.kr/statHtml/statHtml.do?orgId=101&tblId=DT_1Y
L205 31& conn_path=I3; http://kosis.kr/statHtml/statHtml.do?orgId=101&
tblId=DT_ 1DA7004S&conn_path=I3;http://kosis.kr/statHtml/statHtml.do?
orgId=101& tblId=DT_1DA7004S& conn_path=I2; http://kosis.kr/statHtml/
statHtml.do? orgId=101&tblId=DT_1YL20921&conn_path=I2

〈표 1〉 문재인 정부의 개헌안 가운데 지방분권 관련안(일부 발췌)

관련조문	개헌안	청와대 해석
전문에 헌법적 의미를 갖는 역사적 사건과 사회적 가치 명시(안 전문)	"자치와 분권을 강화하고 (중략),지역 간 균형발전을 도모하고"	대한민국이 추구하는 가치와 지향을 분명히 할 수 있도록 헌법적 의의를 갖는 중요한 역사적 사건과 사회적 가치를 명시할 필요가 있는바, (중략) 자치와 분권, 지역 간 균형발전 및 자연과의 공존 등 중요한 사회적 가치를 명시함.
지방분권국가 지향성 명시 (안 제1조 제3항)	③ 대한민국은 지방분권국가를 지향한다.	제1조에 '대한민국은 지방분권국가를 지향한다'는 내용을 신설하여 대한민국 국가운영의 본방향이 지방분권에 있음을 분명히 하고, 향후 입법과 정부정책의 준거로 삼도록 함.
평등권 강화 (안 제11조제1항 및 제2항)	제11조 ① 모든 사람은 법 앞에 평등하다. 누구도 성별·종교·장애·연령·인종·지역 또는 사회적 신분을 이유로 정치적·경제적·사회적·문화적 생활의 모든 영역에서 차별을 받아서는 안 된다.	1) 사회 통합과 정의를 실현하기 위해 평등권을 보다 강화할 필요가 있는바, 현행 헌법에 규정된 차별금지 사유인 '성별, 종교 또는 사회적 신분' 외에 '장애, 연령, 인종, 지역'을 추가함.
국가자치분권회의 신설 등 중앙과 지방의 소통 강화(안 제55조제3항 및 제97조)	③ 법률안이 지방자치와 관련되는 경우 국회의장은 지방정부에 이를 통보해야 하며, 해당 지방정부는 그 법률안에 대하여 의견을 제시할 수 있다. 구체적인 사항은 법률로 정한다.	1) 입법과정에서 지방의 의견이 반영될 수 있도록 지방자치와 관련된 법률안에 대해서는 국회의장이 지방정부에 이를 통보하도록 하고, 지방정부가 이에 대해 의견을 제시할 수 있도록 함.
국가자치분권회의 신설 등 중앙과 지방의 소통 강화(안 제55조제3항 및 제97조)	① 정부와 지방정부 간 협력을 추진하고 지방자치와 지역 간 균형 발전에 관련되는 중요 정책을 심의하기 위하여 국가자치분권회의를 둔다. ② 국가자치분권회의는 대통령, 국무총리, 법률로 정하는 국무위원과 지방행정부의 장으로 구성한다. ③ 대통령은 국가자치분권회의의 의장이 되고, 국무총리는 부의장이 된다. ④ 국가자치분권회의의 조직과 운영 등 구체적인 사항은 법률로 정한다.	2) 중앙과 지방 간의 소통과 협력체계를 구축하고, 지방의 실질적인 국정참여를 확대하기 위해 대통령, 국무총리, 법률로 정하는 국무위원과 지방행정부의 장으로 구성되는 국가자치분권회의를 심의기구로 신설함. 3) 국가자치분권회의는 중앙행정부와 지방정부 간 협력을 추진하고 지방자치와 지역 간 균형발전에 관련되는 중요 정책을 심의함.
지방정부에 대한 주민참여 강화(안 제121조 제1항 및 제3항)	제121조 ① 지방정부의 자치권은 주민으로부터 나온다. 주민은 지방정부를 조직하고 운영하는 데 참여할 권리를 가진다. ③ 주민발안, 주민투표 및 주민소환에 관하여 그 대상, 요건등 기본적인 사항은 법률로 정하고, 구체적인 내용은 조례로 정한다.	1) 실질적 지방민주주의의 실현을 위해 지방정부의 자치권이 주민으로부터 나온다는 것을 명시하고, 주민이 지방정부를 조직하고 운영하는 데 참여할 권리를 가짐을 명확히 함. 2) 주민들이 직접 지방정부의 부패와 독주를 견제할 수 있도록 주민발안, 주민투표 및 주민소환의 헌법적 근거를 신설함.
지방정부에 관한 주요 사항의 법률 유보 (안 제121조 제2항)	② 지방정부의 종류와 구역 등 지방정부에 관한 주요 사항은 법률로 정한다.	지방정부의 종류, 구역 등 지방정부에 관한 주요 사항을 법률로 정하도록 하여 국회가 시대 상황에 맞추어 지방정부의 종류와 구역 등을 탄력적으로 정할 수 있도록 함.

보충성의 원칙 명시(안 제121조 제4항)	④ 국가와 지방정부 간, 지방정부 상호 간 사무의 배분은 주민에게 가까운 지방정부가 우선한다는 원칙에 따라 법률로 정한다.	지방정부의 자치권을 실질적으로 보장하여 지방정부가 지역주민의 삶과 직결된 문제를 결정하는 지방분권이 확립될 수 있도록 국가와 지방정부 간, 지방정부 상호 간 사무의 배분은 주민에게 가까운 지방정부가 우선한다는 보충성 원칙에 따라 법률로 정하도록 함.
지방정부 등 명칭 변경 및 자주조직권 부여(안 제122조 제2항)	① 지방정부에 주민이 보통·평등·직접·비밀 선거로 구성하는 지방의회를 둔다. ② 지방의회의 구성 방법, 지방행정부의 유형, 지방행정부의 장의 선임 방법 등 지방정부의 조직과 운영에 관한 기본적인 사항은 법률로 정하고, 구체적인 내용은 조례로 정한다.	1) 중앙과 지방이 종속적·수직적 관계가 아닌 독자적·수평적 관계라는 것이 분명히 드러날 수 있도록 '지방자치단체'를 '지방정부'로, 지방자치단체의 집행기관 명칭을 '지방행정부'로 함. 2) 지방의회의 구성 방법, 지방행정부의 유형, 지방행정부의 장의 선임방법 등 지방정부의 조직과 운영에 관한 기본적인 사항은 지방정부에 관한 주요 사항이기도 하므로 안 제121조제2항과 같이 법률로 정하도록 하되, 지방정부가 스스로 적합한 조직을 구성할 수 있도록 구체적인 내용은 조례로 정하도록 함.
자치입법권 강화(안 제123조)	① 지방의회는 법률에 위반되지 않는 범위에서 주민의 자치와 복리에 필요한 사항에 관하여 조례를 제정할 수 있다. 다만, 권리를 제한하거나 의무를 부과하는 경우 법률의 위임이 있어야 한다. ② 지방행정부의 장은 법률 또는 조례를 집행하기 위하여 필요한 사항과 법률 또는 조례에서 구체적으로 범위를 정하여 위임받은 사항에 관하여 자치규칙을 정할 수 있다.	1) 지역의 특색에 맞게 정책을 시행할 수 있는 기반을 마련하기 위해 지방정부의 자치입법권이 보다 폭넓게 보장되도록 '법령의 범위 안에서' 조례를 제정할 수 있도록 하던 것을 '법률에 위반되지 않는 범위에서' 조례를 제정할 수 있도록 자치입법권을 확대함. 2) 다만, 주민의 기본권이 침해되지 않도록 법률의 위임이 있는 경우에만 조례로 권리를 제한하거나 의무를 부과할 수 있도록 함. 3) 지방행정부의 장도 법률 또는 조례를 집행하기 위해 필요한 사항과 법률 또는 조례에서 구체적으로 범위를 정하여 위임받은 사항에 관하여 자치규칙을 정할 수 있도록 함.
자치재정권 보장 및 재정조정제도 신설 (안 제124조)	제124조 ① 지방정부는 자치사무의 수행에 필요한 경비를 스스로 부담한다. 국가 또는 다른 지방정부가 위임한 사무를 집행하는 경우 그 비용은 위임하는 국가 또는 다른 지방정부가 부담한다. ② 지방의회는 법률에 위반되지 않는 범위에서 자치세의 종목과 세율, 징수 방법 등에 관한 조례를 제정할 수 있다. ③ 조세로 조성된 재원은 국가와 지방정부의 사무 부담 범위에 부합하게 배분해야 한다. ④ 국가와 지방정부 간, 지방정부 상호 간에 법률로 정하는 바에 따라 적정한 재정조정을 시행한다.	1) 정책시행과 재원조달의 불일치로 인하여 중앙정부와 지방정부가 서로에게 재정 부담을 떠넘기는 문제를 해결하기 위해 지방정부는 자치사무의 수행에 필요한 경비를 스스로 부담하고, 국가 또는 다른 지방정부가 위임한 사무를 집행하는 경우 그 비용은 위임하는 국가 또는 다른 지방정부가 부담하도록 함. 2) 실질적 지방자치에 필수적인 재정확보를 위해 법률에 위반되지 않는 범위에서 자치세의 종목과 세율, 징수 방법 등에 관한 조례를 제정할 수 있도록 하여 안 제123조제1항 단서에 대한 특별규정을 둠으로써 지방정부의 자치재정권을 보장하고, 조세로 조성된 재원은 국가와 지방정부의 사무 부담 범위에 부합하게 배분하도록 함. 3) 한편, 이러한 자치재정권 보장이 지방정부의 재정을 악화시키거나 지역 간 재정격차 확대를 초래하지 않도록 국가와 지방정부 간, 지방정부 상호 간의 재정조정에 대한 헌법적 근거를 마련함.

경제민주화의 강화(안 제125조)	제125조 ③ 국가는 지역 간의 균형 있는 발전을 위하여 지역경제를 육성할 의무를 진다.	3) 양극화 해소, 일자리 창출 등 공동의 이익과 사회적 가치의 실현을 위해 상호협력과 사회연대를 바탕으로 경제활동이 이루어지는 사회적 경제가 활성화될 수 있도록 국가에 사회적 경제의 진흥 의무를 부과함.

주: 여기에는 포함되지 않았지만, 헌법재판소가 "지방정부 상호 간의 권한쟁의에 관한 심판"(제111조)을 담당하고, 감사원은 "법률로 정하는 국가·지방정부의 기관 및 공무원의 직무에 관한 감찰"(제114조)을 하고, 그리고 중앙선거관리위원회가 "주민발안, 주민투표, 주민소환의 관리에 관한 사무"(제118조)를 담당한다는 내용도 포함하고 있다.

출처: 대한민국 헌법 개정안 발의안(청와대 홈페이지, http://www1.president.go.kr/Amendment) 일부 수정

〈표 2〉 광역의회 인사청문회 운영 현황(2018.5.1. 기준)

지역	관련근거	검증 및 청문대상*	도입일자	실적
서울	서울특별시와 서울특별시의회간 인사청문회 실시 협약	5개 지방공기업 (공사·공단)	'15.8.17	6회
대구	대구광역시 지방공기업 및 의료원의 장에 대한 대구광역시의회와 대구광역시간 인사청문 협약서	산하 지방공기업 (4), 의료원(1)	'17.7.13	2회
인천	인천광역시의회 인사간담회 운영지침	정무부시장	'11.10.13	5회
광주	광주광역시 지방공기업 등의 장에 대한 인사청문 업무 협약서	8개 산하기관	'15.2.25	11회
대전	대전광역시의회 인사청문 간담회 운영규정	4개 공기업 사장·이사장	'14.9.26	7회
경기	경기도 공공기관장 인사 청문 업무협약서	6개 공공기관장	'14.8.29	12회
강원	강원도 산하기관 등의 장에 대한 인사청문회 실시 협약	6개 산하기관	'15.7.1	5회
충남	충청남도의회 기본조례	산하기관 전체	'13.7.30	2회
전남	도지사와 도의회 간 지방공기업 등의 장에 대한 인사청문 실시 협약	5개 공공기관	'15.1.28	6회
경북	경상북도 산하기관 등의 장 후보자에 대한 인사검증 실시 협약	5개 기관장 (지방공기업 2, 출자·출연기관3)	'16.12.19	2회
제주	제주특별자치도 인사청문회 조례	별정직공무원 부지사	'06.7.1	7회
		감사위원회 위원장	'06.7.1	8회
	행정시장 인사청문회 실시에 관한 지침(도의회 예규)	행정시장	'14.9.11	4회
	공기업 및 출자·출연기관장 인사청문회 실시에 관한 지침 (도의회 예규)	공기업 및 출자·출연기관장 (5개 기관)	'14.10.8	8회

* 충남을 제외한 나머지는 사전검증

주: 1. 충남은 「충청남도의회 기본조례」제50조에서 임명 후 30일 이내에 산하기관장의 경영능력에 대한 검증보고서를 작성해 의결하고 도지사에게 송부; 2. 부산광역시, 울산광역시, 세종특별자치시, 충청북도, 전라북도, 경상남도의 경우 해당사항 없음(행정안전부).

출처: 하혜영(2018), 일부 수정

제12장

대구: 지방분권운동의 전개과정과 과제

하세헌 · 경북대

대구는 지방분권운동의 발상지이자 선도지역으로 알려져 있다. 지방분권 운동의 본격적인 시작을 알리는 이정표가 되었던 2001년 9월의 '지방분권실현을 위한 지역 지식인 선언'은 대구 지역의 학자와 활동가들의 주도하에 이루어졌다. 이 선언을 토대로 2002년 4월에는 '지방분권운동대구경북본부'가 창립되게 되는데, 이는 지방분권 실현을 위한 활동단체로서는 전국 최초의 조직이었다.[1]

지방분권운동대구경북본부 출범 이후 줄곧 학계 · 시민단체 · 언론 등 시민사회 영역을 중심으로 진행되던 대구의 분권운동은, 2010년대에 들어와 지방정부로서의 대구시가 본격적으로 동참하게 됨으로써 보다 체계적으로 활동하게 된다. 2011년 12월 대구광역시의회는 전국 최초로 '대구광역시 지방분권촉진 및 지원에 관한 조례'를 제정하였고, 이 조례의 규정에 입각해서 2012년 9월에는 지방분

---

1. 대구에 이어서 2002년 6월에는 '지방분권운동포항본부', 9월에는 '지방분권운동안동본부'가 창립되었고, 이러한 움직임은 다른 지역으로 확산되어 갔다. 2002년 10월에 '지방분권운동부산본부', 11월에는 '지방분권운동광주전남본부', '지방분권운동대전충남본부', '지방분권운동강원본부'가 각각 창립되었다.

권 추진체로서 민과 관이 함께 참여하는 '대구시지방분권협의회'가 구성되었다. 그리고 2015년 7월에는 시 집행부 산하에 '분권선도도시 추진팀'을 신설하여 지방분권 관련 행사 및 정책기획 등을 담당하도록 하였다. 대구시지방분권협의회 구성 및 분권선도도시 추진팀 신설도 모두 전국 최초의 시도이다.

이처럼 대구는 지방분권 실현을 위해 적극적으로 활동하고 있고, 조직도 가장 체계적으로 갖추고 있는 지역의 하나이다. 이하에서는 대구에서 다른 지역에 앞서 지방분권에 대해 관심을 가지게 된 배경은 무엇이며, 분권실현을 위해 어떠한 활동을 해 왔는가를 알아본다. 그리고 지방분권에 대해 지역주민들은 어떠한 태도를 보이고 있는가를 살펴봄으로써 그동안 진행되어 온 분권운동의 문제점과 개선방안을 도출하고, 이를 바탕으로 앞으로 대구에서의 분권운동이 시민들의 호응 하에서 활발히 추진되기 위해서는 어떠한 노력이 이루어져야 되는지에 대해 언급한다.

I. 중앙집권정책과 지방의 공동화

1. 과도한 중앙집권의 문제점

1960년대부터 추진된 산업화와 그에 따른 도시화 현상은 한국의 경제성장을 촉진시켰다. 거점개발방식으로 선택한 중앙정부 주도의 경제개발 5개년 계획의 추진은 수출 확대와 제조업의 급성장을 가져왔다. 그러나 급속한 산업화와 도시와는 수도권으로 인구 및 산업을 집중시켰고, 오늘날 수도권 일극집중, 지방침체 문제를 야기하는 계기가 되었다.

1980년대 이후 인구 및 산업의 수도권 집중은 심각한 상황이 되었는데, 그 원인은 무엇보다 한국의 정치 경제 사회 구도가 중앙집권적 체제로 구조화되어 있는 데서 기인한다. 모든 권력이 중앙정부에 집중되어 있는 상황에서 기회와 성공을 찾고자 하는 사람과 기업은 수도 서울로 몰려들지 않을 수밖에 없었던 것이다(성경륭·박양호 2003, 21).

이러한 수도권 집중과 지방쇠퇴의 모습은 몇 가지 지표를 통해서 뚜렷이 확인된다. 〈그림 1〉은 수도권 인구비율 변동을 제시한 것이다. 1990년에 전체 인구의 42.8%를 차지하였던 수도권 인구는, 그 후 계속 증가하여 2016년에는 과반을 넘어서고 있다. 이 기간 동안 수도권으로의 인구집중 현상에 보이는 현저한 특징 중의 하나는 경제활동의 중추세대라고 할 수 있는 40, 50대가 대거 수도권으로 몰리고 있다는 점이다. 수도권의 40, 50대 인구는 1990년에 비해 2016년에는 2.6배나 증가하고 있다. 일자리를 비롯해 거의 모든 자원이 중앙에 집중되어 있는 상황에서 이들은 수도권을 삶의 터전으로 삼지 않을 수 없었고, 대거 서울을 비롯한 수도권으로 몰려들게 되었다. 반면 지방은 급격히 인구가 감소해 갔고, 특히 농촌 지역은 생존 자체를 걱정해야 하는 상황으로까지 진행되고 있다.[2]

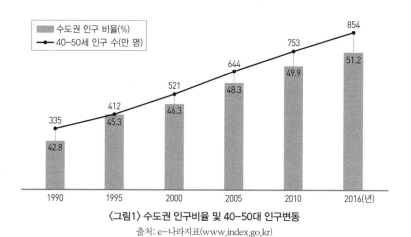

〈그림1〉 수도권 인구비율 및 40-50대 인구변동
출처: e-나라지표(www.index.go.kr)

---

2. 통계청과 한국고용정보원의 2017년 통계에 의하면, 인구감소에 의해 전국 228개 시·군·구 가운데 84개(36.8%)가, 전국 3,482개 읍·면·동 중에서는 1,383(39.7%)개가 향후 30년 내에 소멸될 것으로 예상되고 있다(중앙일보, 2017.8.28).

중앙집권의 영향은 지역내총생산(GRDP)의 중앙과 지방 간 격차로도 확인할 수 있다. 〈표 1〉에서 볼 수 있는 것처럼 수도권의 지역내총생산은 전 기간에 걸쳐 과반 정도를 차지하고 있다. 2010년대에 들어와서는 완만하지만, 그 비율은 해가 흐를수록 증가하고 있다. 지역별 생산액에서 수도권이 차지하는 비율이 이처럼 높은 상태에 있으므로, 경제활동과 관련되는 다른 지표들도 수도권이 절대적으로 우위에 있음을 볼 수 있다(〈표 2〉 참조). 2017년 기준으로 전체 상장회사 1,947곳 가운데 1,408곳(72.3%)은 수도권에 위치하고 있으며, 지방은 539곳 (27.7%)에 지나지 않는다. 상장회사의 시가총액 기준으로 보면 수도권과 지방의 격차는 더 벌어진다. 수도권의 시가총액 비중은 85.7%인데 반해, 지방은 14.3% 이다. 지방은 기업 수가 절대적으로 적을 뿐만 아니라, 기업규모도 수도권에 비해 훨씬 작음을 알 수 있다.

이처럼 지방은 인구와 산업이 지속적으로 감소하는 가운데 점점 활력을 잃어 가고 있고, 일부 지역에서는 공동화가 급속히 진행되고 있다. 그런데 지방의 쇠퇴는 수도권을 벗어난 모든 지역이 당면한 문제이지만, 특히 대구의 침체는 다른 어떤 지역보다 심각한 상황에 있다.

〈표 1〉 수도권의 명목 지역내총생산(GRDP) 비율(단위: %)

2005년	2006년	2007년	2008년	2009년	2010년	2011년	2012년	2013년	2014년	2015년	2016년
48.9	49.2	49.2	48.8	49.0	48.8	48.2	48.2	48.7	49.0	49.4	49.5

출처: e-나라지표(www.index.go.kr)

〈표 2〉 수도권과 비수도권의 상장회사 관련 지표

	수도권	비수도권	전체
상장회사 수	1,408개(72.3)	539개(27.7)	1,947개(100)
시가 총액	1,419조 7천억 원(85.7)	236조 1천억 원(14.3)	1,655조 8천억 원(100)

주: 괄호 안은 전체에서 차지하는 비율(%).
출처: 매일신문, 2017.5.20

2. 대구의 현황

 우선 몇 가지 지표를 통해 대구가 처해 있는 현실을 확인하도록 한다. 〈그림 2〉
는 1985년부터 2017년까지 대구의 인구변동을 제시한 것이다. 대구 인구수는
2001년에 254만 6천 명으로 정점을 기록한 뒤, 그 후 감소추세로 접어들고 있다.
2006년부터는 250만 명 이하로 떨어졌다. 절대 인구수가 줄어듦에 따라 전국 인
구에서 차지하는 대구 인구의 비율도 감소하고 있다. 1995년에 5.48%로 최고치
를 기록한 이후, 계속해서 감소하고 있다(〈표 3〉 참조).

 대구 인구의 감소내역을 좀 더 자세히 살펴보면, 여러 세대들 가운데서도 젊은
이들의 대구 이탈이 매우 심각함을 알 수 있다. 〈표 4〉로부터 볼 수 있는 것처럼
1995년에 최고치를 기록한 대구의 청년(20-34세) 인구수는 그 후 급격히 줄어들
고 있다. 1995년부터 2017년 사이에 242,143명이나 줄어들고 있다. 인구가 최고
치에 달했던 2001년부터 최근인 2017년 사이에 대구 전체인구가 81,000명 정도
줄어든 것을 감안할 때, 청년들이 얼마나 대구를 급격하고도 대규모로 떠나고 있

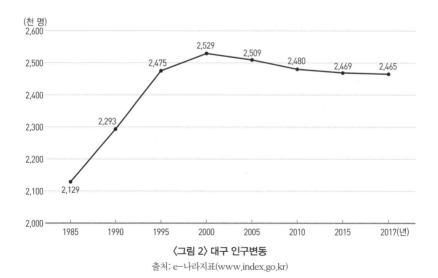

〈그림 2〉 대구 인구변동

출처: e-나라지표(www.index.go.kr)

1985년	1990년	1995년	2000년	2005년	2010년	2015년	2017년
5.21	5.34	5.48	5.37	5.20	5.00	4.83	4.79

출처: e-나라지표(www.index.go.kr)

〈표 4〉 대구시의 20-34세 인구 변동(단위: 명)

1992년	1995년	2000년	2005년	2010년	2015년	2017년
711,410	717,293	690,87	613,989	523,374	489,817	475,150

출처: e-나라지표(www.index.go.kr)

는가를 알 수 있다.

청년들이 대구를 떠나는 주된 이유는, 다른 지역으로의 진학을 제외하면, 구직을 위한 이동이 대부분이다. 대구 경제는 90년대 이후 오랜 침체를 겪고 있고, 청년들에게 충분한 일자리를 제공할 수 있는 기반을 갖추지 못하고 있는 것이 현실이다. 대구의 경제상황은 다음의 지표들을 통해 확인 가능하다.

먼저 대구의 지역내총생산(GRDP)이 국가총생산(GDP)에 차지하는 비율을 살펴보기로 한다. 〈표 5〉를 보면, 대구의 비율은 전 기간에 걸쳐 3% 초반 수준에 머무르고 있으며, 후반으로 갈수록 비율이 감소하는 추세에 있다. 이 기간 동안에 전국 인구에서 차지하는 대구 인구 비율이 5% 전후인 것을 감안할 때, 대구의 경제상황이 얼마나 악화되어 있는지 알 수 있다. 대구의 경제침체 상황은 1인당 GRDP를 제시한 〈그림 3〉을 통해 보다 명확히 볼 수 있다. 대구의 1인당 GRDP는 1980년대와 1990년대 초반까지는 전국 평균과 큰 차이를 보이지 않았지만, 1990년대 후반부터 그 차이는 현격히 벌어지기 시작하였다. 2015년에는 천만 원

〈표 5〉 대구 지역내총생산의 전국 비율(단위: %)

2005년	2006년	2007년	2008년	2009년	2010년	2011년	2012년	2013년	2014년	2015년	2016년
3.34	3.33	3.29	3.20	3.12	3.04	3.11	3.12	3.12	3.13	3.12	3.03

출처: e-나라지표(www.index.go.kr)

이상이나 차이가 나고 있다. 더욱이 대구의 1인당 GRDP는 1992년부터 2017년까지 26년간 전국 시·도 가운데 최하위를 기록하고 있다.

대구 경제의 이와 같은 저조함은 지역의 실업률 동향을 통해서도 확인할 수 있다. 〈그림 4〉는 2000년 이후 대구의 실업률 추이를 전국 실업률과 비교하고 있

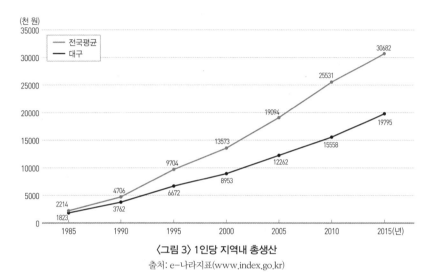

〈그림 3〉 1인당 지역내 총생산

출처: e-나라지표(www.index.go.kr)

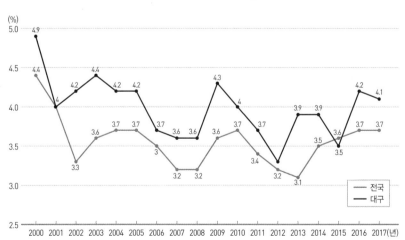

〈그림 4〉 실업률 추이

출처: e-나라지표(www.index.go.kr)

다. 이 기간 동안 대구는 2001년과 2015년을 제외하고는 전국 실업률보다 높은 상태를 유지하고 있다. 이 기간 동안의 평균은 전국 실업률이 3.56%인데 비해, 대구는 3.98%이다. 더욱이 청년 실업률을 보면, 대구와 전국은 더 큰 격차를 보여 주고 있다. 〈그림 5〉에서 대구의 청년 실업률은 전 기간에 걸쳐 전국 청년 실업률보다 높은 상태를 기록하고 있다. 이 기간의 평균은 전국이 8.19%인데 반해, 대구는 9.55%에 이르고 있다. 양자의 차이는 1.36%나 되고 있다. 이처럼 실업률이 높은 상황에서는 대구의 청년들은 일자리를 대구 이외의 다른 지역에서 찾을 수밖에 없었고, 그 결과 청년인구는 급격히 줄어들고 있는 것이다.

전통적으로 대구는 섬유산업의 중심지로서 70년대 초반까지는 큰 호황을 이루었다. 하지만 80년대에 접어들어 섬유산업이 사양 산업화하고, 이를 대체할 수 있는 산업도 등장하지 않는 가운데, 대구는 위에서 살펴본 것처럼 경제·사회적으로 급격한 침체를 겪어왔다. 오랜 기간 간직해 왔던 전국 '3대 도시'로서의 명성도 빛을 바래갔다. 실제 인구수만 하더라도 2001년에 인천에 추월당하여 4번째 도시로 전락하고 말았다. 대구의 이러한 추락은 지역에 강한 애착심을 가져왔

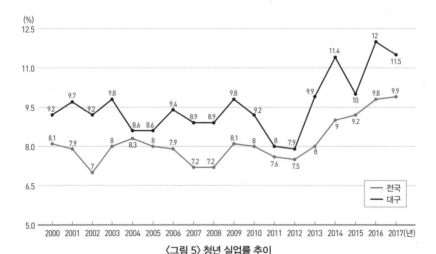

〈그림 5〉 청년 실업률 추이

출처: e-나라지표(www.index.go.kr)

던 사람들에게는 자존심을 심각히 훼손하는 것이기도 했다.

한편 1991년부터 시행된 지방자치도 허울뿐인 것으로 드러났다. '3할 자치'라는 자조적인 표현에 드러나 있는 바와 같이 모든 권한이 중앙에 집중된 상황 속에서 지역이 지역 스스로를 위해서 할 수 있는 여지는 극히 제한되었다. 대구에서도 지역을 되살리기 위한 다양한 시도들이 전개되었지만, 권한과 재원의 부족 속에서 어느 것 하나 올바른 성공을 거두지 못하였다.[3]

이러한 가운데 대구와 지방의 암울한 현실을 타파하기 위한 중요한 방편으로서 등장한 것이 지방분권운동이었다. 지역주민이 자부심을 가지고 떳떳하게 살기 위해서는 우선 지역에 자율적 결정권이 필요하였다. 지역 일을 스스로 결정할 수 있는 권한이 주어질 때, 지역은 지역에 대해서 책임감을 가지고 발전을 위해 매진할 수 있다는 것이었다.

II. 대구 분권운동의 전개

1. 시민사회의 지방분권운동

지방분권에 대한 관심은 지방의 황폐화에 대해 문제의식을 느낀 학자, 시민운동가를 중심으로 1990년대에 들어와 확산되기 시작하였다. 1991년에 지방자치는 실시되었지만, 이전과 다름 없는 지방의 중앙에 대한 예속상태 유지는 지방자치에 관심을 가지는 모든 사람들에게 큰 실망감만을 안겨줄 뿐이었다. 이러한 상

---

3. 1990년대에 대구 발전을 위해서 시행된 대표적인 정책은 '밀라노 프로젝트'를 들 수 있다. 전통 섬유산업을 현대적인 고부가가치 산업으로 변형시키려고 한 이 정책은 약 4천억 원의 예산을 쏟아 부었지만, 실패로 끝나고 말았다. 실패의 가장 큰 이유 중의 하나는 중앙정부 주도 하에 정치논리로 정책이 실시됨으로써, 지역 실정에 맞는 구체적인 계획수립과 실행이 이루어지지 못했기 때문이라는 것이 일반적 평가이다.

황에서 지방분권에 대한 관심이 증대되는 데 적지 않은 기여를 한 것이 1990년대
에 의욕적으로 추진된 일본의 지방분권정책이었다.[4] 일본은 이 시기에 '지방이
양일괄법'을 제정하는 등 어떤 시기보다 지방분권에 박차를 가하고 있었다. 한편
1998년 김대중 정부는 선거공약으로 채택된 분권화 공약의 시행 차원에서 "중앙
권한의 지방이양촉진 등에 관한 법률"을 제정하고 대통령 산하에 '지방이양추진
위원회'를 두어 지방분권을 추진해 왔다. 하지만 중앙정부 관료들의 소극적인 자
세로 중앙권한의 지방이양은 매우 지지부진한 상태에 있었다.

중앙과 지방의 격차가 날로 심각해지는 가운데 대구 지역의 사회과학을 전공
하는 일부 소장학자들은 지방이 겪는 어려움에 민감하게 반응하였고, 이를 해결
하기 위한 방안의 하나로서 지방분권 문제에 주목하였다. 나아가 대구의 대표적
민간 연구단체인 대구사회연구소는 지방분권을 대안적 발전방안의 하나로 다루
었고, 이후 지방분권 문제는 본격적인 지역적 의제로 등장했다. 연구자 및 활동
가들 사이에 토론이 진행되면서 중앙집권의 폐해와 지방이양추진위원회 활동의
부진에 대한 지적이 공개적으로 제시되었고, 지방분권 문제를 해결하기 위해서
는 지역주민들의 참여 속에 추진되는 지방분권운동을 통해서만 가능하다는 결
론을 얻게 되었다(이정인 2003, 69-70).

이에 따라 2001년 9월 지방의 지식인 약 2,800여명이 참여한 '지방분권실현을
위한 지역 지식인 선언'이 있었다. 이 선언에 입각해서 지방분권 실현을 위한 활
동단체로서 2002년 4월에 지방분권운동대구경북본부가 창립되었다. 이후 지방
분권운동대구경북본부는 대구의 시민사회 영역에서 지방분권운동의 핵심적인
역할을 맡아왔다.

이 단체의 주요 활동목표는 결정권 분산을 통해 정치·경제·교육·문화 등 사

---

4. 일본은 1993년에 국회가 '지방분권의 추진에 관한 결의'를 통과시켰으며, 1995년에는 '지방분권추진법'이 성
  립하였고, 이 법에 따라 내각에는 분권을 구체적으로 추진하기 위한 '지방분권추진위원회'가 구성되었다. 여기
  에서 다양한 논의를 거쳐 1999년에 중앙의 권한을 지방에 대거 이양하는 '지방이양일괄법'을 제정하였다.

회 각 분야에서 발생하는 중앙집권의 폐해를 시정하고, 주민자치와 지역혁신을 통하여 지역 경제·사회 동시 발전을 도모함으로써 지역주민의 행복한 삶을 추구하는 것에 두고 있다. 또한 '지방분권-주민자치-지역혁신'의 선순환 구조를 통해 지역사회의 내생적 발전을 추구하며, 참여·연대·생태·자율의 가치지향을 통해 지속가능한 21세기 새로운 국가발전 패러다임을 만드는 것에 비중을 두고 있다(지방분권운동대구경북본부 홈페이지(http://www.bunkwon.kr/)).

지방분권운동대구경북본부는 총회, 공동대표, 운영위원회, 정책위원회, 사무국, 고문단, 자문위원, 감사 등으로 구성된 아주 체계적인 조직구조를 갖췄다(〈그림 6〉 참조). 정책위원회는 산하에 집행·기획·교육·문화분권·주민소통 위원회와 지방분권교육원을 두어 분권운동을 위한 실질적인 활동을 담당하고 있다. 대구경북본부에는 주로 지역의 교수, 단체장, 지방의원, 언론인, 시민단체 종사자, 일반시민 등이 참여하고 있으며, 매월 회비를 내는 회원은 현재 150여 명에 이

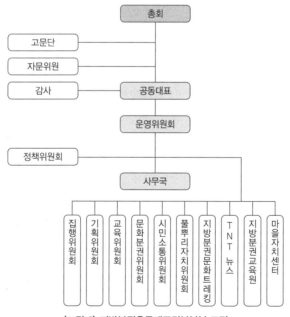

〈그림 6〉 지방분권운동대구경북본부 조직
출처: 지방분권운동대구경북본부(http://www.bunkwon.kr)

른다.

　지방분권운동대구경북본부는 출범 이후 분권실현을 위해 다양한 활동을 전개해 왔는데, 다음의 네 가지로 정리할 수 있다. 첫째, 지방분권 홍보활동이다. 지역주민들에게 지방분권의 필요성을 알리고, 분권실현 과정에 동참하도록 하는 데 중점이 두어졌다. 이를 위해 지방분권 홍보책자를 발간하고 거리홍보를 할 뿐만 아니라, 지방분권 청년콘서트, 지방분권 문화트레킹[5] 등을 개최하였다. 둘째, 지방분권 교육활동이다. 지방분권 리더를 양성하기 위해 '분권혁신 리더 워크숍', 분권관련 교육기반을 확대하기 위해서는 '분권대학 지방분권 강사진 양성과정', 일반인을 대상으로는 '분권혁신아카데미' 등을 각각 개설하였다. 셋째, 정책대안 제시활동이다. 지방분권 실현을 위한 구체적인 과제를 도출하기 위해 각종 토론회·워크숍·포럼 등을 개최할 뿐만 아니라, 분권 선진국인 스위스 사례를 통해 시사점을 얻기 위해 '스위스학교'를 수차례 열었다. 넷째, 다른 지역과의 연대활동이다. 2002년의 대선을 앞두고서는 각 지역 운동본부와 협력 하에 이회창·노무현·권영길 후보와 지방분권 대국민협약을 체결하였으며, 지방분권 관련법안 입법청원활동, 공공기관 지방이전, 지방분권 개헌문제 등에 대해서도 적극적으로 지역 단체들과 협력을 추진하였다. 이외에도 지방분권 촉구 기자회견, 국회의원선거 및 지방선거 시에 후보들과의 지방분권협약체결, 분권실현 서명운동, 분권결의대회 개최 등의 활동을 해오고 있다.

　지방분권운동대구경북본부 외에도 지역에서 분권관련 단체로서 활동하고 있는 것은 지방분권개헌청원 대구경북본부와 지방분권 리더스클럽이 있다. 대구·경북의 분권운동가들은 지방분권 실현을 위한 방편으로서 분권개헌의 중요성을 인식하고, 2012년 10월에 전국에서 최초로 '지방분권개헌 국민행동본부'를 창립

---

5. 2013년 4월에 시작된 문화트레킹은 매월 둘째 토요일에 경상도를 비롯한 전국 주요 지역에서 걷기 행사를 하며 지방분권의 중요성과 필요성에 대해 인식을 증대시켜 왔다. 2018년 9월 8일로 60회째 트레킹 행사를 가졌다.

하였다. 이후 분권개헌운동이 전국으로 확산해 감에 따라 다른 지역에서도 '지방 분권개헌 운동본부'가 개설되었고, 대구·경북에서는 2015년 5월에 '지방분권개 헌청원 대구경북본부'로 명칭을 변경하였다. 지방분권개헌청원 대구경북본부는 그동안 분권개헌 청원 서명운동, 지식인 선언, 지역순회 분권토크콘서트 개최, 개헌요구 기자회견 등을 통해 지방분권 개헌운동의 확산을 위해 노력하였다.

지방분권 리더스클럽은 "지속 가능한 지역 발전과 나라 발전을 위한 지방분권 을 실현하기 위해 지역사회에 올바른 공론을 형성"할 목적으로 2016년 5월에 대 구에서 창립되었다. 여기에는 지방분권에 관심 있는 공공 및 민간의 여론주도층 이 주로 참여하고 있다. 이 클럽은 지방분권포럼을 정기적으로 개최하고 있으며, 지방분권 관련단체 후원과 지방분권 청년리더 양성에 주력하고 있다.

이처럼 대구의 시민사회는 다른 지역과 비교할 때 지방분권운동을 매우 활발

〈표 6〉 시도별 지방분권관련 민간단체 현황

시도	지방분권운동본부	지방분권개헌청원본부	기타 분권관련 단체
서울	×	×	×
부산	×	×	×
대구	○	○	○
인천	×	×	×
광주	○	×	×
대전	×	○	×
울산	×	×	×
세종	×	×	×
경기	×	○	×
강원	○	×	×
충북	○	○	×
충남	○	×	×
전북	×	×	×
전남	×	×	×
경북	○	○	×
경남	○	×	×
제주	×	×	×

출처: 대구경북연구원(2017, 29).

하게 펼쳐왔다. 다양한 단체가 조직되어 있을 뿐만 아니라, 각 단체의 활동도 매우 적극적으로 이루어져 왔다. 특히 단체 수에 있어서는 〈표 6〉에서 보는 바와 같이 대구가 가장 많은 단체를 보유하고 있다.

2. 지방자치단체의 지방분권운동

대구의 자치단체 차원에서 지방분권운동이 확산되는 중요한 계기가 된 것이 2011년 12월에 지방분권관련 입법으로서는 전국 최초인 '대구광역시 지방분권 촉진 및 지원에 관한 조례' 제정이었다.[6] 이 조례는 지방분권운동의 목적 및 방향을 규정함과 동시에 지방분권추진을 위한 지역의 협력체제를 형성하는 것을 주요 내용으로 하였다. 지방분권 추진에 이와 같은 법적 뒷받침이 갖춰지게 됨에 따라, 이후 대구시의 지방분권운동은 보다 구체성과 실질성을 더하게 되었다.

조례의 규정에 따라 2012년 9월에는 지방분권 추진을 위한 로컬 거버넌스 형태의 '대구시지방분권협의회'가 발족하였다. 협의회의 주요 임무는 지방분권 정책과제를 발굴하고, 지방분권 촉진을 위한 시민참여를 확대하며, 나아가 지방분권에 대한 시민적 공감대를 확산하는 데에 주어졌다. 위원은 학계, 경제계, 법조계, 언론계, 시민사회단체 등을 대표하는 총 34명(제도개선분과 17명, 시민참여분과 17명)으로 구성되었다. 협의회에서는 2015년 10월에 그동안의 논의를 정리하여 '대구시 지방분권추진 3개년 계획'을 수립하였다.

2015년 12월에는 전국 최초로 대구시 8개 기초자치단체 모두가 지방분권조례 제정을 완료하였고, 이에 입각해서 2016년 10월에는 8개 기초자치단체에서

---

6. 대구시 차원에서의 지방분권에 대한 관심과 정책추진은 그 이전부터 있어 왔다. 2003년에는 기획관리실장을 단장으로 하는 지방분권추진기획단을 구성하였으며, 이를 통해 지방분권에 대한 지역 관점에서 대안을 모색하였고, 각종 세미나 후원과 교육자료 발간, 민간단체와의 파트너십 형성 등을 통해 지방분권 분위기 확산을 위해 노력하였다(오창균 2013, 27).

지방분권협의회가 구성되었다. 이를 바탕으로 2016년 11월에는 광역자치단체와 기초자치단체가 연대하는 '대구광역시 지방분권협력회의'가 출범하였다. 한편 이와 같은 지방분권운동을 실무적 차원에서 뒷받침하기 위해 2015년 7월에는 전국 최초로 집행부 산하에 분권추진 전담조직인 '분권선도도시 추진팀'(1담당 4명)이 꾸려져 지방분권 관련 정책기획 및 집행을 담당하고 있다.

대구시가 그동안 지방분권 추진을 위해 행한 주요사업은 다음과 같다. 첫째, 지방분권 교육의 확대이다. 찾아가는 구·군 분권토크를 개최하고, 지방분권 리더

〈표 7〉 대구시 자치단체 주도 지방분권 추진경과

	추진 내역
2011년 12월	「대구광역시 지방분권촉진 및 지원에 관한 조례」 제정
2012년 9월	대구시지방분권협의회 창립(25명)
2014년 7월	지방분권을 민선6기 시장 공약사항으로 선정하여 추진
2014년 11월	제2기 대구광역시 지방분권협의회 구성(34명)
2015년 7월	분권추진 전담 조직 '분권선도도시 추진팀' 발족
2015년 10월	대구광역시지방분권추진 3개년 계획 수립
2015년 12월	대구시 8개 구·군 지방분권 조례 제정 완료
2016년 5월	지방분권을 대구~광주 달빛동맹 협력과제로 채택
2016년 10월	대구 8개 구·군 자치분권협의회 구성 완료
2016년 11월	'대구광역시 지방분권협력회의' 출범 – 지방분권 선도도시 추진을 위한 공동선언문 발표, 규약 제정 등
2016년 12월	대구광역시 지방분권협의회 3기 위원 구성(34명)
	대구광역시 지방분권 대학생 SNS 홍보단 구성(20명)
2017년 2월	전국 지방분권협의회 출범 ※ 공동의장단체(광역2, 기초2) – 광역: 서울특별시, 대구광역시 지방분권협의회 의장 – 기초: 대구 수성구, 경기 수원시 자치분권협의회 의장
2017년 3월	지방분권개헌 대구결의대회 개최 ※ 5,000여 명 참석(국회의원, 각급 기관단체장, 대구 시민 등)
2017년 6월	지방분권 개헌안 공청회 개최
2017년 9월	지방분권 개헌 실천 대구범시민 결의대회 개최

및 주민 아카데미 운영, 공무원을 위한 분권 교육과정 개설, 교원 및 학생을 대상으로 분권교육 실시 등이다. 둘째, 지방분권 홍보의 강화이다. 분권 홍보물(소책자, 리플릿 등)을 제작하여 배포하였으며, 전광판 및 언론매체를 통한 홍보, 지방분권 대학생 홍보단 운영 및 지방분권 UCC 공모전 등을 수행하였다. 셋째, 시민참여제도 활성화이다. 주민자치회 활성화 및 동장공모제 등을 시범적으로 운영하여 분권의 기초가 되는 풀뿌리 민주주의의 강화에 힘쓰고 있다. 넷째, 시민·전문가와 함께하는 분권역량 제고이다. 분권관련 학술대회·포럼·토론회 등을 개최하여 지방분권을 위한 정책적 대안 발굴에도 힘을 기울였다. 다섯째, 법령 개정 및 지원체계의 구축이다. 지방재정 확충 및 포괄적 사무이양을 추진하고 있으며, 분권협의회 운영 활성화를 위한 관련 조례·법률의 개정 추진, 대구시 지방분권협의회 및 협의체의 운영 활성화, 전국단위 분권 협의체 구성 등을 위해 노력하였다.

대구시는 전국 17개 시·도 가운데서도 지방분권을 가장 적극적으로 추진하는 자치단체 중의 하나로서 분권 선도도시로서의 자부심을 가지고 있다. 대구시의 분권 선도도시로서의 측면은 다른 시·도와의 비교를 통해 보다 명확히 드러난다.

〈표 8〉는 각 시·도가 운영하는 지방분권 전담조직 및 인력을 제시하고 있다. 광역자치단체 가운데 전담조직을 설치한 곳은 대구를 포함해 4곳에 지나지 않으며, 13곳은 설치하지 않고 있다. 분권추진을 담당하는 인력도 대구는 4명이지만, 대부분의 시·도에서는 1명 정도에 불과하다. 인천광역시, 울산광역시, 세종특별시는 지방분권 전담조직은 물론 인력도 부재한 상황이다.

〈표 9〉은 시·도별로 지방분권관련 예산을 제시하고 있다. 지방분권을 추진하기 위해 배정한 예산규모는 각 자치단체의 분권추진 의지를 가시적으로 드러내는 하나의 지표라고 할 수 있다. 2016년, 2017년 모두 대구시는 전국에서 가장 많은 분권관련 예산을 책정하고 있다. 2016년에는 두 번째로 예산규모가 큰 서울시보다 대구는 1.7배나 많다. 2017년에는 두 번째인 전남보다 2.4배나 큰 규모이다.

<표 8> 시·도별 지방분권 전담조직 및 인력 현황

시·도	전담조직	전담인력(소속부서)
서울	–	2명(조직관리팀)
부산	–	1명(광역행정팀)
대구	분권선도도시추진팀	4명(분권선도도시추진팀)
인천	–	–
광주	–	1명(지역발전팀)
대전	–	1명(지역발전팀)
울산	–	–
세종	–	–
경기	지방분권·교육팀	2명(지방분권·교육팀), 1명(자치제도팀)
강원	–	1명(자치행정팀)
충북	–	–
충남	기능재정립TF팀	3명(기능재정립TF팀)
전북	–	1명(지역생활권팀)
전남	–	1명(자치인권팀)
경북	–	1명(광역행정팀)
경남	–	1명(자치행정팀)
제주	특별자치팀	4명(특별자치팀)

출처: 대구경북연구원(2017, 33).

<표 9> 시·도별 지방분권관련 예산현황(단위: 천 원)

시도	2016년 예산액	2017년 예산액	증감
서울	190,000	111,500	▽78,500
부산	81,400	126,920	△45,520
대구	314,440	411,440	△97,000
인천	–	–	
광주	12,877	29,277	△16,400
대전	–	2,600	
울산	–	–	
세종	–	–	
경기	105,000	100,000	△5000
강원	25,000	23,000	△2,000
충북	–	170,000	
충남	144,400	158,500	△14,100
전북	8,000	8,000	0
전남	159,080	169,800	△10,720
경북	154,000	168,000	△14,000
경남	–	5,000	5,000

출처: 대구경북연구원(2017, 34).

그리고 대구는 예산의 증가규모에 있어서도 다른 시·도를 크게 앞서고 있다.

이처럼 대구시는 분권추진을 위한 조직체계 구성 및 활동에 있어서 뿐만 아니라, 실질적인 분권추진의 기반이 되는 전담조직 및 예산이라는 측면에서도 가장 적극성을 보여 주고 있다.

III. 지방분권운동에 대한 대구시민의 의식

앞에서 살펴본 것처럼 대구는 지방분권운동이 시작된 곳이며, 그동안의 지방분권운동도 시민사회와 자치단체 모두 전국에서 가장 활발히 이루어져 온 지역이다. 그러면 대구 시민들은 지방분권에 대해서 어느 정도 관심을 가지고 있으며, 지방분권운동을 강화하기 위해서는 어떻게 해야 한다고 생각하는가? 이하에서는 대구시민을 대상으로 한 설문조사를 바탕으로 지방분권운동에 대한 시민들의 인식과 향후 분권운동의 과제에 대해 알아보도록 한다.[7]

1. 선생님께서는 지방분권에 대해 어느 정도 알고 있었습니까?

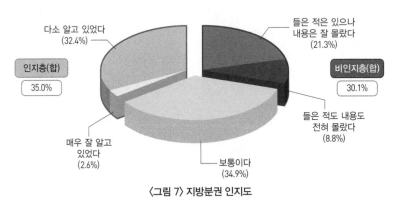

〈그림 7〉 지방분권 인지도

지방분권에 대해 '매우 잘 알고 있었다', '다소 알고 있었다'를 합계한 고인지층은 35.0%인 가운데, '보통이다'를 포함한 인지층은 69.9%로 나타났다. 한편 '들은 적은 있으나 내용은 잘 몰랐다', '들은 적도 내용도 전혀 몰랐다'를 합계한 비인지층도 30.1%나 되었다. 계층별로는 남성, 50대 연령층, 화이트칼라 , 가구소득이 높을수록 잘 알고 있었다. 반면 여성, 60대 이상 연령층, 주부, 저소득층에서 모르는 비율이 높았다. [7]

2. 선생님께서 지방분권에 대해 알거나 들은 적인 있다면 어떤 경로를 통해 알게 되었습니까?

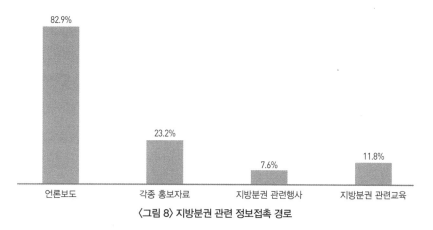

〈그림 8〉 지방분권 관련 정보접촉 경로

'지방분권에 대해 알고 있거나 들은 적이 있다'는 응답층에 한해 지방분권 관련 정보접촉 경로를 알아본 결과 언론보도 비율이 압도적으로 높게 나타났으며, 그 다음으로 각종 홍보자료, 지방분권 관련교육 순이었다. 계층별로는 큰 차이가 없는 가운데, 학생층은 지방분권 관련행사, 지방분권 관련교육이 지방분권에 대해 인식하는 주요 통로였다.

---

7. 본 설문조사는 대구광역시가 설문조사기관 코뮤니타스에 의뢰해서 만 19세 이상 대구시민 1,000명(남성 493명, 여성 507명)을 대상으로 실시되었다. 조사기간은 2016년 12월 7일부터 12월 11일까지이며, 95% 신뢰수준에서 최대 ±2.82% 이내의 표본오차를 가진다.

3. 선생님께서는 현재의 지방분권(지방자치권)에 대해 어느 정도 만족하십니까?

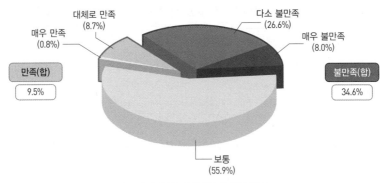

〈그림 9〉 현재 지방분권에 대한 만족

현재 지방분권의 수준에 대해 시민들은 34.6%가 '불만족하다'는 응답을 보였고, '만족한다'는 응답은 9.5%에 지나지 않았다. 남성, 40대 연령층, 자영업, 화이트칼라, 지방분권 인지층, 중앙 중심적 운영체제에 대해 불만을 가진 층에서 상대적으로 현행 지방분권 수준에 불만족한다는 비율이 높았다.

4. 선생님께서는 현재 지방분권의 강화 필요성에 대해 어떻게 생각하십니까?

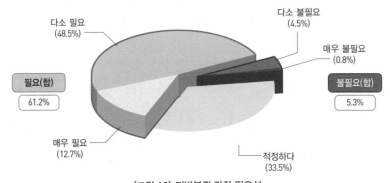

〈그림 10〉 지방분권 강화 필요성

지방분권 강화에 대해 '필요하다'는 응답이 61.2%이었으며. 현재가 '적정하다'는 응답은 33.5%, '불필요하다'는 의견은 5.3%에 지나지 않았다. 시민의 6할 이상은 지방분권이 보다 더 강화되어야 한다고 생각하고 있음을 알 수 있다. 그런데 60대 이상 연령층이나, 무직, 지방분권 비인지층, 현행 행정운영 체제가 적정하다는 층에서 상대적으로 '현재 적정하다'는 의견이 높게 나왔다.

5. 선생님께서는 현재 우리나라에서 지방분권을 가로막고 있는 가장 큰 문제는 무엇이라고 생각하십니까?(3가지 선택)

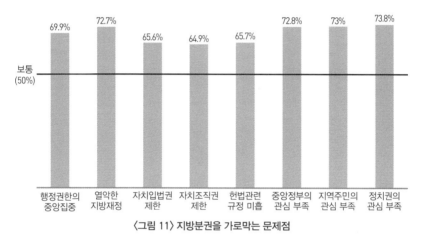

〈그림 11〉 지방분권을 가로막는 문제점

지방분권이 이루어지지 않은 이유로서 대구시민들은 여기에서 제시된 예시들에 대해 비교적 고르게 비중을 두고 있지만, 상대적으로 정치권의 관심 부족, 지역민의 관심 부족, 중앙정부의 관심 부족 등에 더 큰 원인을 찾고 있다. 달리 말하면, 대구 시민들은 지방분권의 장애요소로서 제도적인 측면보다는 지방분권 실현에 관련 있는 액터(actor)들의 노력 부족에 더 많은 비중을 두고 있다.

6. 선생님께서는 대구가 지방분권 선도도시가 되기 위해서는 어떠한 일을 최우선적으로 해야 한다고 생각하십니까?(3가지 선택)

각 응답별로 큰 차이가 없는 가운데, 시민들은 대구시가 지방분권 실현을 위해서 앞으로 더욱 치중해야 할 일은 '시민대상 지방분권 교육·홍보 강화'를 가장 많

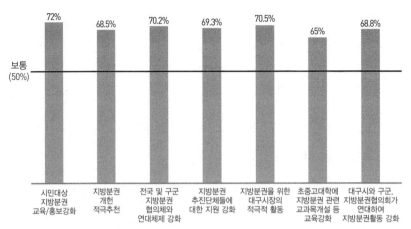

〈그림 12〉 지방분권 선도도시가 되기 위해 대구시에서 추진해야 하는 일

이 들었다. 그 다음으로 '전국 및 구군 지방분권협의회체와 연대체제 강화', '지방분권을 위한 대구시장의 적극적 활동'을 많이 들었다.

7. 선생님께서는 지방분권 실현을 위한 추진 주체로서 누가 되어야 한다고 생각하십니까?(2가지 선택)

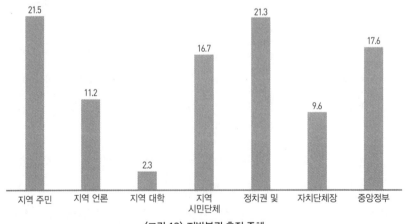

〈그림 13〉 지방분권 추진 주체

지방분권 실현을 위한 추진 주체로서는 '지역주민'과 '정치권 및 지방의회'의 비율이 높게 나타났다. 〈그림 13〉에는 나와 있지 않지만, 지방분권에 대해 많이 알고 있고, 지방분권의 필요성을 강하게 느끼는 사람일수록 '지역주민', '정치권 및 지방의회' 등 지역의 역할을 중요시 한 반면, 지방분권에 대해 잘 모르고, 지방분권의 강화가 불필요하다고 느끼는 사람일수록 상대적으로 '중앙정부'를 드는 비율이 높게 나타났다.

이상으로 대구시민을 대상으로 한 설문조사를 통하여 주민들의 지방분권과 관련된 의식을 살펴보았는데, 몇 가지 특징적인 점들을 정리하면 다음과 같다. 첫째, 대구시민들의 대부분은 지방분권에 대해 알고 있었지만, 아직까지 3할 정도나 되는 시민들은 모르고 있었다. 지방분권운동이 시작된 지 15년 정도가 흘렀지만, 이에 대해 모르는 시민이 전체의 약 1/3이 된다는 것은 문제라고 하지 않을 수 없다. 지역 주민들을 대상으로 한 교육·홍보에 보다 더 치중을 하여야 할 것이다.

둘째, 현행 중앙집권체제에 대해 문제의식을 느끼고 개선해 나가고자 하는 사람도 많지만, 중앙집권체제에 대해서 별다른 문제의식을 느끼지 못하는 사람도 상당수에 이르고 있다. 지방분권 정도에 대해 불만족을 느끼지 못하는 사람이 65.4%에 이르며, 지방분권 강화의 필요성을 느끼지 못하는 사람도 38.8%나 된다. 이것은 오랜 중앙집권체제 하에 생활해 오면서 지역민 스스로가 현실 순응적이 되어버린 것을 말해 준다. 따라서 이 점과 관련해서도 다방면의 교육과 홍보를 통해서 지역민들이 현행 중앙집권체제에 문제의식을 느끼고, 현실을 적극적으로 개선해 나가도록 해야 할 것이다.

셋째, 지방분권을 실현해 나가는 과정에 있어서는 지역민들이 앞장서야 한다는 의식이 강하게 나타나고 있다. 지방분권이 실현되지 않는 이유를 지역민과 정치권이 적극적으로 나서지 않은 것을 들고 있고, 앞으로의 지방분권 추진과정에 있어서도 지역민들의 역할이 가장 중요하다고 생각하고 있다. 그리고 지방정부가 지방분권을 위해 가장 적극적으로 해야 할 일도 시민들에 대한 교육과 홍보를 들고 있다. 이러한 점으로 미루어 볼 때, 앞으로의 지방분권운동에 있어서는 시민들의 자치의식을 함양하고 시민들의 참여를 유도할 수 있는 방안을 마련하는 것이 중요함을 알 수 있다.

IV. 대구 지방분권운동의 과제

여기에서는 지금까지의 지방분권운동 및 설문조사를 통하여 나타난 주민들의 의식에 입각해서 앞으로 대구에서 추진되는 지방분권 운동과정에서 보다 더 치중을 해야 할 점들에 관해서 언급한다.

첫째, 주민들을 대상으로 지방분권에 대한 교육 및 홍보가 강화되어야 한다. 지방분권은 중앙정부의 권한과 책임을 지방정부에 이양하며, 궁극적으로는 이러한 권한과 책임을 지역주민에게 제공하는 것을 의미한다. 이런 측면에서 지방분권이 성공적으로 추진되기 위해서는 무엇보다도 지역주민들이 지방분권의 필요성을 스스로 인식하고, 지방분권의 추진을 지원하도록 만들어야 한다(홍근석 2016). 그런데 앞의 설문조사에 나와 있는 것처럼 대구시민은 지방분권에 대해 그다지 잘 알고 있지 못하며, 지방분권에 대한 관심도 높지 않았다. 시민들에게 교육을 통해 지방분권에 관심을 갖고 참여하도록 하는 것이야 말로 제일차적 과제라고 할 수 있다.

분권의식을 함양하기 위한 시민교육은 지방정부 독자적으로뿐만 아니라 민간단체나 지역 내의 학교 또는 기업 등과 연계하여 이루어질 필요가 있다. 구체적으로는 현재 시행하고 있는 분권리더 아카데미 운영, 찾아가는 지방분권교육, 초등학교 학생들을 대상으로 한 분권교육, 분권사례 발굴 및 교재 제작·배포, 지방분권 타운미팅, 지방분권 세미나·포럼 개최 등을 지속적으로 추진할 필요가 있다. 그리고 지역 내 여론주도층이라고 할 수 있는 공무원과 교사들의 분권의식을 함양하기 위해 공무원교육원 및 교사연수과정에 지방분권과목을 정규과목으로 개설하는 것도 중요하다.

그 밖에 보다 많은 시민들이 지방분권관련 행사나 교육에 참여할 수 있도록 다양한 방안들을 강구하는 것도 필요하다. 예를 들어 시간적 공간적 제약으로 인해 행사나 교육에 참여하지 못하는 시민들을 위해 온라인 교육과정을 개설하거나 주말을 이용하여 행사를 개최하는 방안도 생각해 볼 수 있을 것이다. 특히 여성, 60대 이상, 저소득층 등의 계층은 지방분권에 대한 인식정도가 매우 낮은 편인데, 이들을 위한 맞춤형 교육 및 홍보도 필요하다. 이들을 위해 주부대학·노인대학·문화교실 등과 같은 기존의 시민교육과정과 연계해서 교육을 실시할 수도 있으며, 각 지역별 통반장 교육을 통하여 주민들에게 분권의식이 간접적으로 침투될 수 있는 방안도 강구하는 것이 필요하다.

둘째, 지방분권 거버넌스 체계를 구축해야 한다. 지방분권의 실현은 시민사회 또는 지방정부가 각각 독자적으로 추진할 수 있는 것은 아니다. 지역사회의 주인이 되는 주민과 실행체계를 갖추고 있는 관이 밀접히 협력하여 끊임없이 노력하지 않으면 달성할 수 없다. 그리고 그 과정에서 중앙정부와 협력체계를 구축하는 것도 중요하다. 지방분권이 실현되기 위해서는 법률·헌법 개정 등이 필요한데, 이는 중앙정부 및 중앙정치권의 협조가 절대적으로 필요한 부분이다. 위의 설문조사에 있어서도 대구시민들은 지방분권이 진전되지 않는 이유로 중앙정부와 정치권의 관심부족을 큰 비중으로 들고 있다. 이처럼 지방분권 추진은 민과 관, 지방과 중앙정부 사이의 협력적 연대체계 구축이 매우 필요하다.

기존에 대구시에는 지방분권에 관한 민관협의체로서 대구시지방분권협의회, 구·군 지방분권협의회, 그리고 대구시 및 구·군 지방분권협의회가 연대하는 대구광역시 지방분권협력회의가 설치되어 있다. 그런데 지금까지 이들의 활동상황을 보면, 시 및 구·군의 집행부가 협의회의 구성 및 운영에 깊숙이 관여하고 있음을 알 수 있다. 민간부문에서의 참여자들은 아젠다 제안에서부터 정책결정에 이르기까지 상당히 수동적인 모습을 보여 주고 있다. 그동안 지역주민들은 관주도에 익숙해져 있어서 지역발전과 관련하여 스스로 문제점을 찾고 능동적으로 대안을 제시하면서 협치의 파트너로서 참여해 본 경험이 많지 않았기 때문이다(이정인 2003, 104-107).

민관협의체가 성공을 거두기 위해서는 민과 관이 보다 등등한 파트너쉽을 형성하지 않으면 안 된다. 이런 점에서 협의회 위원 구성을 관이 주도하기보다는 민간으로부터 폭넓게 자발적 응모를 받아 구성하는 것이 필요하며, 위원들이 지방분권에 관한 적극적 아이디어를 내고 추진과정에도 직접 참여할 수 있는 방안들이 강구되어야 할 것이다. 한편 기존의 민관협의체 이외에도 대구시의 지방분권 추진계획수립 및 실행과정에 있어 지방분권운동단체들의 경험과 전문성을 살리기 위해, 시 집행부와 지역 민간단체들이 협의하는 상설 협의체를 설치하는 것도 고려할 만하다.

지방정부와 중앙정부 간의 협력체계 구축은 지방분권에 대한 인식이 반드시 높다고는 할 수 없는 중앙정부 및 중앙정치권에 대해 인식 개선을 촉구하고, 그 후의 지방분권 방안을 마련하는 데에도 매우 큰 도움을 줄 수 있다. 중앙정부 정책책임자인 대통령과 지방정부 정책책임자인 시·도지사 간에 가칭 '중앙–지방 협력회의'를 설치하는 것은 이런 측면에서 좋은 방안이 될 수 있다.

셋째, 주민자치 경험의 확산이 필요하다. 지방분권이 실현되기 위해서는 위에서 언급한 것처럼 주민들의 적극적인 참여가 필수적이라고 할 수 있다. 대구시민 스스로도 지방분권의 실현 주체로서 가장 많이 들고 있는 것이 '지역주민'이다. 지방분권운동으로 주민들을 유도하기 위해서는 교육 및 홍보도 중요하지만, 주민들의 지방자치에 대한 효능감을 증대시키는 것도 필요할 것이다. 참여에 의한 주민자치 경험을 통해 지방분권의 필요성을 체득하게 하고, 이를 바탕으로 지방분권운동으로의 참여를 유도할 수 있는 것이다. 그런데 현재의 지방자치 단위는 너무 규모가 방대하여 일반 주민들이 참여하기에는 부적절하다. 이러한 점에서 '동네자치'의 활성화는 지방분권 실현을 위한 주민참여의 전략이 될 수 있다.

동네자치는 구체적으로 읍·면·동을 주민자치의 거점으로 삼으려는 시도이다. 따라서 읍·면·동을 주민들의 삶의 단위 공간으로서의 위상과 기능을 강화하고, 이에 상응해 인력과 예산을 확대하는 것이 요구된다. 이는 중앙정부에서 지방정부로의 분권과 마찬가지로 현행 광역·기초정부로부터 읍·면·동으로의 분권화를 확대하며, 또한 동네단위에 자치기능을 부여하여 풀뿌리 주민자치를 강화시키는 의미를 가진다. 이와 같은 동네자치를 활성화하기 위해서는 주민자치 리더의 육성과 주민자치회의 복수 설치, 소외된 주민의 참여유도, 민관 파트너십을 통한 주인의식 함양, 동네주민 간 대화와 동네공론 형성을 촉진하는 의사소통 채널의 다양화, 주민참여기본조례 제정, 마을형 복지공동체 구현 등이 필요하다.

참고문헌

매일신문
성경륭·박양호. 2003. 『지방분권형 국가 만들기』. 나남출판.
오창균. 2013. 『지방분권 촉진 및 지원체계 구축방안 연구』. 대구경북연구원.
오창균·이재필·김광석·안성조. 2017. 『지방분권 선도도시 실천방안 연구』. 대구경북연구원.
이정인. 2003. 『지방분권 정착을 위한 지방분권운동 활성화 방향』. 대구경북개발연구원.
중앙일보
홍근석. 2016. "지방분권의 추진성과와 향후 실천과제". 대구광역시 지방분권협의회 지방분권 발전방안 세미나 발표문.
지방분권운동대구경북본부 홈페이지(http://www.bunkwon.kr)
e-나라지표(www.index.go.kr)

제13장

부산·울산·경남: 영국의 사례를 통해 본 지방자 치단체 간 협력체제 구축의 현황과 문제점

차재권·부경대

I. 머리말

　문재인정부 출범 이후 지방분권과 균형발전에 관한 관심이 그 어느 때보다 높아지고 있다. 노무현정부의 현신(reincarnation)이라고도 할 수 있는 문재인정부이기에 노무현정부가 강력히 추진했던 지방분권과 균형발전에 관한 대부분의 정책들이 더욱 강화된 버전(version)으로 도입·시행되고 있다고 보아도 과언이 아닐 정도이다.[1]

　문재인정부의 지방분권 및 균형발전의 지향점은 6.13지방선거를 앞두고 정부가 발의했던 지방분권형 개헌안과 정부가 국회에 제출한 개헌안이 폐기되면서 문재인정부가 자치분권 로드맵을 발전시켜 지난 9월 6일 발표한 '자치분권 종합

---

1. 물론 6.13지방선거를 앞두고 국회가 국민투표법 개정을 무산시키는 등 고의적인 사보타지를 통해 문재인정부가 발의한 지방분권형 개헌안을 폐기시켜버린 후, 문재인정부의 지방분권과 균형발전에 대한 의지가 많이 줄어들어, 2018년 9월 4일 발표한 정부의 지방분권 종합계획은 문재인정부의 애초 공약에 비해 현저히 후퇴한 점이 없지 않다는 비판이 제기되고 있다는 측면에서 문재인정부의 지방분권 및 균형발전을 위한 정책이 결코 노무현정부보다 더 전향적이라고 볼 근거가 없다고도 볼 수 있다.

계획'에 잘 드러나고 있다. 문재인정부가 내놓은 지방분권형 개헌안은 여러 가지 면에서 진일보한 면이 많았다. 헌법 전문에 '자치와 분권을 강화'하겠다고 명기하였고, 헌법 총강에는 지방분권국가를 지향한다고 선언함으로써 지방분권을 국가 이념의 중요한 기초로 삼겠다는 의지를 표명했다. 이외에도 사회적 논란의 대상이 되었던 수도조항, 지방정부 명칭 사용, 재정조정제도 도입, 보충성의 원칙을 포함한 자치행정권의 확대 및 주민발안·투표·소환을 가능 혹은 용이하게 하는 직접민주주의를 강화하기 위한 다양한 제도적 장치의 도입 등에서 매우 전향적인 자세를 보여 준 바 있다. 문재인정부의가 지방분권형 개헌안에서 보여 준 지방분권에 대한 지향점은 '자치분권 종합계획'에서도 헌법적 차원이 아닌 법률적 차원의 개선이란 점을 고려할 때 그대로 수용되고 있음을 알 수 있다.

이와 같은 중앙정부의 지방분권 강화를 위한 노력은 그 혜택을 수혜하게 되는 지방자치단체에게 긍정적인 측면에서 많은 기회를 가져다주는 것이 사실이다. 하지만 과연 지방분권 강화를 위한 중앙정부의 노력이 지방자치단체에게 반드시 긍정적인 요소로만 작동하게 될 것인지는 의문이다. 지방분권에 반대하는 일부 학자들은 지방분권이 오히려 국가 전체로 볼 때 전체적인 정책집행의 효율성을 저하시킨다고 주장한다(Bardhan and Mookherjee 2000; Davoodi and Zou 1998; Oates 1985; Parry 1997; Prud'homme 1995; Rodden 2000; Tanzi 1996; Thorton 2007; 오시환·한동효 2009; 이용모 2004; 최병호·정종필 2001). 그들이 주장하는 지방분권이 가져다주는 비효율적 측면 중에는 지방자치단체 간의 지나친 경쟁으로 인한 자원의 비생산적인 배분과 소비를 들 수 있다.

이들의 주장이 전혀 틀린 말은 아니다. 여러 가지 면에서 지방분권이 강화되어 지방자치단체의 자율성의 범위가 넓어지면서 지방자치단체 간 경쟁이 격화되는 사례가 빈번히 발생하고 있다. 대표적인 사례로 들 수 있는 것이 지역마다 이런저런 종류의 유사한 지역축제들이 만들어져 소중한 지역자원의 낭비를 가져오는 경우가 많은 것이 사실이다. 지방자치단체 간 혐오시설에 대해서는 앞 다투어 유치하기를 거부하는 님비현상이 발생하고 있는가 하면, 지역발전의 계기를 가져다 줄 수 있는 각종 개발 사업에 대해서는 오히려 핌비현상이 발생해 지방자치단체 간 유치를 위한 과도한 경쟁으로 눈살을 찌푸리게 하는 경우도 빈번히 생겨나고 있다.

하지만 지방분권의 강화로 인해 지방자치단체 간 경쟁과 갈등만 생겨나고 있는 것은 아니다. 자치분권시대에 맞추어 지방자치단체 간 님비 및 핌비 현상을 관리해 나가기 위한 자발적인 협력을 위한 움직임도 활발해 지고 있다. 중앙정부 또한 그러한 지방자치단체 간 협력을 강화하기 위해 광역행정체계 구축 차원에서 지방자치단체 간 협력 및 갈등관리를 위해 다양한 제도화의 노력을 기울여 오고 있다.

지방자치단체들 스스로도 지자체 간 협력을 위한 다양한 노력들을 펼쳐 왔는데, 부산, 울산, 경남을 포함하는 동남권 3개 광역 지자체들도 지방자치제도가 실시된 이후 지속적으로 상생협력을 위한 노력을 전개해 왔다. 6.13지방선거를 통해 30년 가까운 일당 독점을 불식하고 정권교체를 일구어 낸 부·울·경 3개 광역자치단체의 민선7기 시장 및 도지사들 역시 시정 초기부터 부울경 지자체 간 상생협력의 중요성을 간파하고 광역행정 차원에서 협력체제를 구축하기 위한 노력을 펼치고 있다. 그러한 노력의 대표적인 사례가 바로 최근 동남권 신공항 건설 등 지역 현안 해결을 위해 부·울·경 3개 광역자치단체가 설치에 합의한 '동남

권 공동협력기구'이다.[2]

본 연구는 지방분권의 강화에 따른 지방자치의 효율성 증대를 위한 지방자치단체 간 협력을 어떻게 활성화해 나갈 것인가에 대한 문제의식에서 출발해 그에 대한 답을 우리나라와 유사한 중앙집권적 중앙–지방정부 관계를 갖고 있으면서도 최근 대대적인 지방자치제도의 개혁을 통해 지방정부 간 협력의 새로운 모델을 구축해 가고 있는 영국의 '연합기구(Combined Authority)'에 대한 구체적인 사례분석을 통해 찾아보고자 한다. 이를 위해 본 연구는 먼저, 지방자치단체 간 협력체제 구축의 이론적 근거를 제공하는 정부간 관계이론, 파트너십이론, 교환모형, 공동생산모형, 협력과정 모형, 다층거버넌스 이론 등 다양한 관련 이론에 대한 문헌연구와 함께 지방자치단체 간 협력에 대한 기존의 경험적 연구의 성과를 살펴본다. 다음으로 현행 지방자치제도 하에서 우리나라 지방자치단체 간 협력의 현 실태와 문제점을 부산·울산·경남(이하 부·울·경) 3개 광역자치단체 간 협력 사례를 중심으로 살펴보고 이를 영국의 연합기구 구축 사례 중 대표적 사례라 할 수 있는 '광역맨체스터연합기구(GMCA: Greater Manchester Combined Authority)' 사례와 비교분석한다. 끝으로, 우리나라와 영국의 지방자치단체 간 협력 사례의 비교분석의 결과를 종합하고 그에 따른 정책적 시사점을 제시하면서 글을 맺는다.

---

2. 동남권 공동협력기구는 부산, 울산, 경남 등 동남권 지역 3개 광역자치단체 장들이 상생협력을 위해 필요한 통합행정을 추진하기 위해 설치키로 합의한 지방자치단체 간 행정협의체이다. 2018년 6월 26일 6.13지방선거를 통해 동시에 권력교체에 성공한 오거돈 부산시장, 김경수 경남지사, 송철호 울산시장이 당선인 자격으로 울산도시공사 울산시장 시민소통위(인수위원회) 사무실에서 부산·울산·경남의 새로운 화합과 번영을 위한 상생 협약식을 가진 것이 계기가 되었다. 이들 3개 광역자치단체장들은 민선7기 지방정부의 성공이라는 공동과제 실현과 문재인정부의 성공 및 균형발전과 자치분권의 가치 실현을 위해 부울경 통합행정이 무엇보다 중요하다는 데 인식을 같이하고 이러한 협력을 제도적으로 뒷받침하기 위해 '동남권 공동협력기구'를 설치하기로 합의했다. 동남권 공동협력기구는 동남권 광역교통청 신설, 광역혁신경제권 조성, 원전안전, 신공항건설 등 다양한 지역 공동현안을 논의하기로 하고 분기별로 부시장과 부지사가 참여하는 정례회의체와 반기별로 자치단체장이 참여하는 회의를 진행하기로 했다(한겨레 신문 2018년 6월 26일, http://www.hani.co.kr/arti/politics/assembly/850709.html, 검색일:2018.10.8.).

II. 지방자치단체 간 협력체제 구축의 이론적 근거

지방자치단체 간 협력은 정부간관계이론, 파트너십이론, 교환모형, 공동생산모형, 협력과정모형 등 다양한 이론적 측면에서 접근할 수 있다. 먼저 정부 간 관계 이론은 지방자치단체 간 협력을 복수의 정부 간 관계를 다양한 관계 유형에 따라 설명하고 있다는 점에서 지방자치단체 간 협력에 대한 이론적 설명력이 높은 것으로 평가받는 이론 중 하나이다. 우리나라의 지방자치는 사실상 무늬만 지방자치이지 미국, 독일 등 전통적인 연방제 국가들에서 정착된 지방자치와는 제도적인 측면에서 큰 차이를 보이고 있다. 이런 점에서 지방자치가 잘 발달된 선진국에서는 중앙정부(national or federal government), 주정부(state government), 지방정부(local government) 사이에 확실한 관할권의 범위가 구분되고 있고 상호간의 배타적인 자율권을 인정해 줄 수밖에 없는 상황이기 때문이다. 그러므로 그런 다양한 층위의 정부들 간의 관계를 일반적으로 정부간 관계의 측면에서 바라보는 것이 이론적, 경험적 측면에서 모두 의미 있다고 볼 수 있다. 정부간 관계(intergovernmental relations)라는 용어는 1930년대 대공황 이후의 미국에서 처음으로 사용되기 시작해 1940년대 학술지에 빈번하게 언급되면서 행정학, 정치학 등 관련 사회과학분야에서 매우 중요한 개념의 하나로 여겨져 왔다(김승건 2003, 2). 라이트(Wright 1988)에 따르면 정부간 관계 이론은 크게 대등권위모형(Coordinate–Authority Model), 중첩권위모형(Overlapping–Authority Model), 포괄권위모형(Inclusive–Authority Model)의 세 가지 유형으로 분류될 수 있는데, 현재와 같은 우리나라의 지방자치제도를 고려할 때 우리나라 대부분의 지방자치단체 간 협력은 두 번째인 중첩권위모형을 활용하여 설명하는 것이 가장 타당할 것으로 보인다.

파트너십이론은 참여 주체들이 공동목표를 이루기 위해 지속적으로 협력하는 행위 혹은 조직형태를 분석 대상으로 하는 이론이다. 동 이론은 지방자치단체 간 협력의 동기와 그러한 협력을 성공으로 이끄는 요인을 탐색할 수 있다는 점에서 뚜렷한 장점을 갖고 있다. 파트너십이론에서는 인적, 물적 자원의 획득에 대한 용이함, 협력관계에 따른 불확실성의 감소, 문제해결 능력의 향상, 상급기관에 대한 정치적 영향력 제고 등을 주요한 참여의 동기로 제시하고 있다. 아울러 참여주체들 간 명확한 역할 및 사업경비의 분담과 사업성과에 대한 공정한 배분 등의 요소들이 협력관계의 성패를 좌우하는 주요한 요소로 평가하고 있다(권용석 외 2015, 16).

교환모형은 협력에 참여하는 각 주체들이 모두 이기적이고 합리적인 행위자로서 자신들의 이해관계를 극대화하기 위해 노력한다는 가정 아래 참여 주체들이 협력을 통해 얻게 되는 이득을 협력관계 형성의 진정한 동기로 인식한다(Tiebout 1956; Oates 1972; Ostrom 1972; 조승현 2005). 동 이론은 협력관계가 구축되는 과정보다는 오히려 협력을 통해 참여주체들이 얻게 되는 이익이 감소할 때 협력관계가 어떻게 와해되는지를 잘 설명해 줄 수 있다는 장점을 갖고 있다(권용석 외 2015).

공동생산모형은 지방자치단체들이 물리적 혹은 비물리적 분야에서 독립된 생산자로서 조합과 같은 공동의 생산조직을 구축하여 공공서비스의 생산을 담당하는 형태로 지방자치단체 간 협력이 가능할 수 있음을 보여 준다. 하지만 우리나라와 같은 지방자치의 현실에서는 동 모형이 제시하고 있는 지방자치단체 단위의 생산조직 운영이 사실상 관련 법률체계의 취약성으로 인해 실현되기 어려운 면이 있다는 점에서 우리나라 지방자치단체 간 협력을 설명하는 모형으로 일반화하여 사용하기는 어려울 것으로 보인다.

협력과정모형은 자치단체 간 협력을 이끌어 낼 수 있는 조건이 무엇이며 그러한 협력과정이 어떻게 전개되는지에 초점을 맞춘 이론이라 할 수 있다. 협력과정모형에서는 자치단체 간 협력이 교환모형에서 고려되는 이해관계의 득실이라는 단일한 거대담론 수준의 요인만이 아니라 구체적이면서도 실질적인 여러 요인들이 복합적으로 작용한 결과로 인식한다.

　이외에도 유럽연합에서 행해지는 다양한 종류의 거버넌스 층위 간 수직적 혹은 수평적 관계 형성을 설명하기 위해 고안된 다층거버넌스(MLG: Multi-Level Governance) 이론 또한 지방자치단체 간 협력체제 구축의 이론적 근거가 될 수 있다. 지방자치단체 간 협력체제 구축의 문제는 MLG가 글로벌거버넌스-지역거버넌스-국가거버넌스-지방거버넌스 체계로 이어지는 통치권력의 수직적 분권화뿐만 아니라 하나의 단위 거버넌스 체계 내에서도 다양한 행위자 간 수평적 분권화의 두가지 개념을 모두 포괄하고 있다는 점에서 넓게 보아 MLG의 이론체계에 바탕을 두어 살펴볼 수 있는 것이다.

　오필드(Orfield 2002)나 써메이어와 우드(Thurmaier and Wood 2004)는 자발적 협력과 수평조직에 입각한 로컬 거버넌스를 강조한 바 있다. 그들에 따르면 수평적으로 연결된 공적, 사적 영역의 조직들이 형식적으로 정부 계층제를 편성하기 보다는 저렴한 정치적 비용으로 효과성과 능률성을 증가시키며 훨씬 실질적인 대안을 지향하는 능력을 갖기 위한 방편으로 로컬 거버넌스를 도입하게 된다(권자경 2015, 149). 이러한 로컬 거버넌스는 그 수평적 연계의 범위가 확장될수록 더욱 효과성이 증대된다. 따라서 로컬 거버넌스의 주요 행위자인 지방자치단체들 간 수평적 협력 관계 구축을 통해 수평적 권한 분산의 극대화를 추구하는 MLG 이론 체계는 지방자치단체 간 협력을 설명해낼 수 있는 유용한 이론적 도구가 될 수 있다.

　지방자치단체 간 협력의 성공요인이 무엇인지를 밝혀내는 것도 지방자치단체 간 협력 관련 연구의 중요한 연구주제 중 하나라 할 수 있다. 이 분야의 연구는 주로 협력을 성공으로 이끄는 행태적 차원의 요인과 제도적 차원의 요인에 대한 연구로 대별해 볼 수 있다. 먼저 행태적 차원의 요인들에 주목한 연구로는 카펠린(Cappellin 1993), 리치와 펠키(Leach and Pelkey 2001), 유럽연합(EU 2007), 오은주·김현호(2008) 등의 연구를 들 수 있다. 카펠린(Cappellin 1993)은 상호이해와 신뢰, 명확한 목표의 존재 유무, 네트워크·규모·범위의 경제 등 지역협력의 필요성에 대한 주체 간 공감의 정도 등의 요소에 주목한다. 리치와 펠키(Leach and Pelkey 2001)는 리더의 의지와 활발한 소통능력과 같은 행태적 요인뿐만 아니라 의사결정과정에 있어 절차의 명확성과 재원 및 중재자의 존재 유무 등 제도적 요인의 중요성도 함께 강조한다.

유럽연합(EU 2007), 오은주·김현호(2008) 등의 연구도 행태적 요인과 제도적 요인의 중요성을 동시에 강조하고 있다는 점에서 공통점을 보여 주고 있다. 방법론적인 측면에서도 단순한 사례 위주의 분석에서 벗어나 설문연구 자료를 바탕으로 한 양적분석을 통해 지방자치단체 간 협력에 영향을 미치는 요소들을 찾아내려는 다양한 시도들이 있어 왔다(Weiss 1987; Chae and Wilding 2012; Kim et al. 2009; Han and Kim 2003; Legler and Reischl 2003; LeRoux and Carr 2007; Sears and Lovan 2006; Thurmaier 2006; 이주헌 2013). 미네아폴리스, 피츠버그, 세인트루이스 등 미국 대도시권을 대상으로 지방정부간 협력을 강화하는 요인에 대한 실증분석을 시도한 이주헌(2013)은 대도시권 수준의 정책통합 수준이 대도시권 주민 간 협력을 이끌어 내는 데 중요한 역할을 한다는 결론을 도출한 바 있다. 즉, 거지적인 차원에서 협력을 이끌어 내기 위한 물리적, 경제적, 제도적 기초도 중요하지만 협력 가능한 정책 사안별로 실질적인 정책통합을 증진시켜 그 경험을 축적해 나가는 것이 지방정부간 협력에 있어 중요하다는 판단이다.

우리나라에서 지방자치단체 간 협력에 관한 기존 연구들은 대체로 지역발전을 중앙정부에만 의존할 것이 아니라 내생적인 발전 동력을 창출함으로써 해결해 나가고자 하는 내생적 혹은 신내생적 지역발전이론에 기반을 두어 전개되었다. 따라서 지방자치단체 간 협력은 지역 간 상생협력의 필요성을 정당화하는 연구에서부터 출발한다. 김석태(2007)은 신자유주의 세계화의 무한경쟁 속에서 지역 생존의 차원에서 광역 거버넌스 구축을 통해 효율성과 자율성을 제고해 나갈 필요가 있다고 주장한다. 이동우(2006)은 수도권 중심의 국가발전 전략에 대응하기 위해 새로운 개념의 광역경제권 형성이 불가피함을 역설하고 있으며, 이종화(2006) 등은 지방자치단체 간 광역적 차원의 협력이 규모의 경제는 물론 범위와 연결의 경제를 가능케 함으로써 지역의 잠재력을 향상시킬 수 있다고 주장한다. 또한 김필두·유영아(2008)은 지방분권화의 경향 속에 지방자치단체 간 협력이 지방자치단체 간 갈등의 조정을 용이하게 하고 공생할 수 있는 전략의 수립을 가능하게 해 주는 측면이 있음을 주장한다.

지방자치단체 간 협력은 이처럼 다양한 이론적 측면에서 연구되어 왔는데, 경험적 차원의 연구 역시 다양한 영역에 걸쳐 연구가 이루어져 왔다. 먼저, 세계화(globalization)와 지방화(localization)가 동시에 진행되는 세방화(glocalization) 시대를 맞아 프랑스, 독일, 일본 등 선진국가 들에서 광범하게 추진되고 있는 지방자치단체 간 합종연횡에 따른 광역행정체계 형성의 측면에서 그에 필요한 지방자치단체 간 협력의 문제를 다루는 연구들이 있다(황상철 2007; 박재욱 2008; 박재욱 외 2011). 이들의 연구는 주로 각 국가의 광역행정체계 구축을 위한 노력을 단일사례연구, 비교사례연구 등의 방법을 통해 분석하고 그 시사점을 도출하여 우리나라와 같은 지방자치의 현실에서 광역행정체계 구축을 실현하기 위해 필요한 지방자치단체 간 협력 혹은 중앙정부와 지방자치단체 간 협력을 강조한다.[3] 한편, 광역행정체계와 유사한 관점에서 지방자치단체 간 행정구역의 경계 조정 문제도 지방자치단체 간 협력의 중요한 사례가 될 수 있는데 이 분야의 연구들은 너무도 미시적이고 기능적인 차원의 문제여서 본 연구의 주제와는 거리

---

3. 광역행정체계를 구축하는 방식에는 크게 보아 통합(consolidation), 편입(annexation), 분리(separation), 시·군통합(city·council consolidation) 등을 포함하는 통합적 접근방식, 합의·협정(interlocal agreement), 기능이양(transfer of functional responsibility), 협의회(council of government) 방식을 포함하는 부분적 접근방식, 연합체(federation), 특별구(special district), 지방개발사업단, 공사(corporation) 등의 방식을 포함하는 이원적 접근방식의세 가지가 주로 제시되고 있는데, 각각 그에 따른 지방자치단체 간 협력의 수준은 다르지만 어떤 경우에도 지방자치단체 간 협력이 긴요하다는 점에서 광역행정체계 구축의 노력이 지방자치단체 간 협력을 살펴볼 수 있는 주요한 영역임은 분명해 보인다.

가 있다는 점에서 본 연구이 기존 문헌 연구에서는 다루지 않기로 한다.

III. 현행 지방자치제도에서의 지방자치단체 간 협력의 제도화 현황과 한계

우리나라의 현행 지방자치제도는 지방자치단체 간 협력을 제도화하기 위한 다양한 방안들을 구체화하고 있다. 대표적인 사례로 들 수 있는 것이 지방자치단체 4단체 협의회, 행정협의회, 지방자치단체조합이다. 먼저 현행 지방자치법 제165조는 '지방자치단체의 장 등의 협의체'에 관한 조항에서 "지방자치단체의 장이나 지방의회의 의장은 상호 간의 교류와 협력을 증진하고, 공동의 문제를 협의하기 위하여 다음 각 호의 구분에 따라 각각 전국적 협의체를 설립할 수 있다"고 규정하고 있다. 다음 각 호로 ① 시·도지사 ② 시·도의회의 의장 ③ 시장·군수·자치구의 구청장 ④ 시장·군수·자치구의회의 의장을 열거하고 있다. 이에 따라 현재 ① 전국시·도지사협의회 ② 전국시·도의회의장협의회 ③ 전국 시장·군수·구청장 협의회 ④ 전국 시·군·구의회의장협의회 등 지방 4대 협의회가 설치·운영되고 있다.

다음으로 지방자치법 제147조를 통해 규정하고 있는 지방자치단체 간 요청에 의한 행정협의의 의무화 조항에 따라 설치·운영되고 있는 행정협의회를 들수 있다. 행정협의회는 공동으로 관리해야 하는 현안 사무를 지닌 복수의 지방자치단체가 현안 해결을 위해 협력하는 지방자치단체 간 협력체라는 점에서 상설화된 조직체에 가까운 지방자치단체 4단체 협의회와는 성격이 다르다고 볼 수있다.

끝으로 지방자치법 제159조에 의거하여 복수의 지방자치단체가 그 권한에 속하는 특정 사무의 일부 또는 전부를 공동으로 처리하기 위해 관련 지방자치단체

〈표 1〉 지방자치법상 지방자치단체 간 협력 제도 현황

구분	행위주체	운영 목적	구성·추진 절차	주요 사례	관련 규정
지방자치단체 4단체 협의회	전국 자치단체장 및 지방의회 의장	상호 교류·협력 증진, 공동 문제 해결을 위한 전국 협의체 설립	• 설립 후 신고 • 행안부 장관 및 국회에 의견 제출 • 중앙행정기관장에 통보	• 전국시도지사협의회 전국시도의회의장협의회 • 전국시장·군수·구청장협의회 • 전국 시·군·구의회의장협의회	지방자치법 제165조
행정협의회	개별지자체(공동 이행)	사무 일부 공동 처리	• 규약제정 • 의회 의결 • 규약 고시 • 상급기관 보고 (10일 이내)	• 전국 다문화도시협의회 • 금강권 댐 유역 공동 발전협의회 • 백제문화권 관광 벨트 협의회	지방자치법 제152조
지방자치단체조합	법인	하나 또는 둘 이상 사무의 공동처리	• 규약 제정 • 의회 의결 • 상급 기관 승인	• 경제자유구역청 • 지리산권관광개발조합 • 지역상생발전기금조합	지방자치법 제159조
협력 사업	개별 지자체	사무의 공동 처리 또는 지원	• 지자체간 MOU 체결	• 광역버스 정보시스템 구축(김천, 구미, 칠곡) • 장사시설 공동이요 사업(공주, 부여, 청양) • 세종대왕 힐링 100리길 조성	지방자치법 제147조
사무 위탁	수탁 지자체	업무 중복 방지 등 예산 절감	• 규약 제정·고시 • 상급기관 보고	• 사업용 자동차 운수 종사자 위탁교육 실시(충남, 세종) • 음식물쓰레기 위탁 처리 • 밀양댐 상수원 수질 보전 관리	지방자치법 제151조

출처: 행정자치부 자치행정과 보도자료(2017년 5월 1일) 및 지방자치법을 참고하여 작성.

간 합의에 의해 법인의 형태로 설립하는 지방자치단체조합이 있다.

하지만 지방자치단체 간 협력을 보여 주는 대표적인 이 세 가지 유형 외에도 〈표 1〉에서 보는 바와 같이 지방자치단체 간 업무의 중복 방지를 통해 예산을 절감하기 위한 사무위탁이나 개별 지방자치단체 차원에서 공동사무를 공동으로 처리하기 위한 다양한 협력사업 등이 현행 지방자치제도 하에서 지방자치단체 간 협력으로 가능한 방식이다.

1. 지방자치단체 4단체 협의회

지방자치법 제165조 제1항은 "지방자치단체의 장이나 지방의회의 의장은 상호 간의 교류와 협력을 증진하고 공동의 문제를 협의하기 위하여" ① 시·도지사, ② 시·도의회의 의장, ③ 시장·군수·자치구의 구청장, ④ 시·군·자치구의회의 의장 등의 구분에 따라 전국적 협의체를 각각 설립할 수 있다고 규정하고 있다. 또한 제2항은 여기서 한발 더 나아가 제1항에 규정된 네 가지의 전국적 협의체가 모두 참가하는 지방자치단체 연합체를 설립할 수 있다고 규정하고 있다. 이처럼 지방자치법 제165조가 명시한 지방자치단체 장이나 지방의회의 의장이 참여하는 전국적 협의체 혹은 그것들의 연합체는 제4항과 제6항의 규정에 따라 지방자치에 직접적인 영향을 미치는 법령 등에 관한 의견을 행정안전부장관 혹은 국회에 제출할 수 있고 장관은 제출된 의견을 관계 중앙행정기관의 장에게 통보해야 한다고 규정함으로써 지방자치단체 협의체 혹은 연합체의 지방자치사무에 대한 의견 제출권과 그에 따른 관계 기관장들의 의무를 명시하고 있다.

지방자치단체 4단체 협의회는 이처럼 지방자치법 상의 공식적인 중앙정부–지방정부 간 협의 기구인 동시에 지방자치단체 간 협력의 제도적 창구 역할을 한다. 하지만 현재의 지방자치의 현실에서는 이런 종류의 협의회들이 중앙정부에 대해 갖는 권한과 영향력은 미미한 수준이라 할 수 있다. 아울러 지방자치단체 간 협력에 있어서도 형식적인 측면에 치우쳐 실질적인 협력 프로그램을 개발, 추진하거나 그에 따른 가시적인 성과를 내고 있진 못한 실정이다. 예컨대 1991년 1월 지방자치법 제165조에 근거해 설립된 전국시·도지사협의회는 각종 국가 혹은 지역 단위의 정책과 관련된 정부 위원회에 정식 회원으로 참석할 권한이 주어지는 등 제도적인 차원에서 그 위상을 확보하고 있으며, 지방분권의 실현과 지방자치단체 간 공동사업을 체계적으로 추진하기 위해 2005년부터 자체 사무처를 발족시켜 운영해 오고 있지만 사실상 시·도지사의 장관급 지위 승격 논란만 매번 거듭되고 있을 뿐 지방분권 강화를 위한 구체적인 정책 아이디어나 성과를 내놓고 있진 못해 유명무실화되고 있는 실정이다.

2. 행정협의회를 통한 지방자치단체 간 협력

우리나라 지방자치법은 제8장 지방자치단체 상호 간의 관계에서 지방자치단체가 다른 지방자치단체로부터 특정 사무의 공동적인 처리에 관한 요청이나 사무처리에 관한 협의·조정·승인 또는 지원의 요청을 받으면 법령의 범위에서 협력해야 한다고 규정함으로써 지방자치단체 간 협력을 사실상 의무화하고 있다. 지방자치법 제147조를 통해 지방자치단체 간 협력을 의무화한 것을 바탕으로 동법 제152조~제155조와 제158조를 통해 지방자치단체 간 협력기구인 행정협의회의 구성과 조직, 그리고 규약 등에 관해 구체적인 규정을 두고 있다.[4]

현재 우리나라에서 이와 같은 행정협의회는 매우 다양하게 시도되고 있는데 그 현황은 〈표 2〉와 같다. 우리나라는 2018년 5월 현재 기준으로 103개의 행정협의회를 구성·운영 중에 있으며, 이 중 68개 협의회에서 연간 약 86억 원의 부담금을 관리하고 있다.

행정협의회는 지방사무를 자치단체가 공동으로 처리한다는 점에서는 지방자치법 제159조에 근거하고 있는 지방자치단체조합과 다를 바 없지만 법인격이 존재하지 않는다는 점에서는 그것과 구별된다(국민권익위원회 2018).

〈표 2〉 우리나라 행정협의회 운영 현황(2018년 5월 기준, 단위: 개)

---

4. 지방자치법 제152조는 행정협의회 구성 요건에 관한 사항을 규정하고 있고 동법 제154조는 행정협의회의 규약에 관한 사항을 규정하고 있다. 이외에도 동법 제155조에는 관계 지방자치단체장에 대한 자료 제출 요구 및 협조 요구권, 동법 제156조에는 행정자치부장관 또는 시·도지사의 조정권에 관한 사항, 동법 제157조에는 행정협의회의 예산 편성에 관한 사항을 규정해 두고 있다.

계	권역별		기능별	
	광역권	기초권	광역포함	기초
103	7	41	12	43

출처: 국민권익위원회(2018).

〈부록〉과 〈표 3〉에서 확인할 수 있는 바와 같이 2018년 현재 구성·운영 중인 103개 행정협의회 중 광역단체가 주도하는 협의회는 모두 14개인데 이 중 부산광역시가 주도하는 행정협의회는 2004년 1월 구성된 '동해안권 관광 진흥 협의회'가 유일할 정도이며, 울산의 경우에도 2017년 7월 포항, 경주 등 기초자치단체와 공동으로 구성한 '동해 남부권 해오름 동맹상생 협의회'를 주도한 것이 유일

〈표 3〉 광역자치단체별 행정협의회 주도 현황(2018년 5월 기준, 단위: 개)

광역자치단체	주도하는 행정협의회 수		
	광역단체	기초단체	합계
서울	2	12	14
부산	1	0	1
인천	0	0	0
대구	0	0	0
대전	1	0	0
광주	2	1	3
울산	1	0	1
경기	0	13	14
충북	0	6	6
충남	2	12	14
강원	1	10	11
전북	0	6	6
전남	0	16	16
경북	1	10	11
경남	2	3	5
제주	0	0	0
세종	1	0	0
전체	14	89	103

출처: 국민권익위원회(2018).

한 경험일 뿐이다. 경남의 경우에는 부산, 울산보다는 조금 더 활발한 행정협의회 활동을 하고 있는 것으로 보이는데 그런 경우에도 〈표 3〉에서 나타나듯 경남이 직접 주도한 행정협의회 2개, 경남의 기초단체들이 주도한 협의회 3개가 전부에 지나지 않는다. 이처럼 지방자치법 상에 구체화된 지방자치단체 간 협력제도인 행정협의회 역시 지방자치단체 4단체 협의회와 마찬가지로 적어도 부·울·경 지역에서는 지방자치단체 간 협력체계 구축의 유용한 수단이 되고 있지 못하다.

3. 지방자치단체조합

지방자치단체 간 특정 현안의 해결을 위해 법인의 형태로 설립되는 지방자치단체조합은 우리나라 지방자치법 제159조에서 그 설립 근거를 찾을 수 있다. 지방자치조합은 매우 특별한 형식의 자치단체로서 "특정한 사무·구역·기구·재산을 갖고 독자적인 권능을 가지지만 보통 지방자치단체와는 그 성격이 달라 편의

〈표 4〉 우리나라 지방자치단체조합 운영 현황(2014년 12월 기준)

명칭	구성원	목적	승인일자
부산·진해 경제자유구역청	부산광역시·경남도	부산·진해 경제자유구역 내 각종 인·허가사무 및 외자유치	'04. 1.20
광양만권 경제자유구역청	전남도·경남도	광양만권 경제자유구역 내 각종 인·허가사무 및 외자유치 등	'04. 1.20
수도권 교통본부	서울특별시·인천광역시· 경기도	수도권 교통 광역교통 추진 운영	'05. 2. 4
황해 경제자유구역청	경기도·충남도	황해 경제자유구역 내 각종 인·허가 사무 및 외자유치 등	'08. 6.10
대구·경북 경제자유구역청	대구광역시·경북도	대구·경북 경제자유구역 내 각종 인·허가사무 및 외자유치	'08. 6.10
지리산권 관광개발조합	남원·장수·구례·곡성· 함양·산청·하동	지리산 인근 7개 시군 관광개발사업 공동 추진	'08. 9. 5
지역상생 발전기금조합	16개 시·도	수도권 규제 합리화 이익을 지방상생 발전 재원으로 활용	'10. 5. 3

출처: 행정안전부 홈페이지(http://mois.go.kr)

적·임시적 존재"라 할 수 있다(류지웅 2016, 63). 이와 같은 지방자치단체조합은 일종의 특별지방자치단체로서 그 구성원이 해당 지방자치단체의 주민이 아니라 지방자치단체 그 자체이며, 독자적인 법인격 하에 조직과 권능을 향유하고 있다는 점에서 보통의 지방자치단체와는 성격이 명확히 구분된다.

이와 같은 지방자치단체조합은 현재 우리나라에서 매우 다양한 영역에서 설치, 운영되고 있는데 그 현황을 살펴보면 〈표 4〉와 같다. 〈표 4〉를 통해 알 수 있듯이 현재 우리나라에서 운영되고 있는 지방자치단체조합 수가 7개에 그칠 정도로 그 활용도가 매우 떨어질 뿐 아니라 그 또한 경제자유구역청 설립과 같은 특정 사업 목적으로 이루어지는 경우가 대부분이어서 실질적인 지방 공공서비스 제공과 관련된 지방자치단체조합 운영의 사례는 찾아보기 힘든 것이 현실이다.

4. 특별지방자치단체로서의 '광역연합'

광역연합은 다수의 지방정부가 상설기관을 설치해 광역자치행정사무를 처리하는 제도로. 자치입법권인 조례·규칙 제정 권한과 자치사무·행정 및 인사·재정운영에 대한 독립성이 보장된다. 광역연합은 특정 공공부문에 제한된 기능을 수행하기 위해 지방정부 간 수평적으로 설치된 자치행정기관으로 지방정부 합병이나 통합과는 근본적으로 다르다. 독일 슈투트가르트 광역연합, 캐나다 토론토 광역연합, 2010년 설립된 일본 간사이 광역연합 등이 활동 중인데 최근에는 영국 중앙정부가 지방정부와의 '분권협약(Devolution Deals)' 체결을 통해 광역연합과 유사한 '연합기구' 형성을 촉진하고 있어 주목을 받고 있기도 하다. 우리나라에서는 대구·경북 상생협력 사업을 비롯하여 부·울·경 3개 광역자치단체가 추진했던 동남권 광역연합 등을 대표적 사례로 들 수 있는데 우리나라의 경우에는 아직 이에 대한 중앙정부의 제도적 뒷받침과 행·재정적 지원 미흡으로 광역연합 구축을 위한 노력이 가시적인 성과를 거두진 못하고 있다. 하지만 전 세계적인 차원, 특히 지방자치가 잘 발달된 국가일수록 행정체계의 광역화 경향은 두드러진 하나이 경향으로 나타나고 있는 것이 사실이다.

IV. '광역연합' 형성을 위한 지방자치단체 간 협력의 국내외 사례 비교

1. 영국의 지방정부 간 '연합기구(Combined Authority)' 구축 사례

영국 지방정부의 계층구조는 우리나라와 유사한 형태의 2단계 구조를 갖고 있는데, 상위자치단체(upper tier authorities)와 하위자치단체(lower tier authorities)의 2층 구조로 나누어진 영국의 지방행정체계는 웨일스나 스코틀랜드, 북아일랜드에서는 3층 구조로 보다 복잡하게 운영되어 왔다. 하지만 최근 이들 지방정부들은 지방행정개혁 차원에서 복잡한 3층 구조의 자치계층제를 단층

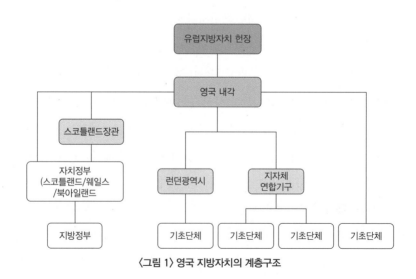

〈그림 1〉 영국 지방자치의 계층구조

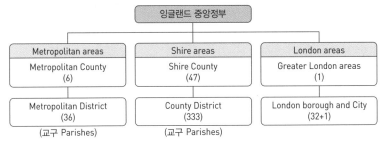

〈그림 2〉 잉글랜드의 지방정부 행정체계

출처: Copus(2010, 443), 한국지방세연구원 홈페이지 자료에서 재인용(www.kilf.re.kr/cmm/fms/FileDown.
do; jsessionid⋯?atchFileId=FILE⋯fileSn=0, 검색일: 2018.10.10.)

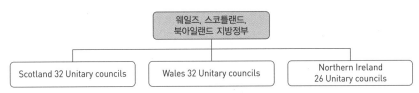

〈그림 3〉 웨일스, 스코틀랜드, 북아일랜드 지방정부 행정체계

출처: Copus(2010, 435), 한국지방세연구원 홈페이지 자료에서 재인용(www.kilf.re.kr/cmm/fms/FileDown.
do; jsessionid⋯?atchFileId=FILE⋯fileSn=0, 검색일: 2018.10.10.)

구조로 바꾸어 나가는 과감한 개혁을 시도한 바 있다. 〈그림 1〉은 유럽지방자치
헌장-중앙정부-지방정부로 이어지는 영국 지방자치의 구조를 나타낸 자료이
고, 〈그림 2〉와 〈그림 3〉은 잉글랜드, 스코틀랜드, 웨일스, 북아일랜드 등 영국의
지방정부의 자치계층구조를 나타낸 자료이다. 〈그림 2〉와 〈그림 3〉에 보여지고
있는 바와 같이 영국의 광역 지방정부에 해당되는 잉글랜드의 지방행정체계는 2
층 구조로 되어 있는 데 반해 웨일스, 스코틀랜드, 북아일랜드 지방정부의 행정
체계는 최근 지방자치 개혁을 통해 간결한 단층구조로 바뀌어가고 있다. 이는 결
국 영국의 지방자치 개혁을 가능하게 만든 배경에는 복잡한 자치계층구조를 단
순화하려는 중앙 및 지방정부의 노력이 전제되어 있음을 보여 주는 것으로 우리
나라 지방자치제도의 개혁 방향에 중요한 시사점을 던져주고 있다.

영국은 1835년 도시단체법에 의해 선출직 지방의회를 구성한 이후 2000년까

지 기관통합형의 정부 형태를 채택하여 유지해왔다. 즉 당시까지 지방정부 기관 구성형태가 의회를 중심으로 한 기관통합형 한 가지로 지방의회가 곧 지방정부였다. 지방의회는 입법기관이면서 동시에 집행기관이었으며, 지방의회가 최고 정책기관으로서 의결권과 집행권을 가졌다. 또한 자주입법권과 자주인사권, 자주조직권, 자주행정권, 과세권 등을 포함한 자주재정권을 행사하였다.

그러나 1997년 노동당의 토니 블레어(Tony Blair)가 집권하면서 지방정부의 경쟁력 강화를 위해 전통적인 기관통합형과 더불어 지역주민들이 지방정부의 형태 중에서 선택할 수 있도록 변경했다. 블레어 정부는 1998년 스코틀랜드법(Scotland Act 1998), 웨일스정부법(Government of Wales Act 1998) 및 북아일랜드법(Northern Ireland Act 1998)을 제정하여 지방정부로의 권한이양의 법적 기초를 마련하였으며, 본격적인 자치권 이양이 추진되면서 준연방주의적 국가체제로 전환을 맞이하였다. 영국의 자치권 이양은 일반적으로 헌법 및 법률로 자치권이 보장되는 연방제 국가와 달리 영국의회가 이들 지역에 대한 헌법적주권을 그대로 유지하며, 자치권을 이양한 법률 자체의 폐지 및 수정을 통해 자치권 회수가 가능하다는 점에서 근본적 차이가 있다.[5]

이후 1999년 광역런던법(Greater London Authority Act)이 제정되면서 최초로 기관 분리형 지방정부가 탄생을 하고, 2000년에 지방정부법이 제정되면서 다양한 형태의 지방정부가 등장하였다. 지방의원의 의견이 효과적으로 정책결정 과정에 반영될 수 있는 선출직 시장과 내각제(A Directly Elected Mayor with a Cabinet), 간선직 리더와 내각제(A Cabinet with a Leader), 선출직 시장과 관리자형(A Directly Elected Mayor and Council Manager) 등 세 가지의 지방정부

---

5. 네 개의 지역별 권한에 차별을 둔 비대칭적 이양을 추친하여, 웨일스, 스코틀랜드, 북아일랜드는 각각 별도의 의회를 설치하도록 하고, 웨일스는 집행권과 부수적 입법권을 부여하고, 스코틀랜드와 북아일랜드는 입법권과 집행권을 부여한 반면 잉글랜드는 영국의회에서 직접 관장하고 있다.

형태를 제시하였다.[6] 이 세 가지 모형 중 어떤 모형을 선택할지에 대한 선택권은 지역 주민들에게 주어졌다.

이상에서 살펴 본 영국 지방자치의 구조를 정부간 관계 이론의 측면에서 평가해 보자면 라이트(Wright 1982)가 분류한 중첩권위형모형에 속한다고 할 수 있다. 즉, 영국의 경우에는 기본적으로 중앙집권적 국가 형태를 나타내고 있긴 하지만 각 층위의 정부 간에 영역이 중첩되어 있을 뿐 아니라 중첩된 영역을 제외한 나머지 영역에서 각 층위의 정부들이 지니는 고유 영역이 그다지 크지 않다는 점을 알 수 있다. 따라서 영국이 최근 보여 주고 있는 대대적인 지방자치제도의 개혁과정은 영국 지방자치에서의 정부간 관계의 이와 같은 특성이 반영된 결과로 볼 수 있다.

영국정부는 지방자치 제도의 전면적 개선을 주도하면서 지방자치단체 간 협력 또한 지방정부의 의지에 따라 자율적으로 이루어질 수 있도록 관련 법률을 정비했다. '2009년 지방 민주주의·경제발전·건설 법(The Local Democracy, Economic Development and Construction Act 2009)'를 제정했는데 동 법률은 2개 이상 복수의 지방자치단체들로 구성되는 지방자치단체 연합기구(Combined Authority)의 설립 및 지방자치단체 간 협업(joint working)을 허용하는 법적 근거를 마련해 줌으로써 지방자치단체 간 협력을 증진할 수 있는 제도적 기반을 마련하였다. 또한 2016년에는 여기에서 한 발 더 나아가 '도시·지방분권법(The Cities and Local Government Devolution Act 2016)을 제정해 지방자치단체 연합기구(CA)가 직선제로 자체의 시장을 선출할 수 있도록 정치적 권한을 부여하였을 뿐만 아니라 CA에 주택·도시계획·교통 등의 분야에서 행정 및 집행 권한을 이양할 수 있도록 법적 근거를 마련하고 실질적인 권한 이양이 순조롭게 진행될 수 있도록 중앙정부와 CA 간 '분권협상(Devolution Deals)'을 통해 합의가 이

---

6. 선출직 시장과 내각제, 선출직 시장과 관리자형은 기관 분리형, 간선직 리더와 내각제는 기관 통합형의 지방정부라고 할 수 있다.(한국지방자치단체국제화재단, 2003, 외국의 지방의회 운영, p.206)

루어져야 한다는 조건을 명시하기도 했다(대한민국시도지사협의회 2018, 5).

영국정부의 이와 같은 과감한 분권화 정책과 지방자치단체 간 협력 강화를 위한 제도 개선의 노력에 힘입어 영국에서는 2011년 10개의 기초지자체 'District Councils(맨체스터시 지자체 포함)'들이 연합해 '범 맨체스터 지자체 연합기구(Greater Manchester Combined Authority)'를 처음으로 설립한 이후 〈표 5〉에

〈표 5〉 영국 지방자치단체 연합기구 설립 현황

연합기구 (설립일)	연합지자체수 (협력파트너)	직선시장 (선출일)	분권협상 체결일	홈페이지
Greater Mancherster (2014.4.1.)	10개 지자체	Andy Burnham (2017.5.4.)	2014.11.3.	https://www.greatermanchester-ca.gov.uk/
Liverpool City Region (2014.4.1.)	6개 지자체 (2개 지자체, 1개 LEP)	Steve Rotheram (2017.5.4.)	2015.11.17.	http://liverpoolcityregion-ca.gov.uk/PageInfo.aspx?who-we-are
Sheffield City Region (2014.4.1.)	4개 지자체 (5개 지자체, 1개 LEP)	2018년 5월 선출(예정)	2015.10.5.	https://sheffieldcityregion.org.uk/
West Yorkshire (2014.4.1.)	5개 지자체 (1개 지자체, 1개 LEP)	–	–	https://www.westyorks-ca.gov.uk/
North East (2014.4.8.)	7개 지자체 (1개 LEP)	–	–	https://northeastca.gov.uk/
Tees Valley (2016.4.1.)	5개 지자체 (1개 LEP)	Ben Houchen (2017.5.4.)	2015.10.23.	https://teesvalley-ca.gov.uk/
West Midlands (2016.6.17.)	7개 지자체 (10개 지자체, 3개 LEP)	Andy Street (2017.5.4.)	2015.11.17.	http://wmca.org.uk/
West of England (2017.2.9.)	3개 지자체 (1개 지자체, 1개 LEP)	Tim Bowles (2017.5.4.)	2016.3.16.	https://www.westofengland-ca.gov.uk/
Cambridgeshire and Peterborough (2017.3.3.)	7개 지자체 (1개 LEP)	James Palmer (2017.5.4.)	2016.11.22.	http://www.cambspboroca.org/

출처: 대한민국시도지사협의회(2018, 7)

서 보는 바와 같이 모두 9개의 연합기구가 설립·운영 중에 있다. 이들 중 7개의 연합기구는 중앙정부와 보장된 분권협상을 체결하고 직선시장까지 선출한 바 있다(National Audit Office 2017, 39).

〈표 5〉에서 살펴본 9개의 연합기구들은 저마다의 지역 특성에 따라 연합기구가 지향하는 목표, 조직 구성 및 운영 방식이 매우 다양하다. 영국형 지방자치단체 간 협력의 산파 역할을 담당했던 GMCA의 경우에는 보다 광범한 광역거버넌스형의 연합기구로 교통, 경제발전, 도시재생, 주택 등 다양한 정책분야에서의 협력을 추구해 나가고 있지만 리버풀, 세필드, 웨스트 요크셔 등 다른 연합기구의 경우에는 지자체뿐만 아니라 비즈니스 영역과의 파트너십을 강조하고 있어 지방자치단체 간 협력 이론에 있어 파트너십이론이나 공동생산이론이 적용 가능한 사례라고도 볼 수 있다. 본 연구에서는 지면상의 한계로 9개 사례에 대해 구체적인 분석을 하기는 어려우므로 GMCA의 경우를 중심으로 구체적인 운영 현황을 살펴보기로 한다.

범맨체스터연합기구(GMCA: Greater Manchester CA)의 경우 볼튼, 맨체스터, 로크데일, 스톡포트 등 10개의 지방자치단체들이 자발적인 협력을 통해 연합기구를 형성한 경우이다. 범맨체스터연합기구는 설립 이후 2015년 11일 26일 연합기구의 자체 헌장을 마련했던데 헌장의 제2장 1절과 2절은 은 GMCA가 연합지역의 교통, 경제발전 및 재생과 관련된 영역으로 국한되어 있음을 명확히 규정하고 있으며, 제3절은 GMCA가 법률과 헌장(the law and this Constitution)에 부합하는 방식으로 그것의 권한과 의무를 다할 것임을 명시하고 있다. 헌장의 제4장에는 연합기구의 시장이 의장의 직무를 대행한다는 규정과 함께 3명의 부의장을 임명토록 규정하고 있다. 헌장의 제5장은 연례총회(Annual Meeting), 일반회의(ordinary meetings), 특별회의(extraordinary meetings)의 세 가지 유형의 회의 양식을 규정하고 있으며, 헌장 제8장은 GMCA 내 각종 위원회에 대한 규정을 별도로 마련하고 있다. 한 가지 흥미로운 점은 헌장의 제11장에 의사결정

(Decision Making) 방법에 대한 구체적인 규정을 마련하고 있다는 점인데 이는 10개 회원 지자체 간에 관련 현안에 대한 합의 도출이 어려운 점을 감안하여 의사결정 과정을 원활하게 하기 위해 의사결정의 기본규칙을 정해 둔 것으로 보인다. 이처럼 GMCA는 단순한 복수의 지자체 간 협의기구를 넘어서 고도로 제도화된 형태의 의사결정기구이자 일종의 주권체로 자리매김하고 있음을 알 수 있다. GMCA 헌장은 이후 2017년 6월 30일 한 차례 총회에서 수정을 거쳤으며 2018년 6월 총회에서는 수정 없이 2017년 수정 헌장이 그대로 유지되어 오고 있다.

　GMCA와 같은 영국형의 지방자치단체 간 협력 모형이 갖는 강점은 협력의 수준과 범위를 소속 지자체들이 협력 가능한 교통, 경제정책, 재생 등의 정책 영역에 한정하고 실행 가능한 범위를 벗어나지 않도록 제한하고 있다는 점이다. 이는 연합기구가 과도한 의욕을 발휘해 협력 분야를 과도하게 넓게 잡을 경우, 지자체 간 합의를 도출하기 어려울 뿐만 아니라 정책의 실행력도 저하될 수밖에 없다는 현실적인 판단에서 비롯된 제도 선택이라 할 수 있는데, 이런 조심스러운 접근 방식이 GMCA와 같은 영국형 지방자치단체 간 협력 모형이 장기적인 지속성을 갖고 성공할 수 있게 하는 요인으로 작용하고 있다. 다음으로, GMCA 헌장이 증명하고 있듯이 연합기구가 단순한 협의 수준에 머물지 않고 소속 지자체들에게 나름대로 구속력 있는 제도적인 장치로 작동할 수 있도록 권한의 범위와 조직 운영 및 의사결정의 원칙 등을 매우 정교하게 규정하고 있는 코드화된 규정을 제정하여 강제하고 있다는 점이다. 이는 영국의 지방자치단체 간 협력이 보다 제도화된 형태로 전개되고 있음을 보여 주는 것이다. 끝으로, GMCA로 대표되는 영국의 지방자치단체 간 협력은 지자체 간 협력을 규범적인 차원에서만 다루는 것이 아니라 구체적인 실행 조직을 구성하여 각종 회의를 통해 결정되는 정책들이 실천에 옮겨질 수 있도록 하고 있다는 점에서 특별한 유형의 임의적인 지방자치단체 간 협력기구임이긴 하지만 사실상 지방정부에 가까운 역할을 수행하고 있어 향후 헌장 상에 규정된 협력의 범위와 수준을 계속 강화해 나갈 경우 실질적인 광역자치정부로까지 발전할 가능성이 있음을 보여 준다. 실제로 2016년 6월 제정 당시의 헌장에는 주택분야가 빠져 있지만 2018년 헌장에는 주택분야에서의 공동정책이 재생분야와 함께 GMCA의 주요 정책분야로 규정되어 있다. 향후 교육, 의료, 보건, 복지 등 다양한 분야로 GMCA의 협력 범위가 확대되어 나갈 가능성을 충분히 짐작해 볼 수 있는 부분이다.

이상에서 살펴본 바와 같이 영국 지방자치에 있어 지방자치단체 간 협력은 지방자치단체들의 현실적 필요에 의해 협력 가능한 분야에서 소속 지자체의 자치권이 손상되지 않는 범위 내에서 자율적으로 이루어지고 있다는 점에서 제도화의 수준과 향후 발전 가능성이 매우 높다. 영국 중앙정부 혹은 연합기구의 관리권한을 가진 상위 정부는 연합기구에 대해 분권협상(Devolution Deals)을 체결함으로써 중앙정부의 권한을 과감하게 지방정부 혹은 그것의 연합기구로 과감하게 이양하면서 지방자치단체의 자치권을 강화해 주고 있어 사실상 연합기구 형성의 촉진자 역할을 수행하고 있다. 이와 같은 수직적, 수평적 차원에서의 과감한 분권화를 통한 광역거버넌스의 구축 사례는 광역지방자치단체 간 연합 형성을 위한 노력을 강건너 불구경 보듯 하고 있거나 혹은 제도적인 견제장치를 통해 오히려 가로막고 있는 우리나라의 경우와 뚜렷한 대조를 보이고 있어 시사하는 바가 크다 할 것이다.

2. 우리나라 지방자치단체 간 '광역연합' 구축을 위한 협력 사례 분석

우리나라의 지방자치 현실에서는 앞서 살펴본 바와 같이 지방자치법이 보장하고 있는 지방자치단체 간 협력을 가능케 하는 다양한 제도적 장치들이 사실상 유명무실화되는 경향이 강하게 나타난다. 이러한 현실에 직면한 우리나라 지방자치단체들, 특히 광역자치단체들은 지방자치단체 간 실질적인 협력 관계를 강화해 나가기 위한 노력을 지속적으로 펼쳐 왔다. 부·울·경 3개 광역자치단체 간 광역연합 형성을 위한 노력이나 대구광역시와 경상북도가 지속적으로 추진해 오고 있는 대구·경북 상생협력을 위한 사업이 대표적인 경우라 할 수 있다.

먼저 부·울·경 3개 광역자치단체 간 광역연합 형성을 위한 노력부터 살펴보기로 한다. 부·울·경 3개 광역자치단체는 환태평양 경제권의 관문지역으로 우리나라에서 두 번째로 경제규모가 큰 지역이라는 점에서 지방자치단체 간 협력에 따른 경제적·행정적·사회문화적 시너지 효과가 다른 지역의 광역경제권 형성 노력에 비해 클 수밖에 없다.[7] 따라서 부·울·경 3개 광역자치단체는 동남권 지역의 광역경제권을 형성하기 위해 오래 전부터 지방자치단체 간 협력의 수준을 제고해 왔는데 특별지방자치단체라 할 수 있는 '동남광역연합' 구축을 위한 노력이 대표적인 사례라 할 수 있다.[8]

광역경제권 혹은 광역 거버넌스에 대한 관심이 본격화되면서 지방자치단체들이 앞 다투어 공동 연계협력사업에 나서기 시작한 것은 이명박정부가 출범하면서 지역발전정책의 방향을 지역간 연계협력사업 중심으로 전환하기 시작하면서부터이다(권오혁 2015, 450). 이러한 분위기에 힘입어 부·울·경 3개 광역자치단체 또한 동남권 광역경제권 연계협력사업에 관심을 갖게 되는데 경상남도의회는 동남권 광역연합 형태의 특별지방자치단체를 지향하는 동남권 연계협력사업을 선도적으로 제안한 바 있다. 물론 동남권 차원의 지방자치단체 간 협력에 대한 관심이나 노력이 이전에도 없었던 바는 아니다. 부·울·경 3개 광역지자체는 2013년 경상남도의회의 제안으로 본격적으로 동남광역연합 형성을 위해 노력하기 전부터 꾸준히 다양한 종류의 동남권 공동사업을 펼쳐 왔다. 따라서 2013년

---

7. 부·울·경 3개 광역자치단체가 위치한 동남권 지역은 전체 총면적이 12,361㎢에 이르는 광활한 지역일 뿐만 아니라 인구 역시 2,500만 명이 넘어 수도권에 이어 인구의 유출입이 가장 많은 지역 중 하나이다. 또한 경남은 기계·조선해양, 부산은 금융·항만물류·기계부품, 울산은 자동차·조선해양·화학 등 기간산업의 거점지역이란 점에서 국토의 균형발전에 있어 중요성이 매우 높은 지역이라 할 수 있다.

8. 아래에 소개되는 동남권 공동사업은 경상남도의회 '동남권광역연합추진특별위원회'가 2013년 9월 발간한 "동남광역경제권 형성의 경제적 효과분석" 보고서의 8-11페이지의 내용을 요약정리한 것임을 밝혀 둔다.

경상남도의회가 제안한 동남광역연합 제안은 어쩌면 그런 노력의 결과물이라 할 수 있다.

먼저 경제산업분야에서 부·울·경 3개 광역자치단체는 동남권 경제관계관 회의를 통해 2005년 2월부터 2011년 9월까지 기업지원 관련 공동사업 23개, 공무원교육 및 네트워크 구축 사업 등 18개 등 총 41개의 공동사업을 추진한 바 있다. 하지만 동남권 '경제관계관 회의' 추진 공동사업은 실무자간 교류협력이라는 한계에 머물렀던 까닭에 각 광역지자체의 정책기조 및 산업기반의 차이 등으로 인해 실무 수준에서의 협의 및 조정조차 어려움을 겪을 정도로 협력의 수준이 낮았다. 이러한 비판이 제기되는 가운데 2012년부터 동 사업은 영남권 경제관계관 회의로 사업이 확대 추진되면서 중단되기에 이르렀다.

경제산업분야의 협력사업에 비해 교통분야의 공동협력 사업은 2005년 10월 '부·울·경 광역교통실무협의회'(2005년 10월)를 구성해 부·울·경 3개 광역지자체 외에 창원, 마산, 김해 등 6개 기초자치단체가 협의를 통해 광역교통정책 개발을 추진해 나갔으며, 그런 성과를 바탕으로 2012년 5월 동 협의회를 '동남권 광역교통본부'로 격상, 운영하는 등 상당한 성과를 거둔 바 있다.

관광분야에 대한 협력도 실질적인 진전을 가져온 분야라 할 수 있는데 2001년 7월 동남권관광협의회가 부·울·경 3개 광역지자체 협의회 회원 각 5명과 실무위원 각 5명 등 30명으로 구성되어 공동설명회, 박람회 공동 참가, 초청 팸투어 공동상품 개발 등 다양한 공동협력사업을 펼쳐왔다.

이밖에도 동남권 광역경제위원회가 주최가 되어 '2013년 부산·울산·경남 방문의 해' 사업을 계획하여 부울경 관광테마열차 사업, 중국 내 공동홍보관 운영 등 다양한 공동사업을 펼치기도 했다. 동남권 광역경제위원회가 2010년부터 3년 단위로 추진했던 동남권 광역연계협력사업 또한 시도간 연계협력을 촉진하고 지역 경쟁력 제고를 위해 추진한 사업으로 제조업 분야에만 치중되었다는 한계에도 불구하고 지방자치단체 간 협력을 구체화한 대표적인 사례로 꼽히고 있다.

2013년 경상남도의회의 제안으로 동남권 광역연합 구축을 위한 다양한 동남권 연계협력사업들은 대부분 광역 거버넌스 체계의 핵심이라 할 수 있는 동남권 광역경제발전위원회를 중심으로 이루어졌다. 하지만 권오혁(2015) 등의 연구에서 지적되고 있듯이 동남권광역경제발전위원회는 그것이 지닌 시의성에도 불구하고 사업의 내용이나 성과의 측면에서는 동남권 광역연합을 추동해 내기에는 부족한 면이 많았다. 권오혁(2015)은 동남권광역경제발전위원회가 조직, 예산, 권한의 문제뿐만 아니라 성격과 기능에 있어서도 많은 문제를 노정하고 있어 이명박정부의 퇴장과 더불어 그 기능을 다할 수밖에 없는 근본적인 한계를 지니고 있었다고 비판한다.

이명박 정부와 박근혜 정부의 지역발전정책은 수도권 규제완화를 강조하는 등 몇 가지 부분에서 유사점을 갖고 있기도 했지만 기존 정권들에서 지속적으로 강조되어오던 광역경제권 중심의 개발계획에서 벗어나 '지역행복생활권'의 관점에서 지역발전의 문제를 바라보기 시작했다는 점에서는 이명박 정부와는 다른 지역발전의 공간단위에 대한 인식을 갖고 있었다. 두 보수정권 지역발전정책의 이와 같은 차이는 이명박 정부 지역발전정책의 핵심 개념인 광역경제권과 박근혜 정부 지역발전정책의 핵심 개념인 행복생활권의 차이를 나타낸 〈표 6〉에서 확인

〈표 6〉 지역행복생활권과 광역경제권의 비교

구분	광역경제권	지역행복생활권
목적	광역단위 글로벌 경쟁력 제고	서비스 연계→삶의 질 개선
권역설정	정부주도 인위적 권역 설정	지자체 간 자율적 합의
권역단위	2~3개 시·도를 하나의 광역경제권으로 지정	주민 생활범위, 서비스 위계 등을 감안해 주변 시·군 연계
추진기구	광역경제권발전위원회	시·도(조정), 시·군·구(생활권 형성)
중점분야	광역선도산업, 거점대학 육성, 30대 선도프로젝트	도시재생, 농어촌중심지 활성화, 창조적 마을 만들기, 지역공동체 육성, 지역산업 및 일자리, 지역 인재와 지방대학 육성, 문화·환경 및 복지·의료

출처: 송미령(2013)

되고 있다.

박근혜정부의 지역발전정책은 지역주도적이며 상향식 지역발전을 추구하고, 기존의 광역경제권 중심에서 지역행복생활권 중심으로 지역발전의 공간단위를 축소하며, 기존 부처별 지원방식에서 벗어나 맞춤형·패키지형으로 지원방식을 바꾸었다는 점에서 기존의 지역발전정책과는 구별되는 것이었다(차재권 2017, 36). 하지만 지역발전정책의 이와 같은 갑작스런 기조 변화로 인해 사실상 박근혜정부 시기에는 부·울·경 광역지자체 간 협력사업은 거의 빈사상태에 놓이게 되었다.

문재인정부는 이런 점에서 노무현정부에서부터 시작되어 이명박정부에 이르러 꽃을 피웠던 광역경제권 형성을 위한 지방자치단체 간 협력에 새로운 활기를 불어 넣었다. 비록 문재인정부가 균형발전보다는 자치분권에 더 역점을 두고 있어 문재인정부의 균형발전정책이 정확히 어떤 지향점을 갖고 있는지에 대한 의문이 제기되고 있긴 하지만 문재인정부 들어 여당의원이 대표 발의한 국가균형발전특별법 개정안의 주요 내용에 지역생활권의 개념을 기초생활권으로, 경제협력권의 개념을 광역협력권으로 명시되는 등 지방자치단체 간 연계와 협력을 강조하는 광역협력의 개념을 되살리고 있다는 점에서는 고무적인 분위기가 마련되고 있다고 볼 수 있다(이정석 2017).

문재인정부 출범과 더불어 달라진 분위기를 반영하듯 박근혜정부에서 제대로 추진되지 못했던 부·울·경 광역지자체 간의 상생협력을 위한 노력이[9] 해당 지역의 광역자치단체장들이 모두 더민주당으로 바뀌어 지방정권교체가 이루어지면서 더 강화되고 있다.

부·울·경 광역지자체 간의 상생협력은 6.13지방선거 이후 각 지역에 새로운 지방정부가 들어서면서 매우 빠른 속도로 추진되고 있다. 부·울·경 광역단체장들은 지방선거가 얼마 지나지 않은 시점에서 전격적으로 만나 동남권 지역 각종 공동현안에 대해 공동 대응해 나가기 위해 부·울·경 광역지자체 간 상생협력 체계를 강화해 나갈 것을 다짐하면서 상생협약식을 가졌다. 이후 10월 10일에는 3개 광역단체장들이 민선 7기 100일 출범을 기념하는 토크콘서트에 참석하여 3개 지방자치단체가 상생협력을 위한 공동의 노력을 계속 기울여 나갈 것을 다짐하는 차원에서 '동남권 상생발전 결의문'의 발표하기도 했다.[10]

특히 부·울·경 광역지자체 간의 상생협력 분야에서의 실질적인 진전은 동남권 신공항 건설에 대한 공동 대응, 부·울·경 광역교통망 구축, 시급한 지역 현안이 광역교통체계 구축 사업을 중심으로 빠르게 추진되고 있다. 2018년 8월 부·울·경 광역지자체들은 6.13지방선거 이후 광역단체장들이 약속한 광역교통 분

9. 물론 박근혜정부 시기에 부·울·경 광역지자체 간의 상생협력을 위한 노력이 전혀 없었던 바는 아니다. 하지만 이 시기의 지방자치단체 간 협력은 이명박정부 때처럼 지방자치단체가 전면에 나서 주도하기 보다는 산·학·관 협의체 등 민간기구적 성격을 지닌 기구들이 주도했고, 지방자치단체는 측면에서 지원하는 방식으로 추진되었다. 대표적인 사례가 2013년 6월 민간차원의 동남권 상생협력을 위해 설립한 '동남권 경제협의회'를 확대 개편한 '동남권 상생발전 포럼'이다. 2015년 9월 15일 개최된 동 포럼은 부·울·경 지역 상공회의소가 중심이 되어 공동 개최한 것으로 부·울·경 지역 상공회의소장이 공동대표를 맡고 각 지방자치단체의 장들이 고문으로 참여하는 방식으로 조직되었다. 동 포럼의 창립선언문에는 ① 광역경제권 시대를 맞아 동남경제권의 상생발전을 위한 상호 협력 ② 수도권과의 격차 해소를 위한 동남권 발전 전략 수립 ③ 동남경제권 상생발전을 위한 산업, 문화, 관광 인프라 확충과 일자리 창출 공동 협력 ④ 동남경제권을 일본 규슈, 중국연안도시 등과의 교류 활성화 중심지로 육성 ⑤ 부울경 지역의 특화발전 ⑥ 공동이익 실현을 위한 동남권 상생발전 포럼 역할 강화 등의 내용이 담겨 있다(노컷뉴스, 2015년 9월 15일자. http://www.nocutnews.co.kr/news/4473582. 검색일: 2018.10.13.).
10. 노컷뉴스, 2015년 10월 10일. http://www.nocutnews.co.kr/news/5042669. 검색일: 2018.10.14.)

야에서의 상생협력 문제를 논의하기 위해 3개 광역자치단체의 교통정책 관계자들이 참석한 가운데 '광역교통업무 추진 회의'를 개최하고, 그 자리에서 광역교통문제 해결을 위한 실무협의체를 구성하기로 합의했다. 이 자리에서 경상남도는 시·도간 운행하는 시내버스 주요 회차 지점에 광역환승센터를 조성하자는 실질적인 실천적 제안을 내놓기도 했다. 또한 동 회의에서는 김해·양산~부산 간에 시행해 오던 광역환승제를 양산~울산 노선으로 확대하자는 의견이 제시되기도 하는 등 활발한 논의가 이루어졌다. 이외에도 부산광역시와 울산광역시가 각각 제안했던 남해안 고속화 철도 조기 개통과 동남권 광역철도 건설에 대해서는 필요할 경우 실무협의체에서 계속 논의해 나가기로 하는 등 활발한 논의를 펼쳤다. 또한 3개 광역자치단체는 행정기관, 연구원, 대학교 소속 등이 참여하는 실무협의체를 조직하여 관련 현안들을 계속 협의해 나갈 것을 합의했다.

한편, 대구광역시와 경상북도도 대구경북 상생협력 활성화를 위한 다양한 노력을 펼쳐왔다. 2006년 대구경북경제통합추진위원회가 출범하면서 대구광역시와 경상북도 간 상생협력은 본격화되기 시작했는데 이러한 노력은 전국 최초의 자생적인 상생협력모델로 그 가치를 인정받은 바 있다. 사실상 광역경제권 형성을 위한 대구와 경북의 이와 같은 선도적인 지방자치단체 간 협력사업은 대구와 경북, 이른바 TK지역에 그 정치적 기반을 두었던 이명박정부의 광역경제권 중심의 지역발전정책에 힘입은 바 컸다. 하지만 뒤 이어 박근혜정부가 출범하면서 지역발전정책의 기본 패러다임이 광역경제권에서 행복생활권으로 그 공간적 범위가 축소되면서 대구와 경북이 추진해온 대구경북 경제통합에 제동이 걸리게 되는데 대구경북경제통합추진위원회가 대경권경제발전위원회로 명칭 변경하여 새롭게 발족하였으나 곧 이어 폐지됨으로써 대구와 경북 간 협력사업의 동력은 급격히 상실되고 말았다.

하지만 지방자치단체 간 자생적인 상생협력을 위한 대구와 경북의 노력은 2014년 '대구경북 한뿌리 상생협력 추진 조례'를 개정·공포하고 동 조례에 근거해 두 광역지자체가 지속적인 상생협력을 추진키 위해 전문가와 공무원들이 참여하는 심의기구인 '대구경북 한뿌리 상생위원회'를 발족하면서 새로운 국면을 맞이하게 되었다. 동 위원회는 2015년 5대 분야, 28개 상생협력과제를 선정해 추진함으로써 세계 물포럼을 성공리에 개최하였고, 팔공산 둘레길 조성 사업 및 2016년 대국경북방문의 해 사업을 공동으로 추진하여 가시적인 성과를 거두었다(권용석 외 2015). 하지만 대구·경북 두 광역자치단체의 광역연합 구축을 위한 이와 같은 노력에도 불구하고 중앙정부의 관심 부족으로 인해 결국 그러한 지방자치단체의 노력이 행·재정적으로 뒷받침되지 못하면서 실질적인 정책적 성과로까지 이어지진 못하는 한계를 드러내었다.

V. 결론을 대신하여: 사례분석의 결과와 정책적 시사점

영국과 우리나라 가릴 것 없이 연방제 국가가 아니라 중앙집권적 단일제 국가의 한계 속에서 지방자치단체 간 협력관계의 수준을 극대화한 제도적 형식은 역시 우리나라의 광역자치단체들이 추진한 바 있었던 '광역연합'이나 영국 지방정부가 추진했던 '연합기구'가 가장 전형적인 사례라 할 수 있다. 하지만 영국과 한국은 중앙집권적 단일제 국가라는 체계 차원에서의 동질성에도 불구하고 지방자치단체 간 협력을 위한 노력이 거둔 성과에서는 큰 차이를 보여 주고 있다.

영국의 경우에는 전체적으로 유럽연합자치헌장에서 제시된 분권화의 요구 수준에 따라 중앙정부가 적극적으로 분권화를 지향하는 정책과 제도들을 추진해 나감으로써 지방정부 차원에서의 지방자치단체 간 협력을 위한 자발적인 노력을 유도해 내고 있다. 대표적인 것이 앞서 살펴 본 GMCA를 비롯한 9개의 연합기구 구성이 결국 중앙정부와 지방정부 간에 체결된 분권협약에 기초하고 있고 그에 따른 중앙정부의 행·재정적 지원이 연합기구 구축의 중요한 동력원으로 작용해 왔던 것이다. 물론 이와 같은 중앙정부의 적극적인 의지와 노력도 중요하겠지만 그에 자극받은 지방정부의 노력 또한 결코 간과할 수 없는 성공 요소라 할 수 있다.

그에 반해 우리나라의 경우 경상남도가 주도했던 부·울·경 지역을 아우르는 동남권 광역연합은 사실상 중앙정부의 관심 부족과 관련 광역자치단체장들의 의지 부족으로 인해 제도화의 초기단계라 할 수 있는 관련 조례 제정의 수준으로까지도 나아가질 못했다. 대구·경북의 상생협력 사업은 상대적으로 동남권 광역자치단체들과는 비교가 안될 정도로 강한 의지와 추진력으로 중앙정부의 관심 부족이라는 현실적 한계를 극복하고 관련 조례 제정의 수준으로까지는 발전해 나갈 수 있었다. 하지만 그 또한 중앙정부의 의지부족과 무관심이 이어지면서 결국에는 다음 단계의 제도화 수준으로 나아가진 못한 상태에서 추진력을 잃어가고 있는 실정이다.

따라서 영국과 우리나라의 광역연합 형식의 지방자치단체 간 협력의 사례를 비교해 봤을 때 무엇보다 중요한 것은 지방자치단체 간 자율적인 협력 분위기를 조성해 광역연합 차원의 제도화를 이끌어 냄으로써 전체적으로 지방자치의 효율성을 진작해 나가겠다는 중앙정부의 의지가 존재하느냐의 여부라 할 수 있다. 지방자치단체 스스로의 자생력에 기반 한 협력 체계 구축도 물론 필요하겠지만 영국의 '연합기구' 사례에서 알 수 있듯이 중앙정부의 적극적인 재정적, 제도적 차원의 지원이 전제되지 않을 경우 지방자치단체 만의 노력으로는 명백한 한계가 노정될 수밖에 없다.

그렇다면 현재와 같은 우리나라의 지방자치 및 중앙정치의 현실에서 과연 지방자치단체 간 협력을 증진하기 위한 중앙정부의 의지를 새롭게 다지고 관련된 행·재정적 지원을 이끌어 낼 가능성은 있는가 하는 점이 의문으로 남게 된다. 결론부터 말하자면 충분히 가능하다는 것이고, 그런 기대를 갖게 하는 실마리를 최근 문재인정부가 내놓은 '자치분권 종합계획'의 문제의식에서 찾을 수 있다고 본다.

문재인정부가 발의한 지방분권형 개헌안이 국회의 사보타지로 인해 결국 본회의에 상정도 되지 못한 채 폐기되고 말았지만 정부는 대통령 소속 자치분권위원회의 자치분권 로드맵을 발전시켜 2018년 9월 국무회의를 통해 '자치분권 종합계획'을 정부의 공식적인 자치분권 계획으로 확정한 바 있다. 정부가 발의한 지방분권형 개헌안이나 대통령 선거운동 기간에 제시했던 공약과 비교해 볼 때 '자치분권 종합계획'은 여러 가지 면에서 후퇴한 측면이 많다는 비판이 제기되고 있는 것은 사실이다. 하지만 그래도 역대정부의 자치분권 관련 정책들과 비교해 볼 때 매우 혁신적인 제도적 개선방안을 담고 있다는 사실 또한 부정할 수 없다. 특히 본 연구가 다루고 있는 중앙-지방 및 자치단체 간의 협력 강화와 관련된 제도개선 관련 이슈는 기존 정부들에서는 제대로 제안되거나 시도된 바가 없는 내용이다. 자치분권 종합계획이 제시하고 있는 중앙-지방 및 자치단체 간 협력 강화의 기본 방향은 중앙-자치단체 간 실질적인 소통과 협력이 정립될 수 있도록 협력기구 구성 및 운영방안을 마련하고 협력 기구의 설치를 법제화한다는 것인데 (자치분권위원회 2018, 30), 이런 점에서는 진일보한 측면이 없지 않다.

또한 자치분권 종합계획은 자치단체 간 협력을 활성화하기 위해 새로운 방식의 자치단체 간 협력제도를 마련하는 데에 초점을 두고 있다는 점도 고무적인 부분이라 할 수 있다. 그와 관련된 자치분권 종합계획의 내용을 정리해 보면 다음과 같다. 첫째, 자치단체의 관할구역을 초월한 권역 내의 단일 또는 복합적 사무를, 광역계획 등의 수립에 의하여 종합적·효율적으로 처리할 수 있는 특별지방자치단체 제도를 도입한다는 것이다. 둘째, 국가 간의 조약과 같이 다수의 자치단체가 협약을 체결하여, 별도의 법인이나 조직 설치 없이 사무 처리와 정책면에서 역할을 분담하는 등 새로운 협력제도를 도입"하자는 것이다. 셋째, 현행 지방자치법에 보장되어 있는 행정협의회, 사무위탁, 조합 등과 같은 협력제도의 목적과 절차 그리고 근거규정을 보완함으로써 실질적인 협력이 이루어질 수 있도록 하겠다는 것이다. 아울러 기존의 협력제도를 활성화하기 위한 행·재정적 지원을 아끼지 않겠다는 것도 정부의 자치분권 종합계획이 제시한 방법의 하나이다. 토지이용, 광역 대중교통망 구축, 쓰레기 처리, 동물원·컨벤션센터 운영, 빈집 등 지역자원 공동관리 등 광역적 수행이 더 바람직한 분야를 확대하는 한편으로 자치단체별 농수산물의 생산·가공·유통 등 농상공 연계프로그램 등 자치단체 간 기능적 협력사업을 추진하는 방안도 제시되고 있다. 또한 협력제도의 기본지침, 협약 절차, 표준 규약, 특별지방자치단체의 경우, 중앙 및 시·도 권한의 이양 요구권 부여 등을 제시하는 한편으로 인구감소지역 등에서는 기구 및 시설의 공동활용방안 및 사무·정책면에서의 역할분담 기준 등을 마련해 줄 것을 요구하고 있다(자치분권위원회 2018, 30–32).

광역연합의 형성을 통해 지방자치의 새로운 지평을 열어나가겠다는 생각을 지닌 지방자치단체로서는 자치분권 종합계획이 보여 주는 이와 같은 전향적인 변화를 십분 활용할 필요가 있다. 그러기 위해서는 영국 지방정부들이 보여 준 '연합기구' 구축 사례의 교훈을 바탕으로 우리나라의 지방자치 현실에 부합하는 광역적 차원에서의 새로운 지방자치단체 간 협력 모형을 구축하기 위한 과감한 실험적 노력이 필요해 보인다.

참고문헌

경상남도의회 동남권광역연합추진특별위원회. 2013. "동남광역경제권 형성의 경제적 효과분석" 보고서.

국민권익위원회. 2018. "지방자치단체 행정협의회 부담금 관리 투명성 제고방안." 국민권익위원회 의결(2018.8.20.).

권오혁. 2015. "동남경제권 거버넌스와 지역발전: 동남권광역경제발전위원회 중심으로." 『한국지역지리학회지』 21(3):450–460.

권용석·이재필·윤효근. 2015. "대구경북 상생협력 활성화를 위한 기초연구." 대구경북연구원.

권자경. 2015. "지방자치단체 구역 경계변경의 성공사례 분석." 『한국지방자치학회보』 27(3):145-167.

김석태. 2007. "세방화시대의 대도시권 거버넌스 구조 발견: 대구권을 중심으로." 『한국지방자치학회보』 19(4):137-154.

김승건. 2003. "정부간 관계와 정부간 갈등에 대한 이론적 고찰." 『서울시연구』 4(2):1-13.

김필두·류영아. 2008. "지방자치단체 간 상생을 위한 협력 활성화 방안 연구." 한국지방행정연구원.

대한민국시도지사협의회. 2018. "영국 분권형 지역균형발전정책과 지역 적용 사례(1): 지자체 연합기구, 분권협상, 시티 딜." 대한민국시도지사협의회 자료집.

박재욱. 2008. "광역권역의 통합·협력을 위한 광역거버넌스의 이론적 논의." 『지방행정연구』 22(2):3-29.

박재욱·정해용·강혜련. 2011. "동북아 연해거점도시의 광역권 발전전략과 거버넌스." 『지방행정연구』 25(4):309-344.

송미령. 2013. "지역행복생활권의 의미와 과제." 『지역과 경제』 12:27-29.

오은주·김현호. 2008. "지역간 경제협력의 실태분석과 활성화 방안." 한국지방행정연구원.

오시환·한동효. 2009. "재정분권화가 재정력격차에 미치는 영향에 관한 연구." 『지방정부연구』 13(2):51-73.

이동우. 2006. "국토의 초광역경제권 구상과 정책과제." 『국토』 10월호.

이용모. 2004. "한국의 재정분권화가 거시경제의 안정과 경제성장에 미치는 영향." 『한국정책학회보』 13(3):89-118.

이정석. 2017. "'실질적' 국가균형발전정책 구상하고 지속적인 실행력 높이는 데 주력해야." 『부산발전포럼』 168:36-43.

이종화. 2006. "초광역시대의 도시간 협력 방안." 『국토』 10월호.

이주헌. 2013. "대도시권 거버넌스와 지방정부의 협력기제에 관한 비교연구." 『한국행정학보』 47(3):309-328.

자치분권위원회. 2018. 『자치분권 종합계획(안)』.

조승현. 2005. "지방정부간 환경협력에 관한 연구." 『한국사회와 행정연구』 16(1):425-444.

차재권. 2017. "역대정부 균형발전정책의 성과평가: 박정희 정부에서 박근혜정부까지." 『사회과학연구』 25(2):8-42.

최병호 · 정종필. 2001. "재정분권화와 지역경제성장간의 관계에 관한 연구: 재정분권화 지표의 개발과 실증분석." 『한국지방재정논집』 제6권 제2호: 177-202.

황상철. 2007. "글로컬 시대의 지방자치단체의 광역화에 관한 연구." 성균관대학교 대학원 박사학위논문.

Bardhan, P., and D. Mookherjee. 2001. "Relative capture of local and central governments: An essay in the political economy of decentralization." In G. Eskeland, S. Devarajan, and H. F. Zhou eds. *Fiscal Decentralization: Promises and Pitfalls.* Washington, DC: The World Bank.

Cappellin, R. 1993. "Interregioinal cooperation in Europe: an introduction." in Cappellin, R. and P. Bately, eds. *Regional Networks, Border Regions and European Integration.* Pion: London.

Chae, Kyung-Jin and Mark Wilding. 2012. "What Influences Inter-Local Government Cooperation in Korea?" *Journal of Local Government Research* 16(2):227-246.

Davoodi, Hamid, and Heng-fu Zou. 1998. "Fiscal Decentralization and Economic Growth: Cross-Country study." *Journal of Urban Economics* 43: 244-257.

Han, P. H., and S. K. Kim. 2003. "An Empirical Analysis of the Factors Affecting the Successor Failure of Cooperative Projects among Local Governments." *Korean Public Administration Review* 37(3): 217-239.

Kim, S. E., W. H. Chai, J. H. Choi, and S. K. Kim. 2009. "A Study of Cooperations among Local Governments." *Journal of Korean Association For Local Government Studies* 21(1):97-119.

Legler, R. and T. Reischl. 2003. "The Relationship of Key Factors in the Process of Collaboration: A Study of School-to-Work Coalitions." *The Journal of Applied Behavioral Science* 39(1): 53-72.

LeRoux, K. and J. B. Carr. 2007. "Explaining Local Government Cooperation on Public Works: Evidence from Michigan." *Public Works Management & Policy* 12(1): 344-358.

Leach, William and Neil W. Pelkey. 2001. "Making watershed partnerships work." *Journal of Water Resources Planning and Management* 127:378-385.

Oates, W. E. 1972. *Fiscal Federalism.* New York: Hascourt Brace Jovanovich.

Orfield, M. 2002. *American Metropolitics: The New Suburban Reality.* Washington, D.C.: Brookings Institution Press.

Ostrom, Elinor. 1972. "Metropolitan Reforms: Propositions Derived from Two Traditions." *Social Science Quarterly* 53: 474-493.

Parry, Taryn. 1997. "Achieving Balance in Decentralization: Decentralization in Chile. *World Development* 25: 211-225.

Prud'Homme, Rémy. 1995. "The Dangers of Decentralization." *World Bank Research Observer* 10: 201-220.

Rodden, Jonathan. 2002. "The Dilemma of Fiscal Federalism: Grants and Fiscal Performance Around the World." *American Journal of Political Science.* 46: 670-687.

Sears, D. W. and W. R. Lovan. 2006. "Encouraging Collaboration in Rural America." *Public Administration Review* 66(s1): 153-154.

Tanzi, V. 1996. "Fiscal Federalism and Decentralization: A Review of Some Efficiency and Macroeconomics Aspects." In M. Bruno and B. Pleskovic eds. *Annual World Bank Conference on Development Economics.* Washington, D.C.: World Bank.

Tiebout, Charles M. 1956. "A Pure Theory of Local Expenditure." *Journal of Political Economy* 44: 416-424.

Thorton, J. 2007. "Fiscal Decentralization and Economic Growth Reconsidered." *Journal of Urban Economics* 67: 64-70.

Thurmaier, K. 2006. "High-Intensity Interlocal Collaboration in Three Iowa Cities." *Public Administration Review* 66(s1): 144-146.

Thurmaier, K. and C. Wood. 2004. "Interlocal Agreements as an Alternative to Consolidation." In *City-County Consolidation and its Alternatives: Reshaping the Local Government Landscape.* Carr, J.B. and R.C. Feiock. 113-130. New York: M.E. Sharpe, Inc.

Weiss, J. A. 1987. "Pathways to Cooperation among Public Agencies." *Journal of Policy Analysis and Management* 7(1): 94-117.

Wright, Deil S. 1988. *Understanding Intergovernmental Relations,* 3rd ed. CA: Pacific Grove Books/Cole Publishing Co.

〈표 1〉 2018년 현재 운영 중인 행정협의회

	협의회명	구성일자	참여 지자체명	중심 지자체명
1	광주전남상생발전위원회	'89.03.27.	광주광역시 등 2곳	광주광역시
2	충청권행정협의회	'95.03.03.	대전광역시 등 4곳	세종특별시
3	호남권정책협의회	'04.12.15.	광주광역시등3곳	광주광역시
4	G9대전충청광역권 공동발전협의회	'07.05.03.	대전광역시 등 9곳	대전광역시
5	빛고을생활권행정협의회	'15.10.01.	광주광역시 등 11곳	(전남)담양군
6	중부권정책협의회	'16.06.21.	경북 등 7곳	경상북도
7	동해남부권해오름 동맹상생협의회	'17.07.27.	울산, 포항, 경주	울산광역시
8	경기중부권 행정협의회	'81.08.28.	안양시 등 7곳	(경기)광명시
9	여수순천광양시 행정협의회	'86.05.01.	여수시, 순천시, 광양시	(전남)여수시
10	서부수도권 행정협의회	'93.09.25.	서울 강서구 등 11곳	(서울)양천구
11	경상북도 동해권행정협의회	'95.04.07	포항시 등 6곳	(경북)포항시
12	경기동부권시장군수협의회	'95.10.18.	용인시 등 10곳	(경기)용인시
13	경기도시장군수협의회	'96.06.28.	경기도 31개 시·군	(경기)시흥시
14	서남해안권 행정협의회	'96.12.24.	목포시 등 9곳	(전남)목포시
15	군산서천 행정협의회	'97.08.01.	군산시, 서천군	(전북)군산시
16	전라남도 시장·군수협의회	'98.12.01.	목포시 등 22곳	(전남)목포시
17	영산강유역권행정협의회	'99.03.11.	목포시 등 8곳	(전남)담양군
18	경북시장군수협의회	'99.07.20.	경북 23개 시·군	(경북)포항시
19	광주광역시구청장협의회	'01.01.01.	광주 5개 자치구	(광주)동구
20	치악권행정협의회	'01.12.27.	원주시, 횡성군	(강원)횡성군
21	장수벨트행정협의회	'03.02.06.	순창군, 곡성군, 담양군, 구례군	(전남)곡성군
22	중부내륙행정중심권 행정협의회	'04.12.09.	영월군 등 6곳	(강원)평창군
23	백두대간행정협력	'08.06.16.	태백시, 영월군, 정선군, 평창군	(강원)영월군
24	경기서해안권 시장협의회	'09.10.26.	안산시 등 5곳	(경기)안산시
25	중부내륙권 행정협의회	'12.12.11.	원주시 등 7곳	(경기)여주시
26	무진장행복생활권협의회	'14.01.17.	장수군, 무주군, 진안군	(전북)장수군

	협의회명	구성일자	참여 지자체명	중심 지자체명
27	경원축지역 행복생활권협의회	'14.01.28.	의정부시 등 5곳	(경기)동두천시
28	전남동부생활권협의회	'14.05.09.	여수시 등 5곳	(전남)여수시
29	경기동북부 생활권행정협의회	'14.02.11.	이천시 등 5곳	(경기)이천시
30	삼도봉생활권협의회	'14.03.04.	영동군, 무주군, 김천시	(충북)영동군
31	전남중부 행복생활권협의회	'14.03.24.	나주시, 화순군	(전남)나주시
32	소백산생활권협의회	'14.04.03.	영월군, 단양군, 영주시	(강원)영월군
33	상생협력정책협의회	'14.07.18.	강진군, 장흥군, 영암군	(전남)강진군
34	서북지역행복 생활권협의회	'14.08.05.	장성군, 함평군, 영광군	(전남)장성군
35	천안아산생활권 행정협의회	'14.09.23.	천안시, 아산시	(충남)천안시
36	구곡순담지역행복 생활권협의회	'14.12.02.	구례군, 곡성군, 담양군	(전남)구례군
37	포항–경주 행정협의회	'15.02.12.	포항시, 경주시	(경북)포항시
38	포항경주영덕울진울릉지역 행복생활권행정협의회	'15.03.09.	포항시 등 5곳	(경북)포항시
39	전라북도동부권 시장군수협의회	'15.04.17.	남원시 등 6곳	(전북)남원시
40	서산당진태안 생활권행정협의회	'15.05.01.	서산시, 당진시, 태안군	(충남)서산시
41	임순남행복 생활권행정협의회	'15.05.01.	남원시, 임실군, 순창군	(전북)남원시
42	환황해권행정협의회	'15.06.16.	서산시 등 6곳	(충남)서천군
43	보령서천지역행복 생활권협의회	'15.09.22.	보령시, 서천군	(충남)보령시
44	동북4구행정협의회	'16.04.19.	서울 성북구 등 4곳	서울 성북구
45	한탄강 지역행복생활권협의회	'16.04.15.	포천시, 연천군, 철원군	(경기)포천시
46	강원도동해안권 상생발전협의회	'16.09.07.	강릉시 등 6곳	(강원)강릉시
47	득량만권 장보고행정협의회	'16.09.08.	고흥군, 보성군, 장흥군	(전남)장흥군
48	경상북도 중·서부권 행정협의회	'17.03.27.	김천시 등 8곳	(경북)김천시
49	남해안시도광역 관광협의회	'94.08.	경남, 부산, 제주, 전남	경상남도
50	수도권관광진흥협의회	'99.01.27.	서울, 인천, 경기, 강원, 충북	강원도
51	동남권관광협의회	'01.07.	경남, 부산, 울산	경상남도
52	전국동주도시교류협의회	'03.06.24.	제주시 등 15곳	(충남)공주시
53	동해안권관광진흥협의회	'04.01.30.	부산, 울산, 강원, 경북	부산광역시
54	충청권관광진흥협의회	'04.03.30.	대전, 세종, 충북, 충남	충청남도
55	대한민국건강도시협의회	'06.09.14.	서울특별시 등 87곳	서울특별시
56	충청소방학교운영행정협의회	'12.12.27.	대전, 세종, 충북, 충남	충청남도

	협의회명	구성일자	참여 지자체명	중심 지자체명
57	마을만들기지방정부협의회	'15.09.10.	서울특별시 등 57곳	(경기)수원시
58	유니세프한국위원회 아동친화도시추진 지방정부협의회	'15.09.14.	서울특별시 등 48곳	(서울)성북구
59	사회성과보상사업 지방정부협의회	'16.11.01.	서울특별시 등 14곳	서울특별시
60	충청산업문화철도(보령선) 행정협의회	'17.07.27.	세종시 등 15곳	(충남)부여군
61	더불어함께하는도시협의회	'97.09.30.	수원시 등 9곳	(충북)청주시
62	섬진강환경행정협의회	'98.12.26.	남원시 등 11곳	(전북)진안군
63	안양천수질개선대책협의회	'99.04.29.	서울 양천구 등 13곳	(서울)구로구
64	환경행정협의회	'00.04.21.	서울 종로구 등 4곳	(서울)종로구
65	백제문화권관광벨트 자치단체장협의회	'02.05.17.	대전 유성구 등 5곳	(충남)금산군
66	전국대도시시장협의회	'03.04.13.	수원시 등 15곳	(경기)고양시
67	금강권관광협의회	'03.05.01.	공주시 등 6곳	(충남)논산시
68	전북서남권관광행정협의회	'03.10.20.	정읍시, 부안군, 고창군	(전북)부안군
69	남부권관광협의회	'04.01.24.	보은군, 옥천군, 영동군	(충북)보은군
70	원전소재지방자치단체 행정협의회	'04.03.04.	부산 기장군 등 5곳	(전남)영광군
71	전국고추주산단지 시장군수협의회	'04.07.06.	영광군 등 16곳	(경북)봉화군
72	전국평생학습도시협의회	'04.09.10.	관악구 등 145곳	(충북)제천시
73	가야문화권지역발전 시장·군수협의회	'05.06.03.	대구 달성군 등 22곳	(경북)고령군
74	사과주산지시장군수협의회	'05.06.28.	포항시 등 15곳	(경북)포항시
75	서부경남관광진흥협의회	'05.09.08.	진주시, 등 11곳	(경남)하동군
76	전국혁신도시(지구)협의회	'06.12.15.	대구 동구 등 11곳	(경남)진주시
77	호수중문화관광권역 관광권협의회	'07.11.27.	춘천시 등 5곳	(강원)춘천시
78	3도3군관광협의회	'07.12.12.	영동군, 금산군, 무주군	(강원)영동군
79	접경지역시군수협의회	'08.04.28.	인천 강화군 등 10곳	(경기)파주시
80	한국세계유산도시협의회	'10.11.29.	서울 종로구 등 13곳	(전남)화순군
81	폐광지역시장군수협의회	'10.12.20.	태백시, 삼척시, 영월군, 정선군	(강원)영월군
82	춘천권역서울춘천고속도로 통행료 지원행정협의회	'11.01.03.	가평군 등 5곳	(경기)가평군
83	남해안남중권발전협의회	'11.05.03.	여수시등 9곳	(경남)진주시

	협의회명	구성일자	참여 지자체명	중심 지자체명
84	중랑천생태하천협의회	'11.06.23.	서울 성동구 등 8곳	(서울)중랑구
85	전국댐소재지 시장군수구청장협의회	'11.11.10.	대전 대덕구 등 18곳	(충북)충주시
86	대한민국아름다운섬 발전협의회	'12.03.15.	인천 옹진군 등 10곳	(전남)여수시
87	전국농어촌지역군수협의회	'12.11.02.	인천 강화군 등 74곳	(충남)태안군
88	전국다문화도시협의회	'12.11.07.	서울 종로구 등 25곳	(서울)구로구
89	경부선(서울역~당정) 지하화추진협의회	'12.12.27.	서울 용산구 등 7곳	(서울)용산구
90	금강수상관광상생발전협의회	'13.01.10.	논산시, 부여군, 서천군, 익산시	(충남)부여군
91	전국사회연대경제 지방정부협의회	'13.03.20.	서울 성동구 등 33곳	(서울)성동구
92	평택~삼척간 동서고속도로 추진협의회	'15.01.21.	평택시 등 12곳	(충북)제천시
93	고운최치원인문관광 도시연합협의회	'15.07.23.	보령시 등 9곳	(충남)보령시
94	대한민국의병도시협의회	'15.09.02.	서울시 성북구 등 35곳	(서울)성북구
95	동서통합남도순례길 행정협의회	'15.10.26.	순천시 등 8곳	(전남)광양시
96	자치분권지방정부협의회	'16.01.22.	서울 성북구 등 27곳	(경기)시흥시
97	만해한용운지방정부 행정협의회	'16.03.22.	서울 성북구 6곳	(충남)홍성군
98	고려인삼시군협의회	'16.06.01.	인천시 강화군 등 16곳	(경북)영주시
99	동계올림픽 생활권행정협의회	'16.06.01.	평창군, 영월군, 정선군	(강원)평창군
100	젠트리피케이션방지 지방정부협의회	'16.05.27.	서울 종로구 등 45곳	(서울)성동구
101	에너지정책전환을위한 지방정부협의회	'16.12.15.	서울 광진구 등 24곳	(서울)광진구
102	남부내륙철도건설사업 조기착수를 위한 행정협의회	'16.12.26.	김천시 등 9곳	(경북)김천시
103	여섯발자국 관광마케팅협의회	'07.11.06	원주시 등 5곳	(강원)평창군

출처: 국민권익위원회(2018, 12).

제14장

제주: 마을공화국의 제도화 방안

신용인·제주대

I. 들어가며

현기영 작가가 쓴 『변방에 우짖는 새』라는 소설이 있다. 대학 시절 무심코 그 책을 펼쳐보다 책 제목의 '변방'이 제주를 뜻한다는 사실을 알고 씁쓰름했던 기억이 떠오른다. 제주는 한반도 남쪽 끝 바다 건너에 위치하고 있는 섬이다. 지정학적으로 볼 때 대한민국의 변방에 있는 것이다. 제주라는 이름 자체도 한반도의 변방임을 여실히 드러낸다. 제주는 건널 제(濟)와 고을 주(州)의 합성어다. 물 건너 있는 고을이라는 뜻이다. '물 건너 있는' 구절에서 알 수 있듯이 '제주'는 제주 도민의 관점에서 지어진 이름이 아니다. 세력 있는 누군가가 본토의 자리에 앉아 저 멀리 바다 건너 남쪽 변방에 있는 어떤 섬을 가리켜 지은 이름이 바로 제주다. 변방에 사는 제주도민은 그 이름에서조차 주체성을 박탈당한 것이다.

제주의 옛 이름은 '탐라'였다. 탐라국은 1105년 고려 정부에 복속되어 멸망할 때까지 약 천 년 동안 제주지역에서 독립국으로 존재했던 왕국이었다. 하지만 탐라국이 멸망한 이후 '탐라'라는 이름은 역사의 뒤안길로 사라져 버렸고 그 대신 물 건너 있는 고을인 '제주'가 새롭게 명명되었다. 탐라에서 제주로 이름이 바뀐 이후 제주의 운명은 언제나 중앙정부의 이해관계에 따라 좌우되었고, 제주도민의 자주적이고 주체적인 발전은 철저히 봉쇄당했다. 제주도민은 변방의 자리에 미무르며 중앙정부의 억압과 수탈 속에서 힘겨운 삶을 감내할 수밖에 없었다. 이처럼 제주는 무려 천 년 동안이나 주체성을 상실한 채 식민지나 다름없이 지내야 했던 아픈 역사가 있는 곳이다.

그런 제주에서 2006년 7월 1일 고도의 자치권 보장을 목적으로 하는 제주특별자치도가 설치되는 획기적인 사건이 발생했다. 이제 천 년 동안의 예속상태를 벗어나 제주도민의 손으로 제주의 미래를 만들어 나갈 수 있는 제도적인 발판이 마련된 것이다. 하지만 현실을 냉정하게 돌아보면 고도의 자치권 보장은 장밋빛 환상에 불과한 것 아닌가 하는 의문을 떨칠 수가 없다. 지방분권을 향한 발걸음은 느리기만 하고, 시·군 자치제의 폐지로 기초자치는 물거품처럼 사라져 버렸다. 주민자치의 토대가 되는 읍·면·동은 아예 자치권조차 없다. 무늬만 특별자치도라는 푸념이 나올 정도다.

이러한 상황에서 제주도민에게 새로운 영감을 불어넣는 생각이 하나 있다. 인도의 수많은 마을들이 모두 자치와 자립을 이루는 마을공화국이 되는 것을 그렸던 간디의 마을공화국 구상이 그것이다. 제주에는 43개의 읍·면·동이라는 마을이 있다. 만일 43개의 읍·면·동 모두에서 마을공화국이 건립되고, 제주특별자치도가 43개 읍·면·동 마을공화국의 연방체로 거듭난다면 제주는 풀뿌리 차원에서 고도의 자치권을 누리는 명실상부한 마을연방자치도가 되지 않을까?

이 글에서는 위와 같은 문제의식을 바탕으로 제주에서 마을공화국을 제도화하는 방안을 살펴보고자 한다. 첫째, 간디의 마을공화국 구상을 간단히 소개하고 필자가 생각하는 마을공화국의 모습을 그려본다. 둘째, 마을공화국의 구성 원리로 추첨선발제, 보충성 원리, 연방주의를 제시한다. 셋째, 제주에서 마을공화국을 제도적으로 실현하는 두 가지 방안으로 읍·면·동 기초자치를 전제로 주민자치위원회를 마을정부로 격상시키는 방안과 마을대표형 상원이라 할 수 있는 제주특별자치도 마을원을 설치하는 방안을 제안한다. 끝으로 제주특별자치도주민자치위원회협의회(이하 '협의회'라고 한다) 산하에 설치된 주민자치위원회 제도개선 T/F팀(이하 'T/F팀'이라고 하다)의 「주민자치제도개선보고서」 중 「제주특별자치도 설치 및 국제자유도시 조성을 위한 특별법」(이하 '제주특별법'이라고 함) 개정 제안 부분을 소개하고 마무리를 짓고자 한다.

II. 마을공화국의 꿈

1. 간디의 마을공화국 구상[1]

인도의 국부로 추앙받는 마하트마 간디가 평생에 걸쳐 추구한 목표는 '비폭력'이었다. 간디는 사탸그라하(Satyagraha, 진리의 힘)와 아힘사(Ahimsa, 비폭력)의 적극적 실천을 통해 비폭력이 구현되는 새로운 세상을 만들고자 했다. 한편, 국가는 비폭력과 모순된다고 생각했다. 간디는 "국가는 농축된 폭력이다. 개인에게는 영혼이 있지만 국가는 영혼이 없는 기계다. 국가의 존재 자체는 폭력에서 유래하기 때문에 폭력과 분리되는 것은 불가능하다."라고 말했다.[2] 국가는 본질적으로 폭력적이므로 국가가 지상에서 사라질 때 비로소 비폭력이 완전히 구현되는 이상사회가 온다고 본 것이다. 하지만 국가의 소멸은 현실적으로 불가능하므로 그 대안으로 스와라지(Swaraj)를 구현하는 공동체를 제안했다. 스와라지란 자기를 뜻하는 스와(swa)와 통치를 뜻하는 라지(raj)의 합성어로 자기통치, 즉 자치

---

1. 신용인(a), "마을공화국의 제도화 방안", 「법학논총」 30(3), 2018, 278~283면 참조.
2. C. 더글라스 러미스, 김종철(역), 「간디의 '위험한' 평화헌법」, 녹색평론사, 2014, 76면.

를 의미한다. 간디는 스와라지를 외부의 간섭을 받지 않는 정치적 자치와 자급자족을 뜻하는 경제적 자치의 두 가지 의미로 파악했다.[3] 정치·경제적으로 스와라지를 구현하는 공동체가 만들어진다면 비폭력 사회의 구현이라는 이상에 성큼 다가설 수 있다는 것이다.

간디는 그러한 자치공동체로 마을을 주목했다. 간디는 평소 입버릇처럼 "인도에는 70만 개의 마을이 있다."고 말했다. 인도의 마을은 전통적으로 자치와 자립을 누리고 있었다. 영국의 인도 총독이었던 찰스 메트 칼프는 1830년 "인도의 마을은 주민이 필요로 하는 모든 것을 대부분 가지고 있는 작은 공화국이고 외부로부터 거의 독립되어 있다"는 말을 남겼다.[4] 간디는 이러한 인도 마을의 전통에서 스와라지를 실현하는 자치공동체인 마을공화국의 가능성을 발견한 것이다.

인도가 영국의 식민지지배에서 해방되자 간디는 자유인도의 통치구조 기본단위를 마을공화국으로 상정했다. 마을공화국은 마을 주민이 선출한 다섯 명의 판차야트 지휘 아래 완전한 권력을 누리는 작은 정치 단위[5]인 동시에, 자발적 협력의 기초 위에서 모든 시민에게 완전고용을 제공하고, 의식주 등 생활의 기본적 욕구에서 자급자족을 이루기 위해 일하는 인간 중심의 착취 없는 자립적인 경제 단위[6]이다. 그 상위에는 마을을 전국적으로 연결하는 일종의 국제기구와 같은 조직을 설치한다. 하지만 그 조직은 마을에 대해 조언만 할 수 있을 뿐 명령할 수는 없다. 그 조직은 명령권이 없기에 당연히 군대를 둘 수도 없다. 그렇게 되면 인도는 군사력이 없는 비폭력 마을공화국 연합체가 되는 것이다.

간디는 1948년 1월 30일 자신의 마을공화국 구상을 담은 「자유인도를 위한 간디의 헌법안」(이하 '간디 헌법안'이라고 한다)[7]을 인도 국민회의 서기장에게 전

---

3. 박홍규, "간디의 자치사상", 「석당논총」 59, 2014, 49면.

4. 자와할랄 네루, 사상사회연구소(역), 「세계사 이야기」, 사사연, 1999, 174면.

5. 마하트마 간디, 김태언(역), 「마을이 세계를 구한다」, 녹색평론사, 2017, 13면.

6. 앞의 책, 16면.

7. 간디의 마을공화국 구상은 간디의 제자였던 슈리만 나라얀 아가르왈이 1945년 또는 1946년에 출판한 「자

달했다. 하지만 국민회의 지도부의 주류 입장은 간디의 생각과는 전혀 딴판이었다. 간디의 동료이자 후계자인 네루는 마을의 경우 교육적으로나 문화적으로 뒤떨어져 있는 것이 보통이므로 마을공화국으로는 결코 진보를 이룰 수 없고, 인도의 당면 문제를 해결하기 위해서는 강력한 중앙집권적 국가가 필요하다고 주장했다.[8] 암베드카르는 마을은 카스트 계급제도와 지역주의의 시궁창이고, 무지와 편협함의 상징이자 종파주의의 소굴이므로 마을공화국의 이상은 국가에 해악을 초래할 뿐이라고 주장하며 간디의 마을공화국을 강력히 비판했다.[9]

이로써 간디와 국민회의 지도부 사이에 갈등이 불가피한 상황이 전개된 것이다. 그러나 그 상황은 곧 종식되었다. 간디 헌법안이 제출된 바로 그 날 저녁 간디는 힌두교 광신자인 나투람 고드세의 총에서 나온 흉탄에 맞아 쓰러졌기 때문이다. 간디의 죽음과 함께 간디 헌법안도 잊혀졌다. 하지만 그 후에도 마을공화국을 제도화하려는 노력은 계속되었고, 그 결과 인도정부는 1992년 12월경 제73차 헌법 개정을 통해 판차야트를 헌법적으로 도입하였다. 그 내용을 간략하게 살펴보면, 판차야트는 각 주의 하부에 마을 판차야트(Gram Panchayat), 구역 판차야트(Panchayat Samiti), 지역 판차야트(Zilla Parishad)의 3단계로 설치된다(제243-B조). 우리나라의 읍·면·동 또는 통·리와 유사한 마을 판차야트는 3단계 자치계층의 최하층에 속한다. 2006년 12월 1일 기준으로 볼 때 마을 판차야트의 수는 239,539개이고 선출직 위원 수는 2,828,779명에 이른다.[10] 판차야트의 주된 역할은 마을의 경제발전과 사회정의 실현에 있다(제243-G조). 판차야트는 주민 직접선거를 통해 구성되고(제243-C조), 임기는 5년이다(제243-E조). 모든 판차야트의 의석 중 1/3 이상은 여성에게 할당하고, 달리트 등 소외계급에 대하

<hr>

유인도를 위한 간디의 헌법안」에 구체적으로 소개되어 있다.

8. 박홍규, 앞의 논문, 50~51면.

9. 고홍근, "빤짜야뜨 라즈: 그 과거와 현재", 「남아시아연구」 14(1), 2008, 5면.

10. Aiyar, M.S., "Panchayati Raj in India: The Greatest Experiment in Democracy Ever", 2006, pp. 28–29; 앞의 논문 27면에서 재인용.

여도 일정 의석 이상을 주 법률로 정하여 할당하도록 했다(제243-D조). 한편, 주
정부는 법률로써 판차야트의 구성, 권한, 재정 등에 관한 사항을 규정할 수 있다
고 하여(243-C조, 243-G조, 243-H조), 판차야트의 핵심요소에 대한 결정 권한
을 주정부에게 부여했다. 그 결과 판차야트가 자치권을 향유할 수 있는지 여부는
주정부의 재량에 크게 의존하게 되었다.[11]

헌법 차원의 판차야트 도입에 대하여는 권력분산 기여, 시민의 참여기회 확대,
사회적 약자의 참여 등의 긍정적인 평가도 있다. 하지만 판차야트 설립 취지에
대한 주민들의 무지와 무관심, 카스트나 종파에 기반을 둔 특정집단의 판차야트
장악, 판차야트의 자의적인 권한 남용, 주정부의 소극적 자세, 여성이나 달리트
등 소외계층의 판차야트 참여 미약 등으로 인해 간디의 꿈은 아직도 요원한 상태
라고 할 수 있다.[12]

2. 마을공화국의 의의

간디가 주창한 마을공화국은 중앙집권적 사고방식에 젖어 있는 우리에게는 무
척 낯설게 다가올 수도 있다. 그럼에도 마을공화국은 우리에게 강한 매력을 뿜어
낸다. 마을공화국이라는 단어에는 지배가 없는 이상적인 공동체를 향한 인류의
오랜 염원이 담겨 있기 때문이다. 중세의 교부철학자 아우구스티누스는 인간이
합리적이고 자족하는 존재라면 소규모의 자립적인 국가, 즉 마을공화국을 무수
하게 건설하여 평화롭게 살아갈 것이라고 말했다. 마을공화국의 꿈은 그보다 멀
리 고대 그리스까지 거슬러 올라간다. 고대 그리스인들은 지배로부터 자유로운
세상에서 살고 싶은 열망으로 인류 최초로 '폴리스(polis)'라는 마을공화국을 창

---

11. 이상수, "인도 제73차 개헌법 상의 지방자치 개혁과 그에 대한 법사회학적 평가", 「행정법연구」 18, 2007,
    463면.
12. 고홍근, 앞의 논문, 23~25면.

안했다. 고대 그리스에서 활짝 꽃피웠던 마을공화국은 오늘날 민주주의의 원형으로 평가받고 있다. 마을공화국은 '마을', '공화', '국'이라는 세 가지 용어를 합성한 단어다. '마을', '공화', '국'을 차례대로 살펴보면서 마을공화국의 모습을 개략적으로나마 그려보기로 한다.

1) '마을'의 의미

표준국어대사전에서 '마을'이라는 단어를 검색하면 '주로 시골에서 여러 집이 모여 사는 곳'이라고 나와 있다. 표준국어대사전의 풀이를 문자 그대로 받아들이면 마을은 농어촌만을 의미하고 도시지역은 제외되는 것처럼 생각할 수도 있다. 그러나 마을은 함께 거주하는 사람들의 공동체를 뜻하는 단어로 농어촌이나 도시 어디에나 존재한다.[13] 따라서 농어촌지역 외에 도시지역도 마을에 해당된다고 보는 것이 타당하다고 할 것이다.

한편, 마을의 범위를 어디까지로 볼 것인지도 쉽지 않은 문제다. 도시지역의 경우에는 '동'을 마을 단위로 보더라도 별 무리는 없을 것이다. 하지만 시골마을인 농어촌을 '읍·면' 단위로 볼 것이냐 '리' 단위로 볼 것이냐에 대해서는 일률적으로 말하기가 곤란하다. 통상적으로는 '리' 또는 '자연부락'을 마을의 단위로 본다. 그런데 제주지역의 경우 리나 자연부락은 마을주민이 이장 또는 마을회장을 선출하고, 운영위원회가 주민의회 역할을 하며, 주민 모두가 참여하는 마을총회가 열리는 등 사실상 마을공화국을 미약하나마 자율적으로 구현하고 있는 곳이 많다. 이 경우 제도화 운운하며 법률과 조례를 들이댄다면 오히려 리 또는 자연부락의 자율성과 다양성을 위축시키는 우를 범할 수도 있다. 반면 읍·면은 마을공화국의 싹조차 보기 어려울 정도로 자치 여건이 척박하다. 현행제도상 읍·면은 하부행정기관에 불과하여 자치사각지대다. 따라서 마을공화국의 제도화라는 관

---

13. 김기홍, 「마을의 재발견」, 올림, 2014, 18면.

점에서는 농어촌 지역의 경우도 마을공화국의 단위를 리 단위보다는 읍·면 단위로 접근하는 것이 바람직하다고 본다.[14]

2) '공화'의 의미

마을공화국은 '공화'를 표방하고 있다. 이에 비춰볼 때 마을공화국은 '공화주의'를 이념적 토대로 하고 있다는 것을 알 수 있다. 공화주의는 크게 적극적 공화주의와 소극적 공화주의로 구분할 수 있다. 적극적 공화주의는 고대 그리스 폴리스와 아리스토텔레스의 전통을 계승한다. 적극적 공화주의에 의하면 자치의 자유를 강조한다. 즉 자유는 자치를 통해 실현되고 자치는 시민적 덕성을 바탕으로 한다. 따라서 시민적 덕성이라는 윤리적 요소를 강조하며 시민의 통치를 지향한다. 반면, 소극적 공화주의는 공화주의 전통을 혼합정체론을 구현한 로마 공화정에서 찾는다. 소극적 공화주의는 정치의 목표를 지배받지 않는 삶의 영위에 둔 마키아벨리로부터 영감을 받아 공화주의의 핵심적 가치를 '타인의 자의적 의지로부터의 자유' 즉 비지배 자유(non domination)라고 보고, 비지배 자유를 보장받을 수 있는 제도적 장치 마련에 관심을 기울인다. 적극적 공화주의의 핵심 키워드가 시민의 통치라면 비지배유자유가 소극적 공화주의의 핵심 키워드인 것이다. 마을공화국에서의 '공화'는 적극적 공화주의와 소극적 공화주의를 모두 포함하고 있으며 시민의 통치와 비지배 자유를 동시에 지향한다.

대한민국 헌법 제1조 제1항은 "대한민국은 민주공화국이다."라고 선언하고 있다. 대한민국은 민주와 공화의 이념을 바탕으로 하는 민주공화국인 것이다. 민주공화국에서의 민주는 적극적 공화주의를, 공화는 소극적 공화주의를 의미한다고 할 수 있다. 그렇다면 대한민국은 시민의 통치와 비지배 자유가 제대로 구현되고 있는 나라인가? 먼저 시민의 통치를 살펴보자. 오늘날 고대 아테네의 경우

---

14. 신용인(a), 앞의 논문, 285면.

와 같이 시민의 통치를 직접 구현하는 나라는 거의 없다. 그 대신 시민이 선출한 대표자가 대신 통치하는 대의제를 채택하고 있다. 대한민국도 마찬가지로 대의제를 원칙으로 하고 있다. 하지만 그로 인해 시민의 통치가 엘리트의 통치로 변질된다는 문제가 발생한다. 루소는 이런 문제점을 두고 "시민은 선거 때만 주권자 노릇하고 선거가 끝나면 다시 노예가 된다."고 통렬하게 비판했다. 다음으로 비지배 자유를 살펴보자. 대한민국의 정치 현실을 보면 제왕적 대통령제와 거대양당 독점체제가 견고하고, 중앙집권형 체제로 인해 지방은 중앙의 식민지에 불과하다. 경제 영역도 불공정한 재벌 중심 경제체제가 확고하고, 빈익빈부익부 현상은 날로 심화되고 있다. 대한민국의 실상은 권력과 자본의 집중과 지배 현상이 심화되면서 지배 없는 세상이라는 공화주의의 이상과는 거리가 멀어지고 있다.

이처럼 대한민국의 실상은 민주공화국이라기보다는 차라리 과두지배국가(寡頭支配國家)가 아닌가 싶다. 대한민국은 경쟁에서 승리한 소수의 엘리트가 다수의 시민을 지배하는 나라라고 보는 것이 실상에 가깝지 않을까?

그런데 왜 이런 문제가 생긴 것일까? 이런저런 이유가 있을 것이나 핵심적 원인은 통치규모에서 찾을 수 있다. 광범위한 영토와 수많은 인구를 지닌 커다란 국가 단위로는 시민의 통치가 물리적으로 불가능하다. 따라서 국가 단위의 통치규모를 고집할 때 공화주의가 제대로 작동할 수 없다. 권력과 자본은 커지면 필연적으로 사람을 지배하려는 속성이 있다. 국가 단위로 집중된 권력과 자본은 거대해지므로 사람에 대한 지배는 필연적이고 공화주의는 위기에 처할 수밖에 없다. 국가 단위의 통치규모로는 결코 공화주의가 시민의 현실 생활 속에 뿌리내릴 수가 없는 것이다.

그렇다면 해법의 단초는 통치 규모에서 찾아야 한다. 대한민국이 진정으로 민주공화국이 되고자 한다면 통치의 단위를 현재의 국가 단위에서 시민의 통치와 지배로부터의 자유가 가능한 규모로 줄여야 한다. 즉 민주공화국을 제대로 실현할 수 있는 규모의 수준에서 자기통치, 즉 자치가 이뤄져야 공화주의를 실질적으로 구현할 수 있다.

3) '국'의 의미

마을은 기껏해야 읍·면·동의 수준을 넘지 않는 작은 단위이다. 그럼에도 구태여 '나라 국(國)'이란 용어를 사용한 것은 자족성을 갖춘 공동체를 강조하고자 함이다. 마을은 정치·경제·사회·문화 등 마을 주민의 총체적인 생활영역을 이루는 단위로서 그 안에는 자치와 자립을 이룰 수 있는 자족성을 갖추고 있다. 마을 안에 나라가 있는 것이다.

앞서 공화국은 시민의 통치(적극적 공화)와 지배로부터 자유(소극적 공화)가 구현되는 나라라고 했다. 그런데 공화국은 국가 차원은 물론 제주도 차원에서도 진정으로 실현하기는 어렵다. 그보다 작은 단위인 읍·면·동이라는 마을에서야 가능하다. 마을 단위에서야 시민의 통치와 지배로부터의 자유가 현실적으로 구현될 수 있다. 이와 관련하여 선진국의 풀뿌리자치가 어느 규모에서 실현되고 있는지를 유념할 필요가 있다. 선진국의 경우 풀뿌리자치 규모는 평균 인구가 1만명을 넘지 않는 것이 보통이다. 즉 스위스의 경우는 평균 인구가 약 3,500명에 불과하고, 프랑스의 경우 1,702명이고, 독일의 경우 약 7,000명이며, 미국의 경우도 7,713명에 불과하다.[15] 선진국에서 이처럼 풀뿌리자치 규모가 평균 인구 1만 명을 넘지 않는 이유는 풀뿌리자치는 능률성보다는 민주성 확보에 중점을 두어야 하고, 민주성의 확보는 근린차원에서의 참여에 기반을 둘 때 가능하다고 보기 때문이다.[16]

우리나라의 경우를 보면, 시·군·자치구를 기초지방자치단체(이하 '기초단체'라고 한다)로 두고 있는데 2018. 7. 기준으로 보면, 기초단체 수는 226개(시 75개, 군 82개, 구 69개)이고 그 총인구는 50,839,695명[17]이므로 기초단체 당 평

---

15. 신용인(b), "제주특별자치도 행정체제 개편과 고도의 자치권 실현 방안", 『법과 사회』 55, 2017, 133면.
16. 안영훈·조석주, 「읍·면자치 도입방안 연구」, 한국지방행정연구원, 2014, 149면.

균 인구가 224,954명(50,839,695명÷226개)에 이르고 있다. 우리나라의 기초단체는 주민자치를 실질적으로 구현하기에는 그 규모가 지나치게 크다는 것을 알수 있다. 반면 읍·면·동은 모두 3,500개가 있는데 2018. 7. 기준으로 총인구가 51,806,977명이므로 읍·면·동의 평균 인구는 14,802명(51,806,977명÷3,500개) 정도 된다. 읍·면·동만 보더라도 선진국의 풀뿌리자치공동체 평균 규모를 능가하는 것이다. 따라서 마을공화국의 제도화는 현행 기초단체인 시·군·자치구가 아니라 읍·면·동 단위에서 시행하는 것이 마땅하다.

III. 마을공화국의 구성원리

마을공화국이 제대로 실현되기 위해서는 규모 못지않게 구성원리가 중요하다. 즉 마을공화국의 조직은 시민의 통치와 지배로부터의 자유가 가장 잘 구현될 수 있는 원리에 따라 구성되어야 한다. 이러한 마을공화국의 구성 원리로는 추첨선발제, 보충성 원리, 연방주의 셋을 들 수 있다. 차례대로 살펴보기로 한다.

1. 추첨선발제[18]

추첨선발제란 입법·행정·사법 등 공적 영역에서의 업무를 담당할 사람을 추첨을 통해 선발하는 제도를 말한다. 우리에게 있어 주민의 대표자를 추첨으로 선발한다는 발상은 너무나 생소하다. 대표자의 선출을 운이나 재수에 맡긴다는 것은 상식적으로 납득할 수 없고 심지어는 민주주의를 희화화한다는 생각까지 든

---

17. 총인구 51,806,977명에서 기초지방자치단체가 없는 세종특별자치시(302,703명), 제주특별자치도 (664,579명)의 인구를 뺀 인구 수이다.
18. 신용인(c), "추첨 방식의 주민자치위원회 구성에 관한 고찰", 「지방자치법연구」 16(3), 2016. 참조.

다. 민주주의 국가에서 대표자는 선거로 선출해야 한다는 고정관념이 우리의 머릿속에 확고하게 박혀 있기 때문이다.

그러나 고대 그리스인들의 생각은 우리와 전혀 달랐다. 고대 그리스의 대표적인 사상가인 아리스토텔레스는 이렇게 말했다. "추첨제는 민주정체로, 선거제는 귀족정체로 간주된다." 고대 고리스인들은 우리가 민주주의의 꽃이라고 보는 선거를 귀족정의 요소로 간주한 것이다. 선거로 공직자를 선출하는 경우 명성과 부를 갖춘 소수의 엘리트만이 공직을 독차지하기 때문이다. 까닭에 그들은 선거가 아닌 추첨을 민주적인 선발제도라고 보고 민주주의를 구현하기 위해 공직자 대부분을 추첨으로 선발했다. 고대 그리스에서 이처럼 추첨선발제가 폭넓게 활용될 수 있었던 것은 민주주의를 특별한 엘리트의 지배가 아니라 보통 사람의 지배로, 그리고 누구나 지배자의 지위에 오를 수 있는 가능성을 동일하게 얻는 정치체제로 이해하였기 때문이다.[19] 고대 그리스인들만 그렇게 생각한 것은 아니다. 근대의 사상가 몽테스키외와 루소도 대표자의 선발방법으로 선거와 추첨을 꼽고 선거가 귀족적이라면 추첨은 민주적이라고 생각하였다.

하지만 대의민주주의가 확립된 이후 선거제가 대표자의 민주적인 선발방법으로 확고하게 자리매김하면서 추첨선발제는 망각의 강으로 흘러가버렸고, 오늘날 추첨을 통해 정치적 대표자를 선출하는 경우를 찾아보기는 어렵다. 이처럼 추첨선발제가 사라지게 된 이유로는 종교적 우려, 이성과 능력 중시의 풍토, 지배에 대한 동의 등이 주장되고 있지만, 결정적인 이유는 근대정부를 창시한 엘리트들의 평등주의에 대한 우려였다.[20] 즉 추첨선발제는 엘리트 위주의 선발을 불가능하게 만들어 엘리트층의 정치권력의 장악 및 재생산을 어렵게 만드는 반면, 선거는 재산, 사회적 지위, 명성에서 유리한 엘리트 중심으로 선발되어 정치권력의 장악 및 재생산이 가능할 것이라고 믿었기 때문이다. 그리하여 근대 시민혁명의

---

19. 어니스트 칼렌바크 · 마이클 필립스, 손우정 · 이지문(역), 『추첨민주주의』, 이매진, 2011, 8면.
20. 이지문, 『추첨민주주의의 이론과 실제』, 한국학술정보(주), 2012, 160~169면.

지도자들은 입으로는 만민평등을 외치면서도 고대로부터 귀족적이라고 본 선거제를 대표자 선출의 절대적이고 유일한 방식으로 만들었다.

하지만 추첨선발제는 선거제에 비해 결코 무시하지 못할 강점이 있다. 여기서는 이지문이 주장한 추첨선발제의 강점을 소개하는 것으로 갈음한다. 이지문은 추첨선발제를 독립변수로, 민주주의의 질적 고양 가치를 종속변수로, 한국 정치 및 선거를 매개변수로 하여 자유, 평등, 대표성, 통합, 공공선, 합리성, 시민 덕성 등 7가지 요소에서 선거제와 비교를 통해 추첨선발제가 한국 민주주의의 질적 고양을 위한 유용한 도구가 될 수 있고, 대의민주주의의 대표자 선택의 한 방식이 될 수 있다고 주장한다.[21] 첫째, 자유의 면을 보면, 추첨선발제는 대표자를 선택하는 데 그치는 소극적 자유가 아니라 자기통치의 적극적 자유를 실현한다는 점에서 선거보다 자유를 증진시킨다. 둘째, 평등의 면을 보면, 피선거권의 평등이라는 형식상 기회의 평등이 아니라 선택되어질 기회의 실질적 평등 및 배분의 정의 확립이라는 면에서 선거보다 더 평등에 기여한다. 셋째, 대표성의 면을 보면, 특정 사회계층의 과다 또는 과소대표가 아니라 다양한 국민을 있는 그대로 반영하는 기술적 대표성 확립을 통한 실질적·상징적 대표성을 제고함으로써 선거보다 더 대표성을 제고한다. 넷째, 통합의 면을 보면, 선거 부정 및 연고주의 조장과 정치부패로 인한 정치 불신이 사라지고, 선거가 조정하는 분열과 정치부패가 현저히 적어진다는 측면에서 통합을 가져온다. 다섯째, 공공선의 면을 보면, 정당·지역구·이익단체의 영향력과 함께 다양성 및 일반 시민의 입장에 대한 이해 부족으로 공공선 추구에 어려움이 따르는 것이 아니라, 독립적인 판단과 다양한 대표들의 의회 진입에 따르는 대중지성 발현으로 공공선 추구에 적합하다. 여섯째, 합리성의 면을 보면, 투표자의 비합리적 투표행태 및 선거제도의 유권자 선호 집략 실패, 막대한 선거관리비용 대신 과학적 사회통계기법으로 사회 전체

---

21. 이지문, 앞의 책, 217면~329면.

를 의회에 반영할 수 있으며 선거 제반 비용이 소요되지 않는 면에서의 합리성에 부합한다. 끝으로 시민덕성의 면에서 보면, 정치 참여가 투표참여로 한정되지 않고 직접 참여할 기회를 통한 인간 발달 차원에서 시민 덕성의 발달을 촉진한다.

2. 보충성 원리[22]

보충성 원리란 직무수행을 위한 활동은 언제나 작은 단위에게 우선권이 있고, 작은 단위의 능력만으로는 직무를 수행할 수 없는 사항에 한하여 보다 큰 단위가 보충적으로 개입하여 처리할 수 있다는 원리를 말한다. 보충성 원리는 인간의 존엄성을 근거로 하여 개인이나 작은 공동체의 독자성과 자율성을 확보하기 위해 인정되는 원리다.

보충성 원리는 그 기원이 아리스토텔레스에까지 거슬러 올라가는데, 토마스 아퀴나스 등에 계승되어 주로 가톨릭신학의 사회이론으로 전개되었다.[23] 보충성 원리가 처음으로 체계적으로 제시된 문서는 교황 피오스 11세가 1931. 5. 15. 반포한 회칙 「사십주년」(QUADRAGESIMO ANNO)이라 할 수 있다. 그 내용은 다음과 같다.

"역사가 명백히 보여 주듯이, 사회 상황의 변화 때문에 이전에는 소규모 집단이 수행하던 많은 일이 지금은 대규모 조직체에 의해서만 수행될 수 있다는 것은 사실이다. 그러나 개인의 창의와 노력으로 완수될 수 있는 것을 개인에게서 빼앗아 사회에 맡길 수 없다는 것은 확고부동한 사회 철학의 근본 원리이다. 따라서 한층 더 작은 하위의 조직체가 수행할 수 있는 기능과 역할을 더 큰 상위의 집단으로 옮기는 것은 불의이고 중대한 해악이며, 올바른 질서를 교란시키는 것이다. 모든

---

22. 신용인(a), 앞의 논문, 290~292면.
23. 한귀현, "지방자치법상 보충성의 원칙에 관한 연구", 「공법학연구」 13(3), 2012, 248면.

사회 활동은 본질적으로 사회 구성체의 성원을 돕는 것이므로 그 성원들을 파괴하거나 흡수해서는 안 된다. 국가 권력은, 자신에게 중대한 혼란의 원천이 되며 중요성이 적은 사업과 활동의 수행을 다른 조직체에게 넘겨주어야 한다. 그렇게 할 때 국가는 고유하게 국가에 속하고 국가만이 수행할 수 있는 임무를 더 자유롭고 힘차고 효율적으로 수행할 수 있을 것이다.'**24**

우리나라의 경우 「지방분권 및 지방행정체제개편에 관한 특별법」(이하 '지방분권법'이라 한다) 제9조 제2항에서 "국가는 제1항에 따라 사무를 배분하는 경우 지역주민생활과 밀접한 관련이 있는 사무는 원칙적으로 시·군 및 자치구(이하 '시·군·구'라 한다)의 사무로, 시·군·구가 처리하기 어려운 사무는 특별시·광역시·특별자치시·도 및 특별자치도(이하 '시·도'라 한다)의 사무로, 시·도가 처리하기 어려운 사무는 국가의 사무로 각각 배분하여야 한다."고 하고, 「지방자치법」 제10조 제3항에서 "시·도와 시·군 및 자치구는 사무를 처리할 때 서로 경합하지 아니하도록 하여야 하며, 사무가 서로 경합하면 시·군 및 자치구에서 먼저 처리한다."고 하여 각각 보충성 원리를 규정하고 있다. 그러나 우리 헌법에는 보충성 원리가 명시적으로 규정되어 있지 않다. 입법론으로는 헌법차원에서 보충성 원리를 명시할 필요가 있다. 한편, 문재인 대통령이 발의한 헌법 개정안 제9장 제121조 제4항은 "국가와 지방정부 간, 지방정부 상호 간 사무의 배분은 주민에게 가까운 지방정부가 우선한다"고 하여 보충성의 원리를 명문으로 두고 있다

오늘날 보충성 원리는 지방자치 내지 지방분권을 추진하는 원동력이라고 평가받고 있다.**25** 그런데 보충성 원리는 마을공화국의 건설에도 매우 강력한 원동력이 된다. 국가, 지방자치단체, 마을의 세 단위를 대상으로 보충성 원리를 적용하면, 셋 중 가장 작은 단위인 마을이 주민생활과 밀접한 관련이 있는 사무를 스스

---

24. 「사십주년」(QUADRAGESIMO ANNO)에 관한 오경환 신부의 번역문 중 일부를 발췌한 글이다.
25. 한귀현, 앞의 논문, 245면.

로 처리할 수 있는 때에는 국가나 지방자치단체가 개입할 수 없고, 그렇지 못한 경우에도 국가나 지방자치단체는 사무 처리의 주체로 직접 나서기 보다는 보조와 간섭을 통해 마을이 그 사무를 직접 처리할 수 있도록 지원해야 한다는 결론이 나온다. 마을이 이처럼 주민생활과 밀접한 관련이 있는 사무를 우선적으로 처리하기 위해서는 무엇보다도 마을이 주민생활과 밀접한 관련이 있는 사무에 대해 전권한성과 자기책임성을 보장받는 자치권을 가져야 한다. 따라서 보충성 원리를 실현하기 위해서는 읍·면·동이 법인격과 자치권을 갖는 지방자치단체로 격상되어 읍·면·동이 실질적으로 마을정부 노릇할 수 있게 하는 것이 급선무라 할 수 있다.

덧붙여 지방분권이라는 용어는 문제가 있음을 지적하고자 한다. 분권, 즉 권한을 나눈다는 것은 본래 국가의 권한에 속한 것을 지방에 나누어 준다고 하는 중앙정부의 발상에 근거한다.[26] 그러나 보충성 원리에 의하면 그 발상은 주객이 전도된 것이다. 권한은 원래 마을에 속하는 것이고 마을이 독자적으로 권한을 행사할 수 없는 경우에 한하여 보충적으로 그 권한을 지방자치단체와 국가가 나눠주는 것이다. 따라서 지방분권이 아니라 마을원권(原權)이라고 부르는 것이 타당하다.

3. 연방주의[27]

연방주의는 수직적 중앙집권형 통치구조를 거부하고 수평적 네트워크형 통치구조를 지향하는 대표적인 조직 원리라고 할 수 있다. 연방주의(federalism)라는 용어는 고대 로마가 동맹국과 맺은 조약 내지 협정이라는 의미를 지닌 라틴어의 foedus에서 유래한다. 연방주의는 시대 상황에 따라 생겨난 다양한 흐름 속에서

---

26. 박홍규, "분권이 아닌 원권으로서의 지방자치", 『당대비평』 22, 2003, 76면.
27. 신용인(a), 앞의 논문, 292~294면 참조.

개념화된 탓에 하나의 일관된 틀로 그 실체를 파악하기가 매우 어렵다는 특징이 있다.[28] 오늘날 연방주의를 하나의 정치체계에서 두 개 이상의 상이한 차원에서 존재하는 정부(예: 연방정부와 주정부) 사이에서 공간적 또는 지역적으로 통치권이 분할되어 있는 것으로 이해하는 경향이 일반적이다.[29] 하지만 그런 통치구조적 맥락을 넘어 더 근본적으로 접근하여 사회 구성 또는 조직 원리로 이해하는 것이 필요하다.[30] 연방주의의 아버지라 불리는 요하네스 알투지우스(Johannes Althusius)에 의하면 연방주의란 보다 작은 공동체들의 자율성을 보다 크고 상위에 있는 공동체로부터 보장받고, 이들 하위 공동체들의 활성화를 통한 상위 공동체 혹은 전체 사회를 지향한다는 특성을 가진 사회 구성 혹은 조직 원리라고 한다.[31] 여기서는 알투지우스의 입장에 따라 연방주의를 설명하고자 한다.

첫째, 연방주의는 중앙 집중적인 권위와 권한을 부정하는 다층적 거버넌스의 성격을 갖는다. 알투지우스는 인간이 공동체를 형성하는 이유를 공생적 필요에서 찾는다.[32] 인간이란 혼자서는 완전한 삶을 살 수가 없는 존재이므로 자신의 부족한 점을 채워줄 수 있는 그 누군가를 필요로 하게 되고 그런 필요 때문에 자발적으로 사회계약을 맺고 공동체를 형성한다. 이렇게 형성된 공동체들은 각각 고유의 법적 인격과 정체성을 갖는다.[33] 공동체들은 또 다시 공생의 필요성에 의해 서로 자발적으로 계약을 체결하여 보다 큰 공동체를 형성하게 된다. 이처럼 공동체는 공생적 필요에 의해 가족, 사적결사, 마을, 도시, 지방, 국가 순으로 아래로부터 위로 순차적으로 구성된다. 이때 각각의 공동체는 독자적인 법인격과 권한을 가지게 되고, 공동체 상호간의 관계는 상호협력의 관계라고 할 수 있다.

---

28. 한종수, "EU의 정체에 관한 연구: 연방주의를 중심으로", 『한독사회과학논총』 20(2), 2010, 94면.
29. 한종수, 앞의 논문, 94면.
30. 김영일, "알투시우스(Johannes Aiyhusius)의 연방주의 연구 – 지방자치의 이념적 기초로서의 연방적 사회 구성", 『지방정부연구』 6(4), 2002, 278면.
31. Emst Deuerlein, "Foederalismus", Muenschen, 1972, p306.; 김영일, 앞의 논문 278면에서 재인용.
32. 김영일, 앞의 논문, 282면.
33. 존 위티 주니어, 정두메(역), 『권리와 자유의 역사』, IVP, 2015, 303면.

특히 연방주의는 보충성 원리에 기초하여 그 중점을 보다 작은 공동체에 두므로 보다 작은 공동체의 자기결정성과 자기책임성을 우선적으로 강조한다.

둘째, 연방주의는 전체국가로서의 통합과 생활조건의 동질성을 달성하기 위해 공동체 상호간의 질서와 조화를 강조한다.[34] 하지만 그 질서와 조화는 상위 공동체의 일방적인 명령 또는 강제에 의해 이뤄질 수 없다. 상위 공동체는 하위공동체의 상호계약에 의해 성립하므로 상위공동체의 권위는 하위 공동체에서 나오고 상위 공동체의 권한은 하위 공동체가 위임한 것에 불과하기 때문이다.[35] 따라서 질서와 조화는 하위 공동체 상호간의 협력에 의해 이뤄져야 한다. 이는 상위 공동체의 의사결정과정에 하위 공동체의 대표가 참여하는 것을 보장하는 방식으로 이뤄진다. 하위 공동체 대표의 참여가 없는 상태에서 이루어진 상위 공동체의 의사결정은 정당성을 얻지 못한다. 그 경우 하위 공동체는 상위 공동체의 의사결정을 거부할 권리가 있다.

고도로 중앙집권적인 우리나라의 통치구조에서는 연방주의적 요소를 찾아보기가 어렵다. 연방주의에 의하면 상위 공동체의 권한은 하위 공동체로부터 유래하고 하위공동체가 위임한 것이다. 그러나 우리나라의 통설은 정반대의 입장을 취하고 있다. 즉, 지방자치권의 연원에 대해 자치전래권설을 받아들임으로써 지방자치단체의 권한은 그 보다 상위 공동체인 국가의 통치권으로부터 유래되므로 지방자치권은 국가에 의해 부여받은 범위 안에서만 행사될 수 있다고 본다. 이러한 국가주의적 사고방식이 대부분의 사람들 머릿속을 지배하고 있는 한 연방주의의 제도화는 요원하다고 할 것이다.

한 가지 다행스러운 점은 근래 지방분권형 헌법으로의 개정을 요구하는 목소리가 높아지면서 연방주의에 입각한 지역대표형 상원을 도입하자는 주장이 주

---

34. 이기우(a), "지방분권적 국가권력구조와 연방제도", 「공법연구」37(1), 2008, 147면.
35. 김석태, "알투지우스(J. Aiyhusius)의 정치사상과 지방분권형 헌법개정", 「지방정부연구」 21(1), 2017, 323면.

목받고 있다는 것이다. 지방분권의 근간은 헌법과 법률로 정해지므로 지방분권을 촉진시키는 근본적인 방안은 지방분권과 관련된 국가의사의 결정과정에 지역대표들을 직접 참여시키는 것이다.[36] 지역대표형 상원을 두는 형태로 개헌이 이루어질 경우 입법과정에 지역대표가 참여할 수 있게 되어 지방분권이 촉진되고 지역이익 대변이 가능하게 된다는 장점이 있다. 실제로 연방국가 형태를 취하는 많은 국가에서는 전체국민의 이익을 대표하는 하원과 지역의 이익을 대변하는 상원의 양원제를 채택하고 있다.

보충성의 원칙과 연방주의의 입장에서 보면 지역대표형 상원은 시·도 또는 시·군·구가 아니라 마을을 대표하는 형태로 설치되어야 한다. 마을이 권한의 원천이므로 주민생활과 밀접한 관련이 있는 사무에 대한 지방자치단체나 국가의 권한은 마을에서 유래한다. 따라서 그러한 사무와 관련된 지방자치단체나 국가의 의사결정과정에 마을의 대표가 직접 참여해야 한다. 이를 위해서는 지방자치단체 차원 및 국가 차원에서 마을대표형 상원인 마을원이 구성될 필요가 있다.

IV. 마을공화국의 제도화 방안

제주지역에서 마을공화국을 제도화하는 방안으로는 첫째, 현행 43개 읍·면·동 주민자치위원회를 마을정부로 격상시키는 방안과 읍·면·동 대표기관인 제주특별자치도 마을원을 설치하는 방안을 들 수 있다. 차례로 살펴보기로 한다.

1. 주민자치위원회를 마을정부로

제주에는 43개의 읍·면·동이라는 '마을'이 있고, 읍·면·동마다 주민 중에서

---

36. 안성호, 「양원제 개헌론」, 신광문화사, 2013, 40면.

선발된 20~35명의 주민자치위원으로 구성되는 주민자치위원회가 있다. 주민자치위원회는 제주특별법상 읍·면·동 단위의 유일한 주민자치조직이다. 따라서 주민자치위원회가 제대로 된 주민대표성과 자치권한을 갖고 마을정부 노릇을 한다면 제주에는 43개의 마을공화국이 생기는 것이다. 하지만 현행 주민자치위원회가 그렇게 기능하기에는 다음과 같은 제도적 한계가 있다.

1) 주민대표성

주민대표성의 점을 보면, 과거에는 주민자치위원 선정의 민주성·투명성·공정성이 제대로 보장되지 못해 주민대표성을 담보할 수 없다. 그 결과 주민자치위원회는 지역유지나 관변단체 인사 위주로 구성되고 주민 대다수로부터 외면당하고 있는 실정이다.

이에 제주에서는 누구나 자유롭고 평등하게 주민자치위원이 될 수 있는 기회를 보장하기 위해 2016년 7월 8일 「제주특별자치도 주민자치센터 설치·운영 조례」(이하 '자치조례'라고 한다) 개정을 통해 전국 최초로 주민자치위원 추첨선발제를 도입했다는 것이다. 그 요지를 보면 주민자치학교를 개설하여 수료자 중에서 신청을 받고 신청자가 정원을 초과할 경우에는 추첨에 의해 주민자치위원을 선발하도록 했다.[37] 또한 서울시의 「주민자치회 시범실시 및 설치·운영에 관한 조례 안」(이하 '서울시 조례안'이라 한다)은 제9조에서 주민자치학교 이수를 조건으로 주민자치위원 정원의 60%는 공개모집 후 추첨으로, 나머지 40%는 단체 추천으로 선발하는 내용의 주민자치위원 추첨선발제를 규정하고 있는데 이는 제주의 사례를 참고하여 따른 것으로 보인다. 성동구는 서울에서 최초로 2017년 7월 13일 조례 개정을 통해 주민자치위원 추첨선발제를 도입했고, 이어 여러 곳에서 도입하고 있다.

---

37. 자세한 내용은 신용인(b), 앞의 논문, 242~246면 참조.

주민자치위원회 선발에 추첨제를 도입함으로써 이제는 마을 주민이라면 누구나 자유롭고 평등하게 마을의 주민자치위원이 될 수 있다. 하지만 행정당국이 자치조례의 취지를 왜곡하여 주민자치위원 절반 이상을 사실상 추첨이 아닌 추천으로 선발하는 등 아직 추첨제는 인식과 제도 양 측면에서 개선할 점이 매우 많다. 지금처럼 행정당국이 주관하는 주민자치학교가 아니라 주민자치위원회가 자율적으로 운영하는 주민자치학교가 되어야 하고, 추천방식은 추첨선발제를 보완하는 방식으로 필요 최소한으로 운영해야 할 것이다. 다만, 읍·면 지역의 경우 리 대표성을 확보하기 위해 리에서 자율적으로 선발한 1인을 주민자치위원으로 추천하도록 할 필요는 있다.

한편, 주민자치위원장의 경우 민주적 정당성 확보 차원에서 주민 직접 선거를 통한 선출도 고려할 필요가 있다. 추첨선출제는 "우수한 한 사람의 판단보다 평범한 다수의 판단이 더 낫다"는 집단지성의 논리가 작동하는 영역에서 효과적이므로 1인이 선출되는 주민자치위원회장의 경우까지 추첨방식을 고집할 이유는 없다고 본다. 이 경우 주민자치위원은 추첨으로 선출하고 주민자치위원장은 선거로 선출하는 이원적 선출방식이 될 것이다.

2) 권한

권한의 점을 보면, 현행 주민자치위원회는 사실상 행정의 자문기관 내지 하부기관에 불과하여 아무런 자치권이 없다는 심각한 문제점을 들 수 있다. 그럼에도 주민자치위원회를 통해 풀뿌리자치를 한다는 것은 언어도단에 불과하고 국민의 자치열망을 실망과 무력감으로 마취시켜 무력화하는 마취제에 불과하다는 비판이 있다.[38]

대통령 소속 지방행정체제개편추진위원회는 위와 같은 문제점을 인식하여

---

38. 이기우(b), "주민자치회 법제화의 여부와 방법", 주민자치 활성화를 위한 법제도 개선방안 토론회, 2018.
7., 53면.

2012년 6월 기존 주민자치위원회를 주민자치회로 대체하는 것으로 하고, 그 모델로 다음과 같은 '협력형', '통합형', '주민조직형'의 3가지를 마련했다.[39]

① 협력형 모델: 주민자치기구인 주민자치회를 읍·면·동 사무소의 협력기구로 설치·운영하는 안이다.

② 통합형 모델: 주민자치기구인 주민자치회가 기존 읍·면·동 사무소를 지휘·감독하는 안이다.

③ 주민주도형 모델: 주민자치기구인 주민자치회를 설치·운영하되, 기존 읍·면·동 사무소는 폐지하고 별도의 사무기구를 두는 방안이다.

3가지 모델 중 통합형과 주민조직형은 주민자치회가 읍·면·동 사무소를 지휘·감독하거나 대체하는 안으로 최소한이나마 마을정부를 구현할 수 있는 방안이다. 그러나 시범실시 과정에서 통합형과 주민조직형은 현행 법령 위반이라는 이유로 배제되었고 현재 83개 읍·면·동이 일부 수정된 협력형 모델에 따라 시범실시 중이다. 하지만 시범실시 중인 협력형 모델은 권한 면에서 현행 주민자치위원회와 별다른 차이가 없다.

주민자치위원회가 마을정부의 역할을 수행하기 위해서는 제주특별법의 개정하여 읍·면·동 주민에게 최소한 다음과 같은 자치권한을 부여해야 한다.

첫째, 주민의 자치조직권이 확보되어야 한다. 해당 읍·면·동 주민이 자율적으로 주민자치조직의 형태를 결정할 수 있어야 한다. 그 결정방법으로는 협력형, 통합형, 주민조직형 등 주민자치회 실시모델 등을 참고하여 주민투표로 결정하는 것을 생각해 볼 수 있다.

둘째, 주민자치조직이 자치입법권·자치행정권·자치재정권 등 자치권을 가져야 한다. 즉, 주민자치조직이 주민생활과 밀접한 관련이 있는 사무에 관하여는 보충성의 원리에 입각하여 지방자치단체나 국가에 우선하여 전권한성과 자기책

---

39. 지방행정체제개편추진위원회, 「대한민국 백년대계를 향한 지방행정체제 개편」, 2013, 210~212면.

임성을 보장받는 자치권을 행사할 수 있어야 한다.

2. 마을공화국의 대표기관, 제주특별자치도 마을원

43개 읍·면·동마다 마을정부가 수립되어 마을공화국이 건설되면 연방주의에 입각하여 마을공화국의 대표들로 구성된 기관이 필요하다. 그런 대표기관으로 「제주특별자치도 마을원」(이하 '마을원'이라고 한다)를 생각할 수 있다. 만일 마을원이 설치된다면 제주특별자치도에는 제주도민을 대표하는 제주특별자치도의회(이하 '도의회'라고 한다)와 읍·면·동을 대표하는 마을원의 양원제가 구현된다. 마을원의 구성 및 권한은 다음과 같이 생각해 볼 수 있다.[40]

1) 마을원의 구성

43개 읍·면·동에서 해당 주민자치위원회 위원 중 각 1명씩을 마을원 의원으로 선출한다. 그 경우 총 43명의 의원을 구성원으로 하는 마을원이 구성되는 것이다. 의원 선정방식은 추첨을 원칙으로 한다. 주민자치위원이 의원으로 선출되는 경우 그 공석은 예비후보자가 승계한다. 의원의 임기는 1년 내지 2년 정도가 적당하다고 본다.

2) 마을원의 권한

양원제의 경우 양원의 권한이 대등한 균등양원제와 양원 중 어느 한원의 권한이 우월한 불균등양원제의 형태가 있는데 균등양원제에 입각하여 도의회와 대등한 권한을 갖는 마을원이 설치되는 경우 도의회와 마을원이 대립·충돌하는 경

---

40. 신용인(c), "제주특별자치도 행정체제 개편과 고도의 자치권 실현 방안", 「법과 사회」 55, 2017, 143~144면 참조. 다만 위 논문에서는 '마을원'이 아니라 '민회'라는 용어를 사용했다. 하지만 민회보다는 마을원이 보다 적합한 용어로 판단되어 여기서는 마을원이란 용어를 사용한다.

우 그 조정이 쉽지 않다는 문제가 있다. 따라서 마을원에 대한 도의회의 우월성을 인정하는 불균등양원제가 바람직하다. 이 경우 마을원에게는 다음과 같은 권한을 인정할 수 있다.

첫째, 입법에 관하여는 우선, 마을원에게 조례의 제정·개정 및 폐지를 도의회에 발의할 수 있는 권한을 부여하는 것이다. 마을원이 조례안을 발의하는 경우 도의회는 제주특별자치도지사에게 그 조례안을 이송하여 의견서를 제출받은 후 통상의 입법절차에 따라 처리하면 될 것이다. 다음으로, 도지사가 읍·면·동의 이해관계에 영향을 미치는 조례안을 발의하는 경우에는 읍·면·동의 의견이 반영될 수 있도록 마을원의 의견을 구하는 절차를 밟은 다음 도의회에 제출하도록 한다. 나아가 도의회에서 의결한 조례안에 대해 이의가 있는 경우 재의를 요구할 수 있는 권한을 부여하는 것이다. 마을원이 재의를 요구하는 경우 도의회가 재의에 부쳐 재적의원 과반수의 출석과 출석의원 3분의 2 이상의 찬성으로 전과 같은 의결을 하면 그 조례안은 조례로서 확정되는 것으로 하면 될 것이다.

둘째, 예산에 관하여는 도지사가 편성한 예산을 1차적으로는 마을원에서 심의·의결하고, 2차적으로는 도의회에서 심의·의결하여 확정하도록 한다. 이 경우에도 마을원에게 도의회에서 의결한 예산안에 대한 재의요구권을 부여하고, 도의회와 마을원의 의견을 조율하기 위해 조정위원회를 두는 것이 바람직하다. 이렇게 되면 도 예산에 대해서도 읍·면·동의 의견이 충분히 반영될 수 있다.

셋째, 그 밖의 마을원 권한으로는 도의회의원 선거구 획정권, 도지사에 대한 감시·통제권, 마을원 조직과 운영에 관한 자율권, 마을원 의원의 자격심사·징계권, 청원의 심사·처리권, 주민자치학교의 위탁·지도·감독권 등을 생각해 볼 수 있다.

V. 제주에서의 마을공화국을 향한 발걸음

1. 주민자치 제도개선 T/F팀의 출범과 활동

제주지역에는 2개 행정시, 43개 읍·면·동이 있고, 읍·면·동마다 주민자치위원회가 구성되어 있다. 주민자치위원회는 시와 도 단위로 협의회를 두고 있다.

시 단위로는 제주시 소속 26개 주민자치위원회를 구성원으로 하는 제주시 주민자치위원회 협의회(이하 '제주시 협의회')와 서귀포시 소속 17개 주민자치위원회를 구성원으로 하는 서귀포 주민자치위원회 협의회(이하 '서귀포시 협의회')가 있고, 도 단위로는 43개 읍·면·동 주민자치위원회 모두를 구성원으로 하는 제주특별자치도 주민자치위원회 협의회(이하 '도 협의회')가 있다.

평소 제주지역 주민자치위원들 사이에서는 무늬만 자치인 현행 주민자치제도에 대해 여러 차례 문제 제기가 있었고, 그 과정에서 자연스럽게 제도개선 필요성에 대한 공감대가 형성되어 있었다.

2018년 2월 6일 서귀포시 협의회 정례회의가 열렸는데 그때도 약방의 감초처럼 주민자치제도를 개선해야 한다는 말이 나왔다. 그러자 현봉식 동홍동 주민자치위원장이 우리가 막연하게 제도를 개선해야 한다는 말만 할 것이 아니라 자체적으로 구체적인 제도개선안을 마련하자고 하며 이를 위한 TF팀을 꾸릴 것을 제안했다. 참석자 모두 현봉식 위원장의 제안에 공감했고 만장일치로 도 협의회에 TF팀 구성을 건의하기로 의결했다.

3월 26일 도 협의회 임원회의가 열려 서귀포시 협의회의 TF팀 구성 건의를 도 협의회 정례회의 안건으로 상정하기로 결정했고, 이어 4월 9일 열린 도 협의회 정례회의에서는 '주민자치 제도개선 TF팀' 구성을 결의하고, TF팀 위원으로는 제주시 지역 읍·면·동 주민자치위원장 5명, 서귀포시 지역 읍·면·동 주민자치위원장 5명, 그리고 외부 법률전문가 2명 모두 12명을 두기로 했다.

이에 제주시 지역 몫으로는 고영찬 한경면 위원장, 고창근 건입동 위원장, 김기성 용담1동 위원장(제주시 협의회 회장), 이상민 이도1동 위원장, 한재림 일도2동 위원장이 선정되었고, 서귀포시 지역 몫으로는 고방협 서홍동 위원장, 김삼일 중앙동 위원장(도 협의회 회장), 현봉식 동홍동 위원장, 현승태 예래동 위원장, 홍동표 대천동 위원장이 선정되었다. 외부 법률전문가로는 필자와 허용진 변호사가 추천되었다.

4월 26일 TF팀 첫 회의가 열렸다. 논의 과정에서 허용진 변호사는 주민자치를 제대로 하려면 제주특별법을 바꿔야 한다고 주장했고, 그 주장에 위원들 모두 공감하자 필자가 제주특별법 개정 관련 초안을 작성해 다음 회의 때 보고·논의하기로 했다.

TF팀 회의는 그 후 5월 10일, 6월 14일, 7월 9일 등 모두 4차례에 걸쳐 열렸고, 7월 9일 제4차 회의에서 주민자치 제도개선을 위한 제주특별법과 자치조례의 각 개정을 제안하는 「주민자치 제도개선 보고서」(이하 '보고서'라고 함)를 확정하고, 이를 도 협의회 정례회의에 보고하여 공식 추인을 얻기로 했다.

7월 26일 도 협의회 정례회의에서는 보고서를 만장일치 박수로 원안 그대로 의결했다. 이로써 보고서는 도 협의회의 공식 입장이 되었다. 한편, 도 협의회는 그날 이철준 연동 주민자치위원장을 TF팀 위원으로 추가 선정했다.

보고서 중 제주특별법 개정 제안 부분(이하 'T/F팀 안'이라고 함)은 읍·면·동 주민이 주민자치모델을 직접 결정할 수 있는 자치조직권을 부여하는 획기적인 내용을 담고 있다. 이하 이를 중심으로 설명한다.

2. T/F팀 안의 내용

1) 제주특별법 개정 추진

정부는 현재 시범실시 중인 모델의 성과분석, 통합형·주민조직형 모델의 장·

단점 분석 등을 통해 우리나라 실정에 맞는 최적의 주민자치회 도입방안을 확정하고, 가칭 「주민자치회 설치 및 운영에 관한 법률」(이하 '주민자치법'이라 한다)이라는 별도의 법률 제정을 통해 이를 법제화할 예정이라고 한다. 이에 선도적으로 제주특별자치도에서 풀뿌리자치의 활성화와 민주적 참여의식 고양 및 맞춤형 주민자치 고도화를 위하여 읍·면·동 주민에게 협력형 모델, 통합형 모델, 주민조직형 모델 등 자율적인 주민자치 모델을 스스로 선택·결정할 수 있도록 하는 자치조직권을 부여하는 방향으로 제주특별법 개정을 추진한다.

개정 제주특별법에는 다음과 같은 내용이 규정되어야 한다.

① 읍·면·동 주민자치위원회 또는 일정 수 이상의 읍·면·동 주민이「해당 읍·면·동 주민자치모델을 규정한 조례안」(이하 '자치조례안'이라 한다)을 마련하여 도지사에게 주민투표를 청구한다.

② 도지사는 주민투표 청구가 법적인 결격사유가 없는 한 해당 읍·면·동 주민을 대상으로 자치조례안에 대한 주민투표를 실시한다.

③ 자치조례안이 주민투표에서 가결되면 도지사는 그 자치조례안을 도의회에 발의한다.

④ 도의회는 특별한 사정이 없는 한 발의된 자치조례안을 그대로 의결한다.

⑤ 자치조례안이 없는 읍·면·동의 주민자치는 도의회에서 통상의 절차에 따라 만든 조례에 따른다.

2) 개정을 요하는 관련 규정

(1) 주민자치모델 권한 근거 마련

현행 지방분권법은 주민자치회가 설치되는 경우 관계 법령, 조례 또는 규칙으로 정하는 바에 따라 지방자치단체 사무의 일부를 주민자치회에 위임 또는 위탁할 수 있도록 하고 있다(지방분권법 제28조). 마찬가지로 제주특별법에도 제주특별자치도 사무의 일부를 자치조례에 의해 채택된 주민자치모델에게 위임 또는 위탁할 수 있는 근거 규정을 마련할 필요가 있다.

(2) 자치특례 확대

제주특별법 제44조는 자치조직권에 관한 특례를 규정하고 있으나 지방자치법 제117조 내지 제119조(읍·면·동에 관한 규정)를 특례에서 제외시키고 있어 현재 읍·면·동에 대한 자치조직권은 배제되어 있는 상태다. 따라서 주민자치모델의 구성 및 운영에 관한 자치조직권을 실질적으로 확보하기 위해서는 지방자치법 제117조 내지 제119조도 자치조직권 특례에 포함시키는 방향으로 개정되어야 한다.

(3) 제주특별법 제45조 규정의 대폭 변경

현행 제주특별법 제45조(주민자치센터의 설치·운영 등) 규정의 대폭 변경이 필요하다. 즉,

① 주민자치모델에게 권리능력 없는 사단의 지위 또는 법인격을 인정한다. 이와 관련 주민자치회로의 명칭 변경도 검토할 필요가 있다.

② 자치조례에 의해 채택되는 주민자치모델의 조직·권한 등에 대한 가이드라인을 규정한다. 가이드라인은 자치조직권·자치입법권·자치행정권·자치재정권 등 주민자치권이 최대한 보장되는 방향으로 규정되어야 한다.

(4) 기타

제주특별법 기타 관련 규정 개정 검토

3) 추진 방법

위와 같은 T/F안을 제주특별법 7단계 제도개선에 반영하여 정부 입법으로 추진한다면 상당한 시일이 걸릴 것으로 예상되므로 의원 입법을 통해 제주특별법 개정을 추진한다.

4) 기대효과

현행 주민자치제도는 권한이 미약하다는 점은 별론으로 하더라도 읍·면·동의 특성이나 차이를 반영하지 못한 채 붕어빵 찍듯이 일률적으로 시행되고 있다는 폐단이 있다. 예컨대, 제주 본토와 멀리 떨어져 있고 인구가 1,825명(2018. 5. 31. 기준)인 추자면과 제주 시내권이며 인구 53,472명(2018. 5. 31. 기준)인 노형동의 주민자치 여건은 매우 다를 수밖에 없다. 그러나 현행 제도로는 그러한 다름을 반영할 수가 없다. 반면, T/F안에 의하면 읍·면·동마다 저마다의 특성과 자치역량에 맞는 주민자치모델을 결정·실시할 수 있게 되어 차별적이고 다양한 형태의 주민자치를 꽃피울 수 있다는 강점이 있다.

한편, T/F안대로 제주특별법이 개정된다고 하더라도 제주지역 43개 읍·면·동 모두가 동시에 풀뿌리민주주의를 구현하는 주민자치모델을 갖게 되는 것은 아니다. T/F안은 읍·면·동 주민이 원하는 경우 스스로 합법적인 방법을 통해 주민자치모델을 만들 수 있는 길을 제시하고 있을 뿐이다. 만약 읍·면·동 주민이 원하지 않는다면 별도의 자치조례안을 만들지 않고 현행 조례대로 주민자치를 할 수도 있다.

결국, T/F안대로 제주특별법이 개정될 경우 제주지역 43개 읍·면·동마다 해당 주민이 맞춤형 주민자치모델을 결정·시행할 수 있게 되어 지역 특성에 맞는 발전이 이뤄질 수 있고 풀뿌리 민주주의의 실현에 크게 기여할 수 있을 뿐 아니라 제주가 대한민국의 주민자치 선도지역으로 우뚝 서게 될 것이다.

3. 진행상황

협의회의 보고서 공식 추인 이후 T/F팀은 제주특별법 개정을 위해 오영훈 국회의원(제주시 갑), 강성균 제주특별자치도의회 행정자치위원회 위원장, 원희룡 제주특별자치도지사를 차례로 만났다.

2018년 8월 7일 여의도 의원회관에서 오영훈 국회의원과의 만남을 가졌는데 오의원은 이렇게 말했다. "협의회 안에 공감하며 찬성합니다. 다만 원희룡 지사의 동의가 필요합니다. 지사의 동의가 없으면 진행할 수 없습니다. 지사가 동의하면 법제실에 의뢰해 법률안 성안작업을 시작하겠습니다. 아울러 협의회가 기초자치 도입 논의도 함께 진행하기를 바랍니다."

8월 29일에는 제주도의회 의원회관에서 강성균 위원장과의 만남을 가졌는데 강위원장은 이렇게 말했다. "주권재민의 대의에 공감합니다. 도의회도 관심을 갖고 검토하겠습니다."

같은 날 제주도지사 집무실에서 원희룡 지사과의 만남을 가졌는데 원지사는 이렇게 말했다. "실무부서에게 검토를 지시하겠습니다. 검토 결과 문제가 없으면 추진 의지가 있습니다."

한편, T/F팀은 8월 30일 제주에서 열린 세종-제주 자치분권·균형발전 특별위원회 합동 워크숍 때 자치분권위원회에 T/F안을 건의했는데 자치분권위원회는 10월 1일 다음과 같이 회신했다.

- 위의 제안 사항과 같이 자율적인 주민자치 모델을 스스로 선택·결정하는 사항은 우리 위원회에서 금번에 확정한 자치분권종합계획상 '제주·세종형 자치분권 모델 구현 과제'에 부합하고 있다 할 것임
- 그러나 통합형과 주민조직형 모델은 현행법에 배치되는 부분이 있기 때문에 당장 실시하는 것은 문제가 있다고 사료되므로 이에 따른 예외 특별규정과 지역실정에 맞춘 주민자치(위원)회 설치 운영 규정을 제주특별법에 반영 개정한다면 문제가 없을 것으로 사료됨
- 이와 관련 시행(추진)여부는 제주특별자치도 및 도의회와 도민들이 자율적으로 선택할 문제이며, 도민과 도 및 도의회의 결정에 따라 제주특별법 개정 추진 여부를 판단해야 할 것으로 사료됨
- 제주특별자치도에서는 이와 관련하여 실행 가능 여부 등 면밀한 검토·분석

후 제주실정에 적합한(안)이 실행될 수 있도록 종합·검토 하겠다는 의견임
- 자치분권위원회는 제주특별자치도(도의회)와 도민의 선택을 간섭할 수 있는 사항이 아니며, 주민자치모델의 자기결정권에 대한 선택을 존중하는 입장임

4. 평가

우선 T/F안은 행정이 주도한 것이 아니라 협의회가 자체적으로 T/F팀을 꾸리고 자율적인 논의 구조를 통해 만들어졌다는 점, 읍·면·동에서 자치를 할 것인지 여부, 자치를 할 경우에는 어떤 조직으로, 어느 권한을 갖고 할 것인지 여부 등을 읍·면·동 주민이 스스로 결정할 수 있는 자기결정권을 부여하고 있다는 점 등에 비춰 볼때 매우 의의가 크다. 만약 T/F안대로 제주특별법이 개정된다면 제주에서는 읍·면·동마다 주민 손으로 마을헌법을 제정하고 마을정부를 수립하여 마을공화국을 실현할 수 있는 길이 합법적으로 열리게 된다.

이를 위해서는 무엇보다도 제주특별자치도지사, 제주지역 국회의원 3인, 제주특별자치도의회, 협의회가 서로 머리를 맞대고 T/F안을 바탕 삼아 읍·면·동 차원에서 마을공화국이 실현될 수 있도록 노력하는 과정이 필요하다. 이를 위해서는 위 4자의 대표자로 구성되는 '4자 대표자회의'를 개최할 필요가 있다. 4자 대표자회의의 역할은 보고서를 바탕으로 제주특별법 개정안을 마련하는 T/F팀을 구성하고, T/F팀이 개정안을 마련할 경우 이를 입법화하는 것에 있다.

VI. 마치며

우리나라는 고도로 중앙집권적인 단일국가다. 중앙정부는 블랙홀처럼 모든 권

력을 빨아들여 막강한 권력을 행사한다. 이에 반해 지방자치단체의 자치권은 미미하기 짝이 없고, 읍·면·동은 아예 자치권조차 없는 실정이다. 이런 현실의 높은 장벽을 넘어 마을공화국을 실현한다는 것은 꿈같은 일인지도 모른다.

나비효과라는 말이 있다. 초기에 시작된 아주 작은 변화가 나중에는 엄청난 결과로 이어질 수 있다는 것을 뜻한다. 이 말은 미국의 기상학자 에드워드 노턴 로렌즈가 1972년에 "브라질에 있는 나비의 날갯짓이 텍사스에 회오리바람을 일으킬 수 있는가?"라는 제목으로 한 강연에서 유래한다.

주민자치위원들이 스스로 TF팀을 꾸리고 제도개선안을 마련한 것은 어쩌면 나비의 작은 날갯짓에 불과한지도 모른다. 그러나 이 작은 날갯짓이 태풍을 일으킬 수도 있다. T/F안의 제도화를 통해 제주의 마을공화국으로 도약한다면 풀뿌리단계부터 제주도민이 주체적으로 제주의 운명을 개척해 가는 길이 열리게 될 것이다. 그렇게 되면 제주에서 '고도의 자치권'이 실질적으로 구현될 수 있을 뿐 아니라 제주가 우리나라의 마을자치를 획기적으로 발전시키는 데 선도적인 역할을 할 수도 있다. 제주에서 43개 읍·면·동 마을공화국을 시작으로 대한민국 3,500개의 읍·면·동이 모두 마을공화국으로 도약하지 말라는 법은 없지 않은가? 그렇게 될 때 대한민국은 3,500개의 마을공화국의 연방체인 마을연방민주공화국으로 개혁되어 시민의 통치가 구현되고 지배가 없는 세상이 오게 될 것이다.

그 경우 제주의 제(濟)자의 의미는 더 이상 건널 제(濟)가 아니라 구제할 제(濟)로 바뀌게 된다. 물 건너 있는 고을이었던 제주가 대한민국의 마을자치를 구제하는 고을로 되는 것이다. 간디는 "마을이 세계를 구한다."고 했다. 어쩌면 세계의 구원은 제주에서부터 시작되는 것이 아닐까?

참고문헌

[단행본]

김기홍, 『마을의 재발견』, 올림, 2014.

마하트마 간디, 김태언(역), 『마을이 세계를 구한다』, 녹색평론사, 2017.

안성호, 『양원제 개헌론』, 신광문화사, 2013.

어니스트 칼렌바크·마이클 필립스, 손우정·이지문(역), 『추첨민주주의』, 이매진, 2011.

이지문, 『추첨민주주의의 이론과 실제』, 한국학술정보(주), 2012.

자와하랄 네루, 사상사회연구소(역), 『세계사 이야기』, 사사연, 1999.

존 위티 주니어, 정두메(역), 『권리와 자유의 역사』, IVP, 2015.

지방행정체제개편추진위원회, 『대한민국 백년대계를 향한 지방행정체제 개편』, 2013.

C. 더글라스 러미스, 김종철(역), 『간디의 '위험한' 평화헌법』, 녹색평론사, 2014.

[논문]

고홍근, "빤짜야뜨 라즈: 그 과거와 현재", 『남아시아연구』 14(1), 2008.

김석태, "알투지우스(J. Aiyhusius)의 정치사상과 지방분권형 헌법개정", 『지방정부연구』 21(1), 2017.

김영일, "알투시우스(Johannes Aiyhusius)의 연방주의 연구 – 지방자치의 이념적 기초로서의 연방적 사회 구성", 『지방정부연구』 6(4), 2002.

박홍규, "간디의 자치사상", 『석당논총』 59, 2014.

박홍규, "분권이 아닌 원권으로서의 지방자치", 『당대비평』 22, 2003.

신용인(a), "마을공화국의 제도화 방안", 『법학논총』 30(3), 2018.

신용인(b), "추첨 방식의 주민자치위원회 구성에 관한 고찰", 『지방자치법연구』 16(3), 2016.

신용인(c), "제주특별자치도 행정체제 개편과 고도의 자치권 실현 방안", 『법과 사회』 55, 2017.

이기우(a), "지방분권적 국가권력구조와 연방제도", 『공법연구』 37(1), 2008.

이기우(b), "주민자치회 법제화의 여부와 방법", 주민자치 활성화를 위한 법제도 개선방안 토론회, 2018.

이상수, "인도 제73차 개헌상의 지방자치 개혁과 그에 대한 법사회학적 평가", 『행정법연구』 18, 2007.

제주특별자치도주민자치위원회협의회 제도개선T/F팀, 「주민자치제도개선보고서」, 2018.
한귀현, "지방자치법상 보충성의 원칙에 관한 연구", 『공법학연구』13(3), 2012.
한종수, "EU의 정체에 관한 연구: 연방주의를 중심으로", 『한독사회과학논총』20(2), 2010.

지방분권과 균형발전: 정치학자들의 관찰

초판 1쇄 발행 2018년 12월 7일

지은이   한국정치학회

펴낸이   김선기
펴낸곳   (주)푸른길
출판등록 1996년 4월 12일 제16-1292호
주소   (08377) 서울시 구로구 디지털로 33길 48 대륭포스트타워 7차 1008호
전화   02-523-2907, 6942-9570~2
팩스   02-523-2951
이메일   purungilbook@naver.com
홈페이지 www.purungil.co.kr

ISBN   978-89-6291-474-0 93340

· 이 도서의 국립중앙도서관 출판시도서목록(CIP)은 서지정보유통지원시스템 홈페이지(http://seoji.nl.go.kr)와 국가자료공동목록시스템(http://www.nl.go.kr/kolisnet)에서 이용하실 수 있습니다.(CIP제어번호: CIP2018039060)